# "哀公问孔"与孔子晚年思想研究

A Research on Confucius's Thoughts in
His Last Years through the Conversations between
Lu Aigong and Confucius

秦飞 著

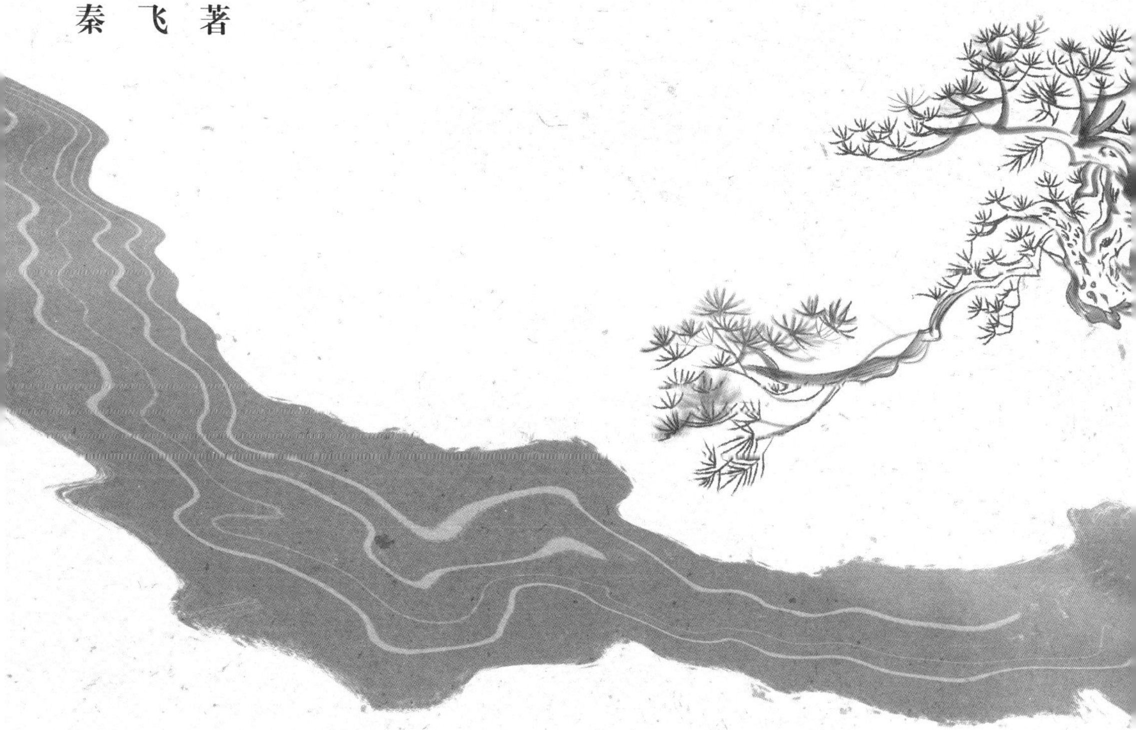

中国社会科学出版社

## 图书在版编目（CIP）数据

"哀公问孔"与孔子晚年思想研究/秦飞著.—北京：中国社会科学出版社，2023.12

ISBN 978-7-5227-3013-4

Ⅰ.①哀… Ⅱ.①秦… Ⅲ.①孔丘(前551-前479)—哲学思想—研究 Ⅳ.①B222.25

中国国家版本馆CIP数据核字(2024)第034034号

| 出 版 人 | 赵剑英 |
|---|---|
| 责任编辑 | 宋燕鹏 |
| 责任校对 | 李　硕 |
| 责任印制 | 李寡寡 |

| 出　　版 | 中国社会科学出版社 |
|---|---|
| 社　　址 | 北京鼓楼西大街甲158号 |
| 邮　　编 | 100720 |
| 网　　址 | http://www.csspw.cn |
| 发 行 部 | 010-84083685 |
| 门 市 部 | 010-84029450 |
| 经　　销 | 新华书店及其他书店 |
| 印　　刷 | 北京君升印刷有限公司 |
| 装　　订 | 廊坊市广阳区广增装订厂 |
| 版　　次 | 2023年12月第1版 |
| 印　　次 | 2023年12月第1次印刷 |
| 开　　本 | 710×1000　1/16 |
| 印　　张 | 21.5 |
| 字　　数 | 383千字 |
| 定　　价 | 118.00元 |

凡购买中国社会科学出版社图书，如有质量问题请与本社营销中心联系调换
电话：010-84083683
**版权所有　侵权必究**

# 国家社科基金后期资助项目
# 出版说明

后期资助项目是国家社科基金设立的一类重要项目，旨在鼓励广大社科研究者潜心治学，支持基础研究多出优秀成果。它是经过严格评审，从接近完成的科研成果中遴选立项的。为扩大后期资助项目的影响，更好地推动学术发展，促进成果转化，全国哲学社会科学工作办公室按照"统一设计、统一标识、统一版式、形成系列"的总体要求，组织出版国家社科基金后期资助项目成果。

全国哲学社会科学工作办公室

# 序一　烛隐甄微，别开生面

## 黄朴民

列入国家社科基金后期资助项目的秦飞博士《"哀公问孔"与孔子晚年思想研究》一书，即将出版面世了，这是一件值得庆贺的事情。付梓前夕，秦飞嘱我写几句话，权且充当其大著的"序言"。说实在的，对她的要求，我一开始是感到有点犹豫和踌躇的，我虽然早年也接触过儒学研究，撰写过诸如《天人合一：董仲舒与两汉儒学思潮》、《何休评传》等小册子，但是，毕竟已多年离开这一领域的前沿，将自己的专业兴趣转移到了以《孙子兵法》为代表的中国古代兵学研究领域，而与儒学研究是渐行渐远，日见生疏，但是，我更想到，这是一种信任，也是一种责任，于是，我就打消了种种顾虑，还是大胆地应允了下来，希望借此机会，简单地谈点自己不尽成熟的想法，以表示对秦飞大著出版的诚挚祝贺。

众所周知，所谓的"国学"，乃是一个完整的思想与学术系统，在这个大系统中，诸子百家、经史子集，各有其学术文化统绪，各自独立存在，司守其职并发挥功能，彼此都无法被取代，也就是说，没有一家学说、一部经典可以囊括国学的主要内涵与所有精华。换言之，我们应该看到，诸子之间、经典之间，是一种互为弥补与共生的关系。就大家所熟悉的三部核心经典而言，儒家的最重要载体《论语》，无疑是最好的人生教科书，是人们修身养性、为人处世方面政治伦理准则的集中体现。道家的奠基之作《老子》，显然是凝结着人生智慧，能提升人生境界的哲学箴言。而兵家的代表作《孙子兵法》，提供的是愿做事、会做事、做成事的战略思维与行动能力。理想的状态就是，以儒家的立场守住底线，完善人格，以道家的智慧提升境界、廓拓格局，以兵家的思维培养能力，达成目标。三者相辅相成，互补共生，这就是国学综合性、整体性、系统性功能建构上的理想状态。

当然，系统性、整体性存在的事实，并不等于能抹煞特殊性的意义与价值。实事求是地讲，相较于其他的思想学派，儒学在中华传统文化中的地位最为突出，其对中国历史与文化发展所产生的影响最为深远，恐怕也是无法否定的。从这个意义上讲，将关于儒学的研究，作为传承国学、弘扬国学的重点，自然也是不可或缺，理有固宜的逻辑选择。

可是，自儒学诞生之日起，对儒学的关注与研究，即已成为古今思想界的热点，研究者多如过江之鲫，不可胜数；相关的成果，也是叠床架屋，汗牛充栋。尤其是关于儒家祖师爷孔子思想的考察与梳理，更是热火朝天，异彩纷呈！其基本命题的讨论，可谓已经到了陈陈相因、题无剩义的地步。要在这个基础上有所补苴、进而有所突破，可谓是举步维艰，难以为继。长期以来，这方面的某些著述，学术上的贡献之所以未能尽如人意，达到理想的境界，恐怕不能归咎于研究者自身不够努力，而应该是与这个领域过于早熟、久成气候的客观现状有关。在这种情况之下，秦飞博士的这一课题选择就尤其显得难能可贵，因为，这意味着将面临十分艰巨的挑战，必须付出更多的努力，而且还可能遭遇呕心沥血却最终劳而无功的挫折！

我欣喜地看到，秦飞博士以实际行动彻底打消了我的这些担忧，置放在我面前这部《"哀公问孔"与孔子晚年思想研究》书稿，证明了她的研究思路与方法是正确的，所得出的学术见解是富有创见的，一句话，她的辛苦付出是值得的，她的种种努力是有意义和价值的！

我们知道，历史研究的基本路子概括起来，也就是两条，一条基本路径是抓文献资料的考据，历史学研究的基础是文献，而文献的充分搜集与真伪辨别，则是立论的根本前提，换言之，开展历史研究的先决条件，首先是积累准确的知识，只有具备这个基础，方可进入接下来的历史书写过程中的客观如实，据实记事。另外一条基本路径，就是要进入思想史研究的范式，毕竟没有所谓历史事实上的绝对真实，而只有历史的近似真实或逻辑真实。在这个现实面前，我们只有按柯林武德所言的"一切历史都是思想史"，克罗齐所言的"一切历史皆为当代史"这样的理念来观照诸多的历史现象，从而对历史文化做出深层次的当代解读，对古人的言行予以"同情之理解"。前者，属于"我注六经"的范畴，后者，则近似于"六经注我"的取向。两者，表面上好像是矛盾的，其实，却是具有内在统一性的。在时空关系上，它们不是并列发生的，而是前后递进的，是一个由简单到复杂，由初步到高级的过程。

在我看来，秦飞这部著作的显著特征，就是按以上所说的历史研究的两个基本逻辑逐次展开的。

首先，是紧紧围绕以"哀公问孔"为中心的孔子遗说，进行深入细致的考察，就其文本的复原、真伪的考辨、以及著录与流传等关键性问题，形成自己系统的认识，提出富有建设性的独到见解，从而为更好地突破孔子思想研究中的文献资料依据的"瓶颈"，创造了条件，提供了契机。

孔子的思想博大精深，但是受存世文献匮乏的制约，加上我们自己因观念上的局囿而自我设限，使得我们在从事相关研究的过程中，总是感到在具体资料的举证上左支右绌，顾此失彼，捉襟见肘。于是，讨论流于空泛，分析困于单薄，缺乏逻辑上的说服力，鲜有历史学的厚重感，也就在所难免了。事实也正是如此，长期以来，我们的眼光，往往只集中在《论语》、《左传》、《史记·孔子世家》、大小戴《礼记》等有限几本典籍，这格局就难免狭隘，这材料就自然薄弱，要在前人已经取得的成绩上再有所创新，有所突破，真的是太困难，太无奈了。其实，如果更作较真的话，即便是公认的可信文献如《论语》，同样也存在着可以存疑或有所保留的问题，梁启超先生在其《中国历史研究法补编》中就认为，其前十篇可完全信从，而后十篇的可信程度却要打大大的折扣，不能无保留的依从。更何况它还有鲁《论》、齐《论》、古《论》之间的区别等诸多经学史上的问题，仅仅是"五十而学《易》，可以无大过矣"，与"五十而学，亦可以无大过矣"之间的异同，就涉及到孔子与《周易》关系认识上的重大分歧，足以让后人治丝益棼，众说纷纭，莫衷一是，伤透脑筋了。

显而易见，"巧妇难为无米之炊"，要深化对孔子思想、儒学理论的研究，最基本的前提之一，就是要调适和修正我们的文献史料观念，拓展视野，将更多的传世文献和新出土资料，引作为我们从事研究的基本依据。秦飞所作的努力，在很大程度上拓宽和推进孔子和儒学的文本研究，这是很重要的学术贡献。

尤为重要的是，秦飞对文献史料真实性的理解，是合乎历史学研究的基本逻辑前提的。先秦两汉时期的文献资料真伪辨析，有它的特殊性，具体地说，这一时期的文献史料，本身真伪杂糅，决非是简单的非白即黑的问题，而是真中有伪，伪中含真。举例而言，据《左传》记载，当年晋公子重耳从秦国返回晋国，准备去从晋怀公的手中夺取晋国的最高统治权，秦穆公曾积极参与了这场晋国的内斗，派出3000名武装人员，"实纪纲之仆"，用武力护送晋文公回国抢班夺权。但是到了韩非子的笔下，秦穆公出动的军队规模，就成了"革车五百，畴骑二千，步卒五万"（《韩非子·十过》）。很显然，韩非子所言的军队兵种构成，军队人数规模，带有浓厚的战国时代色彩，并不合春秋军事的特征，《左传》的记载才是正确的。从这个意义上讲，韩非子的说法，不无虚假的成分。但是，这种细节上的偏差，并没有真正改变所涉事件的性质，即晋文公得以当上国君，的确有秦穆公的一份功劳在内，在历史上，秦国的确出了兵，武装干涉了晋国国君废立的内政。从这一点来说，韩非子所言，在性质上又是真实的。

余嘉锡先生在其《古书通例》一书中尝言："古书本不出自一人，或竹帛著自后师，或记叙成于众手，或编次于诸侯之客，或定著于写书之官。逸事遗闻，残篇断简，并登诸油素，积成卷帙。故学案与语录同编，说解与经言并载。又笺注标识，混入正文，批答评论，咸从附录。"不过，尽管有这样和那样的问题，但是就"皆推本其学之所自出言之"这个一般规律而言，"哀公问孔"等孔子遗说无疑应当认定为是研究孔子思想的第一手资料，具有合理的逻辑真实和近似真实。由此可见，秦飞有关孔子遗说文本真实性的认定，超越了单纯的知识性文本考证，而已经上升到了普遍的思想方法论层面。这应该是弥足珍贵的一次飞跃。

秦飞这部著作的又一个显著特点和价值，是她在缜密资料爬梳和翔实文献考证的基础上，对以"哀公问孔"为中心的孔子遗说进行了匠心独运、别开生面的思想史解读和揭橥，为人们在今天更全面更系统更准确地认识孔子思想的全貌及其嬗变演化轨迹，提供了一个不无启迪意义的诠释案例。

如前所言，文献的考辨，资料的蒐集，只是历史研究的初阶，它是以服务于人物或事件的思想史研究为鹄的的，换言之，文本研究，它的价值和意义必须依赖于通过充当思想史研究的垫脚石才得以实现。文献学的辨章学术，考镜源流，不是目的，仅是手段和路径，这一点，毋庸置疑！

秦飞博士很显然具备着这方面的自觉意识。她整理和释读"哀公问孔"等孔子遗说，根本的宗旨，是为了填补上孔子思想体系研究上资料匮乏的这个缺环，确保自己有关孔子思想的认知，能够建立在有充分材料支撑的坚实基础之上。她在多年的儒学研究过程中，发现学术界对孔子晚年的思想研究之关注相对不足，成果也相对贫乏，是一个有一定投入意义和周旋空间的学术研究切入点。在秦飞看来，孔子的思想不是平面的，而是立体的。不是静止的，而是动态的。他的思想一直在发展，一直在嬗变，一直在升华，到了晚年，才真正进入了圆融会通的高明境界，即如后儒王阳明《泛海》诗中的那种廓大气象："险夷原不滞胸中，何异浮云过大空。夜静海涛三万里，月明飞锡下天风！"可是，很长的时间里，由于

"文献不足徵"的天然局囿,学术界很难就孔子晚年思想做全方位、多层次的探讨,这无疑是一种遗憾。但是,就在今天,秦飞博士凭借着"哀公问孔"等孔子遗说文献资料的充分利用,对晚年的孔子思想体系加以全面的分析和深刻的诠释,毫无疑问,这属于填补了一个不小的学术空白,其价值是值得充分肯定我,这真的是让人非常开心,深感鼓舞!

当然,学术上的追求,乃是永远止境的,秦飞本人,在自己的学术事业上,毕竟还处于刚刚起步的阶段。即使是就本书来讲,无论是在文献的辨析考证上,还是有关孔子晚年思想的综合诠释,都存在着可供批评商榷、乃至质疑辩驳的地方。但是,我深深地相信,只要秦飞她本人能做到谦虚谨慎,沉稳低调,持之以恒,脚踏实地,那么,她一定会是"百尺竿头更进一步",不断取得新的成绩,在儒学和中国古代思想史研究领域做出更大的贡献!

是为序。

2022 年 8 月 6 日于北京寓所

# 序　二

杨朝明

秦飞博士的著作将要出版，可喜可贺！秦飞曾在曲阜师范大学孔子文化学院随我攻读硕士学位，期间，我曾带领我的几名研究生一起编著《孔子事迹编年》（中国社会出版社2012年12月出版），该书系统整理了孔子的生平事迹，并以会按、通解的方式加以细致考察，希望为继续考证孔子遗说材料，挖掘这些材料的内涵提供研究基础。按照分工，秦飞承担的是孔子周游列国"归鲁以后"的部分。

我清楚地记得，秦飞在完成自己的书稿后，又做了大量的补充整理工作，还完成了"鲁哀公问""季康子问"的初稿，接着又协助我统稿，整齐目录，润饰语言，修改完善，并新编了《孔子年表》。对这些材料的系统整理、深入思考，为其硕士论文的写作奠定了基础，于是秦飞选择《"鲁哀公问孔子"文献综合研究》作为题目。硕士研究生毕业后，她以优异成绩考取中国人民大学国学院，随黄朴民先生攻读博士学位。在黄先生的指导下，她继续进行这方面的研究，学术水平有了很大长进，于是有了本书的研究成果。

不言而喻，研究任何历史问题，材料分析无疑都是最为基础性的工作。孔子研究同样也是如此，在众多的"孔子遗说"中，"鲁哀公问孔子"无疑是其中最重要的部分。孔子晚年，鲁国处在哀公时期，鲁哀公尊重孔子，常常问政于孔子，与孔子进行交流，留下了大量的宝贵记载。另一方面，这时期，孔子思想达到了他人生的最高境界，在他生前，孔子这时期的言论已经受到普遍的重视。

不过，当翻看众多"孔子遗说"时，面对那么多的"子曰"不免心生疑虑：这些材料有许多"重文"但又有一定差异；这些材料数量显得很多，其来源是否可靠？实际上，中国学术史上，许许多多分歧的产生，就与这里的问题不无关联。因此，这也决定了进行"鲁哀公问孔子"文献综合研究的必要性和价值意义。这些资料分见于不同文献典籍甚至出土文献，通过对这些材料进行文献校勘与考察，其中涉及文献排队的问题、出土文献与传世文献的关系，以及同一主题的"哀公问孔子"材料大量出现"同文重见"等，通过对这些问题的诠释，有助于探讨文献流传规律、推动相关文献的研究。

可以说，本书的研究是对孔子晚年遗说在文献与思想方面的综合考察。本书搜集整理大量的传世文献及出土文献，以散见在不同文献中的哀公与孔子问答材料为研究对象，具有突出亮点。首先，在材料上将"鲁哀公问孔子"作为一个"考察单元"，进行系统文献与思想研究，前人似乎还没有进行这样系统的研究。其次，本书透过孔子与鲁哀公、季康子以及当时的社会关系进行探讨，有助于加深对春秋末期鲁国社会的认识。在孔子研究方面，本书复原了孔子归鲁后与鲁君哀公的许多对话场景，丰富了对归鲁后孔子事迹的考证，深化了对孔子为政治国、天道性命、军事刑罚等思想的认识。通过文献比对，研究"哀公问孔"的相通相近材料，深化了对传世文献典籍如《孔子家语》等的认识，增进了对文献流传规律的认识。在具体问题上，本书也有不少创新看法，对不少问题提出了独立见解。

孔子思想体系有他的内在形成逻辑，孔子晚年，其思想进一步深化，人生格局也臻至化境，孔子思想是对社会历史、现实政治的深切关注、深沉思索的结果。鲁哀公与孔子的对话发生在孔子周游归鲁到去世的数年中，孔子与哀公的对话，绝大部分与孔子为政治国的思想分不开。可以说，《论语》与《孔子家语》的编者都理解孔子，因而在这些著述中都能看出孔子求道的心境以及孔子为政思想的地位。孔子本欲效法古圣先王推行王道，但包括鲁国在内的各国都不适合实现理想的实现，他到处奔走，始终不得其位，归鲁后的孔子知其道不得行于当世，于是作《春秋》，假鲁史以"垂天子法于后世"。

哀公时期，孔子已经到了晚年，鲁哀公向孔子寻求治国良方，这是研究孔子成熟形态政治思想的最佳史料。虽然那时与孔子问对的人也有不少，史料记载也很丰富，但相比之下，哀公与孔子的对话数量更多、更为翔实，也更具有代表性。曾有一位朋友希望我为一批工商管理人士讲述孔子管理思想及其现代启迪，朋友的思考很有意思，他认为那时很多人向孔子问政，不就是向他请教管理之道吗？孔子学说影响了历朝历代，给数千年的中国带来了稳定与和谐，对于企业管理也一定具有重要启发意义。很多私营企业家在自己的企业里就像一个国君，他们正与孔子时代的各国邦君一样，都会思考如何做好这个国君，也就是说他们都会思考如何治理好自己的企业。实际上，哀公请教孔子，二人之间的对话恰具有这样的价值。

孔子常常把治国比喻成驾车，在他看来，即使有全国最好的马匹，但不懂驾车之道，一定是寸步难行；不懂治国之道，即使博地众民，也不能强大和伟大。研究哀公与孔子的问对，我们可以思考为什么是哀公，为什么是鲁国，怎样理解"问政"与"问道"、"治国"与"驾车"的关系。读秦飞博士的著作，思考孔子答问中所涉及的关于治国理政之要、选人用人之法、强邦守国之道、推行五仪之教、灾妖不胜善政、知天命率性情之类的论述，会得到许多有益的启迪。

是为序。

杨朝明<br>
2022 年 9 月 5 日

# 目 录

**绪 论** ……………………………………………………（1）
  第一节 研究的对象与意义 ……………………………（1）
  第二节 研究史回顾与问题所在 ………………………（4）
  第三节 重点、难点与创新之处 ………………………（13）

**第一章 "哀公问孔"材料的集成与整理** ………………（15）
  第一节 "哀公问孔"所涉文献概况 …………………（15）
  第二节 "哀公问孔"材料的特殊性 …………………（25）

**第二章 "哀公问孔"材料的对比研究** …………………（40）
  第一节 "为政治国"材料辨析 ………………………（40）
  第二节 "君子修养"材料辨析 ………………………（90）
  第三节 "天道性命"材料辨析 ………………………（106）
  第四节 小结：对"哀公问孔"材料的认识 …………（127）

**第三章 "哀公问孔"材料的个案研究（上）** …………（133）
  第一节 解析历代对"沐浴请讨"的经典评注及其
       思想史内涵 ……………………………………（133）
  第二节 解析史家对"沐浴请讨"的记载及其思想史内涵 ……（162）

**第四章 "哀公问孔"材料的个案研究（下）** …………（181）
  第一节 经典世界中的"最贤之君" …………………（182）
  第二节 经典世界中的"东益不祥" …………………（196）
  第三节 小结：对"哀公问孔"材料个案研究的认识 ……（205）

## 第五章 孔子晚年思想研究：为政以德 (209)
- 第一节 "人的发现"的人本思想 (209)
- 第二节 "为政在人"的人才观 (212)
- 第三节 "取人以身"的贤君思想 (227)

## 第六章 孔子晚年思想研究：为国以礼 (234)
- 第一节 "为国以礼"的思想特质 (234)
- 第二节 从礼之"服"到礼之"核" (244)
- 第三节 "为国以礼"之行 (254)

## 第七章 孔子晚年思想研究：天道性命 (258)
- 第一节 孔子晚年的思想境界 (259)
- 第二节 "天道性命"与为政治国 (263)
- 第三节 孔子思想的圆融性 (267)

## 结 语 (277)

## 附 录 (280)

## 参考文献 (313)

# 绪　　论

因孔子在中国文化史上具有特殊重要地位，故而使孔子研究一直备受关注。但由于许多学者对孔子研究资料的认识存在误区，认为《论语》之外的资料都不可靠，加之《论语》本身是"只言片语"的语录体记载，给全面准确地认识孔子思想学说带来很大难度。本书研究结合大量《论语》之外的孔子遗说，对讨论并不充分的孔子晚年思想展开全方位的研究，认为孔子晚年政治思想彰显了其至高境界的思想形态，是其整个思想历程的集大成者，对早期儒家治国理政思想形成巨大影响。因此本书研究关系到孔子、儒学和中国思想文化研究的许多重大问题，具有重要学术价值。

## 第一节　研究的对象与意义

孔子长期从事教育事业，据记载孔子有弟子三千，其中"身通六艺者"就有七十二人，这一庞大的学术组织在孔子教学过程中，记录了大量的孔子言论，《论语》仅是其中很小一部分。然而，由于受唐宋以来疑古思潮的影响，在孔子研究资料问题的认识上，很多学者认为《论语》是唯一可信的孔子资料，除此之外的孔子遗说可靠性难以保证，因此常常被摒弃在研究范围之外。但仅仅依靠《论语》中的记载，很难全面准确地研究孔子，如何认识其他典籍中的孔子遗说，就成为当今孔子研究面临的重要课题。随着出土文献对学术研究的推进，对传统辨伪学有了很多新认识，极大地推动了这一课题的研究。本书借此新契机，通过考证以"哀公问孔"材料为中心的孔子遗说，在考证材料可靠性，适当扩大孔子研究的文献范围的同时，也试图借助这些"新材料"丰富孔子思想，增进对孔子尤其是其晚年思想学说体系的认识。具体来说：

在文献方面，"哀公问孔"材料是孔子遗说中重要而特殊的材料，是以哀公问、孔子答的宾主问答体形式记录的对话，成分复杂，分布零散，并存有大量重复文本。涉及先秦、秦汉时期《孔子家语》《说苑》《荀子》《礼记》《大戴礼记》《韩非子》《论语》《史记》《论衡》《新序》《韩诗外传》《吕氏春秋》《左传》《孔丛子》《庄子》《尸子》16部先秦两汉典籍（按摘录次数递减排序）。这些对话多以"（鲁）哀公问于孔子曰"开篇，以"孔子对曰"或"子曰"作答，有些典籍甚至直接就有以两人的对话为内容，并以此为篇题的篇目，如《荀子·哀公》《礼记·哀公问》《大戴礼记·哀公问五义》《大戴礼记·哀公问于孔子》《孔子家语·哀公问政》等。总之，这些材料按四部分类法来看，以子部文献为主，经部次之，史部又次之，无集部典籍；其中又以诸子类文献（其中儒家类最多，另还有法家、道家、杂家的典籍）所占比重最大，礼类次之，四书类、正史类、诗类、春秋类也都有涉及。除了传世文献，"哀公问孔"材料还涉及上海博物馆藏战国楚竹书《鲁邦大旱》、俄藏敦煌写本《孔子家语》、八角廊汉简《哀公问五义》、双古堆汉牍《鲁哀公问孔子当今之时》等4处直接相关的出土文献，凡73条32个主题3万多字。

其次，在文本思想方面，这些"哀公问孔"材料发生在哀公十一年（前484）孔子周游归鲁到哀公十六年（前479）孔子逝世期间，包含孔子对王道政治、性情天命及君子修养等的看法，尤其反映了孔子晚年系统的思想体系和较高的生命境界，为研究孔子晚年为政治国思想提供了新契机。按照主题思想的不同，这里将"哀公问孔"材料概括为"沐浴请讨""五仪之教""为政以礼""取人之法""守国之道""舜冠何冠""最贤之君""徙宅忘妻"等32个主题对话材料。涉及为政用人、君子修养、性情天命、军事刑罚、礼仪规范、古谚俗语等诸多方面的内容，这些材料看似琐碎，但因对话双方身份特殊，是鲁国国君哀公与"国老"孔子的对话，加之孔子关切的对话主题比较明确集中，使得这部分材料都围绕着"为政治国"这一共同的思想主旨展开论述。所以，这些发生在孔子周游归鲁之后的对话，是研究孔子晚年思想、事迹的不可多得的材料。总体来说，研究本课题的意义如下：

首先，材料方面，增进对中华文明"元典"文化研究的认识。要全面准确地研究孔子、研究儒学，认识它们的学术贡献，认识它们对中华优秀文化传统的价值和意义，必须正确认识孔子研究的资料问题，这不仅是孔子研究的基础，是儒学研究的基础，也是整个中华文明"元典"研究的基础。然而，学界对"哀公问孔"这些孔子遗说尚未展开充分研究。就"哀公问孔"的史料整理与研究来说，虽然前贤对孔子的研究已经十分细致，也会部分涉及"哀公问孔"的史料，但因这批史料分布零散，且涉及的部分典籍成书较晚，材料可靠性一直备受质疑。因而，对"哀公问孔"材料进行系统搜集、整理研究的成果并不多。为此，本研究以考证"哀公问孔"材料的可靠性为突破口，依借《论语》来研究《论语》之外的孔子遗说，试图厘清孔子遗说在周秦两汉时期的成书和流传，揭示孔子思想传播、嬗变的理路，适当扩充孔子研究的文献依据，并以此形成对孔子尤其是其晚年至高境界的思想更加清晰的认识。

其次，内容方面，"哀公问孔"是一批难得的集中论述孔子晚年政治思想体系的文献，对研究孔子晚年思想具有不可多得的意义。这批材料是鲁哀公向"国老"身份的孔子咨询治国理政之道的问对，主题集中，论述深刻，论题涉及广泛，记载了孔子对为政者的修养、人道与天道融合的王道政治、仁礼思想与军事刑罚如何互动制约等问题的看法，反映了孔子晚年成熟的思想体系和生命境界。但由于受疑古思想的影响，材料可靠性问题一直未得到解决，故而学界很少以"哀公问孔"材料研究孔子思想。而以此切入研究孔子思想，将会在孔子晚年生命境界、圆融的思想体系、王道政治等方面有所创获，有助于将孔子思想的发展历程做一个清晰的梳理。

再次，境界方面，"哀公问孔"材料彰显了孔子晚年圆融会通的至高境界的人生思考。经历仕鲁、周游列国等重要人生阶段后，孔子晚年的思想境界已然有了新变化，然而，由于史料不足，学术界对孔子这一思想变化的呈现并不充分。"哀公问孔"材料发生在孔子生活相对稳定、思想最为成熟的境况下，加之鲁哀公国君的特殊身份，使得两人的对话内容十分别致，不仅很好地展现了孔子晚年博大精深的思想体系，而且揭示了孔子晚年"七十而从心所欲，不逾矩"的天人合一的政治思想境界。

最后，现实意义，研究孔子，深入阐发儒家文化精髓，传承中华优秀传统文化。习近平总书记指出："孔子创立的儒家学说以及在此基础上发展起来的儒家思想，对中华文明产生了深刻影响，是中国传统文化的重要组成部分"。"研究孔子、研究儒学，是认识中国人的民族特性、认识当今中国人精神世界历史来由的一个重要途径。"[①] 在哲学社会科学工作座谈会上，习近平总书记进一步对哲学社会科学工作做了全面指

---

① 习近平：《习近平在纪念孔子诞辰2565周年国际学术研讨会暨国儒学联合会第五届会员大会开幕会上的讲话》，《人民日报》2014年9月25日第02版。

导，强调要建立文化自信，实现中国梦，就必须对中华优秀传统文化进行深度挖掘和弘扬。① 研究本课题有助于增进国人及世界人民对中华民族优秀传统文化的认识；有助于把握本民族的思想特质，树立文化自信；有助于为当今国家治理提供重要参考，解决好为什么人，怎么为的问题；有助于完善中国特色社会主义理论体系，加强社会主义核心价值体系建设，建设和谐社会。

## 第二节 研究史回顾与问题所在

### 一 史料的整理与研究

最早系统整理孔子言行的是孔子弟子，《论语》便是众弟子公认的一部孔子言行录，是研究孔子学说最为可靠的资料。但孔子弟子的笔记绝不仅限于此。自孟子始，历代考辨孔子言行者甚多，如司马迁、郑玄、何晏、朱熹、夏洪基、崔述、宋翔凤、狄子奇、刘宝楠、廖平等，或本《论语》，或据《左传》，或辨《史记》，或疑或解，或释或辨，然而这些考订常常零散不成体系。其中，司马迁《史记·孔子世家》第一次较为完整地考述了孔子求学、仕鲁、周游列国和整理古学，是孔子早年、中年、晚年不同生命阶段的主要活动。后世学者多在此架构下，对孔子言行细化考证，不断丰富对孔子生平及其思想演变的认识。此外，还有王肃注的《孔子家语》及其撰的《圣证论》，旧题为孔鲋的《孔丛子》，梁武帝撰的《孔子正言》，王勃的《次论语》，杨简的《先圣大训》，薛据的《孔子集语》，潘士达的《论语外篇》，曹廷栋的《孔子逸语》，马骕的《绎史》以及孙星衍所辑的《孔子集语》等。在这些著述中值得特别注意的有这样几部典籍。首先是《孔子家语》，近些年来随着学术研究的推进和新材料的出现，越来越多的人认识到它的价值。过去认为此书是三国时王肃将《左传》《国语》《孟子》《荀子》《礼记》等先秦、两汉典籍中所载孔子及其弟子的部分言行编集而成，并假托孔子11世孙孔安国所传的说法，有失公允。此书应是以"家学"的形式"家传"，与孔子裔孙子思有着密切关系，这部书保留了大量有关孔子及孔门弟子的思想言行，是研究孔子学说很好的材料，需要人们认真对待。其次，清人孙星衍所辑之

---

① 习近平：《习近平在哲学社会科学工作座谈会上的讲话》，《人民日报》2016年5月19日02版。

《孔子集语》也较具代表性。此书是一部摘录汇辑性的著作，由孙氏组织力量，历经两年告成。书中除"六经"、《易·十翼》《小戴礼记》《左传》《孝经》《论语》《孟子》《孔子家语》《史记·孔子世家》《史记·仲尼弟子列传》之外，查看了所有群经传注、诸史、诸子以及唐宋类书典籍，凡是与孔子言行相关的只言片语也都作了摘录。它较之前薛据的《孔子集语》采选增加六七倍之多，且编辑品质上也远远超过前者。今人郭沂对此书较为肯定，还对其进行了校补与整理，撰有《孔子集语校补》[①]一书，补入了《论语》《孔子家语》《孔丛子》等未收录的材料，以及新出土的马王堆帛书《易传》和八角廊竹简《儒家者言》中的材料，使材料更加完善，是研究孔子必备书目。

此外，随着新出土材料研究的推进，今人在孔子相关材料的整理与研究方面也做出了巨大努力，本书按照研究深度，共分了四类：

首先，爬梳史料但对其未做进一步研究者。姜义华等编校的《孔子——周秦汉晋文献集》[②]，此书按照撰者生活的年代，爬梳史料，分别将收录的文献典籍归入周秦、两汉、魏晋南北朝，之后，又以诸子与史志之先后顺序进行编列，并在附录中选收了敦煌遗书中的有关内容，此书较为全面地收录了周秦汉晋时期关于孔子言行的记载。类似的重要著作还有1991年出版的李启谦、骆承烈、王式伦编写的《孔子资料汇编》[③]，此书亦摘录了自先秦至南北朝时古籍中关于孔子言行的材料，不同的是，此书还搜集了相关的碑刻、竹书、帛书中的内容。但两书均只是材料的搜集，并未对材料的思想内容等展开进一步的研究。这方面集大成的重磅新书是2017年由中华书局出版的《子曰全集》，是由当代著名学者郭沂先生编撰的一部孔子言行记录的文献总集，取材自春秋至明代的约230种典籍，全书根据文献性质和可靠性分为十二卷，即论语精义、孝经古今、孔子家语、孔丛家学、儒书存录、三传纪实、孔门承训、马迁立传、史海钩沉、传注杂引、诸子载言、两汉谶纬。

其次，爬梳史料并加以注解，但未做深入研究者。这类著作主要有两类：一是从横向将孔子言行按不同主旨分类并注释；二是从纵向按孔子生平整理孔子资料，并撰有按语、注释和译文。这些著作的研究主要集中在文意释读方面，有待进一步深入考察。如裴传永汇释的《论语外编——

---

[①] 郭沂：《孔子集语校补》，齐鲁书社1998年版。
[②] 姜义华、张荣华、吴根梁：《孔子——周秦汉晋文献集》，复旦大学出版社1990年版。
[③] 李启谦、骆承烈、王式伦：《孔子资料汇编》，山东友谊书社1991年版。

孔子佚语汇释》①，是按主题整理孔子材料的，此书搜集了先秦、两汉重要典籍（《论语》除外）中的孔子言论，按照内容分作志节、人情、修身、孝慈等17大类编，而且作者还对史料撰有按语、注释和译文，满足了人们不同的查阅需要。由杨朝明先生主编、本人参编的《孔子事迹编年》②则属于第二类，以孔子生平事迹为线索整理孔子资料，并通过会按和通解的方式对材料进行考证解读。值得注意的是，此书还系统整理了孔子与哀公、孔子与季康子的对话材料，分别置于本书的第五编和第六编以供学者研究。

复次，按照某一原则，整理不同的孔子遗说，并进行深入研究者。这类著作数量非常宏大，如朱赞赞的博士论文《〈大戴礼记〉所见"孔子遗说"研究》，专就《大戴礼记》中的孔子言行加以整理、研究。与本书写作密切相关一大成果是杨义的《论语还原》③也属于此类，书中对《论语》的编纂、典籍材料"历史文化地层叠压"的形态及孔子生平等都做了详尽研究，并对诸多延伸性问题做了考证，为本书提供了重要启示和指导。

最后，大数据下的数字化整理，是整理史料的最新趋势。以栾贵明述的《子曰》④为代表，此书利用数据库整理孔子资料，十分方便快捷，但数字化整理在准确、智能等方面仍在优化中，期待在未来研究中发挥重要作用。

## 二 中国经典诠释学的研究

中国经典诠释的传统绵延中华历史数千年，但有关"中国诠释学"的研究，却是在20世纪70年代西方诠释学理论的影响下新近才建立的。最先觉醒的是接触西方诠释学理论较早的一些海外的华人学者，他们在西学的影响下开始思考对中国经典诠释的传统，提出了不少开创性的理论。80年代中期以后，中国经典诠释学的研究才逐渐在中国大陆展开，国内真正意义上的学术研究就此拉开序幕。尤其是近年来的学术研究成果，尤为令人瞩目。具体来说，中国经典诠释学的研究，大致可以分为两个阶段：

第一个阶段是在国外大学任教、最先接触西方诠释学理论的华裔教授

---

① 裴传永：《论语外编——孔子佚语汇释》，济南出版社1995年版。
② 杨朝明：《孔子事迹编年》，中国社会科学出版社2012年版。
③ 杨义：《论语还原》，中华书局2015年版。
④ 栾贵明：《子曰》，福建人民出版社2013年版。

傅伟勋、成中英等先生，他们在西学的影响下，结合本土的诠释体系，提出了种种带有中国特色的诠释学理论。如傅伟勋教授曾提出以"创造的诠释学"[①]作为中国哲学方法论之构建的主张，并尝试将此诠释学方法应用于佛学与儒学的研究，引起了不小的反响。此后，美国夏威夷大学哲学系教授成中英根植于以《易经》为代表的中国哲学的智慧中，提出了"本体诠释学"[②]的理论，力图凸显理性生命在儒家哲学中的本体地位，这在一定的程度上，改变了自宋明以来的儒家传统的基本走向。这一时期研究中国诠释学的学者，处于拓荒的阶段，但他们基于东方文化提出的理论主张，对于东西方来讲都是振聋发聩的。其中，对于中国学者来说，这是一个"日用而不自知"的全新领域，通过这一时期海外学者的带动，越来越多的人开始反思中国经典诠释的历史，在此影响下，中国经典诠释学的研究阵地，由海外逐渐向中国大陆转移。

第二个阶段是20世纪最后几年以来，中国学者开始对自身的经典诠释传统进行全面的梳理与总结，试图全面打开有关中国诠释学的研究，诠释学理论的研究进入本土化阶段。这一时期，对于中国诠释学的研究可谓是全面开花。北京大学教授汤一介先生自1998年以来，连续发文探讨能否以及如何"创建中国解释学问题"[③]，引起学者的广泛关注，使得研究人员不断增多。与此同时，黄俊杰先生可谓这一时期的另一位领军性人物，他从儒家经典《孟子》的诠释史开始着手研究，进而拓展到对中国诠释学乃至整个东亚诠释学的研究。具体来说，他在所著的《孟子思想史论》的基础上，紧扣两千年来中国思想家对《孟子》这部儒家经典的解释，出版了《中国孟学诠释史论》[④]一书，以此分析了中国经典解释学

---

① 傅伟勋提出的"创造诠释学"是试图根据我国儒道佛的漫长解释经验，在方法论上重整或重建中国哲学思想，尝试着通过五个层次（实谓、意谓、蕴谓、当谓、必谓）建立中国诠释学的方法论。
② 可参见成中英《本体诠释学》，载李翔海、邓克武编《成中英文集（第4卷）》，湖北人民出版社2006年版。
③ 汤一介首先在《学人》第13期（1998年3月）登文《能否创建中国的解释学》，提出创建中国解释学的问题；1999年又撰文《关于建立〈周易〉解释学问题的探讨》（《周易研究》第4期），以《周易》为例进行说明；之后又连续撰有《论创建中国解释学问题》《再论创建中国解释学问题》《三论创建中国解释学问题》《关于僧肇注〈道德经〉问题——四论创建中国解释学问题》《"道始于情"的哲学诠释——五论创建中国解释学问题》五篇文章讨论此问题，其中较具代表性的是发表在《中国社会科学》2000年第1期上面的《再论创建中国解释学问题》一文，集中对（1）"创建"提法的合理性、（2）创建中国解释学的目的、（3）创建中国解释学的努力等三个问题作了讨论。
④ 黄俊杰：《中国孟学诠释史论》，社会科学文献出版社2004年版。

的内涵及其特色。以此为基础，他又集合中国台湾地区在诠释学方面有所成就的一批学者，主持了"东亚近世儒学中的经典诠释传统"等研究项目，出版了题为"儒学与东亚文明研究丛书"的一系列有关中国诠释学方面的著作[①]，加快推进了中国诠释学的研究进程。另外，山东大学的洪汉鼎教授，完整地翻译了西方诠释学重要人物伽达默尔的《真理与方法》一书，为国人了解西方最新诠释学理论开了一扇方便之门，引起了学者的极大关注。此外，他主持创办了《中国诠释学》的年刊，从2003年起，汇辑、总结国内相关学者的重要研究成果，刊末还以《诠释学与中国》为标题，对年度研究情况进行综述，极大地方便了学者及时把握中国经典诠释学的研究动向，使其成为中国大陆研究诠释学理论的一大重镇，有利于学者及时了解中国诠释学理论发展的最新动态。

此外，还有一些零散的研究论文和著作，如刘笑敢先生著有《诠释与定向：中国哲学研究方法之探究》[②] 一书，以王弼、郭象、朱熹等为例，探究他们是如何借助传统的注释和诠释体裁来创构新思想的；与此同时，刘先生还专对《老子》一书的诠释进行了考察，探讨今人如何借助研究古代思想，来区别、衔接和开启现代理论之门，提出了诠释古代经典时的两种定向：一是历史的、文本的取向；二是当下的、现实的取向，对我们今后的研究有较大的启发意义。另，中山大学陈少明教授在经典诠释学方面亦有不少发挥，早年就著有《经典与解释》[③] 一书，后又有《经典世界中的人、事、物》[④] 及其主编的《思史之间：〈论语〉的观念史释读》[⑤] 等著作。他致力于将哲学研究与历史研究相结合，试图突破近代西方哲学的视野给中国哲学研究带来的局限，在肯定传统上以范畴研究为中心的中国哲学研究的基础上，尝试以"古典的生活经验"为研究对象，即直接进入经典世界中的人、事、物，把观念置于具体的背景中去理解，以对古典生活世界做更有深度的探测。陈氏的研究是探索性的，为学界、为本书的研究打开了思路，提供了不少启发性思考。

综上所述，现今中国经典诠释学的研究，多是属于哲学性的研究，且

---

[①] 如有黄俊杰主编的《东亚儒学史的新视野》《儒家经典诠释方法》《东亚儒学研究的回顾与展望》以及《中国经典诠释传统》之《通论篇》《儒学篇》《文学与道家经典篇》等著作。
[②] 刘笑敢：《诠释与定向：中国哲学研究方法之探究》，商务印书馆2009年版。
[③] 陈少明：《经典与诠释》，广东人民出版社1999年版。
[④] 陈少明：《经典世界中的人、事、物》，上海三联书店2008年版。
[⑤] 陈少明：《思史之间：〈论语〉的观念史释读》，上海三联书店2009年版。

其研究的切入点多是以某部书、某些章句、某一概念展开，已经取得不少创获。这里我们试图结合前人的研究成果，将经典诠释学的研究带入历史研究的范畴，尝试着对涉及先秦、两汉不同家学流派的"哀公问孔"的文献典籍进行研究，希望对经典诠释的认识有所丰富和推进。

## 三 孔子研究

孔子晚年回顾自己的一生说："吾十有五而志于学，三十而立，四十而不惑，五十而知天命，六十而耳顺，七十而从心所欲，不逾矩。"孔子自述其人生历程，人生境界越来越高。孔子去世后，儒门内外就已开始关于孔子的研究，比较典型的是孟、荀两大支脉。其中，孟子承继子思之学，重心性修养的"内圣"之路，极大地发展了孔子的"仁"学思想，开出了孔子"为政以德"的内在理路。荀子则重隆礼重法，重视孔子"外王"的向度，赋予孔子之"礼"更多的现实政治践履的因子，如刑、法等内容，将孔子"为政以礼"落至实在处。然而，孟、荀的这种分歧，在孔子时并不明显，但随着历史的发展，孟学、荀学逐渐成为儒家思想的两条主脉，如汉儒继承了荀子脉络，宋明理学则循着孟子一脉展开。

近代以前，以宋人胡仔《孔子编年》、清人崔述《洙泗考信录》和清人江永《乡党图考》为考证孔子事迹的代表。其中《孔子编年》乃第二部孔子传，其采摭颇广，不足在于不举所引出处，考订粗疏，牵合穿凿；而《洙泗考信录》疑古过甚，《乡党图考》文辞简质，但瑕不掩瑜，两者综合终始，代表了由宋至清日益精密翔实的考据之功。

近代以来，钱穆《孔子传》[①]及其《先秦诸子系年》[②]、蔡尚思《孔子思想体系》[③]、匡亚明《孔子评传》[④]、金景芳等《孔子新传》[⑤]、钟肇鹏《孔子研究》[⑥]、张秉楠《孔子传》[⑦]、吴龙辉《孔子言行录》[⑧]、林存光的《孔子新论》[⑨]、林存光和郭沂《孔子评传》[⑩]、王恩来的《人性的寻找：

---

[①] 钱穆：《孔子传》，生活·读书·新知三联书店2012年版。
[②] 钱穆：《先秦诸子系年》，商务印书馆2015年版。
[③] 蔡尚思：《孔子思想体系》，上海人民出版社1982年版。
[④] 匡亚明：《孔子评传》，南京大学出版社1990年版。
[⑤] 金景芳：《孔子新传》，长春出版社2006年版。
[⑥] 钟肇鹏：《孔子研究》，中国社会科学出版社1990年版。
[⑦] 张秉楠：《孔子传》，吉林文史出版社2008年版。
[⑧] 吴龙辉：《孔子言行录》，广东教育出版社1999年版。
[⑨] 林存光：《孔子新论》，人民出版社2012年版。
[⑩] 林存光、郭沂：《孔子评传》，中国社会出版社2010年版。

孔子思想研究》①、王健文的《流浪的君子——孔子的最后二十年》②、杨义《论语还原》③，及美国的顾立雅《孔子与中国之道》④和郝大维、安乐哲《通过孔子而思》⑤等，是考订孔子言行、研究孔子思想的代表作。另，梁启超、徐复观、萧公权、侯外庐、任继愈、冯友兰、张岱之、刘泽华、王博等的通史性论著，把孔子思想置于宏观叙事中进行揭示，不乏新意。⑥ 总体来看：第一，文献上，主要依据《论语》，结合《左传》《孔子世家》等进行考察。第二，思想上，注重从仁、礼等不同的思想内容考察，并关注孔子不同阶段的生命历程及其思想演变。如张秉楠提出孔子思想的演进以"礼——仁——中庸"为基本脉络，但认为孔子思想一以贯之者是"仁"。⑦ 第三，对孔子晚年（这里指前484—前479，即孔子周游归鲁至其去世这段时间），学界普遍认为其主要精力用于授徒讲学、删定六经，尤其帛书《易》和郭店简出土后，学者们对孔子晚年的研究越发集中于易学。从林义正《论〈周易〉与孔子晚年思想的关系》⑧、赵法生的《孔子"晚而喜易"与其晚年思想的变化》⑨、谢宝笙的《孔子的天道观形成于晚年》⑩、郑振坤的《论〈易〉与孔子晚年思想的发展》⑪，赵士孝、刘怀惠的《从帛〈易〉"子曰"看孔子晚年的哲学思想》⑫、邓立光的《从帛书〈易传〉析述孔子晚年的学术思想》⑬，吴有祥、赵钦泉的《居夷浮海欲何往——试论孔子晚年的出世思想》⑭等的著述，可见一斑。虽然也有涉及孔子以"国老"身份参与鲁国当时政治，通过孔子与哀公、季康子等的一些对话，去探寻其为政治国思想的。但这些研究非常零散，

---

① 王恩来：《人性的寻找：孔子思想研究》，中华书局2007年版。
② 王健文：《流浪的君子——孔子的最后二十年》，生活·读书·新知三联书店2008年版。
③ 杨义：《论语还原》，中华书局2015年版。
④ ［美］顾立雅：《孔子与中国之道》，高专诚译，大象出版社2004年版。
⑤ ［美］郝大维、安乐哲：《通过孔子而思》，何金俐译，北京大学出版社2005年版。
⑥ 从时间线索整理20世纪后半叶的孔子研究的研究综述，可参见颜炳罡的《五十年来孔子研究的回顾与展望》（《山东大学学报》1999年第3期）的梳理。
⑦ 张秉楠：《孔子传》，吉林文史出版社2008年版。
⑧ 林义正：《论〈周易〉与孔子晚年思想的关系》，《台湾大学哲学论评》1996年第1期。
⑨ 赵法生：《孔子"晚而喜易"与其晚年思想的变化》，《哲学研究》2012年第2期。
⑩ 谢宝笙：《孔子的天道观形成于晚年》，《国学论衡》第1辑，敦煌文艺出版社1998年版。
⑪ 郑振坤：《论〈易〉与孔子晚年思想的发展》，《辽宁师范大学学报》1997年第3期。
⑫ 赵士孝、刘怀惠：《从帛〈易〉"子曰"看孔子晚年的哲学思想》，《周易研究》1998年第1期。
⑬ 邓立光：《从帛书〈易传〉析述孔子晚年的学术思想》，《周易研究》2000年第3期。
⑭ 吴有祥、赵钦泉：《居夷浮海欲何往——试论孔子晚年的出世思想》，《烟台师范学院学报》2000年第4期。

只摘引少量的对话材料进行研究。因为这些研究在考察范围上,易使人用"典范政治"去框定《论语》之外的材料,如对《礼记》《大戴礼记》《孔子家语》等较少使用,故而,造成对孔子及其学说认识偏颇,对孔子晚年政治思想的研究也有待加强。而对"哀公问孔"材料的考察恰好可以弥补以上欠缺。

最早挖掘出"哀公问孔"在孔子晚年政治思想研究中具有重要价值的是蔡尚思先生作的《孔子思想体系》[1]。书中提到《荀子》《大戴礼记》等史书有不少哀公向孔子问政的记录,认为其所述虽不尽是事实,却反映了孔子晚年同鲁哀公非同寻常的关系,并提出两人对话的中心是复礼。杜任之、高树帜的《孔子学说精华体系》[2]也曾略有涉及这部分材料,但未展开论述。之后对"哀公问孔"材料专做研究的有:首先,杨蓉《经典的投影:以〈论语〉"哀公问孔"问题的思想史影响为例》[3]等文章,从经学式的注解和故事新编两个角度出发研究"哀公问孔",揭示经典思想传播的诸途径及其对思想史的影响,展现了历史上孔子形象的变化及《论语》中孔子的政治思想对诸子的影响。但其囿于《论语》《庄子》《荀子》和《韩非子》4部典籍,考察并不全面,认识有局限。其次,杨朝明主编的《孔子事迹编年》系统整理了孔子与哀公、孔子与季康子的对话材料,并以会按、通解的方式加以考察,有助于继续考证材料可靠性,挖掘材料的思想内涵。再次,笔者的硕士学位论文《"鲁哀公问孔子"文献综合研究》[4]。从文献学校勘的角度,对"哀公问孔"材料进行整理研究,对材料可靠性的研究倾力颇多,但对材料反映的思想史内涵关注较少。第四,日本学者研究细致注重考证,武内义雄[5]、末永高康[6]等对"哀公问孔"材料也有考察,提出了对《孔子三朝记》七篇成书问题的看法,具有启发性。

最后,本书还涉及一个重要问题,即关于孔子形象的研究。从著述情况来看,学界对此多是从文学的角度,对孔子形象进行描述性而非历史性的研究,且研究集中于硕士学位论文中。如有吴竹芸的

---

[1] 蔡尚思:《孔子思想体系》,上海人民出版社1982年版。
[2] 杜任之、高树帜:《孔子学说精华体系》,山西人民出版社1985年版。
[3] 杨蓉:《经典的投影:以〈论语〉"哀公问孔"问题的思想史影响为例》,博士后出站报告,中山大学,2011年。另还有《"哀公问孔"的背景及思想史内涵——以〈论语〉为讨论的中心》,《现代哲学》2011年第4期。
[4] 秦飞:《"鲁哀公问孔子"文献综合研究》,硕士学位论文,曲阜师范大学,2011年。
[5] [日]武内义雄:《武内义雄全集》,东京:角川书店1978年版。
[6] [日]末永高康:《〈孔子三朝记〉初探》,《南京师范大学文学院学报》2011年第1期。

《〈论语〉中的孔子形象》①、高庆峰的《论〈史记〉中孔子形象之独特性》②、张纯杰的《古代典籍中的孔子形象》③、刘艳的《〈论语〉中的孔子教师形象研究》④、陈莹的《先秦到西汉典籍中的孔子形象》⑤、刘慧源的《〈淮南子〉〈史记〉孔子论》⑥ 等。当然，也有从历史的角度进行研究的，如顾颉刚的《春秋时代的孔子和汉代的孔子》⑦，以春秋和汉代孔子形象的不同，阐释了其著名的"层累地造成的古史观"。朱维铮在《历史的孔子和孔子的历史》⑧ 一文中，继其师周予同继续对真、假孔子的问题予以讨论。张宏生在《四种先秦子书中的孔子形象》⑨ 中也提到，孔学研究至少包括两个方面，一是研究历史上的真实的孔子，二是研究孔学演变中的孔子。郭沂在《嬗变不居的孔子形象：一个文化之谜》⑩ 一文中指出：我们说孔子形象的嬗变，实质上是指在历史上孔子思想的嬗变，即历代思想家对孔子思想的不断改造；思想变了，形象当然跟着一起变，思想和形象是内容和形式的关系。张宁在《试论孔子形象再造的先天性因素》⑪ 中对孔子形象之所以可以被反复塑造的内在原因进行了分析。此外，林存光著的《历史上的孔子形象：政治与文化语境下的孔子和儒学》⑫ 一书，对孔子形象的研究最为全面而系统，此书跨越2500年的历史，在各个时代的政治和文化背景下解构孔子与儒教，尤为注意孔子是如何从一个学者变为偶像，以及在政治浪潮中起伏不定的，非常具有代表性。

---

① 吴竹芸：《〈论语〉中的孔子形象》，硕士学位论文，华中师范大学，2006年。
② 高庆峰：《论〈史记〉中孔子形象之独特性》，硕士学位论文，曲阜师范大学，2007年。
③ 张纯杰：《古代典籍中的孔子形象》，硕士学位论文，华中师范大学，2008年。
④ 刘艳：《〈论语〉中的孔子教师形象研究》，硕士学位论文，山东师范大学，2008年。
⑤ 陈莹：《先秦到西汉典籍中的孔子形象》，硕士学位论文，北京大学，2011年。
⑥ 刘慧源：《〈淮南子〉〈史记〉孔子论》，硕士学位论文，安徽大学，2012年。
⑦ 顾颉刚：《春秋时代的孔子和汉代的孔子》，载《古史辨》第2册，上海古籍出版社1982年版。
⑧ 朱维铮：《历史的孔子和孔子的历史》，载《走出中世纪》，上海人民出版社1987年版。
⑨ 张宏生：《四种先秦子书中的孔子形象》，《孔子研究》1988年第1期。
⑩ 郭沂：《嬗变不居的孔子形象：一个文化之谜》，《齐鲁学刊》1988年第5期。
⑪ 张宁：《试论孔子形象再造的先天性因素》，《中州学刊》1995年第5期。
⑫

## 第三节　重点、难点与创新之处

　　本书的重点是对"哀公问孔"材料进行文献学和思想史的考察，以扩大孔子研究的文献依据，揭示孔子晚年至高人生境界的思想形态。针对这一核心问题，有以下三个主要的难点：第一，"哀公问孔"文献背景复杂，材料零散，涉及儒道法等学派的诸多典籍及出土文献；主题众多，包含为政治国、性情天命、军事刑罚等内容；还涉及有争议的"伪书"，使得这批材料的可靠性受到很大质疑，并给"哀公问孔"各文本的成书、流传及可靠性等的考证带来很大难度。第二，孔子弟子是这批材料的主要记录者，然而他们禀性各异，对孔子言行体会各有不同，加之孔子因材施教，孔子殁后孔门弟子分化。学界对孔门弟子的研究已有突破，但仍有许多认识模糊，而孔门弟子是记录"哀公问孔"材料的主体。这加大了推考孔子思想流变的难度。第三，如何利用"哀公问孔"补益对孔子晚年思想的认识，抉发孔门后学和其他学派诠释、延伸孔子思想的脉络，揭示周秦两汉儒学传承与变迁的内、外缘由。

　　创新之处主要有四：第一，本书较为全面地收集、梳理了魏晋以前"哀公问孔"材料，并尝试着将其分为传世文献（又分为"儒家类文献""非儒家类文献"）和出土文献两类文献分别进行考察，以充分考虑材料的"主次"性和"主体"性问题，探察研究对象的可靠性，把握历史研究的客观性。认为"非儒家类文献"不适宜作为研究孔子学说使用，却可以作为研究经典诠释学、思想史的文本材料；而"儒家类文献"和"出土类文献"则相对可靠，这些是本书尝试性的分类探索研究。第二，经过对"哀公问孔"材料的仔细对比，认为存留这批材料最多的《孔子家语》，从成书、流传及文本校勘来看，其记载的材料较为真实可信，叫作为孔子研究的重要文献依据，增进了对《孔子家语》的认识。第三，本书首先从文献学的角度，对"哀公问孔"材料进行梳理、考证与甄别，在此基础上，利用思想史与经典诠释学相结合的方法，从多层次、多角度分析了研究对象，考辨材料的真伪，并对相关的孔子思想作了较为深入的研究，这种多维立体的研究方法，是本书的一大尝试。第四，本书从"为政以德""为国以礼"与"性情天命"三方面思想内容的联系与区别，分析了孔子晚年思想的特质，认为孔子"为政以德"的主体是"为政者"，而"为国以礼"的主体是"国"，由于针对的主体不同，孔子分别从"德"和"礼"的角度给出了如何为政治国的意见,但两者在本质上都可以归结到孔子之"仁"上。而对于孔子"性情天命"思想进行考察后发现,孔子强调的内容有三点:一是人道与天道的统一;二是对现世之"教"的德行修养的重视;三是孔子"神道设教"的思想。并由此认为,孔子的思想是一个圆融统一的有机整体。这是我们考察"哀公问孔"材料后的心得认识。

# 第一章 "哀公问孔"材料的集成与整理

## 第一节 "哀公问孔"所涉文献概况

"哀公问孔"材料是以哀公问、孔子答的宾主问答体形式记录的对话材料。这批材料涉及众多文献典籍,而且影响广泛。据《隋书·高昌传》记载,孔子去世千年后,在当时的边陲之地高昌,"其都城周回一千八百四十步,于坐室画鲁哀公问政于孔子之像"。本书专就涉及的先秦、两汉时期重要的文献典籍加以整理进行研究。从材料的来源来看,这些材料有其合理性和真实性;从材料的内容来看,包含着孔子对王道政治、君子修养、性情天命以及军事刑罚等问题的看法,反映了孔子晚年的思想体系和生命境界,在孔子遗说材料中占有重要地位,具有较高的研究价值。但这些孔子遗说也十分复杂,很多问题有待解决,在研究过程中需要具体材料具体分析。

### 一 "哀公问孔"所涉文献面貌

翻阅中国的古书典籍,关于孔子的记载可谓汗牛充栋,这里对"哀公问孔"材料的整理,是以魏晋之前的文献典籍及相关出土文献作为考察对象进行搜集、整理,这部分材料较为可靠、全面,这里为方便观察、分析,是以表格的形式梳理"哀公问孔"材料的全体大观。

表1-1　　　　"哀公问孔"所涉传世文献一览

| 部[1] | 类 | 书 | 对话主题[2]及其所在篇目 |
|---|---|---|---|
| 经部 | 四书类 | 论语 | 沐浴请讨(宪问)、迁怒贰过(雍也)、举直错枉(为政) |
|  | 春秋类 | 左传 | 沐浴请讨(哀公十四年) |
|  | 诗类 | 韩诗外传 | 取人之法(卷四)、智仁者寿(卷一) |

续表

| 部[1] | 类 | 书 | 对话主题[2]及其所在篇目 |
|---|---|---|---|
| 经部 | 礼类 | 礼记 | 儒服儒行（儒行）、大婚之论（哀公问）、为政以礼（哀公问）、文武之政（中庸） |
| | | 大戴礼记 | 大婚之论（哀公问于孔子）、为政以礼（哀公问于孔子）、五仪之教（哀公问五义）、孔子三朝记（千乘、四代、虞戴德、诰志、小辨、用兵、小闲） |
| 史部 | 正史类 | 史记 | 迁怒贰过（仲尼弟子列传）、政在选臣（孔子世家）、沐浴请讨（鲁周公世家） |
| 子部 | 儒家类 | 孔子家语 | 儒服儒行（儒行解）、大婚之论（大婚解）、为政以礼（问礼）、五仪之教（五仪解）、取人之法（五仪解）、守国之道（五仪解）、君子不博（五仪解）、灾妖不胜善政（五仪解）、智仁者寿（五仪解）、舜冠何冠（好生）、服益于行（好生）、最贤之君（贤君）、徙宅忘妻（贤君）、使民富寿（贤君）、文武之政（哀公问政）、贵黍贱桃（子路初见）、人之性命（本命解）、沐浴请讨（正论解）、隆敬高年（正论解）、东益不祥（正论解）、孝乎贞乎（三恕） |
| | | 荀子 | 五仪之教（哀公）、取人之法（哀公）、舜冠何冠（哀公）、服益于行（哀公）、孝乎贞乎（子道） |
| | | 孔丛子 | 夔非一足（论书） |
| | | 新序 | 五仪之教（杂事第四）、东益不祥（杂事第五） |
| | | 说苑 | 取人之法（尊贤）、守国之道（指武）、君子不博（君道）、智仁者寿（杂言）、最贤之君（尊贤）、徙宅忘妻（敬慎）、使民富寿（政理） |
| | 法家类 | 韩非子 | 贵黍贱桃（外储说左下）、莫众而迷（内储说上）、众趣救火（内储说上）、霣霜不杀菽（内储说上）、夔非一足（外储说左下） |
| | 道家类 | 庄子 | 卫有恶人（德充符） |
| | 杂家类 | 尸子 | 徙宅忘妻（卷下） |
| | | 吕氏春秋 | 夔非一足（察传）、堂上而已（先己） |
| | | 论衡 | 迁怒贰过（问孔） |
| 总计 | | | 经部4类5书，共14个对话主题；史部1类1书，共3个对话主题；<br>子部4类10书，共46个对话主题；共63个对话主题 |

续表

| 部[1] | 类 | 书 | 对话主题[2]及其所在篇目 |
|---|---|---|---|
| | 总计 | | 四书类1书，春秋类1书，诗类1书，礼类2书；正史类1书；儒家类5书，法家类1书，道家类1书，杂家类3书；共9类，16书 |

注：
1. 表中部、类的分类方法，使用的是中国古代图书的四部分类法。
2. 表中总结的"哀公问孔"的对话主题是根据材料内容所自拟。

表1-2　　　　　　　　"哀公问孔"与出土文献

| 出土文献 | 篇题 | 与传世文献对应的对话主题 | 内容大意 | 对应的传世文献 |
|---|---|---|---|---|
| 河北定县八角廊汉墓竹简 | 哀公问五义 | 五仪之教 | 仅存篇题 | 《孔子家语·五仪解》《大戴礼记·哀问五义》《荀子·哀公》《新序·杂事第四》 |
| 安徽阜阳双古堆汉墓木牍 | 鲁哀公问孔子当今之时 | 最贤之君 | 仅存篇题 | 《孔子家语·贤君》《说苑·尊贤》 |
| 上海博物馆藏战国楚竹书 | 鲁邦大旱 | 无 | 记述鲁国大旱时哀公向孔子请教禳灾之策的对话，涉及对"刑与德""事鬼"两个问题的看法 | 无 |
| 俄藏敦煌写本《孔子家语》 | 残卷现存23行，其中与"哀公问孔"材料相关的是第7、8、9三行 | 使民富寿 | 哀公问政于孔子，孔子认为为政最紧要的是以人为本，让国民富足、长寿 | 《孔子家语·贤君》《说苑·政理》 |

从上面的统计来看，"哀公问孔"材料涉及先秦、两汉时期16部传世文献中的63个对话主题的内容，这些对话在形式上，是以哀公问、孔

子答的宾主问答体形式记录的对话，多以"（鲁）哀公问于孔子曰"开篇，以"孔子对曰"或"子曰"作答，有些典籍甚至直接就有以两人的对话为内容，并以此为篇题的篇目，如《荀子·哀公》《礼记·哀公问》《大戴礼记·哀公问五义》《大戴礼记·哀公问于孔子》《孔子家语·哀公问政》等。这些对话在所有与孔子问对的各国公卿士大夫、孔子弟子等人中，留存数量最多、内容最丰富。属于孔子遗说的一部分，但与《论语》的记载在篇幅、文风、思想等方面又有不同。

在出处上，出自《孔子家语》《说苑》《荀子》《礼记》《大戴礼记》《韩非子》《论语》《史记》《论衡》《新序》《韩诗外传》《吕氏春秋》《左传》《孔丛子》《庄子》《尸子》等16部先秦两汉的儒道法杂等学派的传世文献（按摘录次数递减排序），及上博简《鲁邦大旱》、八角廊汉简《哀公问五义》、双古堆汉牍《鲁哀公问孔子当今之时》、俄藏敦煌写本《孔子家语》等4处直接相关的出土文献，凡73条32个主题3万多字。其中，在涉及的传世文献的类型上，这些"哀公问孔"材料以子部文献为主，经部次之，史部又次之，无集部典籍；其中又以诸子类文献（其中儒家类最多，另还有法家、道家、杂家的典籍）所占比重最大，礼类次之，四书类、正史类、诗类、春秋类也都有涉及。若将子部法、道、杂三家争议较大的"哀公问孔"材料暂置不论，剩余经部、史部以及子部儒家类的文献又有以下两个明显特征：一是在广义上，它们基本可视为"儒家类文献"，反映了先秦、两汉时期的儒家文化典籍的传播与流传。二是它们以汉代史料汇编型文献居多，如《孔子家语》《说苑》《大戴礼记》《礼记》《新序》《荀子》《论衡》《韩诗外传》《吕氏春秋》等都带有史料汇编的性质。正如一些学者研究的那样："先秦古书也像后世文集，往往是由后人搜集整理而成。但这个过程还要复杂得多。"[①] 足见"哀公问孔"涉及的典籍情况的复杂性。

通过对"哀公问孔"材料所涉文献典籍的梳理，对这些孔子晚年遗说的复杂性有了初步认识。在研究孔子及其思想时，这些"哀公问孔"材料，并不能等量齐观，如《庄子》和《论语》中关于孔子的材料，对于孔子研究的意义就有所不同。总之，其为研究孔子提供了不同的维度和视角，增加了孔子研究的丰富性和立体感。

具体来说，根据"哀公问孔"涉及文献典籍的类型、学派归属及其可靠性等，在比较宽泛的意义上，为方便观察儒门内外不同视野下，记载

---

① 李零：《李零自选集》，广西师范大学出版社1998年版，第30页。

的"哀公问孔"材料的异同,这里又将"哀公问孔"的传世文献分为"儒家类文献"和"非儒家类文献"两类。首先是儒家类文献,在这里是指表中受儒家精义影响的经部和史部的所有文献,以及子部归属于儒家的文献。对这些儒家类文献来说,有两点需要注意:一是,相对非儒家类文献,这些典籍中的材料可靠性较高。其中,《论语》《左传》《史记》中的材料是学者研究孔子所依据的重要史料,一般认为其基本是可靠的。二是,《礼记》《大戴礼记》《孔子家语》《说苑》等典籍中的材料,随着学术的发展以及出土文献的证明,人们对这些史料汇编型典籍中的材料可靠性也有了新的认识,越来越多的学者认识到,这些典籍虽然最后编定成书的时间比较晚,多在两汉时期,但其中收录、记载的史料却很早,是研究先秦的重要文献。但也要注意到这些材料并非"原汁原味"的先秦史料,在流传过程中受到不同程度的影响,有孔门后学思想的掺入,也有依托之言。故而在研究过程中需要谨慎地对待,针对不同典籍的不同文献需要具体分析。在具体的研究过程中,以《论语》[①]为"纲",将"哀公问孔"材料作为孔子研究之"目"进行对比研究,可以适当拓展孔子研究的范围。而因"哀公问孔"所涉出土文献较少,这里将其归入儒家类文献一起研究。"哀公问孔"涉及的上博简《鲁邦大旱》、定县八角廊汉简《哀公问五义》、阜阳双古堆一号木牍之《鲁哀公问孔子当今之时》和俄藏敦煌写本《孔子家语》等四处出土文献,其与传世文献不同,具有鲜明的"出身"特色。首先是成书于战国的上博楚简《鲁邦大旱》,此简保存较为完整,是研究孔子的重要出土材料,不仅反映了"哀公问孔"材料在当时流传至楚地的情况,而且还包含了在传世文献中少见的思想内容,遗憾的是它没有相应的传世文献可与之对照。其次是定县八角廊汉简《哀公问五义》和阜阳双古堆一号木牍之《鲁哀公问孔子当今之时》,根据当时墓主人的情况,可推知前者成书于公元前55年之前,属于西汉晚期的作品;后者成书在公元前165年之前,属于西汉初期的作品。可惜的是,虽然其有相关传世文献可与之对应,但由于种种原因这两处出土文献目前仅剩篇题,而无从获得研究孔子的更多信息。最后,俄藏敦煌写本《孔

---

① 未将《左传》和《史记》的材料与《论语》一起视为"纲"的原因是,《论语》的材料更为可靠的同时,也更为集中,而且,《左传》和《史记》中的反映孔子思想的材料多出自《论语》,以这里的"哀公问孔"材料为例,《左传》中的"沐浴请讨"和《史记》中的"迁怒贰过""沐浴请讨"都在《论语》中出现过,只有《史记》中"政在选臣"未能与《论语》明确对应,这是因为《史记》对此条仅有"鲁哀公问政,对曰:'政在选臣'"的记载,故可忽略不计。

子家语》也需特别注意,据考证此文本的时代当在唐太宗之后之晚唐五代之间,① 属于唐写本,涉及"使民富寿"一题,保存有少量文献记载,有传世文献可与之对应。这些出土文献的出土不仅反映了当时孔子遗说的流传情况,而且也使得孔子研究更加充分。

其次是非儒家类文献,在这里是指表格中子部之法、道、杂三家的文献典籍,即《韩非子》《庄子》《尸子》《吕氏春秋》《淮南子》和《论衡》中的"哀公问孔"材料。将这些材料归于一起是基于以下两点考虑:一是,这些典籍中记载的"哀公问孔"材料,常以故事新编或者其他形式出现,不仅写作意图各异,而且还有自己较为独立的流传系统和表述风格。根据非儒家类文献的这些特质,在研究过程中,我们应采用不同于儒家类文献的研究方法。可将其作为参照,比对儒家类文献与非儒家类文献间的区别和联系,它们在记载方式、方法及思想内容等方面的不同;注意考察儒家与诸子之间的互动关系;考察文献流传的变迁;及孔子对诸子的影响。二是,这些典籍中记载的"哀公问孔"材料多与其他文献无重文②,或与其他文献记载有较大差异③。这些文献多是作者为了增强其说理的可信度,假借孔子之名而创作,或对原始孔子遗说作出符合其写作意图的修改,没有对原始文献进行保存和流传的意识,如较为典型的一个例子是《庄子》中的"卫有恶人",就是庄子为求明理而伪托的寓言故事。

总体来说,这些"哀公问孔"文献在纵向的时间跨度上,涉及先秦至两汉时期的文献典籍,经历了从学术自由向文化一统的转变,较为充分地展现了我国古代文化思想的嬗变、文献流传的规律及其背后隐含的思想内涵和意义。在横向的空间上也具有可观的宽度和广度,"哀公问孔"材料涉及不同部类、流派的文献典籍,有着较为宽广的展现平台和研究深度。而历史的这种纵横交叠,使"哀公问孔"资料的研究可以如同几何中的三维空间一样,以年代为纵轴,以不同家学流派、表现形式为横轴,从不同的角度来俯瞰这一纵横组成的平面,使得这一研究获取其深度。

---

① 王文晖:《俄藏敦煌写本〈孔子家语〉残卷再探》,《敦煌研究》2012 年第 4 期。
② 如《庄子·德充符》中的"卫有恶人",《韩非子·内储说上》中的"莫众而迷""赏霜不杀菽""众趣救火",以及《吕氏春秋·先己》中的"堂上而已"就仅在此有记载。
③ 除"迁怒贰过"与《论语》中的记载相差不大之外,"东益不祥""夔非一足""贵稷贱桃""徙宅忘妻"等主题的材料与其他儒家类文献的记载相差较大。

## 二 "哀公问孔"材料的内容

"哀公问孔"材料涉及的文献典籍十分繁复，分布零散，且存有大量重文，除去重复者，按不同主题内容来整理材料，共有32个论题。具体内容可参见下表：

表1-3　　　　　　　　"哀公问孔"文献内容一览[1]

| 序号 | 章题 | 内容大意 | 出处及出现次数 |
| --- | --- | --- | --- |
| 1 | 沐浴请讨 | 齐大夫陈恒弑君，孔子向哀公请求讨伐齐之乱臣贼子 | 《孔子家语·正论解》《论语·宪问》《史记·鲁周公世家》《左传》哀公十四年（4） |
| 2 | 五仪之教 | 呈现了孔子的人才观思想，哀公向孔子请教如何选拔人才，孔子将人分作庸人、士人、君子、贤人、圣人五等，作为哀公选贤任能的依据和推行教化的参考；后又根据哀公的实际情况，分析其应如何行五仪之教 | 《孔子家语·五仪解》《大戴礼记·哀公问五义》《荀子·哀公》《新序·杂事第四》八角廊汉简《哀公问五义》（5） |
| 3 | 为政以礼 | 哀公向孔子请教何为"大礼"，孔子从不同方面说明"礼"之重要性，并对当时为政者的无"礼"行径加以批判 | 《孔子家语·问礼》《礼记·哀公问》《大戴礼记·哀公问于孔子》（3） |
| 4 | 取人之法 | 哀公问取人之法，孔子十分重视人才是否言行诚谨，之后才应考虑他的才能 | 《孔子家语·五仪解》《荀子·哀公》《说苑·尊贤》《韩诗外传》卷四（4） |
| 5 | 守国之道 | 哀公问国力强、弱时，该如何分别守国，孔子强调以礼治国，如此君臣、君民间相敬相亲，则四海归之，无人为敌 | 《孔子家语·五仪解》《说苑·指武》（2） |
| 6 | 舜冠何冠 | 哀公问古之明王舜戴什么帽子，孔子避轻就重，论述了舜的明王之道 | 《孔子家语·好生》《荀子·哀公》（2） |
| 7 | 最贤之君 | 哀公问孔子当今之时谁可称之为"贤君"，孔子认为卫灵公虽亦有不足之处，但却用人有道，堪比"贤君" | 《孔子家语·贤君》《说苑·尊贤》阜阳汉简《鲁哀公问孔子当今之时》（3） |

续表

| 序号 | 章题 | 内容大意 | 出处及出现次数 |
|---|---|---|---|
| 8 | 徙宅忘妻 | 哀公认为搬家忘带自己的妻子是很严重的健忘，孔子举证夏桀，告诫鲁君忘记祖宗遗训而致国亡才是最严重的 | 《孔子家语·贤君》《说苑·敬慎》《尸子·神明》(3) |
| 9 | 使民富寿 | 哀公问政于孔子，孔子认为为政最紧要的是以人为本，让国民富足、长寿 | 《孔子家语·贤君》《说苑·政理》(2) |
| 10 | 文武之政 | 哀公问如何为政，孔子强调要注意君主自身的道德修养，提出"五达道""三达德"及治国之"九经"等为政方略 | 《孔子家语·哀公问政》《礼记·中庸》(2) |
| 11 | 贵黍贱桃 | 哀公赐桃于孔子，孔子先食擦洗桃的黍子而后食桃，以此教化鲁君及时人重视礼之义 | 《孔子家语·子路初见》《韩非子·外储说左下》(2) |
| 12 | 隆敬高年 | 哀公问为何敬重年长之人，孔子以虞、夏、商、周四代的明王尊敬长者而行德政作说解 | 《孔子家语·正论解》(1) |
| 13 | 东益不祥 | 哀公问孔子房屋向东扩建是否吉祥？房屋东益是否不祥，孔子以身、家、国、俗、天五不祥来教导哀公 | 《孔子家语·正论解》《新序·杂事五》(2) |
| 14 | 莫众而迷 | "莫众而迷"是一古谚语，意思是说做事不与众人商量就会迷惑。哀公遵从古训，却使国家更加混乱，对此哀公疑惑不解。孔子解释说是由于三桓专权之故 | 《韩非子·内储说上》(1) |
| 15 | 举直错枉 | 哀公如何使民众信服，孔子的回答是，应提拔刚正不阿之人，压制邪恶不正之人 | 《论语·为政》(1) |
| 16 | 夔非一足 | 关于夔，古史有很多传说。哀公问疑问夔是否只有一只脚，孔子对此解释说善政乐和，夔能通圣人之乐，则一人足矣，并非说夔只有一足 | 《孔丛子·论书》《韩非子·外储说左下》《吕氏春秋·察传》(3) |
| 17 | 堂上而已 | 孔子注重为政者的德行修养，要求哀公修养自身，以身示范，从而达到无为而治 | 《吕氏春秋·先己》(1) |

续表

| 序号 | 章题 | 内容大意 | 出处及出现次数 |
|---|---|---|---|
| 18 | 政在选臣 | 哀公问政于孔子，孔子强调为政者应注意选贤任能 | 《史记·孔子世家》（1） |
| 19 | 儒服儒行 | 孔子周游归鲁，哀公问及孔子所穿是否为儒服，孔子由此论述了儒者应有的修养人格 | 《孔子家语·儒行解》《礼记·儒行》（2） |
| 20 | 君子不博 | 哀公问君子为何不下棋，孔子言下棋之人相互搏杀争胜，易使人误入歧途，由此体现了孔子重仁德、求善道的思想 | 《孔子家语·五仪解》《说苑·君道》（2） |
| 21 | 服益于行 | 哀公问孔子不同场合的服制是否有利于实施仁政，孔子以丧服、礼服、军服对人内心感受的提醒约束为例，作了肯定的解释 | 《孔子家语·好生》《荀子·哀公》（2） |
| 22 | 迁怒贰过 | 哀公问孔子弟子中谁最好学，孔子认为颜回好学，他不随意迁怒于人，且不犯同样的错误 | 《论语·雍也》《史记·仲尼弟子列传》《论衡·问孔》（3） |
| 23 | 卫有恶人 | 卫国的哀骀它相貌奇丑无比，却德性高尚，让人折服，哀公想探知究竟，孔子对哀骀它的身心、德行作以分析，肯定了他的君子品行 | 《庄子·德充符》（1） |
| 24 | 孝乎贞乎 | 哀公问子女听从父亲的意思，臣子听从君主的命令，这是否可谓孝和贞，孔子认为真正的孝和贞，并不是一味地顺从，要明白顺从的道理，并适时给予谏言才是真的孝和贞 | 《孔子家语·三恕》《荀子·子道》（2） |
| 25 | 智仁者寿 | 哀公问智者和仁者是否可以长寿，孔子认为智者和仁者之所以长寿，是因为他们的道德修养让其思想、行为有所节制，反映了儒家伦理思想的中庸观念 | 《孔子家语·五仪解》《说苑·杂言》《韩诗外传》卷一（3） |
| 26 | 大婚之论 | 哀公问人道孰为大，孔子从人道应合于天道的高度出发，由人道逐渐深入到大婚，并重点论述了重点论说了"大婚"对为政的重要性 | 《孔子家语·大婚解》《礼记·哀公问》《大戴礼记·哀公问于孔子》（3） |

续表

| 序号 | 章题 | 内容大意 | 出处及出现次数 |
|---|---|---|---|
| 27 | 灾妖不胜善政 | 哀公认为国之存亡祸福由上天决定，而不受人的控制，孔子则强调人事的重要性，其论述虽还未完全摆脱天命思想的羁绊，但已经更注重人事，更主张尽人事以待天命 | 《孔子家语·五仪解》（1） |
| 28 | 賞霜不杀菽 | 哀公对《春秋》中记载的一例不合时令的反常现象提出疑问，孔子借此以天失道而殃及草木一事，劝诫鲁君要注意为君之道，以避免殃及百姓 | 《韩非子·内储说上》（1） |
| 29 | 人之性命 | 哀公问何谓命与性，孔子从天道引申到人道，论述中还涉及对婚姻、丧礼等问题的看法 | 《孔子家语·本命解》（1） |
| 30 | 众趣救火 | 鲁国发生大火，鲁人却并不积极救火，哀公询问孔子有何对策，孔子认为行赏虽可以鼓励人们救火，但国库不足，故而不如以刑罚相威逼 | 《韩非子·内储说上》（1） |
| 31 | 鲁邦大旱 | 鲁国发生大旱，哀公向孔子咨询禳灾之策，孔子从"刑与德""事鬼"两个方面给予解答，反映了孔子神道设教和重人事的思想 | 上博简《鲁邦大旱》（1） |
| 32 | 孔子三朝记[2] | 记载了孔子对设官之制、政刑之法、三常之礼、事鬼之节、礼乐之政、祸福之源、君臣之分等七个问题的见解 | 《大戴礼记》之《千乘》《四代》《虞戴德》《诰志》《小辨》《用兵》《小闲》（1） |

注：

1. 表中共计 32 个主题，出处包括传世文献和出土文献两部分的内容。

2. 《孔子三朝记》在《别录》《七略》《汉书·艺文志》《隋书·经籍志》《通典》等均有著录，如《别录》曰："孔子见鲁哀公问政，比三朝，退而为此记，故曰《三朝》。凡七篇，并入《大戴礼》……"一般认为《大戴礼记》中的《千乘》《四代》《虞戴德》《诰命》《小辨》《用兵》《少闲》等七篇即已亡佚的《孔子三朝记》。

上表对 32 个主旨内容的"哀公问孔"材料分别予以梳理。孔子晚年归鲁后，鲁哀公敬重孔子，奉其为"国老"，经常请教孔子国政，留下了大量珍贵的历史记录。从材料内容的整体来看，这些材料涉及孔子的人才观、君子修养、性情天命、军事刑罚、礼仪规范、古谚俗语等诸多方面的内容，看似琐碎，但因为对话双方身份特殊，加之孔子关切政治，使这部分材料都围绕着"为政治国"这一共同的思想主旨展开讨论。而从学术史上看，对孔子言行及其思想研究者甚多，但极少将"哀公问孔"材料作为一个"考察单元"，研究孔子晚年政治思想。对孔子周游归鲁后的研究，学界更是普遍认为孔子的主要精力用于授徒讲学、删定六经，不再关心政治，已是"鲁终不能用孔子，孔子亦不求仕"（《史记·孔子世家》）的状态。而"哀公问孔"材料反映了孔子晚年至高境界的思想体系，是研究孔子晚年政治思想非常珍贵的史料。

## 第二节 "哀公问孔"材料的特殊性

通过对"哀公问孔"材料的出处及其内容的梳理，可以看出这部分材料的复杂性和内容的丰富性。与此同时，这些材料也具有明显的特殊性，我们将从以下三个方面对此进行论述。

### 一 鲁哀公问政孔子的背景

（一）孔子与鲁国社会

鲁国是周公的封地，为王室"懿亲"，位列诸侯之"班长"（《国语·鲁语》），享有较高的地位。周公制礼作乐，周公之子伯禽作为鲁国继任国君，受其父影响，移风易俗，以礼乐立国，这对鲁国的治理传统带来了很大影响。如齐国与鲁国相邻，但社会风气、政治风貌与鲁国差别很大。齐国立国之初，姜太公入乡随俗，因地制宜，便民渔盐之利，国力发展迅速。《史记·鲁周公世家》曾记载："鲁公伯禽之初受封之鲁，三年而后报政周公。周公曰：'何迟也？'伯禽曰：'变其俗，革其礼，丧三年然后除之，故迟。'太公亦封与齐，五月二报政周公。周公曰：'何疾也？'曰：'吾简其君臣礼，从其俗为也。'及后闻伯禽报政迟，乃叹曰：'呜呼，鲁后世其北面事齐矣！夫政不简不易，民不有近；平易近民，民必归之。'"春秋中后期，鲁国政治式微，但其仍是保存周礼的文化重镇。根据文献记载，春秋末期吴公子季札对鲁国的古典乐舞仍是叹为"观止"，言"德至矣哉"（《左传》襄公二十九年）；而鲁国典册之富，也让晋韩宣子发出"周礼尽在鲁矣"（《左传》昭公二年）的感慨。虽然当时各诸侯国之间已经不再尊奉周天子,崇尚"尊尊亲亲"的血缘宗法制逐渐被地缘集权政治取代,但"无论正在上升或没落的大小贵族,都感到礼坏乐崩于自己不利,也就是都感到没有文化难以保护自身利益"①。其中,鲁国三桓之一的孟僖子因"不能相礼"多次遭遇尴尬,临终前嘱咐说:"礼,人之干也。无礼,无以立。吾闻将有达者曰孔丘,圣人之后也……我若获没,必属说与何忌于夫子,使事之,而学礼焉,以定其位。"(《左传》昭公七年)叮嘱他的儿子孟懿子和南宫敬叔跟从孔子学礼。而哀公也曾"使孺悲之孔子,学士丧礼"(《礼记·杂记下》)。孔子及其弟子继承和发扬周礼,一度使"鲁人皆以儒教"(《史记·游侠列传》),"举鲁国而儒服"(《庄子·田子方》)。处于社会转型的春秋末期,各国统治者都在寻求自强之路。得益于礼乐制度曾一度位列"班长"的鲁国,则在一定程度上试图通过重振礼乐制度、恢复礼治的方式,重振公室,重塑当时的国际关系。精于礼乐的孔子也希望在此过程中尽自己的一些绵薄之力。但当时的鲁国在诸侯国中逐渐沦为中小邦国,多受排挤;在国内,政务大权牢牢被季孙氏、叔孙氏和孟孙氏,尤其是三桓之首的季孙氏把持,形成了"政在三桓"的局面。违礼之事时有发生,《礼记·檀弓下》载:"悼公之母死,哀公为之齐衰。有若曰:'为妾齐衰,礼欤?'哀公曰:'吾不得已乎哉,鲁人以妻我。'"为妾服齐衰于礼制不合,即使对试图通过重建礼乐秩序来强公室的哀公来说,违礼、不知礼都是时有之事,何况他人。"八佾舞于庭""三家者以《雍》彻""季氏旅于泰山""禘自既灌而往者"(均出自《论语·八佾》)等等,也均是如此。但孔子有"知其不可而为之"之志,在礼崩乐坏的时代坚定地主张"克己复礼",重建礼乐仁政。

(二)孔子的生平梗概

孔子一生共历襄公、昭公、定公、哀公四位鲁君。襄公二十二年(前551)孔子出生,待孔子十岁时襄公去世,对当时还在阙里"为儿嬉戏,常陈俎豆,设礼容"(《史记·孔子世家》)的孔子而言,"襄公"还是个比较模糊的名词。之后,昭公继位,在位32年。期间,孔子"十有五而志于学"(《论语·为政》),早早确立了自己的人生志向;在此期间,孔子还担任过委吏、乘田等职位。至"而立"之年,知礼博学的孔子已经小有名气。他开始创办私学,收徒讲学,如曾点、子路等就是孔子此时

---

① 蔡尚思:《孔子思想体系》,上海人民出版社1982年版,第15页。

的弟子；此外，齐景公与之论穆公霸王①、孟僖子临终前嘱咐儿子南宫敬叔和孟懿子拜孔子为师向其学礼②等事，也发生在这一时期。随着孔子人生阅历和认知水平的提升，对如何"为政治国"，孔子逐渐形成较为完善的看法。昭公二十五年（前517），鲁国发生"斗鸡事件"，昭公被三桓逐出鲁境。对季平子早已是"是可忍也，孰不可忍"的孔子，对三桓的行径十分不满，愤然离鲁至齐。在齐国，孔子听到尽善尽美的《韶》乐之后，心旷神怡而"三月不知肉味"，对三代礼乐文明更加坚信（《论语·述而》）；其间，孔子还与齐景公论君臣之道，留下"君君，臣臣，父父，子子"的著名论断（《论语·颜渊》）。而当孔子闻知晋国铸刑鼎时，孔子云："晋其亡乎！失其度矣！……"（《左传》昭公二十九年）后世学者常因此诟病孔子，其实是未能做到知人论世，没有真正读懂孔子。孔子"克己复礼"，表面是希望恢复周代礼制，实则是继往开来，对人性自觉给予了极大的肯定，在礼仪规范中加入道德的意蕴，认为人与人之间的相处应是自律主导下的自律与他律的融合。晋国铸刑鼎，以刑罚约束人的行为是对人性自觉以及人性中善的否定，孔子因此而痛心。具体以"君臣"之论为例来说，在孔子看来，"做君的就应像个君的样子，做臣的就应像个臣的样子，做父亲的就应像个父亲的样子，做儿子的就应像个儿子的样子"，人们各安其位，各司其职，做好本职工作，如此社会秩序自然就顺和了。就如何实现各组关系的和顺，孔子进一步指出，应该做到"君使臣以礼，臣事君以忠"（《论语·八佾》），双方建立双向互信尊重的关系，而非后世封建君王单方面的强调臣对君要尽忠，而完全不顾及君王对臣子也应履行相应的职责。以此类推，在父子、夫妇、朋友等人与人之间的关系中，良好的人际关系需要双方互敬互爱、相互履行职责才能建立起来。故而，在孔子看来，那种带有强制性的刑罚规范的公布，是"失其度"的强奸民意，是"道之以政，齐之以刑"，结果是"民免而无耻"，从这一角度来说，孔子会极力反对也就不足为奇了。

昭公之后定公继位，此时孔子将至"不惑"之年，但仍"笃信好学"，史书记载他曾"适周问礼"，进而对"礼"的认识更加深入。对此，有段孔子之言记载得较为形象，他说："礼云礼云，玉帛云乎哉？乐云乐

---

① 见《史记·孔子世家》，曰："鲁昭公之二十年，而孔子盖年三十矣。齐景公与晏婴来适鲁，景公问孔子曰：'昔秦穆公国小处辟，其霸何也？'对曰：'秦国虽小，其志大；处虽辟，行中正。身举五羖，爵之大夫，起累绁之中，与语三日，授之以政。以此取之，虽王可也，其霸小矣。'景公说。"
② 此事见于《史记·孔子世家》《孔子家语·正论解》《左传》昭公七年等。

云,钟鼓云乎哉?"(《论语·阳货》)强调"礼"不应流于外在形式,而应更注重它的道德内涵。"知天命"之年的孔子,逐渐达到仕途的顶峰。其任中都宰之后,又升任为鲁司寇。其间,在"夹谷之会"(《左传》定公十年)中,孔子据"礼"力争,在与齐国的对峙中,为鲁国赢得了外交上的胜利,但也引起了齐国的忌惮。之后在"堕三都"事件中,孔子为维护公室利益,严重触及了"三桓"的利益。在齐国与"三桓"共同作用下,孔子被迫离开鲁国,开始周游列国的生涯。

在十四年的漂泊生活中,他曾因貌似阳虎而被拘于匡,留下了"文王既没,文不在兹乎"(《论语·子罕》)的高呼;在宋国,遭桓魋之难①,孔子坚信天命不可违,说:"天生德于予,桓魋其如予何"(《论语·述而》);在去郑国的途中,孔子与弟子失散,听闻别人形容他"累然如丧家之狗",孔子一笑而过,曰:"形状末也,如丧家之狗,然乎哉!然乎哉!"(《史记·孔子世家》)而"陈蔡绝粮"时,孔子师徒几近生死边缘,甚至追随自己多年的最信任的弟子也开始质疑他所求之"道",孔子仍"造次必于是,颠沛必于是"地"一以贯之",誓死不渝。总之,在周游列国的过程中,虽有欲用孔子之人,但孔子汲汲以求的是志同道合之君,最终"干七十余君而莫能用之"。

哀公十一年(前484),孔子受召回鲁,此时孔子已过"耳顺"之年,已是六十八岁的老人,将至"从心所欲,不逾距"的境界。此时孔子历经人生百态,心志经过千锤百炼,精华已经被淬炼出来,人生境界达到最高形态。因孔子维护公室利益,且对如何为政治国多有建树,于是孔子被哀公奉为"国老",时常接受国君的问政,本书整理的"哀公问孔"材料因此而来。

(三)孔子与鲁哀公

史书中对鲁哀公的记载并不多。《史记·鲁周公世家》载曰:"(定公)十五年,定公卒,子将②立,是为哀公。"哀公,是鲁定公之子,母为定姒③,公元前494至前468年在位,共历27年。哀公在位的前十年,孔子周游列国,哀公十一年孔子周游归鲁,哀公十六年孔子去世,其间孔子一直居住在鲁国,哀公与孔子发生对话的时间,应在孔子周游归鲁后,即哀公十一年至哀公十六年(前484—前479)的五年里。

---

① 此事见于《史记》《礼记》《孔子家语》等。
② 一说名为蒋,司马贞《史记索隐》曰:"《系本》'将'作'蒋'。"在古代"将"与"蒋"是可以通用的。
③ 《春秋穀梁传》中的"姒"作"弋"。

哀公继承祖宗之志，试图摆脱鲁室衰微的窘境，虽然他在位时，三桓对鲁政的把持更加强劲，鲁国在当时的国际环境里的处境也是每况愈下，至其子悼公时，也仍然是"三桓胜，鲁如小侯，卑于三桓之家"（《史记·鲁周公世家》）的局面，但他从未放弃重振公室的努力，孔子在世时如此，孔子去世多年以后仍是如此。史载哀公二十七年（前468），哀公"欲以越伐鲁，而去三桓。秋八月甲戌，公如公孙有陉氏，因孙于邾，乃遂如越"。（《左传》哀公二十七年）哀公被逼无策，试图通过联合南方的越国来除去把持鲁政的三桓，史书记载中，这或是哀公为重振公室所做得最为激进的努力。但鲁国已是积重难返，此举仍以失败告终，哀公只得去鲁如越，在外流亡。而哀公的谥号"哀"字，与其一生经历尤其是这次连越去三桓关系密切，《逸周书·谥法解》对"哀"解释说："蚤孤短折曰哀，恭仁短折曰哀。"哀公恭敬仁义之心，从"哀公问孔"的对话材料既可见一斑。他一生都在致力于恢复公室强大鲁国的事业上，却不得善终，谥曰"哀"表达了对鲁君姬将的惋惜悲悯之情，更有甚者，直接称其为"出公"①。

传统上人们一般认为，孔子晚年归鲁后将其主要精力投入删述"六经"整理古籍和教学中而很少过问政事，并常将孔子请求哀公、季氏讨伐陈恒一事②作为他最后的政治举动。事实上，孔子一直通过哀公问政来参与、影响鲁国政事。哀公十一年（前484），孔子弟子冉求向季康子举荐孔子，孔子归鲁，但这并不意味着季氏打算重用孔子。相反，鲁哀公对孔子抱有很大期望，尊其为"国老"，经常问政孔子，向孔子请教政事，以图强公室。孔子归鲁时，哀公到驿馆亲自迎接孔子，发生了哀公与孔子的第一段对话，对此《礼记·儒行》和《孔子家语·儒行解》中均有记载。《孔子家语》开篇将此次对话的背景作了清晰的叙述，云："孔子既至，舍哀公馆焉。公自阼阶，孔子宾阶，升堂立侍。公曰：'夫子之服，其儒服与？'……"哀公对孔子回鲁的期待与尊敬尽显其间，此后的五年时间里，哀公经常向孔子问政、请教，留下了大量两人对话的史料。哀公虽非古代圣王明君，但教导他如何"为政治国"，对于孔子来讲是顺"礼"成章符合礼制的。哀公十四年（前481），齐国陈恒弑君。对陈恒犯上作乱的行径，孔子无法做到视而不见，他"沐浴而朝"，首先向哀公

---

① 另又有谥号"出公"（《汉表》云"鲁悼公，出公子"）一说，同样是源于哀公联越失败而被迫去鲁一事。
② 此事在《论语·宪问》《孔子家语·正论》《史记·鲁周公世家》《左传》哀公十四年等均有记载。

而非握有实权的季氏请求讨伐陈恒。对此，孔子并非不了解哀公几乎被架空的政治尴尬和三桓的独断专行，但他选择首先向哀公请示，是出于对哀公的敬重和对"礼"之尊卑有序的尊崇。道家人物庄子以哀公的口吻对哀公与孔子之间的这段关系评价到："吾（哀公）与孔丘，非君臣也，德友而已矣！"（《庄子·德充符》）在庄子看来，他们二人之间的情谊不仅仅局限于君臣之义，从他们对话的内容主旨来看，"为政以德，齐之以礼"是孔子答复哀公问政的核心思想，故而哀公对孔子有"德友"之称。

孔子终其一生，始终未曾放弃实现他政治理想的努力，将其积累的政治主张倾囊相授，并对哀公表现出极大的耐心。一次，孔子侍坐于哀公，"哀公问：'敢问人道谁为大？'孔子愀然作色而对曰：'君之及此言也，百姓之德也，固臣敢无辞而对。人道政为大。……'"（《礼记·哀公问》）从孔子"愀然作色"神情立刻严肃起来看，一者，哀公有"人道孰为大"这样的古之圣贤的深刻思考，是孔子始料未及的；再者，哀公的这一思考关乎国之兴衰，合乎孔子之道，在此对话中，孔子将其王道政治思想向哀公做了详细解读，为后人理解孔子政治思想提供了珍贵的文本材料。哀公十六年（前479），孔子辞世，哀公亲自前来吊唁，其诔词曰："昊天不吊！不慭遗一老，俾屏余一人以在位，茕茕余在疚，於乎哀哉，尼父！无自律。"（《孔子家语·终记解》）表达了哀公对孔子的无限哀思之情，悲叹孔子的去世使自己"无自律"，从此失去了学习的榜样。

（四）孔子与季康子

如前所述，孔子归鲁缘于哀公十一年（前484）的齐鲁之战。在这次战役中，孔子弟子冉求表现十分突出，受到季康子的赏识，当季氏问及其才能从何而来时，冉求借机向季氏举荐孔子：

> 其明年，冉有为季氏将师，与齐战于郎，克之。季康子曰："子之于军旅，学之乎？性之乎？"冉有曰："学之于孔子。"季康子曰："孔子何如人哉？"对曰："用之有名；播之百姓，质诸鬼神而无憾。求之至于此道，虽累千社，夫子不利也。"康子曰："我欲召之，可乎？"对曰："欲召之，则毋以小人固之，则可矣。"（《史记·孔子世家》）

盖正是基于孔子的政治威望和才能，以及对孔子门下众多贤弟子的渴求，季康子同意召孔子归鲁。而在当时的鲁国，虽名义上是鲁君主政，实质上是"政在三桓"。此时，鲁人宗法观念已经淡薄，"它已不是西周时期那样的宗法制,只不过是较其他国家更为重视氏族血缘关系的一种褪色的宗法制"①。反映在政治上就是三桓与公室之间的斗争日益激烈,政决于私门。这种状况一直到战国初期鲁穆公改革,以公仪休为相,三桓的势力才由极盛而衰,鲁国也由宗法贵族君主制逐渐变为专制君主制。但鲁国的政局最初并非如此,它作为周公的封地,较为完整而系统地承继了西周的礼乐宗法制度,其他诸侯国一度对鲁国十分推崇和敬重。对此,李启谦先生②和王均林先生③有过详细论述,从鲁国的政权组织和家庭组织,以及宗法制度的发生、发展、延续及特点入手,对鲁国的宗法制度进行了综合研究,在此不再赘述。简单来说,孔子之时,三桓的实力逐渐壮大,以军事力量来说,三桓之首的季孙氏由三桓"作三军,三分公室而各有其一"(《左传》襄公十一年),到后来的"四分公室,季氏择二,二子各一"(《左传》昭公五年),季氏力量得到不断加强,而公室则逐渐丧失对于鲁国政治的控制能力。哀公十一年(前484)齐国伐鲁一事便足以说明此事。当时,齐鲁战争在即,季氏家臣冉求在讨论如何抗齐时说:"鲁之群室,众于齐之兵车,一室(季氏)敌车,优矣,子何患焉?二子(孟孙氏、叔孙氏)之不欲战也宜,政在季氏。当子之身,齐人伐鲁而不能战,子之耻也。大不列于诸侯矣。"(《左传》哀公十一年)从冉求的这番话中可知,当时"群室"有自己的兵车,而又以季氏实力更大,甚至足以与齐抗衡。当时哀公虽也有自己的亲兵,但无法与三桓的私属武装相比。所以,在处理国家内、外大事时,只能听任三桓尤其是季氏的摆布。例如,哀公十四年(前481),孔子听闻齐国发生田成子陈恒弑其君的事情后,孔子"沐浴请讨"郑重地上朝请求哀公讨伐陈恒,极少言兵法的孔子此时陈其利害,进行军事部署以伐齐,但哀公却无法做主,只能让孔子去询问季氏的意见④。

孔子归鲁后,孔子与季康子多有接触,上海博物馆藏战国楚竹书《季庚子问孔子》便是记录两人对话的材料在出土文献中的重要发现。此外,传世文献中也不乏见。单在《论语》中就有关两人对话的六处记载:

---

① 郭克煜等:《鲁国史》,人民出版社1994年版,第149页。
② 参见李启谦先生先后发表的《试谈鲁国宗法贵族共和政体》,《齐鲁学刊》1987年第1期、《鲁君的家族组织及其与宗法制度的关系》,《东岳论丛》1988年第2期。文章对鲁国的血缘家族制、世卿世禄制、会盟制、朝议制、辅贰制、大夫争谏权及家族组织与宗法制度的关系等进行了多方面论述。
③ 王均林:《先秦山东地区宗法研究》,《历史研究》1992年第2期。
④ 《孔子家语·正论》中有载,另《论语·宪问》也有记载,两者对比,《宪问》中没有孔子伐齐的军事部署。

季康子问："使民敬、忠以劝，如之何？"子曰："临之以庄则敬，孝慈则忠，举善而教不能，则劝。"（《论语·为政》）

季康子问："仲由可使从政也与？"子曰："由也果，于从政乎何有？"曰："赐也，可使从政也与？"曰："赐也达，于从政乎何有？"曰："求也，可使从政也与？"曰："求也艺，于从政乎何有？"（《论语·雍也》）

季康子问："弟子孰为好学？"孔子对曰："有颜回者好学，不幸短命死矣！今也则亡。"（《论语·颜渊》）

季康子问政于孔子。孔子对曰："政者，正也。子帅以正，孰敢不正？"（《论语·颜渊》）

季康子患盗，问于孔子。孔子对曰："苟子之不欲，虽赏之不窃。"（《论语·颜渊》）

季康子问政于孔子曰："如杀无道，以就有道，何如？"孔子对曰："子为政，焉用杀？子欲善，而民善矣。君子之德风，小人之德草。草上之风，必偃。"（《论语·颜渊》）

从这些记载可以明显看出，孔子与季氏的关系不同于孔子与哀公，主张王道政治的孔子归鲁后与季氏的关系十分微妙。对季氏而言，孔子就如同鸡肋，食之无味弃之可惜，所以，一方面季氏对孔子心存芥蒂，并不希望孔子参政，将他比作"系而不食"的"匏瓜"待之；另一方面季氏又对孔子的礼敬有加，施政遇到一些难题时，又不得不请教孔子，甚至还要顾及孔子的态度。但对孔子来说，三桓执政始终是乱臣贼子"名不正则言不顺"的僭越，他对季康子的态度多是批判的。哀公十一年（前484）即孔子归鲁的第一年，季康子借口为应对连年的战事和窘迫的内政外交，欲增加赋税实施"用田赋"政策，派举荐孔子归鲁的冉有前去咨询孔子的意见。虽然孔子归鲁，是在弟子冉有的帮助下实现的，但这并没有影响孔子对此事的态度。他对季氏这种不按照礼的原则做事的行径十分愤慨，对前来咨政的冉有"三发而不对"，无论冉有如何询问，孔子均不应答。事实上，孔子对"季氏富于周公，而求也为之聚敛而附益之"的弟子冉有则十分气愤，曰："非吾徒也。小子鸣鼓而攻之，可也。"（《论语·先进》）这恐怕是孔子对弟子最严厉的一次训斥了。虽然季氏最后仍决定继续实行"用田赋"政策，但从以上记载来看，季氏对孔子还是有所忌惮的。事后孔子义正严辞的说："君子之行也，度于礼，施取其厚，事举其中，敛从其薄。如是则以丘亦足矣。若不度于礼，而贪冒无厌，则虽以田赋，将又不足。且子季孙若欲行而法，则周公之典在。若欲苟而行，又何访焉？"（《左传》哀公十一年）从中足以看出孔子对季氏的态度，孔子与季康子众多的对话也基本展现了两人的这一关系。

## 二 "哀公问孔"材料的成书与流传

"哀公问孔"材料在历史上经历了漫长的流传过程，这个过程非常复杂，使得这部分孔子遗说几经变化。那么，此前，它们最初是如何被记录、流传的呢？根据我们的考察，其来源大致应有以下五种可能：

第一，孔子自己所记。在"哀公问孔"材料中，《孔子三朝记》（后简称《三朝记》）应就是孔子"退而记之"的传本。近年来《三朝记》的可靠性和研究价值得到越来越多人的认可，尤其在上博简中又发现有许多内容可与之相互印证[1]，《三朝记》的可靠性由此得到进一步证实。一般认为，《大戴礼记》中《千乘》《四代》《虞戴德》《诰志》《小辨》《用兵》《少闲》七篇即为《三朝记》的内容[2]，且七篇在先秦时期单篇流传。章太炎曾言："七十子后学者所记，《汉志》不入'论语家'，独《三朝记》入'论语家'，殆以《三朝》七篇文理古奥，与众篇不同，或是孔子手作，或是孔子口说、弟子笔录者尔。"[3] 章氏的说法不无道理，而且我们认为其很可能是出于孔子手作，这从《三朝记》的著录情况就可以得到印证。《三朝记》最早著录于刘向《别录》，其云："孔子见鲁哀公问政，比三朝，退而为此记，故曰《三朝》。"[4] 按照古汉语的行文习惯，"退而为此记"应是承前省，与前面"比""退"的行为主语都是指孔子，这至少说明在刘向、刘歆父子看来，《三朝记》应是孔子所记。对此，有学者持否定意见，他们认为"古书不皆手著"[5]，而且孔子自称"述而不作"，故而《三朝记》不应是孔子所作。先秦古书的确少由作者

---

[1] 参见朱赞赞《〈孔子三朝记〉考述》，硕士学位论文，曲阜师范大学，2011年。另外，《左传》《荀子》等对其也多有征引。
[2] 最早明确提出这一说法的是宋代的王应麟，清代的王聘珍、孔广森、阮元、朱骏声、孙诒让等人也赞成此说，章太炎、杨宽、高明、黄怀信、方向东等人持相同意见。但也存在一些不同认识，如颜师古、章学诚认为《大戴礼记》中仅存其一篇，而清人王昶则认为《大戴礼记》中有五篇。
[3] 章太炎：《国学演讲录》，华东师范大学出版社1995年版，第109页。
[4] 参见司马贞《史记索隐》之《五帝本纪》。先秦文献《孔子三朝记》在《七略》《汉书·艺文志》《隋书·经籍志》等也有著录。其中刘向之子刘歆的《七略》亦云："孔子三见哀公，作《三朝记》七篇，今在《大戴礼》。"
[5] 余嘉锡在《古书通例》卷四中有详细论述，见《目录学发微·古书通例》，中华书局2007年版，第287页。

手著，但也有例外，如与孔子同时代的孙武之《孙子兵法》即是一例。关于孔子自称"述而不作"，学者多以为这是孔子的自谦之语，孔子"祖述尧舜，宪章文武"的"信而好古"是在汲取先王之道的基础上的进一步提升与升华，其意义等同于创作，《孔子三朝记》便应属于这种情况。

第二，鲁国的史官所记。"哀公问孔"材料是鲁君哀公与孔子的对话，依据史官制度的记录传统，统治者的言行向来是史官记载的一个重要内容。而且，春秋时期史官对于记言特别看重，这一时期存在着一个渊源有自而连绵不绝的立言传统，并且由此催生出"君子"这一社会群体，其直接影响了以后的诸子文化及其文献记载方式，如《论语》以"子曰"的形式载录了孔子的言语，这一形式就应源于史官文献[①]。"哀公问孔"材料含有鲁国史官的记载，对此学界之所以存有疑问，是认为春秋末期史官制度已经衰落，加之鲁国"政在三桓"的局面，史官流散严重，鲁君哀公的言行是否仍有史官记载就难以确定。

首先需要澄清的是，"天子失官，学在四夷"（《论语·先进》），虽然反映了春秋时期史官流散的情况，但这主要是从周王室衰微的角度论说的，对诸侯国来说，情况刚好相反。那些从周王室流散出来的史官，正是被这些诸侯国吸收，一些邦国的文化制度建设因此加快了进程。以楚国为例，《左传》昭公二十六年载："王子朝及召氏之族、毛伯得、尹氏固、南宫嚚奉周之典籍以奔楚。"范文澜对此曾精辟地分析到："这是东周文化最大的一次迁移，从此楚国代替东周王国，与宋鲁同为文化中心。"[②]这个评价虽不一定十分贴切，但今天能在当时的楚地出土大量的简帛文献，却也印证了这一说法的合理性。许兆昌在论述春秋时期史官制度的变迁时，将史官的流散大致分为前后两个时期：第一时期发生在春秋早期，王室力量衰退，诸侯国兴起，于是王朝的史官流向诸侯国。第二时期是春秋中晚期以后，随着诸侯国政权重心的下移，诸侯的史官逐渐流入卿大夫之家[③]。许氏的说法大致没有问题，但王子朝一事反映出两个问题：一是史官流散分期的界限不是绝对的；二是，史官制度的衰落并不代表这一制度的消亡，不然周王室在经历了春秋早期的流散之后至春秋晚期的王子朝

---

[①] 详细论述可参见过常宝的《原史文化及文献研究》之第五章"君子文化与士人传统"，北京大学出版社 2008 年版，第 176—243 页。
[②] 范文澜：《中国通史》第 1 册，人民出版社 1978 年版，第 116 页。
[③] 许兆昌：《试论春秋时期史官制度的变迁》，《烟台师范学院学报》1998 年第 2 期。

时，早已没有可供再次流散的史官和典籍了①。一般来说，一个制度衰落之后会面临两种结果，要么继往开来，要么推倒重来。历史上，中国的史官制度并没有因为这两次变迁而被推倒重来，相反它与时俱进，在春秋时期形成"史官转型的一个黄金时期"②，从而迎来中国史官制度的新纪元。

鲁国有重视礼乐文化建设的传统，正所谓"周礼尽在鲁矣"（《左传》昭公二年）。孔子作《春秋》一事虽有争议，但《春秋》原作者是鲁国的史官，这一点却是可以肯定的，这也说明孔子之时鲁国的史官制度应是比较健全的。具体来说，春秋末期史官制度虽有衰退，职责发生变化，但史官的记事和宗教这两个最本质、最中坚的职责，反而在史官制度的衰落中被凸显出来，而且随着社会的理性发展，春秋史官还广泛地参与到政治事务中，逐渐承担起社会意识形态建设和监督统治的责任，历史意识也逐渐增强③。尤其在春秋战国之际，随着私学、士文化的兴起，史官群体的演变分化十分激烈，大量史官向行政官僚和学术群体转化④。这种演变使他们更接近于后来意义上的史官，有着秉笔直书，针砭时弊，向为政者进谏诤言等职责。如在"哀公问孔"材料中，孔子与哀公讨论当今之时最贤德的君主卫灵公时，就提到了卫国史官史䲡（即史鱼），卫灵公十分器重史䲡，"必待史䲡之入而后敢入"⑤，史䲡能有如此大影响，说明当时的史官不仅已经进入行政官僚体系中，而且还发挥着举足轻重的作用。至于鲁哀公时有无伴君左右的史官，回答是肯定的。这在"哀公问孔"材料中就有明确体现，齐国陈恒弑君，孔子"沐浴而朝"请求讨伐陈恒，此事在《论语》《左传》《史记》等均有记载，其中《左传》中哀公与孔子的对话就是史官所记。另外，"哀公问孔"材料中还一处关于史官随侍哀公的记载，《淮南子·人间训》载："鲁哀公欲西益宅，史争之，以为西益宅不祥，哀公作色而怒，左右数谏不听，乃以问其傅宰折睢曰：'吾欲益

---

① 又如在哀公六年，《左传》还记载说："有云如众赤鸟，夹日以飞三日。楚子使问诸周大史。"
② 过常宝：《原史文化及文献研究》，北京大学出版社2008年版，第83页。
③ 可参见过常宝《原史文化及文献研究》之第三章"春秋史官的话语权力"，北京大学出版社2008年版，第83—125页；林晓平《春秋战国时期史官职责与史学传统》一文中对春秋战国史官职名及活动的统计，《史学理论研究》2003年第1期。
④ 丁波：《试析春秋战国之际史官群体的演变分化》，《中国社会科学院研究生院学报》2002年第6期。
⑤ 见于《孔子家语·贤君》，此事在《说苑·尊贤》以及安徽阜阳双古堆汉墓木牍也有记载，但木牍仅存"鲁哀公问孔子当今之时"的标题。

宅，而史以为不祥，子以为何如?'……"此事还见于《孔子家语·正论解》《新序·杂事五》和《论衡·四讳》等，虽仅在《淮南子》中有史官参与的记载，其可靠性无法与《左传》相比拟，但无风不起浪，这也间接说明了"哀公问孔"的史料中包含有史官的记载。

第三，孔子弟子及其后学所记。此观点得到学界较广泛的认同，如班固《汉书·艺文志·六艺略序》谈到《论语》的成书问题时就云："《论语》者，孔子应答弟子、时人相与言而接闻于夫子之语也。当时弟子各有所记，夫子既卒，门人相与辑而论纂，故谓之《论语》。"此外，《孔子家语》和《礼记》的材料来源，也以七十子后学的笔记为主①。对于这种记录形式，有论者称："传承文化的那支笔从史官手中转移到七十子后学手中，记载内容则由王侯卿士大夫治国言论变为孔子言行。七十子后学继承了史官秉笔记载的传统，仿照史官的'君举必书'而从事'师举必书'，他们一丝不苟地记载孔子言行，而文章也大都采用《尚书》《国语》中宾主问答的形式。"②质言之，那些带有强烈史谏信念流向民间转型为学术群体的史官，也直接影响了后来的士文化，这在七十子及其后学身上有着明显体现。

当时，孔子在其弟子心目中"仰之弥高，钻之弥坚"（《论语·子罕》)，孔子弟子记录孔子言行是常有之事。一次，子张向孔子请教"行"，由于当时未备竹简，情急之下"子张书诸绅"（《论语·卫灵公》)，将孔子的话记在了自己衣带上。类似的记载还有很多，如：

  冉有跪然免席，曰："言则美矣! 求未之闻。"退而记之。(《孔子家语·五刑解》)

  子贡以告孔子，子曰："小子识之：苛政猛于暴虎。"(《孔子家语·正论解》)

  叔仲会，鲁人，字子期，少孔子五十岁。与孔璇年相比。每孺子之执笔记事于夫人，二人迭侍左右。孟武伯见孔子而问曰："此二孺子之幼也于学，岂能识于壮哉?"孔子曰："然! 少成则若性也，习惯若自然也。"(《孔子家语·七十二弟子解》)

---

① 陈剑、黄海烈在其文《论〈礼记〉与〈孔子家语〉的关系》中特以图表加以说明，《古籍整理研究学刊》2005 年第 4 期。
② 陈桐生：《商周史官文化向战国士文化的转变及其对说理散文的影响》，《文史哲》2008年第 3 期。

可见，孔子弟子不仅有记录孔子嘉语善言的习惯，而且在遇到一些重要问题时，孔子也会提醒弟子加以记录，甚至还会安排专人负责记录。"哀公问孔"材料也含有七十子及其后学的笔记，而且孔子弟子记录这些孔子遗说的形式是多样的，结合"哀公问孔"材料，我们试作简单分析：

第一种情况是，与孔子同见哀公的孔子弟子所记，此属孔子弟子的亲历实录。有学者对七十子后学的笔记内容有过分类，其中一类便是"孔子应对时人，如孔子应对鲁哀公、季康子等"，并言"这一类内容多为亲历弟子所记载"①，这一说法不无道理。如在《孔子家语·辩政》篇中就有这样的记载："（子贡问孔子）昔者齐君问政于夫子，夫子曰'政在节财'；鲁君问政于夫子，夫子曰'政在谕臣'；叶公问政于夫子，夫子曰'政在悦近而来远'。三者之问一也，而夫子应之不同……"根据这段文字的记载，三人问政于孔子时子贡很可能都在现场，否则不会发出"三者之问一也，而夫子应之不同"的疑问。孔子弟子陪同年迈的孔子一同觐见哀公，退朝后作有记录也不无可能。而且，文献中也有不少哀公与孔子弟子对话的记载，如《论语》中就有"哀公问社于宰我"（《论语·八佾》）、"哀公问于有若"（《论语·颜渊》）等。

第二种情况是，孔子在日常教学、谈话中提及与哀公的对话，弟子对此作有记录。以上博简《鲁邦大旱》为例，根据简文记载，孔子在与哀公的对话结束退朝后，还与子贡对朝堂之事进行了一番讨论。文载："……（孔子）出，遇子贛，曰：'赐，尔闻巷路之言，毋乃谓丘之对非欤？'子贛曰：'否。'（子曰）'繄吾子如重名其欤？'……"②孔子常因材施教，哀公与孔子的对话对其弟子尤其是政事科的弟子是非常好的教学素材，这些内容很可能被其中一些弟子记录下来。

第三种情况是，孔子弟子从鲁君、史官等处得知并加以记录。在"哀公问孔"的对话材料中，有"哀公异日以告闵子"的记载，虽出于《庄子·德充符》，是庄子伪托之事，但孔子归鲁后，孔子许多弟子在鲁为政为官③，哀公、史官等与他们讨论国政并无不妥。

---

① 参见陈桐生《商周史官文化向战国士文化的转变及其对说理散文的影响》，《文史哲》2008年第3期，另外两类是"一是孔子对众弟子口述礼仪、阐述礼义以及进行道德教诲，这一类为众弟子所共同记载；二是个别弟子就某一学术问题向孔子请教，这一类多由请教的弟子记载，如上博简《子羔》《子弓》的记录者应为子羔、仲弓"。
② 马承源：《上海博物馆藏战国楚竹书》（二），上海古籍出版社2002年版，第203页。
③ 参见李启谦《孔门弟子研究》之"弟子任官表"，齐鲁书社1987年版，第245—246页。

第四,"时人"的口耳相传及传抄。在先秦,由于受到记录条件的限制,口耳相传是当时记录历史、传播文化的一个主要方式。孔子归鲁之前即已盛名在外,正所谓"有朋自远方来",犹如孔子问礼老聃,一些仰慕孔子、与孔子志同道合的人也会前来问学,将在孔子处的见闻记录下来也是常有之事。根据《论语》的记载,与孔子言的"时人"多是鲁定公、鲁哀公、卫灵公、季康子、孟懿子、陈司败、仪封人等国君和大夫,他们关心如何为政治国,孔子与他们或者哀公与他们论及哀公问政的内容也不足为奇。何况孔子之时,时人议论朝政并未受到限制,甚至至战国时,还出现大量游走于各国之间为为政者出谋划策的游士和纵横家。如史书中就有很多"告之""闻之"等内容的记载,这种时人之间的口耳相传也可能出现在"哀公问孔"材料中。此外,当时各国史书也是对外开放的,如昭公二年(前540),韩宣子在鲁"观书于大史氏"后,曾感叹说:"周礼尽在鲁矣!"(《左传》昭公二年)孔子声名在外,鲁国内外不是没有传抄、传诵史官记录的那部分"哀公问孔"材料的可能,加之,春秋晚期史官、典籍仍有流散,"哀公问孔"材料也可能因此流散到民间。

第五,后人的附会。余嘉锡《古书通例》中有"古书多造作故事"例,云:"夫左史记动,右史记言,既是据事直书,故其立言有体……若夫诸子短书,百家杂说,皆以立意为宗,不以叙事为主;意主于达,故譬喻以致其思;事为之宾,故附会以圆其说;本出于荒唐,难与庄论。惟儒者著书,较为矜慎耳。"针对宾主问答之辞他还特别强调说:"诸子著书,词人作赋,义有奥衍,辞有往复,则设为故事以证其义,假为问答以尽其辞,不必实有其人,亦不必真有此问也。"① 记录有"哀公问孔"材料的《庄子》即是如此。此书行云流水,多有神来之笔,郭沫若曾云:"以后的神仙中人,便差不多都是奇形怪状的宝贝。民间的传说、绘画上的形象,两千多年来成为极陈腐的俗套,然而这发明权原来是属于庄子的。"② 在《庄子》一书中,塑造了神人、圣人、真人、至人、残疾人等一批奇特的人物形象,他们生活肆意洒脱,多有过人之处,给人留下了深刻的印象。仅《德充符》一篇,庄子就设计了六个这样的人物,其中"哀公问孔"中所讲的"恶人"——哀骀它即为其中一位。以"恶人"相称是因

---

① 余嘉锡在《古书通例》卷二中有详细论述,见《目录学发微·古书通例》,中华书局2007年版,第252—253、258页。
② 郭沫若:《十批判书·庄子批判》,东方出版社1996年版,第205页。

为此人身体残疾相貌极丑，但与之形成强烈对比的是，哀骀它拥有德品高尚的灵魂。这个虚构的故事是庄子为表达其思想而创造的，类似的记载在先秦说理散文中非常常见，尤其喜借古代之圣贤以增强说服力，孔子就常摇身一变成为别家的形象代言人开讲说教。

# 第二章 "哀公问孔"材料的对比研究

学界近年来十分关注孔子言论的整理与研究,"哀公问孔"是此前未受充分重视的孔子遗说。首先,这批材料主要搜集的是周秦两汉时期的资料,这一时期的学术发展值得学界特别关注,以经典为载体的中国学术发端于此,也是在此时发生重要转型,经学逐渐成为中国文化的核心。"哀公问孔"材料在此期间得到广泛流传,并出现同源异趣的不同记载版本,带有较为明显的时代烙印和个人记载志趣。其次,从文献记载来看,孔子弟子有记录孔子言行的习惯,《论语》绝非唯一留存至今的资料,应有大量孔子遗说留存于世。"哀公问孔"是孔子与鲁君哀公的对话,除史官、时人记录等,孔子弟子应该是主要的记录者。最后,这批材料内容丰富,有真有伪,多重文,文献流传复杂,其中一些材料带有道、法等家依托的痕迹,还有一些出自"伪书",这都加重了学界对这批材料真伪的怀疑。所以"哀公问孔"材料的可靠性问题,是研究这些材料要解决的首要问题。因此,有必要充分运用文献学中校勘、考据、辨伪、目录、辑佚等理论与方法,以考察文本可靠性为突破口,丰富孔子研究的依据,厘清周秦两汉文献形成、流传的过程,揭示孔子思想传播、嬗变的理路,发掘中国早期学术发展的规律。以下我们将按照主题思想的不同,分为政治国、君子修养、天道性命三大版块,对"哀公问孔"材料逐一进行对比研究。

## 第一节 "为政治国"材料辨析

在"哀公问孔"的材料中,以谈论"为政治国"方略(包含"为政以德"和"为国以礼"两部分)的对话最多,32个主题内容中有18个相关主题可以归于此类材料,它们是五仪之教、沐浴请讨、为政以礼、取人之法、守国之道、舜冠何冠、最贤之君、徙宅忘妻、使民富寿、文武之政、贵黍贱桃、隆敬高年、东益不祥、莫众而迷、举直错枉、夔非一足、堂上而已、政在选臣。

## 一 沐浴请讨

"沐浴请讨"常被称作孔子临终前最后的政治呼声。此事在《左传》《论语》《史记》均有记载，材料弥足珍贵，是难得的针对具体史实事件展开的对话，且在几处重要文献中均有记载。"田氏代齐"一事，对有着强烈的社会责任感，讲究"正名"的孔子而言无法容忍。事发之后，孔子斋戒沐浴，请求哀公讨伐田氏，甚至为如何讨伐齐国，亲自出谋划策，安排军事布局，冉求在举荐孔子时就言"文武并用兼通。求也适闻其战法，犹未之详也"（《孔子家语·正论解》），但孔子有关军事的讨论在文献记载中极其少见，所以此处资料尤显珍贵。本题见于《孔子家语·正论解》《左传》哀公十四年[1]、《论语·宪问》[2] 和《史记·鲁周公世家》[3] 四篇。

齐陈恒弑其简公，孔子闻之，三日沐浴而适朝，告于哀公曰："陈恒弑其君，请伐之。"公弗许。三请，公曰："鲁为齐弱久矣，子之伐也，将若之何？"对曰："陈恒弑其君，民之不与者半。以鲁之众，加齐之半，可克也。"公曰："子告季氏。"孔子辞，退而告人曰："以吾从大夫之后，吾不敢不告也。"（《孔子家语·正论解》）

甲午，齐陈恒弑其君壬于舒州。孔丘三日齐，而请伐齐三。公曰："鲁为齐弱久矣，子之伐也，将若之何？"对曰："陈恒弑其君，民之不与者半。以鲁之众，加齐之半，可克也。"公曰："子告季孙。"孔子辞。退而告人曰："吾以从大夫之后也，故不敢不言。"（《左传》哀公十四年）

陈成子弑简公。孔子沐浴而朝，告于哀公曰："陈恒弑其君，请讨之。"公曰："告夫三子。"孔子曰："<u>以吾从大夫之后，不敢不告</u>也。君曰'告夫三子'者。"之三子告，不可。孔子曰："<u>以吾从大夫之后，不敢不告也</u>。"（论语·宪问）

十四年，齐田常弑其君简公于徐州。孔子请伐之，哀公不听。

---

[1] 杨伯峻编著：《春秋左传注》，中华书局1990年版。本书所用《左传》的材料，不做特殊说明之处，皆据此版本，不再注明。
[2] 杨伯峻译注：《论语译注》，中华书局1980年版。本书所用《论语》的材料，不做特殊说明之处，皆据此版本，不再注明。
[3] （汉）司马迁：《史记》，中华书局1982年版。本书所用《史记》的材料，不做特殊说明之处，皆据此版本，不再注明。

(《史记·鲁国公世家》)

陈恒，名恒，妫姓，又称陈成子、田成子、田恒，他是齐国承继父位为陈氏家族的第八任首领，"田氏代齐"所指的就是他。公元前481年，他发动政变，杀死了阚止和齐简公，拥立简公之弟为国君，是为齐平公。之后，陈恒在朝中剔除异己，独揽齐国大权。汉时避汉文帝刘恒之讳，改"恒"为"常"，故《史记》与《孔子家语》《论语》《左传》等先秦文献记载不同，称"田常"。舒州，是春秋齐地，即彭城，今在山东滕州市。《史记索隐》注曰："徐，音舒，"古字通用。由此可见文献在流传过程中时有改订、增损，这属于文献流传的一个自然过程。

对于陈恒弑君一事，多处文献对此均有记载，如《史记·田敬仲完世家》对其经过就有详细论述，但涉及孔子对此事态度的文献仅有以上四则材料。经比勘，《孔子家语》和《左传》的记载最为相近也最为全面，对于讨伐陈恒，孔子考虑得十分周详，不仅有估计了战争的形势，并作有安排，而且记下了请求遭拒绝后孔子的感慨。而《论语》对此事的记载没有对谋划作战的一节，其论述重点在于表现孔子形象、反映其"正名"思想上，故而会有对"以吾从大夫之后，不敢不告也"感慨的两次重复。可见，不同文献记载有不同的写作倾向，其中《论语》的记载，凸显了孔子强烈的社会责任感和他内心的王道信念，孔子的军事思想则不是其记载重点，反映了孔子弟子心目中"正实而切事"的文献编辑准则。

## 二 五仪之教

孔子积极关注现实政治，提倡仁、礼结合，主张修身和为政的内在统一。哀公就如何"取人"请教孔子，对此，孔子强调识人，认为人可分为庸人、士人、君子、贤人和圣人五等，即"五仪"，通过论述每一类人的特点来为哀公介绍他的人才观。此外，孔子还结合哀公"生于深宫之内，长于妇人之手"的成长特点，向他阐释如何"行五仪之教"，体现了孔子"内圣外王""修齐治平"的思想。本篇见于《孔子家语·问礼》[①]

---

[①] 《孔子家语》以商务印书馆影印明黄鲁曾覆宋本为底本，参校杨朝明、宋立林主编：《孔子家语通解》，齐鲁书社2009年版，本书所用《孔子家语》的材料，不做特殊说明之处，皆据此版本，不再注明。

(甲)、《荀子·哀公》[①](乙)、《大戴礼记·哀公问五义》[②] (丙)、《新序·杂事第四》[③] (丁)四篇传世文献[④]，以及八角廊汉简《哀公问五义》。

哀公（1 乙丙为"鲁哀公"）问于孔子曰："寡人欲论鲁（2 乙丙为"吾欲论吾"）国之士，与之为治，敢问如何取之（3 乙"敢问何如取之邪"，丙"何如者取之"）？"孔子对曰："生（4 丙多"乎"）今之世，志古之道；居今之俗，服古之服。舍此而为非者，不亦鲜乎？"（5 乙丙多"哀公"）曰："然则章甫絇履（6 丙为"然则今夫章甫句履"），绅带缙[⑤]（7 乙丙为"而搢"）笏者，皆贤人也（8 乙"此贤乎"，丙"此皆贤乎"）。"孔子（9 乙丙多"对"）曰："不必然也（10 乙无"也"，丙"否！不必然"）。丘之所言，非此之谓也。（11 乙丙均无此句）（12 丙多"今"）夫端衣玄裳，冕而乘轩者（13 乙为"绕而乘路者"，丙为"冕而乘路者"），则（14 乙丙均无）志不在于食荤；斩衰管[⑥]菲（15 乙为"菅屦"，丙为"苴履"），杖而歠（16 乙为"啜"）粥者，则志不在于酒肉（17 乙丙均无"则"，丙"酒肉"为"饮食"）。'生今之世（18 丙为"故生乎今之世"），志古之道；居今之俗，服古之服'，谓此类也（19 乙丙"舍此而为非者，虽有，不亦鲜乎！"乙还有"哀公曰：'善！'一句"）。"

公曰："善哉！尽此而已乎？"孔子曰："人有五仪：有庸人，有士人，有君子，有贤人，有圣人。审此五者，则治道毕矣。"（20 乙为"孔子曰：'人有五仪：有庸人，有士，有君子，有贤人，有大

---

① 王先谦：《荀子集解》，中华书局1988年版，本书所用《荀子》的材料，不做特殊说明之处，皆据此版本，不再注明。
② （清）王聘珍撰，王文锦点校：《大戴礼记解诂》，中华书局1983年版。本书所用《大戴礼记》的材料，不做特殊说明之处，皆据此版本，不再注明。
③ （汉）刘向编著，石光瑛校释，陈新整理：《新序校释》，中华书局2001年版。本书所用《新序》的材料，不做特殊说明之处，皆据此版本，不再注明。
④ 为方便校勘及研究，第一，在进行具体的文献校勘时，因《孔子家语》所涉篇章最多、记载的篇幅长，相对完整，故我们多以它为底本，少量不以《孔子家语》为底本的，我们将会注明。第二，将重文所涉典籍编以甲、乙、丙、丁等名目，在校勘中方便比对。第三，与底本文献比对时，与底本相同者不作注明，差别之处则在底本的原文处标以横线注明，并编以数字作为序号，并注明不同版本之间的不同，以方便后面行文。
⑤ 四库本、备要本、同文本作"搢"。
⑥ 原作"管"，据四库本、备要本改。

圣。'"丙无此节)

公(21 乙丙均为"哀公")曰:"敢问何如斯可谓之庸人?"(22 乙在句尾多一"矣"字,丙为"善!何如则可谓庸人矣")孔子(23 乙丙多一"对"字)曰:"所谓庸人者,心不存慎终之规,口不吐训格之言,不择贤以托其身,不力行以自定。见小暗大,而不知所务;从物如流,不知其所执,此则庸人也。(24 乙为"所谓庸人者,口不能道善言,心不知色色:不知选贤人善士托其身焉以为己忧,勤行不知所务,止交不知所定;日选择于物,不知所贵;从物如流,不知所归;五凿为正,心从而坏:如此,则可谓庸人矣。"丙为"所谓庸人者,口不能道善言,而志不邑邑;不能选贤人善士托其身焉以为己忧,动行不知所务,止立不知所定;日选于物,不知所贵;从物而流,不知所归;五凿为政,心从而坏:若此,则可谓庸人矣。")①

公曰:"何谓士人?"(25 乙为"哀公曰:'善!敢问何如斯可谓士矣?'"丙为"哀公曰:'善!何如则可谓士矣?'")孔子(26 乙丙多"对")曰:"所谓士人者,心有所定,计有所守。虽不能尽道术之本,必有率也;(27 乙为"所谓士者,虽不能尽道术,必有率也。"丙为"所谓士者,虽不能尽道术,必有所又焉。")虽不能备百善之美(28 乙为"遍美善",丙为"尽善尽美"),必有处也(29 丙为"必有所处焉")。是故知不务多,必(30 乙为"务",丙为"而务")审其所知;言不务多,必审其所谓;行不务多,必审其所由。(31 乙此处两个"必"均为"务",丙则为"行不务多,而务审其所由;言不务多,而务审其所谓")智②既知之(32 乙为"故知既知之矣",丙横行处为"知"),言既道之(33 乙为"言既已谓之矣",丙为"行既由之"),行既由之(34 乙为"行既已由之矣",丙为"言既顺之"),则若(35 丙为"若夫")性命之形骸(36 乙丙均为"肌肤"),之不可易也。富贵不足以益(37 乙此句前后分别多一"故""也"),贫贱不足以损(38 乙多"也")。此则士人也(39 乙为"如此,则可谓士矣",丙为""若此,则可谓士矣")。"

---

① 《韩诗外传》卷四云对庸人亦有记载,云:"所谓庸人者,口不能道乎善言,心不能知先王之法,动作而不知所务,止立而不知所定,日选于物,而不知所贵,不知选贤人善士而托其身焉,从物而流,不知所归,五藏无政,心从而坏遂不反,是以动而形危,静则名辱。诗曰:'之子无良,二三其德。'"

② 智,同文本作"知"。

公曰："何谓君子?"（40 乙为"哀公曰：'善！敢问何如斯可谓之君子矣?'"丙为"哀公曰：'善！何如则可谓之君子矣?'"）孔子（41 乙丙多"对"）曰："所谓君子者，言必忠信而心不怨（42 乙为"德"），仁义在身而色无伐，思虑通明而辞不专（43 乙为"思虑明通而辞不争"）。笃行信道，自强不息，（44 乙无此）油然若将可越而终不可及者。此则君子也。（45 乙为"故犹然如将可及者，君子也。"）"（46 丙为"所谓君子者，躬行忠信，其心不买；仁义在己，而不害不志；闻志广博而色不伐，思虑明达而辞不争。君子犹然如将可及也，而不可及也。如此可谓君子矣。"）

公曰："何谓贤人?"（47 乙为"哀公曰：'善！敢问何如斯可谓之贤人矣?'"丙为"哀公曰：'善！敢问何如则可谓之贤人矣?'"）孔子（48 乙丙多"对"）曰："所谓贤人者，德不逾闲（49 乙无此，丙为"好恶与民同情，取舍与民同统"），行中规绳（50 乙为"行中规绳而不伤于本"，丙与乙同，仅将"规"作"矩"），言足以法于天下而不伤于身（51 乙无"以"；丙为"言足法于天下而不害于其身"），道足以化于百姓而不伤于本（52 乙丙无此句）。富则天下无宛财，施则天下不病贫（53 乙为"富有天下而无怨财，布施天下而不病贫"，丙为"躬为匹夫而愿富，贵为诸侯而无财。"）。此则贤者也（54 乙、丙为"如此，则可谓贤人矣"）。"

公曰："何谓圣人?"（55 乙为"哀公曰：'善！敢问何如斯可谓大圣矣?'"丙为"哀公曰：'善！敢问何如可谓圣人矣?'"）孔子（56 乙丙多"对"）曰："所谓圣者，德合于天地，变通无方，穷万事之终始，协庶品之自然，敷其大道而遂成情性。明并日月，化行若神。下民不知其德，睹者不识其邻。此谓圣人也。"（57 乙为"所谓大圣者，知通乎人道，应变而不穷，辨乎万物之情性者也。大道者，所以变化遂成万物也；情性者，所以理然不取舍也。是故其事大辨乎天地，明察乎日月，丙为"所谓大圣者，知通乎大道，应变而不穷，能测万物之情性者也。大道者，所以变化而凝成万物者也；情性也者，所以理然不然取舍者也。故其事大，配乎天地，参乎日月，杂于云霓"）总要万物于风雨（58 丙无此），缪缪肫肫（59 丙为"穆穆纯纯"），其事不可循（60 丙为"其莫之能循"），若天之嗣（61 丙为"司"），其事不可识（62 丙为"莫之能职"），百姓浅然不识其邻（63 丙为"知其善"），若此，则可谓大圣（64 丙为"圣人"）矣。"）

（65 乙于此以"哀公曰：'善！'"结束关于"五仪"的讨论；丙

则以"哀公曰:'善!'孔子出,哀公送之。"结尾)

公曰:"善哉!非子之贤,则寡人不得闻此言也。虽然,(66 乙丁均无此句,乙作"鲁哀公问于孔子曰";丁为"哀公问孔子曰")寡人生于深宫之内(67 乙为"寡人生于深宫之中";丁为"寡人生乎深宫之中"),长于妇人之手,未尝知哀,未尝知忧,未尝知劳,未尝知惧,未尝知危,恐不足以行五仪之教,若何?"(68 乙丁在"未尝知哀"前多一"寡人";并在"哀""忧""劳""惧""危"后分别多一"也"字,且无横线处内容)孔子对曰:"如君之言,已知之矣。则丘亦无所闻焉。"(69 乙为"孔子曰:'君之所问,君之问也。丘,小人也,何足以知之?'"丁为"孔子辟席曰:'吾君之问,圣君之问也。丘,小人也,何足以言之?'")

公曰:"非吾子,寡人无以启其心,吾子言也。"(70 乙为"曰:'非吾子无所闻之也。'";丁为"哀公曰:'否。吾子就席,微吾子,无所闻之矣。'")孔子曰:"君①入庙,如右,登自阼阶,仰视榱桷,俯察几②筵,其器皆存,而不睹其人。君以此思哀,则哀可知矣。(71 乙为"君入庙门而右,登自阼阶,仰视榱栋,俛见几筵,其器存,其人亡,君以此思哀,则哀将焉而不至矣!"丁为"君入庙门,升自阼阶,仰视榱栋,俯见几筵,其器存,其人亡,君以此思哀,则哀将安不至矣!")昧爽夙兴,正其衣冠,(72 乙丁均为"君昧爽而栉冠")平旦视朝,虑其危难,一物失理,乱亡之端。君以此思忧,则忧可知矣。(73 乙为"平明而听朝,一物不应,乱之端也,君以此思忧,则忧将焉而不至矣!"丁为"平明而听朝,一物不应,乱之端也,君以此思忧,则忧将安不至矣!")日出听政,至于中冥,诸侯子孙,往来为宾,行礼揖让,慎其威仪。君以此思劳,则劳亦可知矣。(74 乙为"君平明而听朝,日昃而退,诸侯之子孙必有在君之末庭者,君以思劳,则劳将焉而不至矣!"丁为"君平明而听朝,日阳而退,诸侯之子孙必有在君之门廷者,君以思劳,则劳将安不至矣!")缅然长思,出于四门,周章远望,睹亡国之墟,必将有数焉。君以此思惧,则惧可知矣。(75 乙为"君出鲁之四门以望鲁四郊,亡国之虚则必有数盖焉,君以思惧,则惧将焉而不至矣!"丁为"君出鲁之四门以望鲁四郊,亡国之虚列必有数矣,君以此思惧,则惧将

---

① 原"君"后有"子"字,据同文本及文意删。
② "几"原作"机",据四库本改。

焉而安不至矣!")夫君者,舟也;庶人者,水也。水所以载舟,亦所以覆舟。君以此思危,则危可知矣。(76乙为"且丘闻之:君者舟也;庶人者水也。水则载舟,水则覆舟;君以此思危,则危将焉而不至矣!"丁为"丘闻之:君者舟也;庶人者水也。水则载舟,水则覆舟;君以此思危,则危将安不至矣!")君既明此五者,又少留意于五仪之事,则于政治何有失矣?(77乙丁均无此句)"(78丁又多出"'夫执国之柄,履民之上,懔乎如以腐索御奔马。《易》曰:履虎尾。《诗》曰:如履薄冰。不亦危乎。'哀公再拜曰:'寡人虽不敏,请事斯语矣。'")

本章主要围绕"五仪"即庸人、士人、君子、贤人、圣人这五等人进行论述,通过对比我们认为:

首先,就篇题而言,《孔子家语》为《五仪解》,《大戴礼记》为《哀公问五义》,本题在《荀子》中则被归入《哀公》篇中。与本题相关的定县八角廊汉简《哀公问五义》根据当时发表在1981年第8期《文物》中的出土简报来看,应该是依照《大戴礼记》定名的,文载:"定县竹简中的《哀公问五义》和《保傅传》两篇简文,按其内容,都为《大戴礼记》的一部分。"但文中也说,本篇"其竹简形制和其它各书不一样,可能是另一种抄本"①。由于该墓早年被盗被焚,竹简已经炭化,残碎严重,且简文字迹模糊,察辨十分困难,至今未有进一步研究。对于篇题"仪"与"义"的不同,《荀子集解》注云:古"仪"字正作"义",也就是说从文字的演变规律讲,"义"字更古朴;但从字义来讲,"仪,犹等也"(王先谦按)。故按意思讲,"仪"字更为恰当,"仪"与"义"可以相互假借。另外,《五仪解》之"解"是一种注释体例,又称"解诂",旨在着重分析内容。故而,我们推测,"义"与"仪"在先秦均有使用,但"义"字更为古老,"仪"盖为后人"隶古定"而改,对此,俞樾在《古书疑义举例》中对这一古书用字亦有评判,将这种现象总结为"文随义变而加偏旁例"②。

其次,从文献对比上看,首段中多为用字上的分歧,应是后世在传抄过程中的增损和改订,于文意宏旨无碍。如第1例,开篇《孔子家语》

---

① 有关情况可参见国家文物局古文献研究室、河北省博物馆、河北省文物研究所定县汉墓竹简整理组《定县40号汉墓出土竹简简介》,《文物》1981年第8期。
② 俞樾等:《古书疑义举例五种》,中华书局1956年版,第145页。

为"哀公问于孔子曰",《荀子》《大戴礼记》为"鲁哀公问于孔子曰"。春秋战国时期,诸侯林立,国君众多,谥号相同的国君亦有许多,谥为"哀"的国君不止鲁哀公,如还有秦哀公、陈哀公等。但能与孔子发生对话的当仅有鲁哀公,故有无国别的差别,盖与记录者的个人写作习惯有关,但根据当时的写作习惯,对本国国君一般很少冠以国别加以区别。以今本《论语》为例,其中对鲁君的称呼就不以国别区分,这也可作其为鲁《论》系统的一个证据。就此而言,《孔子家语》之记载应更加接近材料原貌。第 7 例,《孔子家语》之四库本、备要本、同文本同《荀子》《大戴礼记》,也作"擂"。"缙"与"擂"双声叠韵可假借。古书用字不像今天一样严格,同一书的不同版本用字也有差异,这可作为辨别版本优劣的参考之一。第 8 例,《孔子家语》作"皆贤人也",《大戴礼记》作"此皆贤乎",《荀子》作"此贤乎"。俞樾在《荀子集解》中曰:"'此'当作'比'。"而徐锴在《系传》有曰:"比,皆也。"另据《说文》:"皆,俱词也,从比,从白。"三书互相参照,盖"此"为"皆"之误,而《大戴礼记》又增"皆",应为衍文,此应以《孔子家语》为优。第13、15、16、17 四例,《荀子》《大戴礼记》将《孔子家语》晦涩的字词作以修改,换为较为浅显之词。此应以《孔子家语》所载更古朴,因为《孔子家语》没有理由将浅显之字特意改为生僻字。此段虽各书记载互有优劣,但总体仍以《孔子家语》更贴近此材料原貌。

第二段就主题内容开始论述,在校勘方面主要涉及行文问题。具体来说,第 20 例,《大戴礼记》中全无此节而直接过渡到介绍何谓"庸人",行文唐突而不连贯,盖此有脱文。《荀子》虽有孔子之答语,简单列举了"五仪"所指。但此处在哀公与孔子之间,缺少一个链接点和一个呼应,《孔子家语》中段首之"善哉!尽此而已乎"(哀公语)以及段末的"审此五者,则治道毕矣",不仅再现了当时的对话情景,而且使得文章记载一气贯通,前后呼应。

第三段主要论述的是何谓"庸人",需要指出的是,《韩诗》卷四对此也有引用,但并非作为孔子话转引,而仅是作为解释《诗》中"之子无良,二三其德"一句的材料引用,这应与《韩诗》一贯的编排体例有关,后面我们将详细论述。本段在称谓上稍有不同,第 21 例,在《孔子家语》作"公曰",《荀子》《大戴礼记》作"哀公问"。后者有改动之嫌,因为前面已提及哀公之名,后面直言"公"并不会引起误解。且"哀"是鲁哀公的谥号,直接记为"公曰",不仅简练而且对话的情景感更强。此外,整体而言,此节对"庸人"的讨论,《孔子家语》的记载与其他文献记载差别较大，《荀子》《大戴礼记》均涉及《孔子家语》中未提及的"五凿"概念。对此，《荀子集解》中云："凿，窍也。五凿，谓耳目鼻口及心之窍也。言五凿虽似于正，而其心已从外物所诱而坏矣，是庸愚之人也。"另一观点认为，五凿，五情也。结合郭店简《性自命出》"性自命出，命自天降。道始于情，情生于性""喜、怒、哀、悲之气，性也"等简文，以及先秦儒家对于"性"的认识①。我们认为，这里的"五凿"很可能就是指五情，情是性的外在表现，有《庄子》"六凿相攘"（谓六情）为旁证，王念孙等前辈持此观点。另外，从文字分析，"凿"为从纽药部，"情"为从纽耕部，两字双声叠韵，可作假借字。于此，"已忧""所务""所定""所贵""所归"五者与"五凿"密切相关，皆从其"心"，若"心从而坏"，那么此五者也会"不正"。那么，"心"的状态就变得很重要。《荀子》在此五者之前，有"口不能道善言，心不知色色"一句，此句《大戴礼记》中作"而志不邑邑"，"邑邑"与"悒悒"同，忧逆短气貌也。《曾子立事》篇云："终身守此悒悒。"其意为心志放荡不羁，与下文之"五凿为正，心从而坏"互相照应。故这里的"色色"当为"邑邑"，盖为形似而误。总体上，《荀子》与《大戴礼记》记载是基本一致，只是个别字词的不同，如"心"与"志"，义同常互用；"勤"和"动""交"和"立"，盖为形似而误；"政"和"正""如"和"若"古字通用。《孔子家语》与两者应不属于一个流传系统，虽有重文，文意大致相近，但行文差别较大。盖先秦时流传有几个不同的版本，而三书各有所本，又或本于一源，而各书改动程度不同所致。从逻辑上看，《荀子》《大戴礼记》所记显然层次性更强，《孔子家语》则显得粗疏，疑《荀子》《大戴礼记》改动整理的程度更大。

第四段是对"士人"的讨论。本节《孔子家语》《荀子》《大戴礼记》三者记载差异很小。其中《孔子家语》与《荀子》记载最接近，不同多为虚词的差异。通过比对，发现《荀子》的记载似在《孔子家语》的基础上，于其句首、句尾等位置增改"故""所""焉""矣""也""已"等虚词。汉时行文多有语气词等虚词缀入，而先秦刚好相反。另外，《孔子家语》中多处之"必"在《荀子》中为"务"，两字音近、形异、义有关，均有必须、一定之义，是为同源字，可互用，但用"务"

---

① 如《大戴礼记·文王官人》云："民有五性，喜怒欲惧忧也。喜气内畜，虽欲隐之，阳喜必见。怒气内畜，虽欲隐之，阳怒必见。欲气内畜，虽欲隐之，阳欲必见。惧气内畜，虽欲隐之，阳惧必见。忧悲之气内畜，虽欲隐之，阳忧必见。五气诚于中，发形于外，民情不隐也。"

字,则前后行文一律,盖后人为润饰。第28例,《孔子家语》中"虽不能备百善之美"一句中的"备百善之美",在《荀子》中为"遍美善",在《大戴礼记》中为"尽善尽美"。显然,按照语言自身发展规律来说,它们之间是递进的,《孔子家语》所言较为朴实,更显古朴,类似的还有第36例。第32例中的"智既知之"之"智",《孔子家语》之同文本作"知",《荀子》《大戴礼记》也为"知"。《释名》:"智,知也,无所不知也。"古字两者可以通用,但根据前后行文,此处"智"与"言""行"并列,应为名词,此用"智"更为准确。此外,《大戴礼记》中的此节内容,与《孔子家语》《荀子》大意差别不大,但却有错简之嫌。在第31、33、34例中,均将"行"放于"言"之前,根据《论语》的记载习惯,应是先"言"后"行"的。

第五段是介绍"君子"品行的,其中《孔子家语》《大戴礼记》的记载较为相近,但仍有优劣之别。如根据下文"色无伐""辞不专"的记载,"伐""专"均属于贬义词,故第42例,《孔子家语》记为"心不怨",而《荀子》为"心不德","德"为褒义词,显然于文意不符。第45例中,"油"与"犹"虽为假借字,但在《孔子家语》中,王肃对"油然"注曰:"不进之貌也。"《孟子》有云:"油油然与之偕。"此言无以异于凡人也。而"犹然"为连词,表示陪衬,以引起推论,常与"况""安"等前后呼应,可译为尚且、还。如《史记·游侠列传》:"此皆学士所谓有道仁人也,犹然遭此灾,况以中材而涉乱世之末流乎!"故根据上下文意,此处应为"油然",盖《荀子》因假借而误。总之,观此三者,《孔子家语》《荀子》的记载虽有差别,但多有重叠,《大戴礼记》则有别于两者。盖前两者属一个流传系统,有共同的史料来源,而《大戴礼记》另有所本,但三书记载基本都"不失其意",近于夫子本旨。

第六段是对"贤人"的讨论,对读三文可知,如同前面介绍"君子"的记载,《孔子家语》与《荀子》记载较为接近,但仍有差异。具体来说,第49例,对于"德不逾闲"一句,王肃在《孔子家语》中注曰:"闲,法。"《荀子》无此句,盖其出现脱文所致。因为贤人是仅次于圣人的第二等人,"德"已在贤人身上表征明显,如"德行"中的典范颜回,孔子对他曾评价说:"贤哉,回也!一箪食,一瓢饮,在陋巷。人不堪其忧,回也不改其乐。贤哉,回也!"(《论语·雍也》)并以"贤"许之。而孔子曾说过:"有德者,必有言。有言者,不必有德。"(《论语·宪问》)由此,再谈"行""言"等似乎更加顺畅,且与"不逾闲"相统一,可以说这是"德"的外化表现。故而,此句不仅有统领下文之义,而且可以说是一个人的"德"行如何,决定了他的归类,故《孔子家语》的记载更优。第 50 例,《孔子家语》为"行中规绳",《荀子》为"行中规绳而不伤于本",根据上下文,疑《孔子家语》此处有脱文。第 52 例,则刚好相反,应是《荀子》脱文。而《大戴礼记》的行文、框架与《荀子》相似,盖本于《荀子》并有所增改。汉时是专制中央集权的大一统时代,注重孝、德等儒家纲常。

第七段是对"圣人"的讨论,《孔子家语》《荀子》与《大戴礼记》的记载多有不同,总体而言,它们应拥有共同的材料来源,但对比发现,《孔子家语》的记载古朴,语言简洁,文意相对深奥晦涩;《荀子》的记载似乎是对原材料有进一步的阐释、细化;而《大戴礼记》则又有解释之嫌。如就《孔子家语》和《荀子》而言,他们都在讲"大道"和"情性",但《荀子》语言逻辑性显然要优于《孔子家语》。《荀子》此节对圣人先是总括,言"知通乎大道,应变而不穷,辨乎万物之情性者也";进而对"大道""情性"单独作以解说;最后用"是故"再作以总结和深化。而《孔子家语》之条理与之相较则显得杂乱,主题不明确,但细究起来,两者所言是十分接近的。而且第 58 例至第 64 例,两书记载一致,但《大戴礼记》对此变动较大,有进一步解释的痕迹,如第 59 例,《孔子家语》《荀子》为"缪缪肫肫",《大戴礼记》为"穆穆纯纯","缪"与"穆"古字通,"肫"与"纯"声近可假借,改字之后,用字更加简单而易懂。但《大戴礼记》的结构框架似更近于《荀子》,但似乎又有润饰。最明显的例子是第 57 例,在字词上,《荀子》中"辨乎万物之情性者也"之"辨",显然不如《大戴礼记》之"能测万物之情性者也"之"能测"更浅显易懂;在行文上,《大戴礼记》常四字成句,句式工整而朗朗上口,《荀子》为"是故其事大辨乎天地,明察乎日月",《大戴礼记》为"故其事大,配乎天地,参乎日月,杂于云霓"。

在第八段之第 65 例,《荀子》和《大戴礼记》分别以"哀公曰:'善'"和"哀公曰:'善!'孔子出,哀公送之"结束关于"五仪"的讨论。但《孔子家语》此后却还有一节关于如何行"五仪之教"的讨论,上下文语义连贯,是一个连贯的整体。相同的内容虽然也见于《荀子·哀公》篇,但前后却隔了一章"鲁哀公问舜冠于孔子",而成为独立的一章。可见,《孔子家语》在保存史料上确实要比其他典籍更加完整而古朴,本于孔安国当初整理孔子言行材料的初衷,是为保存"先人之典辞"。《荀子》虽保存了材料,却有乱简之嫌。

第九段是讨论如何行"五仪之教",但由于此节在《荀子》《新序》

中独立成章，故而与前面讨论"五仪"没有关联句，如第66、68例中，两书没有《孔子家语》中的"公曰：'善哉！非子之贤，则寡人不得闻此言也'"和"恐不足以行五仪之教，若何"，这两句连接上下文的关键句。《孔子家语》中的这些多出的记载，不仅从中可以看出哀公对孔子所言的深入思考，确有践行的意图，而且也完整地保留了孔子的言行。而单独成章的《荀子》和《新序》记载，则难以了解此节的谈话背景，文章连贯性与完整性显然也不及《孔子家语》。

第十段是孔子针对如何行"五仪之教"的详细论述。从第70例至第76例的校勘来看，文意一致，表述也很接近，只是在措辞上有所差别。如第71例，《孔子家语》作"仰视榱桷，俯察机筵"，而《荀子》作"仰视榱栋，俛见几筵"，《说文》云："榱，椽也，齐鲁谓之桷。"由此可见，《孔子家语》的记载应更加贴近材料的原貌。又如第75例，《孔子家语》为"缅然长思，出于四门，周章远望，睹亡国之墟，必将有数焉。君以此思惧，则惧可知矣"，《荀子》为"君出鲁之四门以望鲁四郊，亡国之虚则必有数盖焉，君以此思惧，则惧将焉而不至矣！"《荀子》一句"君出鲁之四门以望鲁四郊"显然要比《孔子家语》的"缅然长思，出于四门，周章远望"更易懂而平易；而"亡国之虚则必有数盖焉"也比《孔子家语》的"睹亡国之墟，必将有数焉"，更有对比之感，尤其是"盖"字的增加，"盖"古字作"葢"，《说文》："葢，苫也。"而苫，本指盖屋的茅苫，可以作房屋的代称。如《管子·侈靡》篇云："百盖无筑，千聚无社，谓之陋，一举而取。"此字的增添，使"数盖"与"亡国之虚"之间的今昔对比更加强烈且语意明了。至于《新序》中关于此段的记载，《新序校释》中直言："《荀子·哀公篇》作'鲁哀公问于孔子曰'，此文采自《荀书》。"① 此话言之有理，经仔细对比，《新序》与《荀子》几近一致，仅是个别文字的增损，基本上可以断言，两者为一个传流系统，而且根据成书先后，《新序》很可能本于《荀子》，但也不排除两者有共同史料来源的可能。另，《新序》是西汉刘向呈给皇帝阅览的历史故事的类编，且在许多材料后面附有自己的评论，第78例，《新序》较他书多出的部分即是如此。而书中确实体现了强烈的以著述当谏书的意味，此节对居于深宫之中的帝王有极大的净谏意义，文中"君者舟也；庶人者水也。水则载舟，水则覆舟"一语，因后世常引用而成为表述君民关系的一句家喻户晓的谏语。

---

① （汉）刘向编著，石光瑛校释，陈新整理：《新序校释》，中华书局2001年版，第581页。

整体而言，四处文献记载虽互有优劣，但《孔子家语》的记载显然更加古朴。结合四者的流传和成书情况综合分析，在孔安国《孔子家语》后序中有云："秦昭王时，孙卿入秦……孙卿以孔子之语及诸国事、七十二弟子之言凡百余篇与之，由此秦悉有焉。"由此可以推断，荀子在孔子遗说传承的过程起到了重要作用，他应该接触过大量的孔子遗说，后来《孔子家语》的编撰很大程度上有赖于荀子保存的这批材料，这也是《荀子》中保存的孔子遗说的主要来源。而通过校勘可知，《荀子》中"哀公问孔"材料相较于《孔子家语》，应有润色之嫌，其文字表达相对浅白易懂。《新序》是负有校书之职的刘向所作，成帝河平三年（前26），奉诏领校中秘图书，所以他应看到并整理过藏于秘府的这批包括《孔子家语》《荀子》等材料在内的"天下礼书"①。而根据学界研究，《大戴礼记》编撰、流传过程较为复杂，相较而言，后人改动的痕迹明显，体现出了较为明显的汉代纲纪观念。

## 三 为政以礼

本题涉及孔子对礼的重要性的认识，文中指出没有礼制的规范，则无法侍奉天地神灵，无法辨别君臣、上下、长幼等社会阶层，也无法辨别男女、父子、兄弟、婚姻、亲族、远近亲疏等伦理关系，由此论证了礼与人伦社会的密切关系。此外，文献中还提到礼是君子教化百姓的最佳工具，以及君子如何以礼治国等问题。最后，文末针砭时弊，对当时的国君不能以礼治国的原因进行了分析。本题涉及《孔子家语·问礼》（甲）、《礼记·哀公问》②（乙）和《大戴礼记·哀公问于孔子》（丙）三篇。

哀公问于孔子曰："大礼何如？<u>子</u>（1 乙丙为"君子"）之言礼，何其尊也！"孔子<u>对</u>（2 乙丙无此字）曰："丘也<u>鄙人</u>（3 乙丙为"小人"），<u>不足以知大礼也</u>。（4 乙为"不足以知礼也"；丙为"何足以知礼也"）

<u>公曰："吾子言焉！</u>"（5 乙为"哀公曰：'否。吾子言之也'"；丙为"君曰：'否。吾子言之也！'"）孔子曰："丘闻之（6 丙多"也"），民之<u>所以生者</u>（7 乙丙为"所由生"），礼为大。非礼则（8

---

① 据孔安国作的《孔子家语》后序，其为景帝末年募求的很多古书典籍。
② （汉）郑玄注，（唐）孔颖达正义，吕友仁整理：《礼记正义》，上海古籍出版社2008年版。本文所用《礼记》的材料，不做特殊说明之处，皆据此版本，不再注明。

乙丙无此字）无以节事天地之<u>神焉</u>（9 乙为"神也"；丙为"神明也"）；非礼则（10 乙丙无此字）无以辩君臣、上下、长幼之<u>位焉</u>（11 乙丙为"也"）；非礼则（12 乙丙无此字）无以别男女、父子、兄弟（13 乙丙多"之亲"）、<u>婚姻、亲族、疏数之交焉</u>（14 乙丙为"昏姻、疏数之交也"）。<u>是故君子此之为尊敬</u>（15 乙丙为"君子以此之为尊敬然"），然后以其所能教顺（16 乙丙无此字）百姓，不废其会节。<u>既有成事，而后治其文章、黼黻，以别尊卑、上下之等</u>（17 乙丙为"有成事，然后治其雕镂、文章、黼黻以嗣。"）。<u>其顺之也，而后言其丧祭之纪、宗庙之序，品其牺牲，设其豕腊，修其岁时，以敬其祭祀，别其亲疏，序其昭穆，而后宗族会醼。即安其居，以缀恩义，卑其宫室，节其服御，车不雕玑，器不彤镂，食不二味，心不淫志，以与万民同利。古之明王，行礼也如此。</u>"（18 乙为"其顺之，然后言其丧算，备其鼎俎，设其豕腊，修其宗庙，岁时以敬祭祀，以序宗族，即安其居，节丑其衣服，卑其宫室，车不雕几，器不刻镂，食不贰味，以与民同利。昔之君子之行礼者如此"；丙为"其顺之，然后言其丧算，备其鼎俎，设其豕腊，修其宗庙，岁时以敬祭祀，以序宗族，即安其居处，丑其衣服，卑其宫室，车不雕几，器不刻镂，食不贰味，以与民同利。昔之君子之行礼者如此"）

公曰："今之君子，胡莫之行也？"孔子<u>对</u>（19 乙丙无此字）曰："今之君子，好利（20 乙为"实"；丙为"色"）无厌，淫行（21 乙丙为"德"）不倦，荒怠慢游（22 乙为"敖慢"；丙为"傲慢"），固民是尽，<u>以遂其心，以怨其政</u>。忤其众，以伐有道。求得当欲，不以其所；<u>虐杀刑诛，不以其治</u>。夫昔之用民者由前，今之用民者由后。是即今之君子莫能为礼也。"（23 乙丙均无横线处文字，另外丙将甲文之"夫昔之用民者由前"之"昔"作"古"）

本文哀公向孔子请教"大礼"，孔子重礼、懂礼、崇礼时人尽知。第1例，《孔子家语》为"子之言礼"，《礼记》《大戴礼记》为"君子之言礼"。结合下文来看，"子""君子"均指代孔子，"子"是古代对男子的尊称，常用作第二人称代词，而"君子"虽也是对美好德行人的称呼，但却是第三人称代词。第3例中，《孔子家语》中孔子自谦为"鄙人"，《礼记》和《大戴礼记》中则为"小人"，带有时代的印记。如是说，是因为在《论语·子罕》中，孔子自称"吾少也贱，故多能鄙事"，此语可以作为"鄙人"的注脚。而先秦时期，"小人"一词多与"君子"对举，指道德品行比较差的人。汉时，"小人"则区别于为政者，更多的指代"小民""庶民"。因此，结合孔子的思想主张及其生平事迹，"哀公问孔"这批材料作为先秦文献，使用"鄙人"应优于"小人"。

第18例，纲纪色彩十分浓厚，《孔子家语》为"古之明王，行礼也如此"，《礼记》和《大戴礼记》均为"昔之君子之行礼者如此"。汉代的"王"多指藩王，西汉前期，中央与藩王关系一直是政治的主线，特别是在"七王之乱"之后，人们对"王"一词十分敏感；而先秦时，王是指天下共主，且王与霸常对举，"明王之道"所指的就是孔子汲汲以求的王道。因此，此修改也反映了汉代人的纲纪观念。诸如此类的润饰还有很多，其中一处较为典型的例子便是《大戴礼记》将《孔子家语》之《王言解》改为《主言》，对此，王聘珍在《大戴礼解诂·目录》中云："王肃私定《孔子家语》，盗窃此（《主言》）篇，改作《王言》，俗儒反据肃书，改窜本经。"对读两篇后会发现，正是王氏本人主仆颠倒，婢作夫人，诚如孔衍所言是"灭其原而存期末"。

此外，第18例中，《孔子家语》的记载要比《礼记》《大戴礼记》的记载更加古朴、完备，而少有时代痕迹。如《孔子家语》作"……以敬其祭祀，别其亲疏，序其昭穆，而后宗族会醵"，前后是一种层层递进的因果关系，意思是说以礼祭祀的一个结果便是：能够定位好亲属的所属之位，这样大家就可以各安其位而不会出现混乱，由此整个宗族才会齐聚一堂，其乐融融；而《礼记》《大戴礼记》为"……岁时以敬祭祀，以序宗族"，似是将《孔子家语》记载合并而成，对比两文，其不仅有损于原意，淡化了其间的因果关系，而且其在强调以礼祭祀的一个主要目的就是将家族等级顺序化，强调一种家本位和孝的思想，其中的政治意识似乎得到了强化，与汉朝的治国理念融合。

总之，《孔子家语》《礼记》和《大戴礼记》对本题的记载差别不大，多是字词使用上的不同。如此高的重文率应不是巧合，三者很可能有共同的史料来源。只是在具体编撰成书过程中，编者根据不同的需要和写作目的做了一些于文意无碍的调整。

## 四 取人之法

本题是对孔子人才观的一种表述。哀公向孔子咨询如何选拨人才，对于孔子而言，孔子非常重视为政者选贤任能的能力，孔子曾直言"政在取人"，而且在"最贤之君"一题中，在当时诸国国君中卫灵公是孔子心目中的贤君，而灵公能够得此美誉的一个主要原因就是他用人有道。在此，孔子向哀公展示了他的取人的原则，他认为取人首先要观其言行，因为人内心诚谨的外化形式便是其言行，由此便可断定这个的品行，在此基础上应该再考虑此人的才能如何。这是孔子对取人的一种看法，究其实质，孔子强调的是君子的品行修养。本题涉及四部文献典籍，它们分别是《孔子家语·五仪解》（甲）、《荀子·哀公》（乙）、《韩诗外传》卷四[①]（丙）和《说苑·尊贤》[②]（丁）。

哀公问于孔子曰："请问取人之法。"（1 乙为"鲁哀公问于孔子曰：'请问取人？'"丙为"哀公问取人。"丁为"哀公问于孔子曰：'人若何而可取也？'"）孔子对（2 丙无此字）曰："事任于官，无取捷捷，无取钳钳，无取啍啍。（3 乙为"无取健，无取詌，无取口啍。"丙为"无取健，无取佞，无取口谗。"丁为"'毋取钳者，无取健者，毋取口锐者。'哀公曰：'何谓也？'"）捷捷，贪也；钳钳，乱也；啍啍，诞也。（4 乙为"健，贪也；詌，乱也；口啍，诞也。"丙为"健，骄也。佞，谄也。口谗，诞也。"丁为"钳者大给利不可尽用；健者必欲兼人，不可以为法也；口锐者多诞而寡信，后恐不验也。"）故弓调而后求劲焉，马服而后求良焉，士必悫而后求智能者焉。不悫而多能，譬之豺狼不可迩。（5 乙为"故弓调而后求劲焉，马服而后求良焉，士信悫而后求知能焉。士不信悫而有多知能，譬之其豺狼也，不可以身尒也。"丙为"故弓调然后求劲焉，马服然后求良焉，士不信愨而又多知，譬之豺狼与，其难以身近也。"丁为"夫弓矢和调，而后求其中焉，马慤愿顺，然后求其良材焉；人必忠信重厚，然后求其知能焉；今人有不忠信重厚，而多知能，如此人者，譬犹豺狼与，不可以身近也。"）"（6 乙多"语曰：'桓公用其贼，文公用其盗。'故明主任计不信怒，暗主信怒不任计。计胜怒则疆，怒胜计则亡。"丙多"《周书》曰：'无为虎傅翼。将飞入邑，择人而食。'夫置不肖之人于位，是为虎傅翼也。不亦殆乎！"《诗》曰：'匪其止恭，惟王之邛。'言其不恭其职事，而病其主也。"丁多"'是故先其仁义之诚者，然后亲之；于是有知能者，然后任之；故曰：亲仁而使能。夫取人之术也，观其言而察其行，夫言者所以抒其

---

[①] （汉）韩婴撰，许维遹校释：《韩诗外传集解》，中华书局 1980 年版。本书所用《韩诗外传》的材料，不做特殊说明之处，皆据此版本，不再注明。

[②] （汉）刘向撰，向宗鲁校证：《说苑校证》，中华书局 1987 年版。本书所用《说苑》的材料，不做特殊说明之处，皆据此版本，不再注明。

匈而发其情者也，能行之士必能言之，是故先观其言而揆其行，夫以言揆其行，虽有奸轨之人，无以逃其情矣。'哀公曰：'善。'")

《孔子家语》和《荀子》对此章的记载，和前面几个主题相似，两者相对于其他文献来说，记载最为接近，多是个别字词的不同。本章两者最大的区别在于第6例，《荀子》多出一节对前文子的总结句"语曰：'桓公用其贼，文公用其盗。'故明主任计不信怒，暗主信怒不任计。计胜怒则疆，怒胜计则亡"。荀子之时，《论语》已经成书，"语曰"所引此应是《论语·宪问》中"子曰：'晋文公谲而不正，齐桓公正而不谲。'"的内容。此处《孔子家语》陈述完孔子的观点后，并无类似今日"编后语"性质的解说性文字，而《荀子》则在引用《论语》之后，又有进一步的阐释，盖为荀子为明宏旨而作的解释类添加，是对夫子之语的深化。

与《孔子家语》《荀子》的记载相比，《韩诗》在文章开头省略了哀公的提问，而直接以"哀公问取人"总览全文，重点在记录孔子之语，文末附有《周书》的内容，对理解《诗》中"匪其止恭，惟王之邛"的语句加以完善，最后又对主题加以总结云"言其不恭其职事，而病其主也"，文辞简略而主题明确，符合韩婴资政美谏的写作意图。而《韩诗外传》一书有自己的一套编撰体例，往往在征引历史故事后，每章的结尾处皆引《诗经》语句。其大量引用史料的目的，不在于保存史料，而是意在以"解经"的方式阐明道理，而且"《韩诗外传》的'解经'方式与《论语》《上博简》《荀子》等'解经'方式大体相同，都采用了断章取义、隐喻引申的方法"[1]。所以，"解诗"的部分就显得格外重要，其中隐藏着韩婴的构建治世理论体系，本题亦是如此。根据《韩诗外传集释》的注释，《韩诗》在征引古书时多有脱文，正所谓古人引书每有增减、变更，"原不必规规然求合也"[2]。以《韩诗》对本题的记载来看，对勘后发现其记载显然要更加简洁明了，修饰的痕迹明显，但仍不失"夫子本旨"。

通体对比本题材料，《说苑》的记载与《孔子家语》和《荀子》相较，《说苑》对本题的论述十分详尽且语意浅白易懂，如第4、5两例的记载，疑是对《孔子家语》或《荀子》本身或者其所用原材料的进一步解释说明。而且，并为强化其"昧死以进谏"的政治意图，在材料后面

---

[1] 王培友：《〈韩诗外传〉的文本特征及其认识价值》，《孔子研究》2008年第4期。
[2] 俞樾：《古书疑义举例五种》，中华书局1956年版，第47页。

多增一节（第6例）以总结、明确此章主题，这与《说苑》的作者及编写意图存在很大关系。《说苑》的作者是汉室宗亲刘向，其有强烈的重振朝纲的责任感，编写本书旨在借著书以劝诫君王。有论者还特将《新序》《说苑》和《韩诗外传》三书中同题异旨的故事加以对比，认为刘向所编的是两部历史故事集，每部书中都有一些故事与《韩诗外传》所载大致相同，但往往出于不同目的在征引这些故事时，多是同题异旨。① 就本题而言，对"取人之法"的论述中，《韩诗》的记载云，如若重用了"不肖之人"，则如同为虎添翼一般，使其害人的本事更大，最终会导致"病其主"，祸害君主，是从反面着眼，强调要尊贤的重要性。而《说苑》则直陈其事，从正面强调要重用贤人，提出国君要如何才能做到"亲仁而使能"。

总之，从对本题的记载来看，《孔子家语》的记载显然更为原始；《荀子》之记载虽与之接近，但在文末加入了后人对原材料的见解，以常理来说，其成书要晚一些；而成书于汉的《韩诗外传》和《说苑》，显然对本题的原材料均以不同的写作目的加以润饰，并附有作者对其的一种理解。故而，透过四部典籍对本题材料的引用，可以看到文献流传的一个梯次变化的过程，从中察觉一些蛛丝马迹。

## 五　守国之道

本题哀公就国势强弱时分别应如何攻守这一政治军事问题咨询孔子。孔子从深层原因出发，提出了"朝廷有礼，上下相亲"，则"天下百姓皆君之民"而无人能攻伐的观点。这与孔子"道之以德，齐之以礼"思想相一致，主张君主加强自身修为，施行德政和礼制。此章孔子的论述，从一个侧面也反映了他对战争的反对态度，孔子向来主张"和"，并向往大同小康社会。本专题涉及《孔子家语·五仪解》（甲）和《说苑·指武》（乙）。

哀公问于孔子曰："寡人欲吾国小而能守，大则攻，其道如何？"（1乙为"鲁哀公问于仲尼曰：'吾欲小则守，大则攻，其道若何？'"）孔子对曰："使君朝廷有礼，上下相亲，天下百姓皆君之民，

---

① 杨波：《〈新序〉、〈说苑〉与〈韩诗外传〉同题异旨故事比较》，《兰州学刊》2007年第12期。

将谁攻之？苟违①此道，民畔如归，皆君之仇也，将与谁守？"（2乙为"仲尼曰：'若朝廷有礼，上下有亲，民之众皆君之畜也，君将谁攻？若朝廷无礼，上下无亲，民众皆君之仇也，君将谁与守？'"）公曰："善哉！"（3乙无此句）于是废山泽之禁，驰关市之税，以惠百姓。（4乙为"于是废泽梁，驰关市之征，以为民惠也。"）

这里我们将从用字、行文和思想三个方面对此章进行校勘：

首先，用字的不同主要体现在称谓的不同上，"哀公"与"鲁哀公"之别，在前面我们已经有所涉及，这里不再赘言。此外，还有三处不同的称谓值得我们注意：一是，称名称字的不同。对孔子的称呼，《孔子家语》中为"孔子"，《说苑》则为"仲尼"。"仲尼"是孔子的字，而字一般是在冠礼上，是已成年可婚娶入仕的标志。古人对人的称呼很有讲究，一般是不称其字的。如《孔子家语》全书中称孔子为"仲尼"的只有一次，而且还是对介绍孔子这样较为特殊的一例②。《论语》中称字的地方虽有很多，尤其是孔门弟子，但在对话中孔子很少称弟子的字。③ 出处盖汉人所作的改动。二是，国君的称呼，在《孔子家语》中，哀公自称为"寡人"，《说苑》作"吾"，依惯例"寡人"多是国君对别国或者自己的国民的自称，这在先秦文献《左传》《韩非子》《庄子》等书中十分常见。此处对话用"寡人"当更加符合当时的称谓习惯和对话环境。三是，对国民的称呼，《孔子家语》称"百姓"，《说苑》称"民众"。"百姓"一词，最初是指达官贵族，有百官之意。如《诗·小雅·天保》"群黎百姓，遍为尔德"中的"百姓"指的就是百官族姓。"但到战国以后，社会急剧变革，旧贵族逐渐失势，'姓'混为'氏'，失去了标志官吏、贵族身份的作用。于是'百姓'一词泛指平民。这一点《论语》中就有体现'修己以安百姓，尧舜其犹病诸'（《论语·宪问》）'百姓足，君孰与不足'（《论语·颜渊》）。"④ 所以，《孔子家语》对国民的称呼符合当时的社会状况。而"民众"一词，在先秦时期文献中也并列出现，但却不是后来意义上的平民大众的意思，而是个偏正短语，"众"是对"民"的形容，指民之多，故而其常与表程度的形容词如广、狭等并举，如《韩非子·解老》："民众则国广，是以举之曰：'俭故能广'。"《管子·形势

---

① 原作"为"，据四库本、备要本、同文本改。
② 出自《孔子家语·本姓解》对孔子的介绍："生孔子，故名丘，字仲尼。"
③ 王琪：《上古汉语称谓研究》，中华书局2008年版，第217页。
④ 王琪：《上古汉语称谓研究》，中华书局2008年版，第283页。

解》:"地大国富,民众兵强,此盛满之国也。"等等。汉时,"民众"的意思有所变化,有指代国民的趋势。如《汉书·王莽传》:"又兴奉宗庙社稷之大作,民众动摇。"此处的"民众"便可看作是国民的意思。从以上称谓的历时性变化,可以看出时代的习气对文献的影响是潜移默化的,后世文献很难避免,而这种后人对原材料的修饰在一定程度上反映了文献流传的规律。

其次,从行文上说,《说苑》此章讲究对仗,行文工整。如第1例,《孔子家语》作"寡人欲吾国小而能守,大则攻",《说苑》作"吾欲小则守,大则攻";第2例,《孔子家语》作"使君朝廷有礼,上下相亲,天下百姓皆君之民,将谁攻之?苟违①此道,民畔如归,皆君之仇也,将与谁守",《说苑》作"若朝廷有礼,上下有亲,民之众皆君之畜也,君将谁攻?若朝廷无礼,上下无亲,民众皆君之仇也,君将谁与守"等处。显然,《孔子家语》的记载较为口语化,显得古朴;而《说苑》则讲究前后一律和对仗工整,后人加工修饰的痕迹昭然若揭。此外,第3例,孔子论说结束后,照常理哀公应作以回应,《孔子家语》有"公曰:'善哉'"一句,但《说苑》却无此,虽于文意并无大碍,但此语不仅对话完整,而且与下文哀公的身体力行契合。故而《孔子家语》的记载应更加贴近材料的原貌,而《说苑》似乎进行了较多的书面化的润饰和修改。

再次,从思想上说,第2例用字的差异最能体现时代的特色,《孔子家语》作"天下百姓皆君之民,将谁攻之",《说苑》则作"民之众皆君之畜也,君将谁攻",两者最大的差别就在"君之民"和"君之畜"的一字之差。《孔子家语》记载的孔子之言,符合孔子王道政治思想,可以说此语直接触及了他的民本思想;而《说苑》则明显带有中央专制集权下大一统的味道。结合当时语境具体来说,春秋战国时期,仍存有天下共主的意识残余,各邦国对国家主权的认识尚处于比较低级的阶段,对国民的管辖、人口的流动并没有后来那样严格。所以孔子希望"使君朝廷有礼,上下相亲",四方之民皆归而顺之,而违反了这个道理,百姓就会群起而攻之。《说苑》虽表达了同样的意思,但其"民之众皆君之畜也"中"畜"字的改动和对《孔子家语》中"民畔如归"的删改,则带有专制统治的色彩。汉时国家统一,正所谓"普天之下,莫非王土;率土之滨,莫非王臣",类似"民畔如归"之类过于敏感的话,刘向自然不应多说;而"畜"字的使用,则也显示着皇帝对百姓的统治的高压和强权。

---

① 原作"为",据四库本、备要本、同文本改。

总而言之，通过以上三方面的对比，《孔子家语》在保存史料上显然要更加原始而古朴；而《说苑》则带有刘向因借著书以进谏的意图而作的修改和润饰，以及汉代集权政治的色彩。

## 六　舜冠何冠

孔子"祖述尧舜，宪章文武"，其很多思想都继承发扬了古代圣王的优秀思想传统。本章记录了孔子对舜好生之德的由衷赞叹，从而体现了孔子思想的一种倾向。同时，本题还体现了孔子循循善诱的教学风格，针对哀公避重就轻的询问，孔子有意识地对其进行引导，舍弃哀公对舜穿戴怎样的衣冠的询问，引入对舜之德的讨论，孔子借舜的为政功绩和德行来引导哀公为政，并由此阐发了其政治思想。本章见于《孔子家语·好生》（甲）和《荀子·哀公》（乙）两篇。

> 鲁哀公问于孔子曰："昔者舜冠何冠乎？"孔子不对。（1 乙为"鲁哀公问舜冠于孔子，孔子不对。"并多"三问，不对。"一句）公曰："寡人有问于子，而子无言，何也？"（2 乙为"哀公曰：'寡人问舜冠于子，何以不言也？'"）对曰："以君之问不先其大者，故方思所以为对。"公曰："其大何乎？"（3 乙无此）孔子曰："舜之为君也，其政好生而恶杀，其任授贤而替不肖，德若天地而静虚，化若四时而变物，是以四海承风，畅于异类，凤翔麟至，鸟兽驯德，无他也，好生故也。君舍此道而冠冕是问，是以缓对。"（4 乙为"孔子对曰：'古之王者，有务而拘领者矣，其政好生而恶杀焉。是以凤在列树，麟在郊野，乌鹊之巢可俯而窥也。君不此问而问舜冠，所以不对也。'"）

第1例，《荀子》载曰："鲁哀公问舜冠于孔子，孔子不对。三问，不对。"此语是对本章内容的概括性总结，而非问答体的记录，其后是对哀公和孔子一问一答的记载，内容简略，主题突出。而《孔子家语》从始至终记录的都是哀公和孔子的一问一答，对当时的对话情形记载十分详细。其中最能说明问题的便是第3、4两例，第3例中，《荀子》没有《孔子家语》中相应的孔子回答和哀公再问的语句，尤其是对"以君之问不先其大者，故方思所以为对"一语的省略，但其却在第4例即本章文末有所提及，云"君不此问而问舜冠，所以不对也"，在全部论述结束后，孔子才陈述了此前"不对"的原因。但依对话之常理而言，此不符对话的逻辑顺序；而《孔子家语》的记载则合情合理，其不仅承前启后，使文章前后连贯、语意通畅，且为我们真实再现了孔子"循循然善诱人"（《论语·子罕》）的施教情景。若因此说《孔子家语》此处是王肃或他人据《荀子》或其他材料润饰而成，则显然于理不合，因为对这些过渡性问答句绞尽脑汁反向恢复其对话的句式为的就是显得古朴、原始，以此区别《荀子》的记载费时费力，于主旨无碍，几乎没有必要。第 4 例，是本章论述的重点，对比两者，《荀子》记载简略，没有直接论述舜的德行，而是以大概小，提到"古之王者"为政时"好生而恶杀"的特点，以舜为例进行论述，本章的论说论述的重点在"王者"这个概念群体上，虽不专门讨论舜，却近于他对王霸思想的论述。《孔子家语》的记载则以舜为中心，详细讲解了舜为政、任官、德行、教化等几个方面的内容，由此引发"四海承风，畅于异类，凤翔麟至，鸟兽驯德"的美好局面，而究其根结在于舜的"好生"。这是两处文献记载的不同，整体而言，《孔子家语》的记载相对要平实、连贯而完整，应更接近于原始对话的情景。《荀子》虽不失宏旨，却有简省、改动之嫌。

## 七 最贤之君

本题表面上讨论的是君主的贤德，实际上是对君主选贤任能的论述。在孔子生活的时代，已经很难做到真正意义上的贤君，但孔子并不拘泥，他并没有僵化地以严格意义上的"贤君"来标尺当时的君主，认为能做到取人有道的君主已实属不易，而卫灵公虽有让人非议的瑕疵，但在使贤任能方面，他却在当时各国中做得最好。孔子对灵公的这一认同，我们认为其是想借助评价卫灵公为鲁君树立榜样，希望哀公在使贤任能方面能有所建树。本题见于传世文献《孔子家语·贤君》（甲）和《说苑·尊贤》（乙）以及出土文献阜阳双古堆一号木牍之"鲁哀公问孔子当今之时"章。

哀公问于孔子曰："当今之君，孰为最贤？"（1 乙为"鲁哀公问于孔子曰：'当今之时，君子谁贤？'"）孔子对曰："丘未之见也，抑有卫灵公乎？"（2 乙为"对曰：'卫灵公。'"）公曰："吾闻其闺门之内无别，而子次之贤，何也？"（3 乙为"公曰：'吾闻之，其闺门之内，姑姊妹无别。'"）孔子曰："臣语其朝廷行事，不论其私家之际也。"公曰："其事何如？"孔子对曰：（4 乙为"对曰：'臣观于朝廷，未观于堂陛之间也。'"）"灵公之弟曰公子渠牟，其智足以治千乘，其信足以守之。灵公爱而任之。(5乙为"灵公之弟曰公子渠牟，其知足以治千乘之国，其信足以守之，而灵公爱之。")又有士曰林国者，见贤必进之，而退与分其禄，是以灵公无游放之士。灵公贤而尊。(6乙为"又有士曰王林，国有贤人必进而任之，无不达也；不能达，退而与分其禄，而灵公尊之。")又有士曰庆足者，卫国有大事则必起而治之；国无事则退而容贤。灵公悦而敬之。(7乙为"又有士曰庆足，国有大事，则进而治之，无不济也，而灵公说之。")又有大夫史鰌，以道去卫，而灵公郊舍三日，琴瑟不御，必待史鰌之入而后敢入。臣以此取之，虽次之贤，不亦可乎？"(8乙为"史鰌去卫，灵公邸舍三月，琴瑟不御，待史鰌之入也而后入，臣是以知其贤也。")

对读两文可知，两者记载十分接近，多为细节上的差异，两书很可能有共同的材料来源。但《孔子家语》的记载显然更加可靠，更接近于历史的原貌；《说苑》后人加工改动的迹象较大。这是因为：

首先，就第1例而言，《孔子家语》作"哀公问于孔子曰：'当今之君，孰为最贤'"，《说苑》作"鲁哀公问于孔子曰：'当今之时，君子谁贤'"。而本例之所以重要还在于其与本专题相关的出土文献，即阜阳汉简"鲁哀公问孔子当今之时"的章题命名息息相关。阜阳汉简出自西汉中山怀王刘修之墓，而刘修死于汉宣帝五凤三年（前55），故这批简牍的抄写时间当在公元前55年之前，应在《说苑》成书之前。而出土文献与两处传世文献相较，从文字记载来看，汉简"鲁哀公问孔子当今之时"章与《说苑》似乎更接近。因此就有学者认为，"木牍（"鲁哀公问孔子当今之时"的章题）与《说苑》的'当今之时'当系本貌，而且，《说苑》之'君子'已足以表达'人君'的意思，就此而言，《孔子家语》之妄改实无必要"，还言《孔子家语》本章为求与其后的"今之人臣，孰为贤"章一律而作了修改，并认为这暴露了"整理《孔子家语》者之组织之功"，说《孔子家语》的记载改变了材料的原貌。①

我们并不认同这种观点，阜阳汉简的此章与《说苑》在文字上更接近，这是毋庸置疑的，但我们不能仅凭此就妄下结论。因为第一，"君"与"时"双声叠韵可假借，汉简及《说苑》的记载是否有误已难以论断。

---

① 宁镇疆：《读阜阳双古堆一号木牍与〈孔子家语〉相关章题余札》，《中国典籍与文化》2008年第2期。

第二，就《说苑》的记载而论，哀公"当今之时，君子谁贤"的询问，若不深读本章是很难意会到这里的"君子"指的是国君而非道德品行好的人。而无论是先秦还是汉代以后，极少有以"君子"指代国君的记载，"君子"最常见的意思还是与"小人"相对的品行优秀之人。故而此论者言"《说苑》之'君子'已足以表达'人君'的意思"实属一己之见，而反观《孔子家语》，其记载则不会造成这种误解，因此说此处为《孔子家语》"妄改"，实则是论者本人主次颠倒。第三，即便是《说苑》所本与木牍确属同一个传抄系统，但木牍仅有比较关键的"当今之时"四字，其记载是与《孔子家语》相近还是与《说苑》相近已经很难论断。但从传世文献记载来看，显然《孔子家语》的记载更加清晰、明了，若以汉简记载早于《说苑》且与之更接近，便认定《说苑》的记载更加可靠应有失公允。

其次，在第2例中，对哀公的询问，《孔子家语》孔子的答语是"丘未之见也，抑有卫灵公乎"，带有一种推测和不确定的语气；而《说苑》作"卫灵公"，孔子的回答却十分肯定与自信。从下文的记载及孔子对圣王贤君的界定来说，卫灵公虽然在为政用人方面做得十分优秀，但在其他方面如哀公提及的道德品行上做的并不让人满意，这对君主修养要求尤为严格的孔子来说，虽然不会认同，但他没有以严格的贤君标准去框定时君，未因此而否定卫灵公在任用人才方面的杰出才能，这就如同他评价管仲一样，一方面孔子认为管仲气量小、不俭约，而且还不知礼，常常僭越礼制，如《论语·八佾》礼记载："子曰：'管仲之器小哉！'或曰：'管仲俭乎？'曰：'管仲有三归，官事不摄，焉得俭？''然则管仲知礼乎？'曰：'邦君树塞门，管氏亦树塞门。邦君为两君之好，有反坫，管氏亦有反坫。管氏而知礼，孰不知礼？'"另一方面《论语·宪问》篇记载孔子说："……桓公九合诸侯，不以兵车，管仲之力也。如其仁！如其仁！……管仲相桓公，霸诸侯，一匡天下，民到于今受其赐。微管仲，吾其被发左衽矣。"孔子看到管仲协助桓公维护和平、保存文化的功绩，站在历史的高度上又以"仁"称赞他。以此观之，在当时的历史条件下孔子许卫灵公以"贤"亦可理解。就此而言，《孔子家语》记载应优于《说苑》，更忠于原材料。

最后，第6例，《孔子家语》作"又有士曰林国者"，《说苑》为"又有士曰王林"。我们以为《孔子家语》记载更古朴、原始一些。许威汉先生在《先秦文学集语言例论》中提到，古人用语有"节短"之例，

"节短"的意思"不是句子成分的略说……它只是文字音节上的'节短'"①,但因其随意性较大,对此要大力借助文史地多方面的知识才能解构,此处的贤士的名字应就属于此例。当时各国的贤能之士几乎人们都能耳熟能详,世人皆知之事,自不必以全名称之。盖《孔子家语》所载之"林国"便由此而生,但时代久远的汉人未必知晓此人,《说苑》作"王林",盖或为误文,或据他书而改。另外,本例中,《孔子家语》云此士"见贤必进之",而《说苑》作"国有贤人必进而任之",显然《说苑》记载有误。因为"士"有举贤进谏的权力,但无直接任用贤人的权力。盖刘向为使此与下文之"进而治之"一律而改。

## 八 徙宅忘妻

本专题哀公向孔子诉说有一种人忘事很严重,他们会在搬家时忘记带走自己妻子。孔子不以为然,向哀公论说夏桀灭亡的原因,以此教导鲁君"忘其圣祖之道""坏其典法"才是真正最严重的忘事行为,言由此甚至会招致亡国的恶果,以此告诫哀公应克己修身、亲贤重才。本题见于《孔子家语·贤君》(甲)、《说苑·敬慎》(乙)和《尸子》②(丙)。

<u>哀公问于孔子曰:"寡人闻忘之甚者,徙而忘其妻,有诸?"</u>(1 乙为"鲁哀公问孔子曰:'予闻忘之甚者,徙而忘其妻,有诸乎?'"丙为"鲁哀公问孔子曰:'鲁有大忘,徙而忘其妻,有诸?'")<u>孔子对曰:"此犹未甚者也,甚者乃忘其身。</u>(2 乙为"孔子对曰:'此非忘之甚者也,忘之甚者忘其身。'"丙无此)<u>公曰:"可得而闻乎?"</u>(3 乙为"哀公曰:'可得闻与?'"丙无此)<u>孔子曰:"昔者夏桀贵为天子,富有四海,忘其圣祖之道,坏其典法,废其世祀,荒于淫乐,耽湎于酒;佞臣谄谀,窥导其心;忠士折口,逃罪不言。天下诛桀而有其国,此谓忘其身之甚矣。</u>(4 乙为"对曰:'昔夏桀贵为天子,富有天下,不修禹之道,毁坏辟法,裂绝世祀,荒淫于乐,沉湎于酒。其臣有左师触龙者,谄谀不正③,汤诛桀,左师触龙者身死,四支不同坛而居:此忘其身者也。'"丙为"孔子曰:'此忘之小者也,昔商纣有臣曰王子须,务为谄,使其君乐须臾之乐,而忘终身之忧,

---

① 许威汉:《先秦文学集语言例论》,中州古籍出版社1984年版,第505页。
② (清)汪继培辑,魏代福疏证:《尸子疏证》,凤凰出版社2018年版。
③ "正"旧作"止",卢改,云:"仅从《荀子》注。"乘周案:"《臣道》《议兵》两注皆作'正'。"

弃黎老之言,而用姑息之谋。'")" (5 乙多"哀公愀然变色曰:'善!'")

首先,就《孔子家语》和《说苑》对本章的记载来看,其绝大部分记载几乎一致,如第1、2、3例以及第4例的前半部分的内容,两者多是虚词的不同,应属同一个流传系统。第4例的后半部分,《孔子家语》作"佞臣谄谀,窥导其心;忠士折口,逃罪不言。天下诛桀而有其国,此谓忘其身之甚矣",《说苑》作"其臣有左师触龙者,谄谀不正,汤诛桀,左师触龙者身死,四支不同坛而居:此忘其身者也"。对比可知,《说苑》似有错简之嫌,因为其文提及的左师触龙,但根据文献记载来看其与夏桀并无君臣关系,而是与商纣王和战国的赵太后有关。盖编者将夏桀与商纣两个暴君混淆而致误。另外,《说苑》所载"汤诛桀"虽于史实无误,但《孔子家语》之"天下诛桀",更强调桀之暴行不为天下人所容而遭诛,此意在《说苑》中则容易被人忽略,故于义《孔子家语》为长。而第5例,《说苑》多"哀公愀然变色曰:'善!'"一句,《孔子家语》无此。据本章行文语势,以及众多"哀公问孔"材料的来看,此句虽于宏旨无碍,但应有哀公对孔子答语的回应。所以,《孔子家语》和《说苑》两书的记载,两者很可能是有共同的材料来源,但在文献流传过程中难免会出现一些脱误和改动。

《尸子》的记载与《孔子家语》和《说苑》差别都较大,应不属于一个流传系统。本章开头,在第1例,《孔子家语》和《说苑》均为"忘之甚者",而《尸子》作"大忘",有简省之嫌。第2、3例,《尸子》均无《孔子家语》《说苑》两处记载,而直接在第4例中以商纣王为例作以简短回答,且与《孔子家语》《说苑》记载迥异。整体而言,《尸子》与《孔子家语》《说苑》显然不属于同一著录系统,对于《尸子》一书,有论者认为,先秦时有两部名为《尸子》的古籍,一为鲁人尸佼作,成书于战国中期,受法家思想影响,具有"非儒"的思想倾向;一为尸姓的楚人所作,成书于战国晚期,其受黄老道家思想影响,具有"兼儒"的思想倾向,但著者的姓名已不可考。据考证,两部《尸子》中鲁《尸子》已佚,今存辑本为楚《尸子》。[①] 故而这部思想"不纯正"的先秦古籍,在引用儒家材料时必然取其意,而非旨在保存史料或渲染儒家思想;加之,楚地据邹鲁之地相隔甚远,文献流传也会更为复杂,记载差异较大

---

① 徐文武:《〈尸子〉辨》,《孔子研究》2005年第4期。

不难理解。

## 九 使民富寿

本题所讨论的内容，曾子、子思、孟子、荀子等早期儒家学派及管子等对此也有讨论，另，上博简中更有《民之父母》一篇，提到孔子"五至三无"的思想，此简一出，消释了长久以来人们对"五至三无"属于儒家学派的疑问①。而归纳起来，孔子"民之父母"的要求有："五至三无"②、"以仁为大"（《大戴礼记·卫将军文子》）、"政善民乐"（《大戴礼记·小辨》）以及本章的"使民富寿"。而本章"使民富寿"的观点，其实并非孔子独创，周成王曾就此问题与鹖子有过讨论，从中可见孔子对先王之道的继承与吸收，而且，此与"守国之道"一题中的"上下相亲，天下百姓皆君之民"相通，体现了孔子的民本思想。本章见于《孔子家语·贤君》（甲）和《说苑·政理》（乙）。

哀公（1 乙为"鲁哀公"）问政于孔子。孔子对曰："政之急者，莫大乎使民富且寿也。"（2 乙为"对曰：'政在③使民富且寿。'"）公曰："为之奈何？"（3 乙为"哀公曰：'何谓也？'"）孔子曰："省力役，薄赋敛，则民富矣；敦礼教，远罪疾，则民寿矣。（4 乙为"薄赋敛则民富，无事则远罪，远罪则民寿。"）"公曰："寡人欲行夫子之言，恐吾国贫矣。"（5 乙为"若是，则寡人贫矣。"）孔子曰："《诗》云：'恺④悌君子，民之父母。'未有子（6 乙为"未见其子"）富而父母贫者也。"

《孔子家语》和《说苑》对本章的记载十分相似，但对比后我们仍可以看出，《孔子家语》的记载很好地再现了当时的对话情景和孔子思想；《说苑》则有改动加工的痕迹。如第 3 例，《孔子家语》作"为之奈何"，《说苑》作"何谓也"。显然《孔子家语》的记载口语且可意会到哀公对如何为政治国的迫切心情，有践行的意图；但读之《说苑》的记载，哀公思考的重点在"政在使民富且寿"的原因上，至于哀公此时的心情却难以体会。另，第 5 例，《孔子家语》作"寡人欲行夫子之言，恐吾国贫

---

① 庞朴：《话说"五至三无"》，《文史哲》2004 年第 1 期。
② 上博简《民之父母》《礼记·孔子闲居》和《孔子家语·论礼》均有记载。
③ 在，旧作"有"，《说苑校正》考证后认为，当为"作"，其书改之，今从之。
④ 《说苑校正》中云，"恺"旧为"凯"，后据他书改之，今从之。

矣",强调"行",与前面哀公的迫切心情相契合;《说苑》作"若是,则寡人贫矣",则无此意。可见,《孔子家语》的记载更偏于口语,且从中能够读出哀公试图践行的意味,而《说苑》的记载则无此弦外之音。

就思想而言,第4例,对于"民富",《孔子家语》记曰"省力役,薄赋敛,则民富矣",《说苑》记曰"薄赋敛则民富",较前者省略了"省力役"一句,武帝之后,汉朝开始出现衰弱之势,劳役和赋税有增无减,给百姓带来很大负担,若将两者一"省"一"薄",必然引起为政者的反对,从劝谏的角度讲,刘向也会对此有所顾虑,其文的省略很可能是其故意为之;对于"民寿",《孔子家语》记曰"敦礼教,远罪疾,则民寿矣",《说苑》记曰"无事则远罪,远罪则民寿",两者相差较大,《孔子家语》强调"礼"的重要性,主张以礼教化百姓,使其远离罪恶和疾病而长寿,此与孔子一贯的"道之以德,齐之以礼,有耻且格"(《论语·为政》)的重德、重礼的思想一致;而《说苑》则强调一种安分守己的"无事"状态,刘向生活的时代,"礼"已经远不足以治人,人们要"远罪"最好的办法莫过于遵纪守法,故而此处《说苑》不仅没有强调礼,也未提及礼法对"疾"的作用。故而,于义《孔子家语》所载内容应该更符合孔子思想;《说苑》行文简约,有较多润饰的成分。

## 十 文武之政

本章是孔子对治国安民思想的著名论述,尤在朱子将《中庸》列入"四书"之一后备受后人重视。文中孔子紧扣"得人——修身——讲仁"三者的关系,强调国君加强自身修养的重要性,提出崇高的人格是国君为政的基石,无论是天下之"达道""达德",还是治理天下国家之"九经",皆以此为出发点,这与孔子重修身和"为政以德"的思想一致。本章见于《孔子家语·哀公问政》(甲)和《礼记·中庸》(乙)两篇。

哀公问政于孔子(1乙为"哀公问政")。孔子对曰(2乙为"子曰"):"文武之政,布在方策。其人存,则其政举;其人亡,则其政息。天道敏生(3乙无此),人道敏政,地道敏树。夫政者(4乙为"夫政也者"),犹(5乙无此)蒲卢也,待化以成(6乙无此),故为政在于的人(7乙为"故为政在人")。取人以身,(8乙多"修身以道"一句)修(9乙为"脩",下同,不再注释)道以仁。仁者,人也,亲亲为大;义者,宜也,尊贤为大。亲亲之杀,尊贤之等,礼所以(10乙无此)生也。礼者,政之本也。(11乙为

第二章 "哀公问孔"材料的对比研究  69

"在下位不获乎上，民不可得而治矣"）是以（12 乙为"故"）君子不可以不修身。思修身，不可以不事亲；思事亲，不可以不知人；思知人，不可以不知天。天下之达道有五，其所以行之者三。曰：君臣也，父子也，夫妇也，昆弟也，朋友（13 乙多"之交"）也。五者，天下之达道（14 乙多"也"）。智（15 乙为"知"）、仁、勇三者，天下之达德也。所以行之者一也。或生而知之，或学而知之，或困而知之，及其知之，一也。或安而行之，或利而行之，或勉强而行之，及其成功，一也。"

公曰："子之言，美矣至矣！寡人实固，不足以成之也。"孔子曰：（16 乙为"子曰"）"好学近乎智（17 乙为"知"），力行近乎仁，知耻近乎勇。知斯三者，则知所以修身；知所以修身，则知所以治人；知所以治人，则能成天下国家者矣（18 乙为"则知所以治天下国家矣"）。"

公曰："政其尽此而已乎？"孔子曰：（19 乙无此）"凡为天下国家有九经，曰：修身也，尊贤也，亲亲也，敬大臣也，体群臣也，子庶民也，来百工也，柔远人也，怀诸侯也。夫（20 乙无此）修身则道立，尊贤则不惑，亲亲则诸父、兄弟（21 乙为"昆弟"）不怨，敬大臣则不眩，体群臣则士之报礼重，子庶民则百姓劝，来百工则财用足，柔远人则四方归之，怀诸侯则天下畏之。"

公曰："为之奈何？"孔子曰：（22 乙无此）"齐洁（23 乙为"明"）盛服，非礼不动，所以修身也；去谗远色，贱财而贵德，所以尊（24 乙为"劝"）贤；爵其能（25 乙为"尊其位"），重其禄，同其好恶，所以笃（26 乙为"劝"）亲亲也；官盛任使，所以敬（27 乙为"劝"）大臣也；忠信重禄，所以劝士也；时使薄敛，所以子（28 乙为"劝"）百姓也；日省月考，既廪称事，所以来（29 乙为"劝"）百工也；送往迎来，嘉善而矜不能，所以绥（30 乙为"柔"）远人也；继绝世，举废邦（31 乙为"国"），治乱持危，朝聘以时，厚往而薄来，所以怀诸侯也。治（32 乙为"凡为"）天下国家有九经，其（33 乙无此）所以行之者一也。凡事豫则立，不豫则废，言前定则不跆，事前定则不困，行前定则不疚，道前定则不穷。在下位不获于上，民弗（34 乙为"不"）可得而治矣。获于上有道，不信于友（35 乙为"信乎朋友"），不获于（36 乙而无"乎"）上矣。信于友（37 乙为"信乎朋友"）有道，不顺于亲，不信于友（38 乙为"信乎朋友"）矣；顺于（39 乙为"乎"）亲有道，反诸身不诚，不顺于（40 乙为"乎"）亲矣；诚身有道，不明于（41 乙为"乎"）善，不诚于（42 乙为"乎"）身矣。诚者，天之至（43 乙无此）道也；诚之者，人之道也。夫诚（44 乙为"诚者"），弗（45 乙为"不"）勉而中，不思而得，从容中道，圣人之所以体定也（46 乙为"圣人也"）；诚之者，择善而固执之者也。"

公曰："子之教寡人备矣。敢问行之所始。"孔子曰："立爱自亲始，教民睦也；立敬自长始，教民顺也。教之慈睦，而民贵有亲；教以敬，而民贵用命。民既孝于亲，又顺以听命，措诸天下，无所不可。"公曰："寡人既得闻此言也，惧不能果行而获罪咎。"（47 乙无此）

《中庸》是思孟学派心性哲学的代表作，人们对它的评价非常高，如有人称其为"儒家学说中最早而最精密的哲学论文"，并言它是"儒家学说的思想理论基础"[1]。此外，其还具有重要的文献价值，如现已被推翻的《孔子家语》王肃伪造说大致最早就渊源于此。据记载，正式提出此说的宋人王柏最初就是由读朱子《中庸集注》过程中，将《孔子家语》相关篇章与《中庸》对勘后开始质疑《孔子家语》的可靠性，怀疑朱熹所说的"《孔子家语》为先秦古书"是其"初年之论"，认为朱子缺乏深入思考，故而在《中庸集注》有此说法，经过其论证正式提出王肃伪造说。王氏云："今之《孔子家语》十卷，凡四十有四篇，意王肃杂取《左传》《国语》《荀子》《孟》《二戴》之绪余，混乱精粗，割裂前后，织而成之，托以安国之名。"[2] 杨朝明先生基于对《孔子家语》和《礼记》等相关内容的细致考察，认为"戴圣编辑《礼记》时，将《哀公问政》的内容纳入了《中庸》"[3]。结合本书"哀公问孔"大量材料的研究，我们认同这种观点。

对于《中庸》的思想内容、篇章结构等各方面有许多研究，就本题而言，"文武之政"[4] 是以"子曰"的形式出现于《中庸》一书，对于这些材料的可靠性，郭沂先生基于对子思学派文献的总体认识认为，子思学派的文献可分为四类：子思所记孔子言论、子思著作、各种典籍所载子思

---

[1] 来可泓：《大学直解·中庸直解》，复旦大学出版社1998年版，第125页。
[2] （宋）王柏：《家语考》，载《鲁斋集》卷9，上海古籍出版社1989年版。
[3] 杨朝明：《〈中庸〉成书问题新探》，载山东师范大学齐鲁文化研究中心编《齐鲁文化研究（第3辑）》，山东文艺出版社2004年版，第199页。
[4] 他书多称为"哀公问政"，在此为与众多的"哀公问孔"的对话材料区分，故名。

言行、子思门人著作；且其认为今本《中庸》中的"子曰"部分，属于他所谓的"《论语》类文献"，属于子思所记孔子言论。① 从郭氏的论述来看，他充分肯定了相关"子曰"材料的可靠性，这也就是对"文武之政"材料可靠性的认可。另，杨朝明先生基于对《孔子家语》成书、材料等多方面的研究，对"文武之政"一题还有专门的探讨，认为"将《孔子家语·哀公问政》与《礼记·中庸》的相应部分对比，可以说明孔衍奏言②不虚。实际上，"《家语》与《礼记》众多的相应部分都是如此，如果不带有偏见或者先入之见，一定看不出《家语》杂取《礼记》的痕迹"③。而且，文中还列举了《孔子家语》和《中庸》中两处典型的校例加以论证。结合本书的比对，仅摘录少量条目进行说明：

第4例：

《孔子家语》中的"夫政者"，《礼记》作"夫政也者"，多一虚词"也"字。《礼记》编着之时，往往加入虚词，以整齐句子。我们曾经将《孔子家语》《礼记》与新出竹简在使用虚词方面进行对照，看出《礼记》往往在句子前面加发语词"夫"字、后缀"矣"字、"也"字，用这样的方法比较，《孔子家语》的古朴，《孔子家语》与《礼记》的先后关系，可以一目了然。

第25例：

"爵其能"变成"尊其位"更显然带着汉人加工的印记。汉代，"非刘氏不王"，只有极少数异姓功臣封侯，封赐爵位是一个敏感的话题，根本谈不上什么"爵其能"，《礼记》编者改其为"尊其位"，在当时则无不可。这里的改变与《大戴礼》将《孔子家语》的《王言》改为《主言》极为相似。《家语·王言》中的"王"，除了一处之外，其他十八处在《大戴礼》中均被改为"主"。人们不察，多没有发现是戴德故意改动。因为戴德处西汉后期，而整个西汉的前期，中央与藩王的关系一直是政治的主线，一会儿封王置藩，一会儿又削藩平乱。开始，异姓诸王曾经拥兵自重，专制一方；后来，刘邦所封

---

① 郭沂：《〈中庸〉成书辨证》，《孔子研究》1995年第4期。
② 孔衍在奏言中云："戴圣皆近世小儒，以《曲礼》不足，而乃取《孔子家语》杂乱者，及子思、孟轲、荀卿子书以裨益之，总名曰《礼记》。今见其已在《礼记》者，则便除《孔子家语》之本篇，是为灭其原而存其末也。"
③ 杨朝明：《〈中庸〉成书问题新探》，载山东师范大学齐鲁文化研究中心编《齐鲁文化研究（第3辑）》，山东文艺出版社2004年版，第199页。

的同姓王也自为法令，僭越礼制，不仅对朝廷态度傲慢，甚至公开举兵叛乱。到汉武帝时期，他依然不得不将一部分精力倾注到打击地方割据势力，解决诸侯王的问题上面。戴德改"王"为"主"，一定与之有关。戴圣将"爵其能"改成"尊其位"，也与西汉的政治有关。

第 31 例：

至于"举废邦"变成"举废国"，自然是为了避高祖刘邦的名讳。古人早就指出："班（颁）讳之典爰自汉世"，"汉法，天子登位，布名于天下，四海之内，无不咸避"。汉代的颁讳布名之制，由今存文献来看，最常用的手法是以同训字相替换。汉高祖刘邦，讳邦曰国，如定州汉墓竹简《论语》之中，所有的"邦"字都用"国"代替。戴圣编订《礼记》，哪里能够允许"废邦"二字赫然存于礼书之中。①

另外，从行文方面讲，《礼记》仅在开篇提到"哀公问政"，此后全无两人对话的痕迹，在第 16、22、47 例中，《礼记》没有哀公与孔子的对话记录，而仅仅保存了孔子对为政的论述，这样，《礼记》中孔子的答语显得过于跳跃；而《孔子家语》中多出许多这样过渡性的哀公问，除了使文意更加畅通，并无多大意义。这就很好地反驳了《孔子家语》袭自《礼记》的说法。一是这部分不见于《礼记》，何以袭抄；二是这部分无意义的"虚构性"增加，在"哀公问孔"中还有很多，我们难以理解作者会漫无目的添设这些点缀。三是如果说《孔子家语》是据他书而增润，不若直接说其是袭自他书更直接。四是若云这是王肃为与郑玄争胜而妄加，显然王肃不会笨到增加这些无谓的过渡性"哀公问"增加自己的说服力。② 如省略了第 47 例中的一大段，不仅使对话不完整，仅存理论上的阐述，而缺少具体实施细则；同时，没有表现出哀公迫切践行的心情，以及担心在具体实施孔子的所言时，会"不能果行而获罪咎"的忧虑，不利于我们整体把握哀公的人物形象特征。显然，在保存材料原貌上《礼记》不如《孔子家语》。

总之，两文虽有个别互有优劣的地方，但整体而言，今本《孔子家语》虽为汉代学者孔安国整理而成，但他带着保存"先人之典辞"的目

---

① 杨朝明：《〈礼记·孔子闲居〉与〈孔子家语〉》，该文为提交 2002 年 7 月 27 日—30 日在上海举办的"新出土文献与古代文明研究国际学术研讨会"论文。
② 陈剑、黄海烈：《论〈礼记〉与〈孔子家语〉的关系》，《古籍整理研究学刊》2005 年第 4 期。

的，无论在词语、行文还是表达的思想上，几乎最大程度地保存了史料的原貌。而《礼记》则带有汉代的专制集权主义的烙印，有许多增润、修饰的痕迹。而且两书很可能有着共同的史料来源，竹简《儒家者言》等出土文献很可能就是他们的共同本源。

## 十一 贵黍贱桃

"贵黍贱桃"一题表现了孔子重礼义的思想。哀公赐桃与黍，世人认为用"五谷之长""郊礼宗庙以为上盛"的黍，去擦拭果品中处于最下等且"祭祀不用，不登郊庙"的桃是合理的。然而孔子却有其他看法，他认为这种行为是不重礼义的表现，借哀公赐桃的机会说明理由，用自己的言行去纠正人们之前有损礼制的做法。这与《论语·八佾》篇之"子贡欲去告朔之饩羊。子曰：'赐也，尔爱其羊，我爱其礼。'"有异曲同工之妙，体现了孔子对礼之礼义与礼仪关系的看法，显然相较于礼仪孔子更注重礼义精神的伸张。本专题散见于《孔子家语·子路初见》（甲）、《韩非子·外储说左下》①（乙）二篇。

<u>孔子侍坐于哀公，赐之桃与黍焉。</u>（1 乙为"孔子御坐于鲁哀公，哀公赐之桃与黍"）哀公曰："<u>请食</u>。（2 乙为"请用"）"<u>孔子</u>（3 乙为"仲尼"）<u>先食</u>（4 乙为"吃"）<u>黍而后食</u>（5 乙为"啖"）<u>桃。左右皆掩口而笑。公曰："黍者所以雪桃，非为食之也。"</u>（6 乙为"哀公曰：'黍者，非饭之也，以雪桃也。'"）<u>孔子</u>（7 乙为"仲尼"）<u>对曰："丘知之矣。然</u>（8 乙无此）<u>夫黍者，五谷之长</u>（9 乙多"也"），<u>郊礼宗庙以</u>（10 乙为"祭先王"）<u>为上盛。果属</u>（11 乙为"蓏"）<u>有六而桃为下，祭祀不用，不登郊庙</u>（12 乙为"祭先王不得入庙"）。<u>丘闻之</u>（13 乙为"丘之闻也"），<u>君子以贱雪贵，不闻以贵雪贱。今以五谷之长，雪果</u>（14 乙多"蓏"）<u>之下者</u>（15 乙无此），<u>是从上雪下</u>（16 乙多"也"）。<u>臣以为妨于教，害于义，故不敢。</u>（17 乙为"丘以为妨义，故不敢以先于宗庙之盛也"）<u>公曰："善哉！"</u>（18 乙无此）

另外，此文本在《论衡·自纪》中还有一段十分相似的记载，其曰：

---

① （战国）韩非著，陈奇猷校注：《韩非子新校注》，上海古籍出版社 2000 年版。本书所用《韩非子》的材料，不做特殊说明之处，皆据此版本，不再注明。

充书违诡于俗。或难曰："文贵乎顺合众心，不违人意，百人读之莫谴，千人闻之莫怪。故《管子》曰：'言室满室，言堂满堂。'今殆说不与世同，故文刺于俗，不合于众。"

　　答曰：论贵是而不务华，事尚然而不高合。论说辩然否，安得不谲常心，逆俗耳？众心非而不从，故丧黜其伪而存定其真。如当从众顺人心者，循旧守雅，讽习而已，何辩之有！孔子侍坐于鲁哀公，公赐桃与黍，孔子先食黍而啖桃，可谓得食序矣，然左右皆掩口而笑，贯俗之日久也。今吾实犹孔子之序食也，俗人违之，犹左右之掩口也。①

　　三则材料中，《孔子家语》和《韩非子》的记载相近，《论衡》与两者的差别较大，我们另当别论。在比勘之前，我们先来了解一下《韩非子》一书的编撰背景。韩非生活在战国晚期，当时韩国在强敌秦国的强大武力威胁下，亡国的危险日益增加。韩非深忧于此，上书建议变法图强但未被采纳。于是，韩非由此归隐著书立说。《韩非子》一书，可以说是对先秦文化的一次集大成的努力，它以法家的立场综合各家，注重变通和实用，而且几乎所有的文章都围绕"君权至上"这一主题展开论述，为此，其文使用很多寓言故事对君主进行说教，本题便是这种情况。

　　对读《孔子家语》与《韩非子》两文可见，第一，《韩非子》的用词讲究，后人加工润色的成分要多。如第2例，《孔子家语》作"请食"，《韩非子》作"请用"。在《列子集释》中有"齐田氏祖于庭，食客千人。中坐有献鱼雁者，田氏视之，乃叹曰：'天之于民厚矣！殖五谷，生鱼鸟以为之用。'"也涉及"食"与"用"的区别，对此，杨伯峻旁引本题作案云："友人彭铎曰：用犹食也。下文云'人取可食者而食之'，此云'殖五谷、生鱼鸟以为之用'，鱼鸟、五谷皆人所食之物也。今谓谒客吃饭为用饭，乃古语之遗。……《孔丛子·连丛子》下篇：'季产见刘公客，适有献鱼者，公熟视鱼，叹曰：厚哉，天之于人也！生五谷以为食。'主名虽异，句法正同。用之为食，更其确证。"在古代"请用"虽也为敬语，却很少与食物连用。"请食"则语义明确而朴实，加工、润饰的成分少。第4例，《孔子家语》作"孔子先食黍而后食桃"，《韩非子》作"孔子先吃黍而后啖桃"。《孔子家语》是"食"黍"食"桃，而《韩

---

① （东汉）王充著，黄晖校释：《论衡校释》，中华书局1990年版。本书所用《论衡》的材料，不做特殊说明之处，皆据此版本，不再注明。

非子》则是"吃"黍"啖"桃,虽然语义一样,但明显《韩非子》用词更为讲究。

其次,从思想上说,相较于《孔子家语》,从《韩非子》的措辞中可看到其"君权至上"的观念。如第1例,《孔子家语》作"孔子侍坐于哀公",《韩非子》作"孔子御坐于鲁哀公",在众多的"哀公问孔"的材料中,这也许是唯一一处孔子"御坐"的例子。"御"与"事"都有侍奉的意思,但"御"在此之外还有更为丰富的意思。在封建社会,与皇帝有关的事物一般都加"御"字,显示了皇权的独一无二和至高无上。此处使用"御坐"一词,在凸显帝王隆恩浩荡的同时,也在宣扬一种重用人才的观念,这与韩非子所处境遇是契合的,而《孔子家语》的记载则无此意,类似的还有第10、12例。

在《论衡》中,"贵黍贱桃"的材料是作为辩护其著作与世脱俗的论据出现的,与《孔子家语》和《韩非子》的记载方式有明显的不同。《论衡》对此材料的记载属于转述,所记内容十分简略,只有事情的梗概而无具体细节,但详细论述了编者对此事的看法。具体说来,文中记载有人责难《论衡》"不与世同,故文剌于俗,不合于众",王充不以为然,为论证自己的观点,他作以辩说后引用"贵黍贱桃"的事情论证自己的观点,并将自己的处境与之对比,云"今吾实犹孔子之序食也,俗人违之,犹左右之掩口也",并解释说"左右皆掩口而笑"的原因是"贯俗之日久也",以此增强论说的力度。需要注意的是,《论衡》创作的时代,正值东汉统治阶级倡导谶纬迷信甚嚣之时,当时谶纬神学及各种迷信思想笼罩了整个思想界,学者们著书立说,也无不据引谶纬学说以自重。一时间迷信压倒了科学,虚妄代替了真实。而本章出自王充晚年写成的自传《自纪》篇,本篇记述了他个人的家世、生平和思想性格;阐明《论衡》写作的目的是"伤伪书俗文多不实诚",着重反驳了当时豪强地主代言人对自己的攻击和诬蔑。可以说,作者是为斥俗而撰有此篇,既然他希望其著的书多"实诚",那么在引据材料时,尤其是在本篇中应会格外注意材料的真伪和可靠性,否则容易授人以把柄。从这一角度讲,也变相地增加了"贵黍贱桃"材料的可靠性。

总体而言,关于"贵黍贱桃"的三则材料中,显然《孔子家语》原始而完整地保存了材料;《韩非子》作为法家的代表作,其对儒家材料的引用多半是讥讽儒家学派,但从保存史料和考察文献流传上说,其有利于为后世保存孔子言行的史料,而从其对材料的加工、修改中,不仅可以看出其中暗含的韩非的思想,也可看到文献流传的一些规律;《论衡》对此材料的引用意在说理，虽对事件的记载不周详，但可看出文献流传过程的一种演变趋势，另外也变相地认可了这则材料的可靠性，从中可见儒家之外的其他诸子百家对于保存孔子言行的材料也具有重要意义。

## 十二　隆敬高年

"隆敬高年"一题是对尊敬长者政治意义的探讨，尤其对实行德政的意义有深入讨论。在敬重长者方面，为政者需要以身作则，为臣民百姓作榜样。这是孔子大同、小康理想和王道政治思想的又一个具体表现。本题仅见于《孔子家语·正论解》（甲），但在《礼记·祭义》（乙）有一段十分相似的记载，对比两个文本探析《孔子家语》记载的特点。

哀公问于孔子曰："二三大夫皆劝寡人，使隆敬于高年，何也？"孔子对曰："君之及此言，将天下实赖之，岂唯鲁哉！"公曰："何也？其义可得闻乎？"孔子曰：（1乙无此）"昔者，有虞氏贵德而尚齿，夏后氏贵爵而尚齿，殷人贵富而尚齿，周人贵亲而尚齿。虞、夏、殷、周，天下之盛王也，未有遗年者焉。年者，贵于天下久矣，次于事亲。（2乙为"昔者有虞氏贵德而尚齿，夏后氏贵爵而尚齿，殷人贵富而尚齿，周人贵亲而尚齿。虞、夏、殷、周，天下之盛王也，未有遗年者。年之贵乎天下久矣，次乎事亲也。"）是故朝廷同爵而尚齿。七十杖于朝，君问则席；八十则不仕朝，君问则就之，而悌达乎朝廷矣。（3乙为"是故朝廷同爵则尚齿。七十杖于朝，君问则席；八十不俟朝，君问则就之；而弟达乎朝廷矣。"）其行也，肩而不并，不错则随，斑白者不以其任于道路，而悌达乎道路矣；居乡以齿，而老穷不匮，强不犯弱，众不暴寡，而悌达乎州巷矣；（4乙为"行肩而不并，不错则随，见老者则车徒辟，斑白者不以其任行乎道路，而弟达乎道路矣。居乡以齿，而老穷不遗，强不犯弱，众不暴寡，而弟达乎州巷矣"）古之道，五十不为甸役，颁禽隆之长者，而悌达乎蒐狩矣；军旅什伍，同爵则尚齿，而悌达乎军旅矣。（5乙为"古之道，五十不为甸徒，颁禽隆诸长者，而弟达乎蒐狩矣。军旅什伍，同爵则尚齿，而弟达乎军旅矣。"）夫圣王之教，孝悌发诸朝廷，行于道路，至于州巷，放于蒐狩，循于军旅，则众感以义，死之而弗敢犯。（6乙为"孝弟发诸朝廷，行乎道路，至乎州巷，放乎蒐狩，脩乎军旅，众以义死之而弗敢犯也"）"公曰："善哉，寡人虽闻之，弗能成。"（7乙无此）

对勘两文发现,《礼记》没有《孔子家语》的对话场景,即《礼记》没有《孔子家语》首尾的第 1 例和第 7 例的内容,而仅有中间孔子论述的主干部分,即第 2 例至第 6 例,就这部分而言,两者的记载十分接近,仅是几处虚词和异体字、同源字、假借字等的不同,两文如此惊人的相似,使我们禁不住要推考其中的缘由。此题类似"文武之政"一题,他们的材料都仅涉及《孔子家语》和《礼记》两书,而且两书的记载均十分相近。但此例与之又有不同,在"文武之政"一题中,《礼记》有明显的润饰、改动的痕迹,带有汉代的政治色彩,然而此题《礼记》的改动却并不明显。对于这两部书,陈剑、黄海烈两位学者对此有专门的考察,其以具体的文献考据并结合出土文献定县汉简《儒家者言》综合论证,否定了《孔子家语》的王肃伪造说和《孔子家语》袭自《礼记》说两种观点,认为两书材料应有共同来源,这是造成大量重文的重要原因。其文曰:"《孔子家语》的原材料的来源,应当与《礼记》相似,首先是孔门弟子的笔记。其次是那些单篇流传的儒家文献。正是因为来源相似,所以造成了大量相同内容的段落的出现,同时由于所依据的不是定本礼《礼记》,以及弟子之间的传闻异词,使二者在遣词造句上用相当大的差别。《孔子家语》的编撰单位不是篇,而是章。散漫的章随处可见。这也是说明《孔子家语》是先秦文献的一个旁证。……《孔子家语》以章为单位,就可以解释为什么他会割裂《礼运》这样相对紧密地文章。《礼运》被《孔子家语》肢解分入各个章节里面。……当然,肯定了《孔子家语》的流传有本,并不妨碍承认他在某些地方被后代人篡改过。这对一本流传了如此之久的古书来说是难以避免的。"[1] 这便可以解释为什么在此《礼记》和《孔子家语》有诸多相似又有许多不同。事实上,本书涉及的《大戴礼记》《说苑》等大量典籍,其许多与《孔子家语》相关的内容同样如此。而对他们原始材料的来源,根据我们前面论述,除去"孔门弟子的笔记",大致还有孔子自己所记、当时史官所记和此外的他人所记等可能,而当时的流传方式则不应局限于单篇流传一种方式,二是多种方式混杂并存,尤其是不同弟子对相同内容的记录,不仅在最初记载上就应存在差别和侧重,而且在流传的途径和方式上也各有不同。

---

[1] 陈剑、黄海烈:《论〈礼记〉与〈孔子家语〉的关系》,《古籍整理研究学刊》2005 年第 4 期。

## 十三 东益不祥

哀公向孔子询问房屋东迁是否吉祥，对于哀公提出的此类避重就轻的咨询，孔子如同教导其弟子一样，善于对鲁君进行正向的"循循然善诱之"，就像前面的"舜冠何冠"一题相似。孔子未对哀公的问题作直接回答，而是为其讲解了与哀公所问相关的身、家、国、俗、天等有关教化的五不祥，以此反衬"东益不祥"之轻。本章见于多处文献记载，它们分别是《孔子家语·正论解》（甲）、《新序·杂事五》（乙）两篇。

> 哀公问①于孔子曰："寡人闻（1 乙多"之"）东益（2 乙多"宅"）不祥，信有之乎？"孔子曰："不祥有五，而东益（3 乙多"宅"）②不与焉。夫损人自益（4 乙为"夫损人而益己"），身之不祥（5 乙多"也"）；弃老而（6 乙无此）取幼，家之不祥（7 乙多"也"）；释③贤而任（8 乙无此）不肖，国之不祥（9 乙多"也"）；老者不教，幼者不学，俗之不祥（10 乙多"也"）；圣人伏匿，愚者擅权（11 乙无此），天下不祥（12 乙多"也"）。（13 乙多"故"）不祥有五，东益（14 乙为"而东益宅"）不与焉。（15 乙多"《诗》曰：各敬尔仪，天命不又。未闻东益宅之与为命也。"）"

另外，有关此事的一个相似记载还见于《淮南子·人间训》④（丙）、和《论衡·四讳》（丁），两处行文对比如下：

> （16 丁多"俗有大讳四。一曰讳西益宅。西益宅谓之不祥，不祥必有死亡。相惧以此，故世莫敢西益宅。防禁所从来者远矣。传曰"）鲁哀公欲西益宅，史争之，以为西益宅不祥（17 丁为"史争以为不祥"），哀公作色而怒，左右数谏不（18 乙为"弗"）听，乃（19 丁无此）以问其傅宰折睢（20 丁为"宰质睢"）曰："吾欲（21 丁多"西"）益宅，而（22 丁无此）史以为不祥，子以为（23 丁无

---

① "问"原作"问之"，据四库本、同文本删。
② 在《新序校释》中云："'宅'字各本夺，下并同，不成文理。《淮南》《论衡》各句俱有'宅'字，《孔子家语》《新序》文已无之，则疑脱已久矣。今据二书补，下文并同。"
③ "释"原作"择"，据四库本、同文本改。
④ 刘文典撰，冯逸、乔华点校：《淮南鸿烈集解》，中华书局1989年版。

此)何如?"宰折睢(24丁为"宰质睢")曰:"天下有三不祥,西益宅不与焉。"哀公大悦而喜(25丁无此)。(26丁多"有")顷,复问曰:"何谓三不祥?"对曰:"不行礼义,一不祥也。嗜欲无止,二不祥也。不听强(27丁为"规")谏,三不祥也。"哀公默然深念(28丁为"缪然深惟"),愤(29丁为"慨")然自反,遂不西(30丁无此)益宅。夫史以争为可以止之,而不知不争而反取之也。智者离路而得道,愚者守道而失路。夫儿说之巧,于闭结无不解。非能闭结而尽解之也,不解不可解也。至乎以弗解解之者,可与及言论矣。或明礼义、推道体而不行,或解构妄言而反当。何以明之?(31丁为"令史与宰质睢止其益宅,徒为烦扰,则西益宅祥与不祥未可知也。令史、质睢以为西益宅审不祥,则史与质睢与今俗人等也。")

对读《孔子家语》和《新序》,两者的差异大部分是在虚词上,其或有共同的材料来源,又或后者直接本于前者,但两书各有自己的行文特色。具体说来,第2、3、14例,《孔子家语》《新序》(见文中注释)均无"宅"字,未明"东益"之物为何,我们认为因为对话是有背景的,对话时会有省语是很常见的现象。另外,两书均出现了同样的讹误,即两书均记曰"不祥有五",但下文却均列举了三不祥。对此较为合理的解释有两个:一是两者确有共同的史料来源,以致两书会有同样的脱误。二是两书可能有互袭之嫌,但通过现在对《孔子家语》成书情况的认识来看,极有可能是《新序》袭自《孔子家语》,而且这也完全可以讲得通。因为王肃伪造《孔子家语》之说被学界否定后,人们逐渐认识到今本《孔子家语》虽定本于孔安国,但其材料却是先秦之史料;而《新序》为刘向所编,成书在《孔子家语》之后,这样在时间上首先可以讲的通;而存刘向《别录》之大观的《汉书·艺文志》将《孔子家语》归入"论语类",盖刘向是见过《孔子家语》的,至少可以断定其是见过《孔子家语》之原材料的。另外,此结论从文献校勘来看也可以得到印证。如第8例,《孔子家语》作"释贤而任不肖",《新序》作"释贤不肖"。《新序》的四字结构,盖为与上下文保存一律而改,第11例,《新序》无《孔子家语》之"愚者擅权",据上下文,疑《新序》此处出现了脱文。第15例,《新序》继续秉承本书一贯的写作风格,即作者在每章之后多会引《诗》来结尾以作总结。可见,《新序》较《孔子家语》的改动痕迹要大,所以《孔子家语》在保存史料方面做得更好。

"东益不祥"一事除了在《孔子家语》《新序》有记载之外,还在

《淮南子》和《论衡》中有极为相似的记载，虽大意基本一致，都因哀公欲广其宅而引发，但记载差别较大，明显表现为两个流传系统。其中，《孔子家语》和《新序》记载接近，《淮南子》和《论衡》记载接近。因为：第一，就其所涉内容来说，四书相较，显然《孔子家语》和《新序》的记载接近，且注重记事和保持史料的原貌，尤其是《孔子家语》；而《淮南子》和《论衡》无论在对话涉及的人物，还是内容、形式都相似，而有别于《孔子家语》和《新序》，显然属于另一个著录系统，且有许多作者"各以己意增损"的成分。第二，《孔子家语》《新序》作"东益"宅和《淮南子》《论衡》作"西益"宅①的区别。孙志祖在《家语疏证》中云："当从《淮南子》《论衡》作西，今形家尚忌之。"余正燮曰："虫蛇在地，有象在天，东苍龙，西白虎，相宅法忌白虎，而古人有白虎观。"明何孟春《馀冬叙录》三云："原宅所以不西益者，《礼记》曰：'西向北向，以西方为上。'《尔雅》曰：'西南隅谓之隩。'尊长之处也。不西益者，恐动摇之耳。审西益有害，增广三面，岂能独吉乎？"故当"西益"宅于风俗礼仪相合，盖《孔子家语》《新序》有误。另，《孔子家语》和《新序》均言"不祥有五"，而《淮南子》《论衡》则谓有"三不祥"，且相互间没有交叉。第三，虽均以哀公益宅为谈话背景，但《孔子家语》和《新序》所记是哀公和孔子的对话，而《淮南子》和《论衡》则为哀公和傅宰折睢。②对于折睢此人，史书中没有过多记载，我们很难断定其是否为哀公之宰。且对话中是否确有史官向哀公谏言，很难进行考证。就此我们根据这一特殊情况分别对其进行研究。

另外，对勘《淮南子》和《论衡》可知，《论衡》一书常引据他文材料证己观点，而就本章而言，其作为"俗有大讳四"之一出现，并在引用此材料之前有"传曰"二字。"传"泛指儒家经书之外或解释经书的书籍，这也表明了王充是在引录他书。黄晖在校释《论衡》时，就怀疑本章引自《淮南子·人间训》一篇。我们认为，这种可能性很大，一方面是《淮南子》是汉室宗亲刘安招贤集体创作的，本书荟萃了之前众家的材料。根据刘安的生卒年月及出身来看，其不是没有可能与孔安国看到同一批材料，甚至是其他未收归中央的民间之书。而其成书较早，后世也比较容易看到这部书；另一方面东汉出身于"细族孤门"的王充，以务实的精神不拘一

---

① 另外，《艺文类聚》和《御览》同引《风俗通义》，俱作"西益宅不祥"。
② 《论衡》此作"傅宰质睢"，据考证此人为傅姓，名折睢，宰是他的官职，而"折"与"质"音近，古字通。

格地征引材料论述自己的观点。本章是篇名《四讳》之一,当时盛行谶纬迷信等思想,各种迷信忌讳大肆泛滥,王充参考前人整理之史料作为例证进行纠正和驳斥不足为奇。而在引用材料过程中,两书也均有以己意增损的地方。如第 16 例,盖王充在《淮南子》材料的基础上,总结出的"俗有大讳四"的内容;第 31 例亦然,显然两文侧重点各异,《淮南子》论述进谏之术;《论衡》则言史与宰的进谏是"徒为烦扰",对此则材料其关注的是迷信、礼俗,这与王充生活时代盛行的谶纬之风密切相关。由此可见文献流传的复杂性,各书多以不同的写作目的对同一材料进行处理。

## 十四  莫众而迷

"莫众而迷"是一句古谚语,意思是说,如果做事不与众人商量,就会迷惑。鲁国被认作是宗周最为典型的国家,春秋时期的鲁国政体基本上是宗法贵族君主制,但其宗法制已经支离破碎,换言之,"他已不是西周时期那样的宗法制,只不过是较其他国家更为重视氏族血缘关系的一种褪色的宗法制"[1]。尤其在三桓专权以后,这种宗法制被破坏得更加严重,季氏借助自己雄厚的实力和"正卿"的裁断权,在朝野上下权倾一时,独断专行。本章仅见于《韩非子·内储说上》一篇。

> 鲁哀公问于孔子曰:"鄙谚曰:莫众而迷。今寡人举事,与群臣虑之,而国愈乱,其故何也?"孔子对曰:"明主之问臣,一人知之,一人不知也。如是者,明主在上,群臣直议于下。今群臣无不一辞同轨乎季孙者,举鲁国尽化为一,君虽问境内之人,犹不免于乱也。"

本专题仅见于《韩非子》,但在同一篇的前后却同时记载了两个版本的材料,一个是哀公与孔子关于"莫众而迷"的讨论;另一个是哀公与晏婴关于"莫三人而迷"的讨论,文曰:

> 一曰。晏子聘鲁,哀公问曰:"语曰:'莫三人而迷'。今寡人与一国虑之,鲁不免于乱,何也?"晏子曰:"古之所谓'莫三人而迷'者,一人失之,二人得之,三人足以为众矣,故曰莫三人而迷。今鲁国之群臣以千百数,一言于季氏之私,人数非不众,所言者一人也,安得三哉?"

---

[1]  郭克煜等:《鲁国史》,人民出版社 1994 年版,第 149 页。

谈话主题表述不同，但意思一样，意思都是说遇事不应一意孤行，而应集思广益。另外，孔子和晏婴的解答虽有区别，但都涉及季氏专政的问题。具体而言：

首先，从《韩非子》这部著作来看，它是战国末期韩非站在法家立场上对先秦诸子学说的结集，司马迁认为，韩非"喜形名法术之学，而其归本于黄老"①，此语道出了《韩非子》的思想特征。而就《内储说》而言，有学者对其进行专门研究后，认为本篇的特色是专职记事，是韩非用来教授弟子的材料，相当于一个学派内部的教材②。就其文体结构来说，其为总分结构的代表之作，梁启超《要籍解题及其读法》云："此六篇体裁颇奇，每篇首一段名为'经'，标举所陈之义而证以实例，实例各以一句櫽括为目。其下则为'传'，详述其所引实例之后始末。"③ 这与后世经传之作相近。另外，《储说》中还有一种特殊的记载形式"一曰"，学界对此观点不一，顾广圻、陈启天、[日]太田方、陈奇猷、梁启雄、张觉、[马来西亚]郑良树等人对此均有自己的观点，综合起来，对"一曰"大致有两种观点，一是认为韩非后学或者后人增补，一是认为是韩非自己所记。我们以后者为是，即认为"一曰"此为原书所有，是韩非对各类逸闻的增补、罗列。俞樾在《古书疑义举例》之"两义传疑而并存例"中就列举此例，且言"《韩非子》书如此者尤多"④。基于此，"莫众而迷"在同一篇前后有两个不同版本也就容易理解了。

其次，根据记载，晏婴是春秋时期的政治家，在齐灵公、庄公、景公时任齐卿，他"以节俭力行重于齐"，故"三世显名于诸侯"（《史记·管晏列传》）。孔子与晏婴多有交往，但至鲁哀公即位时，晏婴已经去世。所以两人是不会发生对话的。另外，此事在《晏子春秋》中也有记载，但是晏子聘鲁时晏子和鲁昭公的对话，按时间来看，两人对话是有可能的，但仅凭此，我们还不好认定《晏子春秋》的记载就一定准确。而且，"莫众而迷"（或"莫三人而迷"）作为古谚语，会有不同的人对其进行讨论也不是没有可能，而讨论的人多了，出现张冠李戴之事也不足为奇。

最后，哀公与孔子关于"莫众而迷"的论述是否可信呢？从鲁哀公的人物性格来看，哀公确实不是一个一意孤行、不听他人劝告的君主，他经常向孔子咨询国政，对于孔子以外的人也是如此，在《论语》中我们

---

① （汉）司马迁：《史记》，中华书局1959年版，第2146页。
② 马世年：《〈韩非子·储说〉的题意、分篇与性质》，《甘肃社会科学》2004年第5期。
③ 梁启超：《要籍解题及其读法》，岳麓书社2010年版，第52页。
④ 俞樾等：《古书疑义举例五种》，中华书局1956年版，第13页。

就可以找到两处这样的记载，如《八佾》之"哀公问社于宰我"章和《颜渊》之"哀公问于有若"章，所以他应该并不"莫众"，但"政决于私门"的现实却让他质疑为何自己不"莫众"却仍旧"迷"。孔子回答中肯，他不畏强权，结合鲁国当时的政治现实，道出造成这种局面的主要原因，在于季氏独断专行，操纵国政使"今群臣无不一辞同轨乎季孙者，举鲁国尽化为一"，而"莫众而迷"此则史料的记载，正好是当时鲁贵族朝议制遭破坏的一个反映。故而鲁君虽遇事询问国内人士的意见，却仍不能免于惑乱。所以，哀公会质疑"莫众而迷"不是没有可能性，而在众多"哀公问孔"的材料中，与政治现实结合如此密切，论述如此直白的记载并不多。我们应该给予这段材料足够的重视。

## 十五　举直错枉

本题是哀公向孔子咨询如何使百姓顺服，孔子从如何用人的角度给予回答，是孔子民本思想和人才观的一种表现。孔子从君子修养的角度，重视人的正直和诚实。在他看来，"直"的内涵是丰富的，一方面他认同柳下惠的不去"父母之邦"的"直道而事人"（《论语·微子》）的思想；并认为士人要"达"，需"质直而好义，察言而观色，虑以下人"，这样才能做到"在邦必达，在家必达"（《论语·颜渊》）。另外，在《论语·子路》篇中，对于"直"，孔子还有一处较为独到的见解，子曰"父为子隐，子为父隐，直在其中矣"，此处"直"的背后是一种孝的思想，从其他关于"直"的记载中，也可以看出孔子是不单独讲"直"的，因为任何时候"直"都需要有一个标尺才能直而不偏，发挥它的最大能量，本章亦然，此其便与"枉"并举。本章仅见于《论语·为政》篇。

> 哀公问曰："何为则民服？"孔子对曰："举直错诸枉，则民服；举枉错诸直，则民不服。"

虽然本章仅见于《论语·为政》篇，但"举直错诸枉"的思想却见于多处，且多出于孔子之口。如：

> 季康子问政，（孔子）曰："举直错诸枉，则枉者直。"（《史记·孔子世家》）
> 樊迟问仁。子曰："爱人。"问知。子曰："知人。"樊迟未达。子曰："举直错诸枉，能使枉者直。"樊迟退，见子夏。曰："乡也吾

见于夫子而问知，子曰，'举直错诸枉，能使枉者直'，何谓也？"子夏曰："富哉言乎！舜有天下，选于众，举皋陶，不仁者远矣。汤有天下，选于众，举伊尹，不仁者远矣。"（《论语·颜渊》）

孔子不止一次提到"举直错枉"的思想，也说明其在孔子思想体系中的重要性。对于《史记》中孔子与季康子论及"举直错枉"，司马贞在《史记索隐》对此注曰："今此初论康子问政，未合以孔子答哀公使人服，盖太史撮略《论语》为文而失事实。"我们认为因在《论语·颜渊》篇中，樊迟问"知人"时，孔子亦以"举直错枉"（只是表述稍有不同）作答，若如司马贞所言，此又作何解释，盖此并非"失事实"，而是孔子对于季氏专权的"不直"行为的一种声讨。

## 十六 夔非一足

本题是哀公在读先王之典《尚书》后有感，与孔子进行交流而引起的对话。根据《孔丛子》的记载，孔子对哀公循循善诱，由夔谈到"政之本"的问题，强调德政的功效。文中提到虽然美好的音乐可以促使政治更加清明，但这种音乐创作的前提是治国有道、政治祥和，如此方能"功成作乐"，"功善"而"乐和"，尽显"治理之情"，其中的关系是层层递进的。这涉及孔子的诗教观，孔子在齐闻韶乐，"三月不知肉味"（《论语·述而》），之所以如此，便是因为音乐的教化功能在起作用。本章见于《孔丛子·论书》①、《韩非子·外储说左下》和《吕氏春秋·察传》② 三篇。

鲁哀公问："《书》顿夔曰：'于！予击石拊石，百兽率舞，庶尹允谐。'何谓也？"孔子对曰："此言善政之化乎物也。古之帝王，功成作乐。其功善者其乐和，乐和则天地且犹应之，况百兽乎？夔为帝舜乐正，实能以乐尽治理之情。"公曰："然则政之大本，莫尚夔乎？"孔子曰："夫乐所以歌其成功，非政之本也。众官之长，既成熙熙，然后乐乃和焉。"公曰："吾闻夔一足，有异于人，信乎？"孔子曰："昔重黎举夔为进，又欲求人而佐焉。舜曰：'夫乐，天地之

---

① 王均林、周海生译注：《孔丛子》，中华书局2009年版。本书所用《孔丛子》的材料，不做特殊说明之处，皆据此版本，不再注明。
② 许维遹：《吕氏春秋集释》，中华书局2009年版。本书所用《吕氏春秋》的材料，不做特殊说明之处，皆据此版本，不再注明。

精也,唯圣人为能。和六律,均五音,知乐之本,以通八风。夔能若此,一而足矣。故曰一足,非一足也。'"公曰:"善。"(《孔丛子·论书》)

鲁哀公问于孔子曰:"吾闻古者有夔一足,其果信有一足乎?"孔子对曰:"不也,夔非一足也。夔者忿戾恶心,人多不说喜也。虽然,其所以得免于人害者,以其信也,人皆曰'独此一,足矣。'夔非一足也,一而足也。"哀公曰:"审而是,固足矣。"

一曰。哀公问于孔子曰:"吾闻夔一足,信乎?"曰:"夔,人也,何故一足?彼其无他异,而独通于声。尧曰:'夔一而足矣。'使为乐正。故君子曰:'夔有一足。'非一足也。"(《韩非子·外储说左下》)

鲁哀公问于孔子曰:"乐正夔一足,信乎?"孔子曰:"昔者舜欲以乐传教于天下,乃令重黎举夔于草莽之中而进之,舜以为乐正。夔于是正六律,和五声,以通八风,而天下大服。重黎又欲益求人,舜曰:'夫乐,天地之精也,得失之节也,故唯圣人为能和,乐之本也。夔能和之,以平天下。若夔者,一而足矣。'故曰夔一足,非一足也。"(《吕氏春秋·察传》)

对读三文,《孔丛子》记载最多也最为详细,文章层层递进,有很强的情景感,盖此与《孔丛子》的成书有关。该书一直在家族内部流传,故而在宋咸向朝廷献此书时,后人多以为其为伪书。尤在疑古思潮下,它与《孔子家语》被定为典型的伪书。但近年来,随着出土文献的不断问世,以及学界研究的不断深入,对这两部书的认识逐渐矫正过来。如李学勤先生在《竹简〈家语〉与汉魏孔氏家学》一文中,以定县八角廊汉墓为切入点,对两书进行了考察,认为"《孔丛子》《孔子家语》,很可能陆续成于孔安国、孔僖、孔季彦、孔猛等孔氏学者之手,有着很长的编纂、改动、增补的过程"。并认为《孔丛子》与《孔子家语》一样均为"汉魏孔氏家学",而《孔丛子》"也许是解开《尚书》传流疑谜的一把钥匙"[1]。李先生的论断应该是正确的,尤其是涉及本章内容的《论书》篇,其中的"书"指的便是《尚书》,此篇共有16章,每章均以问答体的形式记载了孔子对《尚书》内容的认识,故而此篇的价值重大。但对本篇的真伪,王均林先生在其译注的《孔丛子》前言中提到"从方法论上说,

---

[1] 李学勤:《竹简〈家语〉与汉魏孔氏家学》,《孔子研究》1987年第2期。

只要书中材料不是伪造的，有真实可靠的来源，便可以断定《孔丛子》为真。所以要想真正解决《孔丛子》的真伪问题，必须对书中材料一一做出详尽的考证，能够证实或证伪几分，问题便解决几分"[1]。这为我们提供了很好的思考空间。

首先，学界较为认同包括《论书》篇在内的《孔丛子》前几卷的材料，认为应为"先秦孔氏遗文"。其次，对于《论书》篇，学者们也基本认同。如黄怀信先生在《〈孔丛子〉的时代与作者》中云："《论书》之文不晚于《大传》（《尚书大传》）。……《大传》中的材料，必是其（伏生）在汉以前所掌握的。"[2] 最后，就《论书》篇的本章而言，事情的起因是哀公读先王之典《尚书》时，对其中夔"击石拊石，百兽率舞，庶尹允谐"产生疑问，质疑音乐在为政中的意义而引起的对话。对于夔，在《山海经·大荒东经》中讲到东海有一种"状如牛，苍身而无角，一足，出水则必风雨，其光如日月，其声如雷，其名曰夔"的海兽。《说文》云："夔，神魖也。如龙，一足，从夊，象有角、手、人面之形。"无论夔状如牛还是如龙，它都是后人虚构出来的一种异兽。在《尚书·舜典》里，夔则为舜的乐正，文曰："帝曰：夔，命汝典乐，教胄子。"可能正是基于远古的这些传说，哀公对夔作乐及其"一足，有异于人"等有疑问。对此孔子解释十分清晰，从政治清明与作乐的关系、夔作乐的才能等方面予以解释。可以说，本章记载渊源有自，而从记载中孔子循循善诱的教导方式和表达思想来看，与孔子的言行思想也是契合的，且他书（其中一些成书在《孔丛子》对外流传之前）对此材料也有所引述。综合来看，本章材料的可靠性还是比较高的。

《韩非子》《吕氏春秋》对本题材料的记载，与《孔丛子》相较，缺少"夔一足"之前的孔子对《尚书》记载的认识部分。在具体的记载上，《韩非子》如前所论，亦同时记载了两个不同版本的材料，但两者的记载均难以服众，不仅有错乱史实之处，如将夔视为尧的乐正；而且对"夔一足"解释似更添神话色彩，云与其丑陋的相貌有关，均不足信。至于《吕氏春秋》的记载，有论者称：《吕氏春秋》是据《山海经·大荒东经》一段关于名为"夔"的动物的神话传说改编而来，而将夔由一种独角兽演变成熟悉声律的乐官，并使之失去神话色彩的原因是"臣对君的

---

[1] 参见王均林、周海生译注《孔丛子》，中华书局2009年版，第7页的"前言"部分。
[2] 黄怀信：《〈孔丛子〉的时代与作者》，《西北大学学报》1987年第1期。

言说，其导向是现实性和政治性，所有的改编加工均服务于政治目的"[1]。这种观点似乎太过牵强，我们知道，《吕氏春秋》又名《吕览》，是战国末期吕不韦召集门客编写的一部关于先秦诸子文化的总揽性学术专著。当时政治局势风云变幻，秦王朝统一六国之势已是定局，秦相吕不韦急需找到建国治世的良策，基于种种原因这部号称"有能增损一字者，予千金"的巨著《吕览》"急就成书"。如此，编者非劳神费力、经多番周折编写此故事，其虽与政治挂钩，但其以美声嘉乐来治世的思想，显然与当时的局势不合，若想要以此服务政治，实在是杯水车薪。况且，其与《孔丛子》所载十分接近。所以，最有可能的解释是，这段材料在先秦即已流传，而《孔丛子》《吕览》均有记载，只是分属不同的著录系统。

## 十七　堂上而已

此题体现了孔子"推己及人"和注重修养等思想，与《大学》之"所谓治国必先齐其家者，其家不可教而能教人者，无之。故君子不出家而成教于国"的思想主旨一致。本篇仅见于《吕氏春秋·先己》篇。

> 孔子见鲁哀公，哀公曰："有语寡人曰：'为国家者，为之堂上而已矣。'寡人以为迂言也。"孔子曰："此非迂言也。丘闻之，得之于身者得之人，失之于身者失之人。不出于门户而天下治者，其唯知反于己身者乎！"

本题在《吕氏春秋》中被记为哀公和孔子的对话，而几乎同样的事情，在《孔子家语·贤君》和《说苑·政理》篇中却俱作卫灵公与孔子的对话，且对话内容也极为相似。两者的记载应属一个流传系统，不仅对话的当事人一致，而且两人的问答之辞也几乎一致，仅为个别虚词、通用字等的差别。而《吕氏春秋》的记载，与这两书的区别较大，在对话的当事人和具体内容上均有不同。要对这一差异做出解释，首先需要了解《吕氏春秋》的成书情况。《吕氏春秋》在上一题中已经有所涉及，司马迁对《吕氏春秋》的评价很高，将其与《春秋》《周易》《孙子兵法》及《诗》并论，言其为"贤圣发愤之作"。《汉书·艺文志》将其归于"诸子类杂家"，云其"杂家者流，盖出于议官。兼儒、墨，合名、法，知国家之有此，见王治之无不贯，此其所长也。及荡这为之，则蛮羡而无所归

---

[1] 邓岳利：《〈吕氏春秋〉寓言研究》，硕士学位论文，四川师范大学，2008年。

心"。所以,《吕氏春秋》虽内容驳杂却有自己的主导思想——"王治"。而就其性质或者说其学派倾向,学界对此争论不休①,我们认为其是倾向于儒家的,是"先秦儒家官学化的余绪"②。而此时,一种借助虚构"寓言故事"来说理论道的文体也逐渐成形,《吕氏春秋》便是其中的代表之作。邓岳利对《吕氏春秋》中的寓言作过专门研究,总结其取材可分为三类:一是经、史、子类等书面材料;二是社会上的历史传说故事、民间传说等口传资料;三是作者的直接创作。其中,对源于历史故事的寓言,"是指寓言作者在某一个历史事实的基础上增添或删削事件、或将'甲'的时间依托于'乙'的身上,或完全虚构故事'置于'某个历史人物身上"。而且,《吕氏春秋》偏重于对"明君圣主""贤相能士"的故事。③本题"堂上而已"大概就属于这种情况,所以才会与《孔子家语》《说苑》异中有同、同中有异。至于此章是否可信,或者哪一说更为可信,由于史料匮乏已难以厘清,但我们认为《孔子家语》所记或许更接近于史料的原貌。

## 十八 政在选臣

孔子对于如何选贤任能思想的论述有许多,就"哀公问孔"的材料而言,直接涉及此问题的就有"取人之法"一题。孔子主张德行政治,对君、臣的德行要求较高,"政在选臣"一题记载简单,只有纲而没有目,故而对孔子选臣的细节问题已难以断定。本章仅见于《史记·孔子世家》一篇。

鲁哀公问政,对曰:"政在选臣。"

---

① 就《吕氏春秋》的性质大致有三种观点:(一)属杂家,即认为是对各家的调和拼凑。代表者有洪亮吉、蒋伯潜、侯外庐、冯友兰等。(二)虽属杂家,但有主导思想倾向。求又可分为四说:(1)道家。代表者有高诱、熊铁基、牟钟鉴等。(2)儒家。代表者有《四库全书总目提要》、金春峰、修建军等。(3)阴阳家。代表有陈奇猷。(4)墨家。代表为卢文弨等。(三)兼容并包,但自成一家之言。代表有章学诚、许维遹、刘文典、郭沫若、张岱年、张双棣、李家骧等。
② 修建军在《〈吕氏春秋〉与中国文化》(《孔子研究》2001 年第 4 期)解释说:"因为这两者之间存在着逻辑的连续性。先秦儒家争取儒学的官学化从实践到理论上都可以归结为一点,那就是以'德治'、'仁政'来干预和指导现实政治,实现'定于一'的天下有序性。"
③ 邓岳利:《〈吕氏春秋〉寓言研究》,硕士学位论文,四川师范大学,2008 年。

《史记》之记载极为简略，内容仅有四字"政在选臣"，另在"文武之政"一题中也有类似的语句，即"为政在人"，对话中，司马迁指明是哀公问政，但对于答者却未明言为孔子。但从其所在篇章，及后文"季康子问政，曰：'举直错诸枉，则枉者直。'康子患盗，孔子曰：'苟子之不欲，虽赏之不窃。'然鲁终不能用孔子，孔子亦不求仕"的记载，也可以看出与哀公对话的人是孔子。另外，《史记》记载本题的目的，在于"然鲁终不能用孔子，孔子亦不求仕"一句中。在孔子的政治理想中有一种贤人政治的情怀，他认为"为政在人"，修养良好的君子贤人为政，才能"为政以德"和"为国以礼"。另外，孔子空怀一腔抱负却无施展之处，所以孔子尤其重视国君的重用人才，此思想在其他文献记载中并不乏见。

## 十九　众趣救火

本题有具体事件背景的交代，鲁人放火烧积泽，然而火势借着北风开始蔓延，鲁国境内将要受此牵连。鲁哀公号召百姓积极救火，但百姓一心想着如何借助火势驱赶野兽，并不愿意救火，哀公就这一情况咨询孔子的意见。此记载仅见于《韩非子·内储说上》。

> 鲁人烧积泽，天北风，火南倚，恐烧国，哀公惧，自将众趣救火。左右无人，尽逐兽而火不救。乃召问仲尼。仲尼曰："夫逐兽者乐而无罚，救火者苦而无赏，此火之所以无救也。"哀公曰："善。"仲尼曰："事急，不及以赏，救火者尽赏之，则国不足以赏于人。请徒行罚。"哀公曰："善。"于是仲尼乃下令曰："不救火者比降北之罪，逐兽者比入禁之罪。"令下未遍而火已救矣。

面对鲁国的突发状况和哀公的询问，孔子的回答是由于赏罚不明造成的。鉴于形势窘迫，他建议哀公下令不救火者一律论罪。于是，哀公卜达命令：凡是不参与救火者，比照战败降敌之罪；只驱赶野兽者，比照擅入禁区之罪。通过重罚的方式，命令还未遍及全国，积泽的火势就已经得到了控制。从哀公与孔子二人的对话可见，孔子对刑罚的使用效果做出了积极的肯定，这与孔子"德主刑辅"的思想虽非势如水火，但也有出入。在《论语·为政》中孔子曰："导之以政，齐之以刑，民免而无耻。导之以德，齐之以礼，有耻且格。"这里孔子虽不主张弃绝刑罚，但也未主张积极施用刑罚。"众趣救火"中孔子所表达的意思与民众听闻命令之后的反应，一定程度上印证了"民免而无耻"的施政效果。此前提到有学者认为《内储说》的特色是专职记事，是韩非用来教授弟子的材料，韩非作为法家的代表人物教授弟子法家思想，选取的资料理应是服务于其教学目的的，这一段文字记载仅见于此，虽与孔子思想并非完全不合，而且，结合"鲁邦大旱"关于"正刑与德"刑罚思想的论述来看，或许此题可视为是孔子具体用"刑"的记载，但无法证实此记载的可靠性，其依然存在韩非依托圣人之言杜撰的可能。杨蓉在其博士后出站报告《经典的投影：以〈论语〉"哀公问孔"问题的思想史影响为例》中就认为此段文字是韩非"借儒行法"的表现，言"'赏罚'是'治之道'，君主只要利用好'赏罚'，就能树立自己在臣民面前的'势'，没有臣民敢犯上作乱，这样就能实现对整个国家秩序的维持"。并言韩非子"法治"的一大特色是"重罚"。① 杨博士的说法有一定道理，但其对材料可靠性疏于考证，其说仅可做一说存之。

## 第二节 "君子修养"材料辨析

"君子修养"主要论述的是美好德行之人的品行，这与孔子修身思想密切相关，是孔子十分关注的内容，在与哀公谈论如何为政时对此多有涉及。在"哀公问孔"中相关主题的材料大致有 7 个，孔子在教导哀公如何为政治国时，对君主品行修养有详细论述。

### 一 儒服儒行

儒，学界对其有不同见解。在孔子看来，儒就如同人分五等有"五仪"一样，儒也有"君子儒"和"小人儒"之分，这里孔子所讲的十五（或十六）个方面的特性均为君子儒的特质。牟复礼先生在《中国思想之渊源》中说："据我们所知，孔子从来没有称自己为'儒'，但他劝勉自己的门徒去做'真儒'。"② 本题可以说是孔子对儒最全面的论述，将儒者形象、儒者风范和儒者人格，通过叙说儒者的自立、容貌、备预、近人、特立、刚毅、进仕、忧思、宽裕、交友、尊让等特点矗立在人们面前。文

---

① 杨蓉：《经典的投影：以〈论语〉"哀公问孔"问题的思想史影响为例》，博士后出站报告，中山大学，2011 年，第 60 页。
② ［美］牟复礼：《中国思想之渊源》，王立刚译，北京大学出版社 2009 年版，第 34 页。

中的许多记载都可以与《论语》《中庸》等其他儒家经典的记载呼应。本题见于《孔子家语·儒行解》(甲)和《礼记·儒行》(乙)两篇。

孔子在卫，冉求言于季孙曰："国有圣人而不能用，欲以求治，是犹却步而欲求及前人，不可得已。今孔子在卫，卫将用之。己有才而以资邻国，难以言智也。请以重币迎之。"季孙以告哀公，公从之。孔子既至，舍哀公馆焉。公自阼阶，孔子宾阶，升堂立侍。(1 乙无此) 公曰 (2 乙为"鲁哀公问于孔子曰")："夫子之服，其儒服与？"孔子对曰："丘少居鲁，衣逢掖之衣。长居宋，冠章甫之冠。丘闻之 (3 乙多"也")，君子之学也博，其服以乡，丘未知其为儒服也 (4 乙为"丘不知儒服")。"

公曰 (5 乙为"哀公曰")："敢问儒行？"孔子 (6 乙多"对") 曰："略言之 (7 乙为"遽数之")，则 (8 乙无此) 不能终其物；悉数之，则 (9 乙为"乃") 留更①仆未可以对 (10 乙为"终也")。"

哀公命席。孔子侍坐 (11 乙无此)，曰："儒有席上之珍以待聘，夙夜强学以待问，怀忠信以待举，力行以待取。其自立有如此者。

儒有衣冠中，动作顺② (12 乙为"慎")，其大让如慢，小让如伪。大则如威，小则如愧，难进而易退 (13 乙此句首尾分别多一"其""也"字)，粥粥若无能也。其容貌有如此者。

儒有居处齐难，其起坐恭敬，言必诚 (14 乙为"先") 信，行必忠 (15 乙为"中") 正，道途 (16 乙为"涂") 不争险易之利，冬夏不争阴阳之和，爱其死以有待也，养其身以有为也。其备预 (17 乙为"豫") 有如此者。

儒有不宝金玉，而忠信以为宝；不祈土地，而仁义 (18 乙为"立义") 以为土地；不求 (19 乙为"祈") 多积，多文以为富。难得而易禄也，易禄而难畜也。非时不见，不亦难得乎？非义不合，不亦难畜乎？先劳而后禄，不亦易禄乎？其近人情 (20 乙无此) 有如此者。

儒有委之以财货③而不贪 (21 乙为"货财")，淹之以乐好而不

---

① "更"原无，据四库本、同文本、《礼记·儒行》及王肃注补。
② 顺：通"慎"，谨慎。《易·升·象传》"君子以顺德"陆德明释文："顺，本又作慎。"同文本即作"慎"。与《礼记》同。
③ "财货"，四库本、同文本作"货财"，与《礼记》同。

淫（22 乙无此），（23 乙在此前多"见利不亏其义"）劫之以众而不惧（24 乙无此），阻①（25 乙为"沮"）之以兵而不慑（26 乙无此）。见利不亏其义（27 乙将此句上移），见死不更其守②。（28 乙多"见死不更其守；鸷虫攫搏，不程勇者；引重鼎，不程其力"）往（29 乙为"徃"）者不悔，来者不豫，过言不再，流言不极，不断其威，不习其谋。其特立有如此者。

儒有可亲而不可劫（30 乙多"也"），可近而不可迫（31 乙多"也"），可杀而不可辱（32 乙多"也"）。其居处不过（33 乙为"淫"），其饮食不溽，其过失可微辩（34 乙为"辨"）而不可面数也。其刚毅有如此者。

儒有忠信以为甲胄，礼义以为干橹，戴仁而行，抱德（35 乙为"义"）而处。虽有暴政，不更其所。其自立有如此者。

儒有一亩之宫，环堵之室，筚门圭窬，蓬户瓮牖，易衣而出，并日而食。上答之，不敢以疑；上不答之（36 乙无此），不敢以谄。其为士③(37 乙为"仕")有如此者。

儒有今人以居，古人以稽（38 乙为"与稽"）。今世行之，后世以为楷。若不（39 乙为"弗"）逢世，上所不受（40 乙为"弗援"），下所不推（41 乙为"弗推"），诡（42 乙为"谗"）谄之民有比党而危之（43 乙多"者"），身可危也，其志不可夺也。虽危起居，犹（44 乙无此）竟信其志，乃（45 乙为"犹将"）不忘百姓之病也。其忧思有如此者。

儒有博学而不穷，笃行而不倦，幽居而不淫，上通而不困④。礼必以和（46 乙为"礼之以和为贵"），优游以法，慕（47 乙为"举"）贤而容众，毁方而瓦合。其宽裕有如此者。

儒有内称不避（48 乙为"辟"）亲，外举不避⑤(49 乙为"辟")怨。程功积事，不求厚禄（50 乙无此）。推贤达能（51 乙为"而进达之"），不望其报。君得其志，民赖其德（52 乙无此）。苟利国家，

---

① "阻"，四库本作"沮"，与《礼记》同。
② 同文本此下有"鸷虫攫搏，不程其勇，引重鼎，不程其力"四句，与《礼记》同。
③ "士"四库本、同文本作"仕"，与《礼记》同。
④ 对"幽居而不淫，上通而不困"《孔子家语》与《礼记》的记载相同，但于鬯在《香草校书》中说，"淫"与"困"当互易，并说"困迫失志"谓之困，"喜欢失节"即是淫，此与下文之"不陨获于贫贱，不充诎与富贵"呼应。且有《管子·明法解》"上通而莫之妒，惟其不淫，所以莫之能妒也"作为旁证。
⑤ 第 48、49 例中的"避"，同文本作"辟"，与《礼记》同。

不求富贵。其举贤援能有如此者。(53 乙多 "儒有闻善以相告也，见善以相示也，爵位相先也，患难相死也，久相待也，远相致也。其任举有如此者"一节)

儒有澡身(54 乙多 "而")浴德，陈言而伏，静言(55 乙无此)而正之，<u>而上下不知也</u>(56 乙为 "上弗知也")，<u>默</u>(57 乙为"粗")而翘之，又不急为也。不临深而为高，不加少而为多。世治不轻，世乱不沮。<u>同己不与</u>(58 乙为"同弗与")，<u>异己不非</u>(59 乙为"异弗非也")。其特立独行有如此者。

儒有上不臣天子，下不事诸侯，慎静尚(60 乙为"而")宽，<u>底厉</u>①<u>廉隅</u>(61 乙无此，下移)，强毅以与人，博学以知服。(62 乙多"近文章，砥厉廉隅")虽以(63 乙无此)分国，视之(64 乙无此)如锱铢，<u>弗肯臣仕</u>(65 乙为"不臣，不仕")。其规为有如此者。

儒有合志同方，营道同术，并立则乐，相下不厌，久别则(66 乙为"久不相见")闻流言不信，(67 乙多"其行本方立义")<u>义</u>(68 乙无此)同而进，不同而退。其交有如此者。

<u>夫</u>(69 乙无此)温良者，仁之本也；<u>慎敬</u>(70 乙为"敬慎")者，仁之地也；宽裕者，仁之作也；<u>逊</u>(71 乙为"孙")接者，仁之能也；礼节者，仁之貌也；言谈者，仁之文也；歌乐者，仁之和也；分散者，仁之施也。儒皆兼(72 乙多"此")而有之，犹且不敢言仁也。其尊让有如此者。

儒有不陨获于贫贱，不充诎于富贵，不溷②(73 乙为"慁")君王，不累长上，不闵有司，故曰儒。<u>今人之名儒也妄</u>③(74 乙为"今众人之命儒也妄常")，<u>常以儒相诟疾</u>(75 乙为"以儒相诟病")。"

<u>哀公既得闻此言也，言加信，行加敬，</u>曰："终殁吾世，<u>弗敢复以儒为戏矣。</u>"(76 乙为"孔子至舍，哀公馆之，闻此言也，言加信，行加义；'终没吾世，不敢以儒为戏。'")

对勘两文，比较明显的不同在于首尾处。第 1 例中，《孔子家语》较《礼记》在此处多出一段记载，主要是对对话背景的一个较为详细的介

---

① "底厉"，备要本、同文本作"砥砺"，四库本作"砥厉"，四库本与《礼记》同。
② "溷"，四库本作"慁"，与《礼记》同。
③ "妄"原作"忘"，据四库本、备要本、同文本改。

绍。结合《春秋左传》《史记》《孔子家语》等的记载，哀公十一年（前484），借助冉求的推荐，季氏和哀公决定"币迎"孔子归鲁。而孔子刚到鲁国便被安排在哀公专门招待客人的驿馆中。当哀公见到孔子时，孔子的穿着引起了他的兴趣，于是便有了这一章专门对"儒服儒行"的讨论。《礼记》中作"鲁哀公问于孔子曰"，直接进入了谈话的主题，而在文末处即第76例处，才交代了本章的背景，从一般的行文逻辑来说，此似不合规范，有后人加工之嫌。

具体来说，两书记载多为虚词、同源字、假借字等的差别，且若参校《孔子家语》其他版本，如四库本、同文本、备要本等，就会发现这些版本的记载与《礼记》又有许多相合之处，如第9、12、21、25、37、48、49、61、73例中的不同，再次证明了《孔子家语》和《礼记》很可能有着共同的史料来源的结论。

另外，从两书记载来看，它们互有优劣，互有错简、脱漏。这样的例子有许多，如第27例，《孔子家语》中的"见利不亏其义"，在《礼记》中则在第23例的位置。从文意及句式考察，《孔子家语》的记载应该更加符合材料的原貌，盖《礼记》此有错简。第28例，丛刊本《孔子家语》没有《礼记》中的"鸷虫攫搏，不程勇者；引重鼎，不程其力"一节，但在同文本《孔子家语》中则有类似记载，此或为后人据《礼记》增补，又或四部丛刊本此有脱文。所以，《孔子家语》本身的不同版本之间，互异者也有许多。第53例，《礼记》多出一节："儒有闻善以相告也，见善以相示也，爵位相先也，患难相死也，久相待也，远相致也。其任举有如此者。"此节是《礼记》较《孔子家语》多出的一条对儒者形象的归纳，盖此或为《孔子家语》脱文。第61例，《孔子家语》中的"底厉廉隅"在《礼记》中下移至第62例的位置，同样以文意和句式来看，《孔子家语》于义为长。另外，俞樾曾在《古书疑义举例》的"简策错乱例"，提到《礼记》的一节："儒有不陨获于贫贱，不充诎于富贵，不溷君王，不累长上，不闵有司，故曰儒。"俞氏认为上文所陈之十五儒，皆以"儒有"起，皆以"有如此者"结。而此结尾以"故曰儒"结，其"既不一律，且义亦未足"，认为其当在上文"其尊让有如此者"之前，与前所列十五儒一律。认为郑注"孔子自谓也"的说法"失甚矣"。[①] 这里我们并不这样认为，郑注和孔疏的看法应不误。此节却与前文句式不一，但本节所载与孔子的人生经历十分契合，《礼记正义》孔疏对此节

---

[①] 俞樾等：《古书疑义举例五种》，中华书局1956年版，第126页。

案:"《史记·孔子世家》云:在鲁,哀公不用;在齐,犁鉏所毁;入楚,子西所谮,适晋,赵鞅欲害。伐树于宋,削迹于卫,畏匡厄陈。则身被辱累多矣。"[1] 况且,此时孔子刚刚历经沧桑,远离故土归鲁,有这种概括和总结于情于理都讲得通。总之,虽然《孔子家语》《礼记》有共同的史料来源,且两书的记载互有优劣,但整体而言,仍以《孔子家语》的记载更符合材料之原貌,更加古朴。

## 二 君子不博

本题谈论的是立身处世之道,孔子对"君子不博"的阐释,体现了他反对争斗、重仁德、求善道的思想。本章涉及《孔子家语·五仪解》(甲)和《说苑·君道》(乙)两篇内容。

<u>哀公</u>(1 乙为"鲁哀公")问于孔子曰:"吾闻君子不博,有之乎?"孔子(2 乙多一"对"字)曰:"有之。"公曰:"何为?"(3 乙为"哀公曰:'何为其不博也?'")(4 乙多"孔子")对曰:"为其有[2]二乘。"<u>公</u>(5 乙为"哀公")曰:"有二乘,则何为不博(6 乙多"也")?"<u>子曰:"为其兼行恶道也。"</u>(7 乙为"孔子对曰:'为行恶道也。'")哀公惧焉。有间,<u>复问</u>(8 乙无此)曰:"若是乎?君之恶恶道<u>至</u>(9 乙为"之")甚也。"孔子(10 乙多"对")曰:"君子之(11 乙无此)恶恶道不甚,则(12 乙多"其")好善道亦不甚,好善道不(13 乙多"能")甚,<u>则百姓之亲上亦不甚</u>(14 乙为"则百姓之亲之也亦不能甚")。《诗》云:'未见君子,忧心惙惙。亦既见止,亦既觏止,我心则<u>悦</u>(15 乙为"说")。'《诗》之好善道(16 乙多"之")甚也如此。"<u>公</u>(17 乙为"哀公")曰:"美哉!夫(18 乙为"吾闻")君子成人之善(19 乙为"美"),不成人之恶。<u>微吾子言焉,吾弗之闻也</u>(20 乙为"微孔子,吾焉闻斯言也哉")。"

对读两文,《孔子家语》和《说苑》的记载十分相近,差别不大。但整体而言,《孔子家语》的记载要显得更加朴实和口语化,而《说苑》与

---

[1] (汉)郑玄注,(唐)孔颖达正义,吕友仁整理:《礼记正义》,上海古籍出版社2008年版,第2235页。
[2] "有"字原脱,据四库本、同文本及下文补。

之相较，显然有改动编辑的痕迹。如第 3 例，《孔子家语》作"公曰：'何为？'"，《说苑》作"哀公曰：'何为其不博也？'"如第 20 例，《孔子家语》作"微吾子"，而《说苑》为"微孔子"。"吾子"亦为口语。据前后语境，《孔子家语》的记载并不晦涩或者突兀，反而简练而口语化，使得对话的情景感更强。若如前人所言，为《孔子家语》割裂他书而成，编者为营造对话的现场感而加以润色似不合情理。

从思想上看，孔子看待事物常以小见大、由表及里，在细微处有其独到的见解。如《论语·宪问》载："子路曰：'桓公杀公子纠，召忽死之，管仲不死。'曰：'未仁乎？'子曰：'桓公九合诸侯，不以兵车，管仲之力也。如其仁，如其仁。'"孔子对管仲的评价不流于俗，甚至许之以"仁"。"君子不博"与之相似，从对弈的两人互相欺凌争胜中，孔子看到隐藏其后的"恶道"，因为喜好争胜之人更容易走上邪道，所以孔子并不主张博弈。

另外，本题在《韩非子·外储说左下》也有类似记载，文曰："齐宣王问匡倩曰：'儒者博乎？'曰：'不也。'王曰：'何也？'匡倩对曰：'博者贵枭，胜者必杀枭，杀枭者，是杀所贵也，儒者以为害义，故不博也。'又问曰：'儒者弋乎？'曰：'不也。弋者从下害于上者也，是从下伤君也，儒者以为害义，故不弋。'又问儒者鼓瑟乎？曰：'不也。夫瑟以小弦为大声，以大弦为小声，是大小易序，贵贱易位，儒者以为害义，故不鼓也。'宣王曰：'善。'仲尼曰：'与其使民谄下也，宁使民谄上。'"与前文对照，两者差别较大。《韩非子》记载的是齐宣王和匡倩在讨论儒者"不博""不弋""不瑟"等问题。它们首先在谈话对象上就有所不同，前者为哀公和孔子；后者则变成齐宣王和匡倩。其次，前者谈论的是君子；后者讨论的是儒者。再次，前者全文只围绕"君子不博"一事展开论述；后者"不博"仅是众多问题之一。而且，究其论述内容，《韩非子》的记载法家的语气浓厚，不似儒家惯常论述。《韩非子》成书的时代，寓言故事已有发展，中国早期小说的文体特征在《韩非子》中已有展露。盖此文记载，是韩非为说理糅合了多处传闻而成，所载事件假托成分较大。如齐宣王元年是公元前 455 年，孔子去世是在公元前 479 年，显然要早于宣王生活的年代，故而文末不应出现孔子之语"与其使民谄下也，宁使民谄上"。

### 三　服益于行

简单看来，"服益于行"是指外在的衣着打扮，在一定程度上会起到约束人的行为的作用,对修养身心是有益的。礼仪是礼义的"外衣",礼仪的外衣下反映着人们对礼义的认识。此处孔子重视穿着打扮对礼义的塑造,与"尔爱其羊,我爱其礼"可以相互补充、相互参照。当哀公质疑礼制是否有益于仁政的实施时,孔子在列举了一系列事实后,有些愠色地说"窃夫其有益与无益,君子所以知",认为这是君子尤其是一国之君应当有清晰认识的事情。本题见于《孔子家语·好生》(甲)和《荀子·哀公》(乙)两篇。

<u>哀公问曰</u>(1乙为"鲁哀公问于孔子曰"):"绅、委、章甫,有益于仁乎?"<u>孔子作色而对曰</u>(2乙为"孔子蹴然曰"):"君胡然焉?<u>衰麻苴杖者,志不存乎乐,非耳弗闻,服使然也</u>;(3乙为"君号然也?资衰、苴杖者不听乐,非耳不能闻也,服使然也")<u>黼黻衮冕者,容不亵</u>①<u>慢,非性矜庄,服使然也</u>;(4乙为"黼衣、黻裳者不茹荤,非口不能味也,服使然也")<u>介胄执戈者,无退懦之气,非体纯猛,服使然也</u>。(5乙无此)<u>且臣闻之,好肆不守折,而长者不为市。窃夫其有益与无益,君子所以知</u>。(6乙为"且丘闻之:好肆不守折,长者不为市。窃其有益与其无益,君其知之矣")"

对勘两处文献发现,其记载差别并不大。主要集中在这样几个方面:首先,在字词方面,其差别于宏旨大意无碍。如第2例,《孔子家语》作"作色而对",《荀子》作"蹴然"。对于"蹴然",《庄子音义》云:"崔譔云:'蹴然,变色貌。'"另有《礼记·哀公问》郑玄注:"蹴然,敬貌。"总之,均有"作色"改变脸色有前后因果关系,盖《荀子》此为"蒙上而省例"。另外,在"哀公问孔"材料之"大婚之论"一题中,则有"孔子愀然作色而对曰"一句可作为注脚。第3例中,《孔子家语》作"君胡然焉",《荀子》作"君号然也"。《荀子集解》中注:"号,读为胡,声相近,字遂误耳。"另此例中,《孔子家语》作"衰麻苴杖者",《荀子》作"资衰、苴杖者",虽用字有些不同但所指一致。又第6例中,《孔子家语》作"且臣闻之",《荀子》作"且丘闻之"。孔子在哀公面前,都十分谦虚,不称臣便称字,这在"哀公问孔"的材料中十分常见,具体可查阅"为政以礼""哀公问礼""儒服儒行"等章题。

其次,文中较大的差别之处在第4、5两例。第4例,《孔子家语》

---

① "亵",原作"袭",据四库本、同文本改。

作"容不亵慢,非性矜庄,服使然也",《荀子》作"不茹荤,非口不能味也,服使然也"。两书虽均指贵族,但所举具体行为不同,前者讲其举止端庄矜持,后者言其讲究饮食。同时,紧着第5例,《荀子》没有《孔子家语》中"介胄执戈者,无退懦之气,非体纯猛,服使然也",盖出现脱文。而根据上下文和古书常用字词可知,《孔子家语》此处有误字,"介胃"应为"介胄",属形似而误。其中,"介"指铠甲,"胄"指古代战士戴的头盔,又称兜鍪,且两字常连用作"介胄",如《管子·匡君小匡》篇中鲍叔牙向桓公推荐管夷吾时,云:"介胄执枹,立于军门,使百姓皆加勇,臣不如也。"其多与军事战争有关,与"介胄执戈者,无退懦之气,非体纯猛,服使然也"统一。此误字由"胄"误为"胃",而《荀子》中又无此节,盖荀卿所取之原材料有简文有错乱,因此荀卿结合上文关于听觉方面的"衰麻苴杖者,志不存乎乐,非耳弗闻,服使然也"的记载,将所剩之简文揉在一起,成为如今我们看到的关于"服"在人们味觉方面的约束。若此,显然《孔子家语》更加完整地保存了原材料。

## 四 迁怒贰过

"迁怒贰过"是孔子对颜回的高度评价之一,颜回是孔子最得意的门生,在众多的孔门弟子中,他对孔子的思想解读得最为贴近而透彻,可谓是"夫子步亦步,夫子趋亦趋"(《庄子·田子方》),被孔子视为传承自己思想学说的接班人。但他却先于孔子而去世,这让孔子伤心不已。本章便是孔子对爱徒的一种叹息,本章见于《论语·雍也》(甲)、《史记·仲尼弟子列传》(乙)和《论衡·问孔》(丙)三篇。①

<u>哀公问</u>(1乙为"鲁哀公问"):"弟子孰为(2丙为"谓")好学?"孔子对曰:"有颜回者好学(3丙无此),不迁怒,不贰过。不幸短命死矣!今也则亡,<u>未闻好学者也</u>(4乙无此)。"

对关于颜回的这段评价,《史记》和《论衡》显然都是引用了《论语》中的材料,这已是学界的共识,而且三者之记载几近无差。在这里司马迁引述此文至《仲尼弟子列传》,作为介绍孔子弟子的重要资料,说明这段材料在刻画颜回形象方面具有代表性和重要性。而王充在《问孔》篇引用了《论语》中许多孔子评论其弟子及其言行的材料,如武城弦歌、

---

① 此以《论语》为底本校勘。

子见南子等,但与太史公不同,王充引述这段材料,则是作为非难孔子的材料使用的。文中王充将其与伯牛之死类比,责难孔子迷信"命",以此试图破除谶纬迷信思想。

另外,《论语·先进》篇季康子也问过孔子同样的问题:"季康子问:'弟子孰为好学?'孔子对曰:'有颜回者好学,不幸短命死矣!今也则亡。'"对《论语》中这两段记载,王充甚至还有专门论述,他认为孔子对哀公和季康子的回答有所不同,其中,孔子借此对哀公有劝诫但对季氏则无,究其原因王充认为是因为在孔子眼中"康子非圣人也,操行犹有所失"。王充以此责难孔子为人并不真诚,有待人不公之举。在《论衡》中虽然作者也认为孔子博学多识,道德高尚,但却很反感世人将其神化,视孔子为圣人、神人。他曾批评说"世儒学者,好信师而是古""贤圣之言,上下多相违;其文,前后多相伐者,世之学者,不能知也"。虽然王充的这些评论和非议有不妥之处,但他这种敢于说圣人未说之话、"非必须圣人教告乃敢言也"的独立思考的精神,在东汉时期弥足珍贵,对后人多有启发。从王充的《论衡》的基调可以明显感受到,即使对相同一段材料,不同的人会有截然不同的看法,反映了作者不同的写作意图和思想倾向,也展现出文献流传过程中的一些规律。

## 五 卫有恶人

"卫有恶人"一题,仅见于《庄子·德充符》①一篇,刻画了一个名为哀骀它的人物形象,他虽相貌奇丑无比,但德行却十分高尚。而庄子为说明他所向往的道德品行,仅在《德充符》一篇中就塑造了像哀骀它一样的六位残疾人形象,以他们身体的残疾反衬他们道德的高尚。

> 鲁哀公问于仲尼曰:"卫有恶人焉,曰哀骀它。丈夫与之处者,思而不能去也。妇人见之,请于父母曰:'与为人妻,宁为夫子妾'者,十数而未止也。未尝有闻其唱者也,常和而已矣。无君人之位以济乎人之死,无聚禄以望人之腹。又以恶骇天下,和而不唱,知不出乎四域,且而雌雄合乎前。是必有异乎人者也。寡人召而观之,果以恶骇天下。与寡人处,不至以月数,而寡人有意乎其为人也;不至乎期年,而寡人信之。国无宰,寡人传国焉。闷然而后应,氾而若辞。

---

① (清)郭庆藩撰,王孝鱼点校:《庄子集解》,中华书局2012年版,本书所用《庄子》的材料,不做特殊说明之处,皆据此版本,不再注明。

寡人丑乎,卒授之国。无几何也,去寡人而行。寡人恤焉若有亡也,若无与乐是国也。是何人者也?"仲尼曰:"丘也,尝使于楚矣,适见㹠子食于其死母者。少焉眴若,皆弃之而走。不见己焉尔,不得类焉尔。所爱其母者,非爱其形也,爱使其形者也。战而死者,其人之葬也,不以翣资;刖者之屦,无为爱之,皆无其本矣。为天子之诸御,不爪翦,不穿耳;取妻者止于外,不得复使。形全犹足以为尔,而况全德之人乎!今哀骀它未言而信,无功而亲,使人授己国,唯恐其不受也,是必才全而德不形者也。"哀公曰:"何谓才全?"仲尼曰:"死生存亡,穷达贫富,贤与不肖,毁誉、饥渴、寒暑,是事之变,命之行也,日夜相代乎前,而知不能规乎其始者也。故不足以滑和,不可入于灵府。使之和豫通而不失于兑,使日夜无郤而与物为春,是接而生时于心者也。是之谓才全。""何谓德不形?"曰:"平者,水停之盛也。其可以为法也,内保之而外不荡也。德者,成和之修也。德不形者,物不能离也。"哀公异日以告闵子曰:"始也,吾以南面而君天下,执民之纪,而忧其死,吾自以为至通矣。今吾闻至人之言,恐吾无其实,轻用吾身而亡其国。吾与孔丘,非君臣也,德友而已矣!"

这则关于"恶人"哀骀它的故事应是庄子虚构出来的,庄子笔下塑造了神人、圣人、真人、至人、残疾人等一批奇特的人物形象,这些人不流于俗,生活肆意洒脱,不食人间烟火,是遨游于"四野之外"的方外之人。其中,让人记忆深刻的是那些不同于常人的"异类",他们要么身体残疾要么相貌奇丑,仅《德充符》一篇,庄子就设计了6个这样的人物,哀骀它便是其中之一。对于这些残疾人,庄子给予他们身体、外貌上的缺陷,但在灵魂和精神品质方面却赋予他们超凡的气质。

对于《德充符》这一篇,历来有不同看法,崔大华在《庄子歧解》中将各家见解总结为四类:(一)谓德充之符验,为能遗外。(二)谓德充之符验,是能内外玄合。(三)谓德充之符验,为必有外现。(四)谓扩充其德而合于圣。[1] 实际上,这些解释又都是相通的,即无论是外显还是内合,抑或内外玄合,"德"都是流动的,"德充"意为道德充溢于身心,但这里的"道德"并非儒家所谓的仁义道德,而是道家惯常讲的一种源自宇宙万物的"道",是一种心态,一种"忘情"和"忘形"的状

---

[1] 崔大华:《庄子歧解》,中州古籍出版社1988年版,第182页。

态。而"符"及"符验",是"德充"的结果,所以"德"对人的影响是内外充盈、浑然一体的。从《德充符》中塑造的残疾人的形象就可以看出,他们虽然相貌丑陋、身体残疾,但先天便是如此,然而这样的形体并不影响他们以"道"贯通自身,成为精神境界很高之人。以本题的哀骀它为例,在故事中哀公对其最初的印象是"寡人召而观之,果以恶骇天下",一个"果"字透露出,哀公惊讶世界上果真存有如此相貌丑陋之人。但相处一段时间后,哀公逐渐改变了对哀骀它的看法,对其不仅倾心相待,还委以重任。而其道德风貌折服丈夫、妇人、哀公等人,也折服了孔子,孔子赞扬哀骀它是"才全而德不形者"。

如是,庄子成功地为读者塑造了一个形残德全的形象,这种"绝对的精神超越于相对的形体"的构想,对后世典籍的编写创造产生很大影响,诚如郭沫若先生所说:"以后的神仙中人,便差不多都是奇形怪状的宝贝。民间的传说、绘画上的形象,两千多年来成为了极陈腐的俗套,然而这发明权原来是属于庄子的。"① 闻一多也曾说:"如达摩是画中有诗,文中也常有一种'清丑人图画,视之如古铜古玉'的人物,都代表中国艺术中极高古、极纯粹的境界。而文学中这种境界的开创者,则推庄子。"② 其后的《韩非子》《吕氏春秋》和《淮南子》等的编撰,对《庄子》说理形式都有所继承与发扬。如有学者对《庄子》与《韩非子》的寓言故事作以比较,认为在先秦说理散文中,《庄子》和《韩非子》这两部杰作,其寓言不仅数量较多,而且各具特色。从思想内容看,《庄子》寓言体现了道家学派的主张,《韩非子》寓言表现了法家学派的观点。从题材来源看,《庄子》寓言题材比较广泛,来自自然的、历史的、现实的,应有尽有;《韩非子》寓言题材比较单一,多来自历史故事。从组织形式看,《庄子》寓言夹杂文中,没有独立地位;《韩非子》首创结构宏大而又相对独立的寓言群落体制。从形象塑造看,《庄子》寓言既有人物,又有动物、植物乃至无生物,而《韩非子》寓言绝大多数是人物。就人物形象说,《庄子》寓言多为下层民众,《韩非子》寓言多为上层人士。③ 通过考证和对比《庄子》等不同典籍的寓言,我们可以知道关于哀骀它的故事,其真实性虽不足征,但庄子架构的哀公和孔子的对话语境,需要注意两点内容:首先,文末处的"哀公异日以告闵子曰:'始也,吾

---

① 郭沫若:《十批判书·庄子批判》,东方出版社1996年版,第155页。
② 闻一多:《古典新义·庄子》,古籍出版社1956年版,第289页。
③ 孙艳秋:《〈庄子〉和〈韩非子〉寓言的不同特色》,《河南社会科学》2008年第3期。

以南面而君天下，执民之纪，而忧其死，吾自以为至通矣。今吾闻至人之言，恐吾无其实，轻用吾身而亡其国。吾与孔丘，非君臣也，德友而已矣！"让读者读之，似乎平添了几分真实性。一般而言，寓言的编写是不着意于对场合、时间等作特别交待，尤其是本题人物塑造的重点是哀骀它而非孔子和哀公，但在结尾处却有时间"异日"和另一个人物"闵子"出现，我们认为，出现这样的记载，可能是因为庄子添加"异日""闵子"等信息，并以一段评价孔子的话作尾，在赞美孔子的同时，还提升了哀公的政治形象，言"吾与孔丘，非君臣也，德友而已矣"。庄子与孔子相去未远，或有史实的渊源。根据"哀公问孔"的大量材料可知，哀公与孔子间的关系确实非比寻常，此从孔子去世时，哀公在诔文中曰："昊天不吊！不慭遗一老，俾屏余一人以在位，茕茕余在疚，於乎哀哉，尼父！无自律。"（《孔子家语·终记解》）从中可以看出，哀公以孔子为自己的榜样，对孔子十分倚重。哀公与孔子的这种关系，庄子给出的评价是"德友"，可以说是较为中肯。先秦时期存有大量的关于孔子言行的材料，而《庄子》所论多与孔子相关，故而庄子对这些关于孔子的材料应是有一定把握的，所以此或是庄子借他人之口对孔子作出的一个评价，应非空穴来风。其次，这里孔子不是庄子抨击的对象，而是变身为道家思想的申发者。众所周知，儒道同源共生而又有很大分歧，战国时期儒道对峙，庄子作为道家的代表人物，应该是希望借孔子之口扩大其思想主张的宣传力和对比度。因为这里涉及儒道两家对他们思想中重要的概念"德"的不同理解，而正是因为两个学派对这一概念有着截然不同的认识，所以庄子才特意安排孔子对道家之"德"发表看法，这既有儒道两家思想相互融合、相互影响的成分，同时也希望读者借此更加清晰地区分两家对"德"的不同理解。

## 六 孝乎贞乎

本章为我们保留了孔子关于孝与贞（忠君）的珍贵材料，认为孝、贞不是对父母和君主不假思索地唯命是从，而是主张在不违背道义原则基础上的顺从和劝谏，这是对儒家愚孝愚忠的正名。本章见于《孔子家语·三恕》（甲）和《荀子·子道》（乙）两篇。

（1乙多"鲁哀公问于孔子曰：'子从父命，孝乎？臣从君命，贞乎？'三问，孔子不对。孔子趋出，以语子贡曰：'乡者，君问丘也，曰：'子从父命，孝乎？臣从君命，贞乎？'三问而丘不对，赐以为何如？"）子贡问于孔子曰(2 乙为"子贡曰")："子从父命，孝乎 (3 乙为"矣")；臣从君命，贞乎 (4 乙为"矣")。奚疑焉 (5 乙为"夫子有奚对焉？")？"孔子曰："鄙哉赐 (6 乙为"小人哉")！汝 (7 乙为"赐") 不识也。昔者明王(8 乙为"昔") 万乘之国，有争臣七 (9 乙为"四") 人，则主无过举 (10 乙为"则封疆不削")；千乘之国，有争臣五 (11 乙为"三") 人，则社稷不危也 (12 乙无此)；百乘之家，有争臣三 (13 乙为"二") 人，则禄位不替 (14 乙为"宗庙不毁")；父有争子，不陷 (15 乙为"行") 无礼；士有争友，不行 (16 乙为"为") 不义。故子从父命 (17 乙无此)，奚讵为孝 (18 乙为"奚子孝")？臣从君命 (19 乙无此)，奚讵为贞 (20 乙为"奚臣贞")？夫能审其所从 (21 乙为"审其所以从之")，之谓孝，之谓贞矣 (22 乙为"也")。"

《孔子家语》和《荀子》对本题的记载应是各有优劣。首先，对读两文，在第1例中《孔子家语》缺少哀公和孔子问答一节，《荀子》则记载相对完整。如前所言，孔安国看到的《孔子家语》原材料是历经劫难后流传下来，并"与《曲礼》众篇乱简合而藏之秘府"中，所以孔安国在"以事类相次，撰集为四十四篇"时，其所撰集的材料若存有错乱也属正常。另外，据孔安国所作的《孔子家语》"后序"可知，最初的原材料赖荀卿得以流传后世，《荀子》一书对这些材料也多有引用，某些材料记载较《孔子家语》更为完善也是可以理解的。涉及本题的《子道》篇在记录本章材料之前，荀子讲述了孝子不从命的三种情况，并云："明于从不从之义，而能致恭敬、忠信、端悫以慎行之，则可谓大孝矣。《传》曰：'从道不从君，从义不从父。'此之谓也。"这里荀子理解的孝与孔子的理解是相近的，两人都强调依乎中庸一种孝，即有原则的孝。荀子在铺陈这些之后，记载了本题中的材料，可见思想的统一。而第1例中，《孔子家语》缺少的那部分关于哀公和孔子的对话，并未涉及主旨思想的论述，所以对突出主题并没有太大意义，但对这段却记载得十分详细，这些无谓的记载不应是后人妄加。故而，此处《荀子》的记载应该更加完整，《孔子家语》可能有脱文。但就本章剩余部分的校对而言，《荀子》的相关记载却有后人改动的痕迹，相对来说，《孔子家语》的记载更为准确。如第9、11、13例，《孔子家语》和《荀子》对万乘之国、千乘之国、百乘之家，即天子、诸侯、大夫分别有谏诤之臣的个数为七、五、三，还是四、三、二有争议，此与先秦官职设置有关。对此，曲阜师范大学董丽晓的硕士论文《〈孔子家语〉与〈荀子〉关系考》通过对官职设置的详细考证，并依据《孔子家语》《孔丛子》《大戴礼记》《礼记》等记载，认为"有理由相信《孔子家语》所记准确"，而"《荀子》此章的记载更早，但也有一些后人改动之处"[①]。总体来说，通过对两书材料的对比，两者有共同材料来源的可能性较大，且两书记载互有优劣，一方面是《荀子》的记载相对完整，另一方面是《孔子家语》有些地方的记载更加准确。

## 七 智仁者寿

本章就智者和仁者是否长寿引发的对话。孔子对此并未作直接答复，而是从另一面对咎由自取的三种死于非命的情况做了介绍，以此说明智士仁人因自身之修养高洁，行为有所节制、"无害其性"而长寿。本题散见于《孔子家语·五仪解》（甲）、《韩诗外传》卷一（乙）、《说苑·杂言》（丙）三篇。

> <u>哀公问于孔子曰</u>（1 乙为"哀公问孔子曰"丙为"鲁哀公问于孔子曰"）："智者寿乎？仁者寿乎？（2 乙丙为"有智者寿乎？"）"孔子<u>对</u>（3 乙丙无此）曰："<u>然，人有三死，而非其命也，行己自取也。</u>（4 乙为"然。人有三死而非命也者，自取之也。"丙同乙，仅最后一句"自取之也"作"人自取之"）<u>夫寝处不时，饮食不节，逸劳过度者，疾共杀之；</u>（5 乙为"居处不理，饮食不节，佚劳过度者，病共杀之。"丙同甲，仅"逸"作"佚"）<u>居下位而上干其君，嗜欲无厌而求不止者，刑共杀之；</u>（6 乙为"居下而好干上，嗜欲无厌，求索不止者，刑共杀之。"丙同甲，仅"干"作"忤"）<u>以少犯众，以弱侮强，忿怒不类，动不量力者，兵共杀之。</u>（7 乙为"少以敌众，弱以侮强，忿不量力者，兵共杀之。"丙为"以少犯众，弱以侮强，忿怒不量力者，兵共杀之。"）<u>此三者，死非命也，人自取之。</u>（8 乙为"故有三死而非命也者，自取之也。"丙为"此三死者非命也，人自取之。"）<u>若夫智士仁人，将身有节，动静以义，喜怒以时，无害其性，虽得寿焉，不亦可乎？</u>（9 乙为"《诗》云：'人而无仪，不死何为。'"丙为"《诗》云：'人而无仪，不死何为？'此之谓也。"）

《文子·符言》中另有可以相互参照对比的另一处记载：

---

[①] 董丽晓：《〈孔子家语〉与〈荀子〉关系考》，硕士学位论文，曲阜师范大学，2010年。

老子曰："人有三死，非命亡焉：饮食不节，简贱其身，病共杀之。乐得无已，好求不止，刑共杀之。以寡犯众，以弱凌强，兵共杀之。"①

《孔子家语》《韩诗外传》和《说苑》三者记载最为相近，《文子》关于此节的记载则较为特殊，同样是对三种死于非命情况的相似说明，其不仅没有交代对话情景，而且说话的当事人也非前面三书所载的孔子，而是道家的代表人物老子。对此，我们先来看前三者的比勘，三处文献对此事的记载非常相近，多为用字如虚词、通用字、同源字和假借字等的不同。而在行文表述上，第2例，《孔子家语》作"智者寿乎？仁者寿乎"，《韩诗外传》《说苑》则均作"有智者寿乎"，均无"仁者寿乎"一句。结合下文的论述，《韩诗外传》《说苑》都仅介绍了三种死于非命的情况，而并未涉及智者或者仁者的寿命问题。尤其第9例处，《孔子家语》作"若夫智士仁人，将身有节，动静以义，喜怒以时，无害其性，虽得寿焉，不亦可乎"，其记载与哀公所问呼应，而且这段记载明确了上文论述"人有三死，而非其命也"的意图是在说明智者、仁者可以长寿的原因。这样，上下文通畅连贯且主题明确。而《韩诗外传》和《说苑》在此处却均以《诗·国风·相鼠》之"人而无仪，不死何为"作结，强调做人要有节制和礼仪规范。这样的记载，就对话内容本身来说似乎有跑题的嫌疑，与其他"哀公问孔"的记载在行文风格上有很大不同，但却与《韩诗外传》和《说苑》文末引《诗》的写作风格及写作意图保持一致，可作为两书增损原文记载的例证。所以，此处应以《孔子家语》记载为优，而《韩诗外传》《说苑》记载较为接近，结合两书的成书来推测很可能是《说苑》本于《韩诗外传》，或至少参考了《韩诗外传》的材料。

对于《文子》一书，自1973年河北定州简本《文子》出土，虽对传世本《文子》并非伪书等问题的研究带来契机，但也增添了诸多新的问题。对此，学界不乏对《文子》一书的研究，仅硕士、博士学位论文就有《竹简〈文子〉探微》②《〈文子〉成书及其思想》③《〈文子〉研究》④

---

① 王利器：《文子疏义》，中华书局2000年版。
② 张丰凯：《竹简〈文子〉探微》，博士学位论文，中国社会科学院，2002年。
③ 葛刚岩：《〈文子〉成书及其思想》，博士学位论文，西北师范大学，2004年。
④ 刘群栋：《〈文子〉研究》，硕士学位论文，郑州大学，2007年。

《试论〈文子〉对〈老子〉的继承与发展》[1]及《〈文子〉文本考释及思想研究》[2]等。他们大都借助新出土的《文子》,对传世本《文子》的版本、成书、作者、真伪、流变、思想及与《淮南子》作对比等方面进行详细考究,但对《文子》一书的认识终未形成统一意见。但有一个基本性的共识,即认为传世本《文子》经历了较为复杂的流传过程,书中不同程度地存在后人修饰加工的痕迹,且在思想上与道家脱不了干系。如本题《文子》记为"老子曰"一问题,葛刚岩对此专设一节进行论述,他不仅梳理了此问题的研究现状,还对"老子曰"在不同时期先后加入的情况、《文子》原书对老子言的引用、后世文献的引用情况和后人作以改动的原因进行详细论述,认为"老子曰"应是后人的增改,且有两种不同的增改方式,一为北魏时,改"平王问……文子曰……"为"文子问……老子曰……"这是对问答体部分的改动。另一种则可能是在唐太宗中晚期,加入了大量论说体的"老子曰"。[3] 其说虽未必尽然,但传世本《文子》流传复杂是无可厚非的。对比《文子》与《孔子家语》《韩诗》和《说苑》对这段材料的记载,《文子》之记载显然较其他记载要更加工整、明朗,不仅四字对仗,而且言简意赅,后人修饰的痕迹更为明显,但仅有对"三死"的介绍。我们认为此处的"老子曰"极有可能是后人将孔子之语依托于老子而作,对考察古书的流传、成书及可靠性等问题有所助益,也是儒道合流的一个表现。

## 第三节 "天道性命"材料辨析

《论语·公冶长》曰:"子贡曰:'夫子之文章,可得而闻也;夫子之言性与天道,不可得而闻也。'"此外又有"子罕言利,与命,与仁"(《论语·子罕》)的说法,虽然学界对这两句话的理解存有很大分歧。但这却给孔子带来一种误解,让后人常常猜想孔子是不是不谈性命、天道,甚至推断孔子没有哲学思想。而随着学术研究的不断深化,尤其对新近出土文献的研究,使得人们对这一问题有了重新认识。如郭店简《性自命

---

[1] 姜陆陆:《试论〈文子〉对〈老子〉的继承与发展》,硕士学位论文,东北师范大学,2008年。
[2] 李洁:《〈文子〉文本考释及思想研究》,硕士学位论文,四川师范大学,2008年。
[3] 葛刚岩:《〈文子〉成书及其思想》,巴蜀书社2005年版,第160—172页,"今本《文子》中'老子曰'的出现"一节有详细论述。

出》,就是一篇极其重要的先秦儒家佚籍,其中有大量关于"性"与"命"的论述,而且从出土时间来看,其要早于孟、荀对"性"的论述,所以庞朴先生认为其是连接"孔孟间的驿站",可以极大补充从孔子到孟子这几百年思想传承演变的缺失。而在"哀公问孔"的材料,集中论述孔子"天道性命"思想的有四题,结合出土文献有助于我们全面了解孔子思想。

## 一 大婚之论

"大婚"专指天子、诸侯的婚姻事宜,在春秋宗法制社会中,其不仅是氏族内部的事务,也是国家政治生活中的大事,与平民百姓的普通婚姻有很大区别。本章以"大婚"为中心,由人道逐步深入大婚:人道→为政→爱人→礼→敬→大婚。涉及的思想内容较多,但究其根源在于人道,这里孔子强调人道与天道的统一,并最后落脚于"政之本",即如何为政上面。整个对话一气呵成,主次分明,充分体现了孔子"循循然善诱人"的一贯风格。与本章题相关的文献有《孔子家语·大婚解》(甲)、《礼记·哀公问》(乙)和《大戴礼记·哀公问于孔子》(丙)三篇。

孔子侍坐于哀公。公问曰(1乙为"哀公问",丙同甲):"敢问人道孰(2乙为"谁",丙同甲)为大?"孔子愀然作色而对曰:"君(3乙多一"之"字,丙同甲)及此言也,百姓之惠(4乙、丙为"德")也,固臣敢无辞而对。人道政为大。

(5乙、丙增"公曰:'敢问何谓为政?'")夫(6乙、丙增"孔子对曰",且无"夫"字)政者,正也。君为正,则百姓从而正(7乙、丙均无"而",且"正"为"政")矣。君之所为,百姓之所从(8乙、丙均增"也")。君不为正(9乙、丙为"君所不为"),百姓何所从乎(10乙、丙为"从")?"

公曰:"敢问为政如之何?"孔子对曰:"夫妇别,男女亲(11乙、丙为"父子亲"),君臣信(12乙、丙为"严"),三者正,则庶物(13丙为"民",乙同甲)从之(14乙、丙增"矣")。"

公曰:"寡人虽无能(15乙、丙为"似")也,愿知(16乙、丙为"闻")所以行三者(17乙、丙为"言")之道,可得(18丙增"而",乙同甲)闻乎?"孔子对曰:"古之(19乙、丙增"为")政,爱人为大。所以治爱人,礼为大。所以治礼,敬为大。敬之至矣(20丙为"也",乙同甲),大婚(21乙、丙为"昏",下同,不再著录）为大。大婚至矣，（22 乙、丙增"大昏既至"）冕而亲迎。亲迎者，敬之也（23 乙、丙为"亲之也。亲之也者，亲之也"）。是故君子兴敬为亲，舍敬则（24 乙、丙无）是遗亲也。弗亲弗敬，弗尊也（25 乙、丙为"弗爱不亲，弗敬不正"）。爱与敬，其政之本与！"

公曰："寡人愿有言也（26 乙为"然"，丙无"也"），然（27 乙无"然"，丙同甲）冕而亲迎，不已重乎？"孔子愀然作色而对曰："合二姓之好，以继先圣之后，以为天下（28 乙、丙为"地"）宗庙社稷之主，君何谓已重焉（29 乙、丙为"乎"）？"

公曰："寡人实固，不固安得闻此言乎！（30 乙、丙为"寡人固不固，焉得闻此言也？"）寡人欲问，不能为（31 乙、丙为"得其"）辞，请少进。"孔子曰："天地不合，万物不生。大婚，万世之嗣也，君何（丙增"以"，乙同甲）谓已重焉？"孔子遂（32 丙增"有"，乙同甲）言曰："内以治宗庙之礼，足以配天地之神（33 乙、丙增"明"），出以治直言之礼，（34 乙、丙增"足"）以立上下之敬。物耻则足以振之，国耻足以兴之。故为政先乎（35 乙、丙无此二字）礼，礼，其政之本与！（36 乙同甲，丙为"礼者，政之本与！"）"孔子遂言曰："昔三代明王（37 乙、丙增"之政"），必敬（38 乙、丙增"其"）妻子也，盖有道焉（39 乙、丙无此二字）。妻也者，亲之主也（40 乙、丙增"敢不敬与？"）；子也者，亲之后也，敢不敬与？是故（41 乙、丙无）君子无不敬（42 乙、丙增"也"），敬也者，（43 乙、丙无此句）敬身为大。身也者，亲之支（44 乙、丙为"枝"）也，敢不敬与？不（45 乙、丙增"能"）敬其身，是伤其亲；伤其亲，是伤本也（46 乙、丙为"是伤其本"）；伤其本，则支从之而亡。三者，百姓之象也。身以及身，子以及子，妃以及妃（47 乙同甲，丙为"配"），君以修（48 乙为"君子行"，丙为"君行"）此三者，则大化（49 乙、丙无）忾乎天下矣。昔太王（50 乙、丙均无"昔"，"太王"为"大王"）之道也，如此国家顺矣。"

公曰："敢问何谓敬身？"孔子对曰："君子过言则民作辞，过行（51 乙、丙为"动"）则民作则。（52 乙、丙增"君子"）言不过辞，动不过则，百姓恭敬以从命（53 乙、丙为"不命而敬恭"），若是则可谓（54 乙、丙中"若"为"如"，均无"可谓"）敬其身，（55 乙、丙增"能"）敬其身，则能成其亲矣。"

公曰："（56 乙、丙增"敢问"）何谓成其（57 乙、丙无"其"）亲？"孔子对曰："君子者也（58 乙、丙为"也者"），人之成名也。

百姓与名（59 乙、丙为"归之名"），谓之君子（60 乙、丙增"之子"），则是成其亲为君而为其子也（61 乙、丙为"是使其亲为君子也，是为成其亲（乙又增"之"）名也已"）。"孔子遂言曰："爱政而（62 乙、丙为"古之为政，爱人为大。"）不能爱人，则不能成其身。不能成其身，则不能安其土。不能安其土，则不能乐天（63 乙、丙中"成"为"有"，且均无"则"和"其"，并在最后增"不能乐天，不能成（乙又增"其"）身"一句）。"

公曰："敢问何能（64 乙、丙为"谓"）成身？"孔子对曰："夫其行已不过乎物，谓之成身，不过乎，合天道也。（65 乙、丙只有"不过乎物"四字）"

公曰："（66 乙、丙增"敢问"）君子（67 乙、丙无）何贵乎天道也？"孔子曰："贵其不已也（68 乙、丙无）。如日月东西相从而不已也，是天道也；不闭而能久（69 乙、丙为"其久也（70 乙无"也"）"），是天道也；无为而（71 乙、丙无）物成，是天道也；已成而明之（72 乙、丙无），是天道也。"

公曰："寡人且愚冥，幸烦子之于心。（73 乙、丙为"寡人惷愚冥烦，子志（丙为"识"）之心也"）"孔子蹴然避席而对曰："仁人不过乎物，孝子不过乎亲（74 乙、丙为"物"）。是故（75 乙、丙无）仁人之事亲也如事天，事天如事亲，此谓（76 乙、丙为"是故"）孝子成身。"公曰："寡人既闻如此言（77 乙为"此言也"，丙为"是言也"），无如后罪何？"孔子对曰："君子及此言（78 乙、丙增"也"），是臣之福也。"

对照可知，三书的记载基本一致，重文率很高，但从细微处我们仍可以发现许多问题。首先，在字词方面，存有一些无关于宏旨、对文意理解并无大碍的虚词，如在第 2 例中"孰"与"谁"、第 21 例的"婚"与"昏"及第 44 例的"支"与"枝"等均为双声叠韵义相近属于同源字，均为先秦时期的常用词汇，用法、语义并无太大差距。但有时使用不同的字会对后世理解文辞的原意产生很大影响。如第 7 例，《孔子家语》作"则百姓从而正矣"，《礼记》《大戴礼记》均作"则百姓从政矣"。两者主要是"正"与"政"的不同，虽然两字双声叠韵义相近属于同源字，但依据《论语·颜渊》篇"季康子问政于孔子。孔子对曰：'政者，正也。子帅以正，孰敢不正？'"以及本章的前后文意来看，应为"正"，以《孔子家语》为优。又如第 15 例，《孔子家语》作"寡人虽无能也"，

《礼记》《大戴礼记》作"寡人虽无似也"。"能"与"似"双声叠韵属于假借字。但在后人看来,用"似"则不易理解。如在《礼记正义》中,郑玄对"似"注曰:"无似,犹言不肖。"孔颖达疏曰:"肖亦似也。哀公谦退,言己愚蔽,无能似类贤人也。"因为"无"之后应接名词,"能"在《说文》里,起源于一种类似熊的动物,有才能、能力之义,用在此处文通字顺。而"似"并无名词义,而仅可作"能"的假借字,而不可妄加理解。第51例,《孔子家语》作"过行则民作则",《礼记》《大戴礼记》作"过动则民作则"。而三书下文均有"动不过则"一句,单从上下文连贯来说,《礼记》《大戴礼记》更优。另外,"动"常与表示是非准则等概念的词语连用,如孔子认为"非礼不动"(《论语·颜渊》)、"动得其宜"(《孔子家语·论礼》),"动必以正"(《孔子家语·致思》)等。对此,我们还有出土文献可以作为旁证,对上博简(六)之《孔子见季桓子》中对"句(后)拜四方之立𦣞(以)童(动)"中的"童"字就释读为"动"字。

  其次,在行文方面,第5、6例中,《礼记》《大戴礼记》均比甲多一问一答,但增加"公曰:'敢问何谓为政?'"一句与下文的"公曰:'敢问为政如之何?'"有重叠之嫌,或为后人妄增。第10例,《孔子家语》为"百姓何所从乎"较为口语化,《礼记》《大戴礼记》中则均为"百姓何从",文字作了简省,似为配合前一句的行文句式而作修改,虽然这样对仗而工整,但却忽略了材料的原貌。第23例,《孔子家语》作"亲迎者,敬之也",《礼记》《大戴礼记》作"亲之也。亲之也者,亲之也"。对此,于鬯作案文,对《礼记·哀公问》的记载解释说,根据上下文记载,第三个"亲"字疑为"敬","亲之也者,亲之也"应是伸上文之说,申明"敬"之义。今《礼记·哀公问》如此记载,"不惟字复无义,与下'是故'二字文意亦扞格不通矣",又以《孔子家语·大婚解》为旁证,云"此'亲之也'本作'敬之也'尤明甚"①。但于鬯认为《孔子家语》的此处记载,是后人据大小戴《礼记》两记删改而成,换言之,虽然于鬯认为《孔子家语》为伪书,却仍以"伪而不能废"的态度对待《孔子家语》。如今,《孔子家语》一书的可靠性得到越来越多的印证,且其记载相对于大小戴《礼记》来说在许多地方都要更加古朴,此处记载正好说明此事。但《孔子家语》也有脱漏之处,如第11例,《孔子家语》作"男女亲",《礼记》《大戴礼记》作"父子亲",根据上下文意,夫

---

① (清)于鬯:《香草校书》(中册),中华书局1984年版,第651页。

妇、父子、君臣常为互相并举的伦理词汇，《孔子家语》此处显然不如《礼记》《大戴礼记》。

再次，在思想方面，第 12 例，《孔子家语》为"君臣信"，《礼记》《大戴礼记》为"君臣严"。两者的不同主要集中在"信"与"严"中，却反映了迥然不同的两种思想。"信"为儒家的"五常"之一，君臣之间讲求信义，是孔子一贯的主张，这在《论语》中十分常见，如《子路》一篇中提到"上好信，则民莫敢不用情"，说为政者讲求信义，百姓也会以真情相待，故而"君子信而后劳其民"（《论语·子张》）。但在《论语》中却从未涉及"严"这一概念，自不必说对君臣关系了。而汉代是中央专制集权下的大一统时代，皇权的神圣和威严被强化，君与臣之间，更强调君的威严、臣子的服从，而非君主对臣民的信义。

综上所述，"大婚之论"这一章《礼记》《大戴礼记》两书的重文率相当高，所用字词、行文方式、所表达之思想基本相同，而《孔子家语》一篇显然与这两部书不同，它们虽然互有优劣，但其材料多数较为原始而古朴，编者修改及时代的印记不明显，正如孔安国在《孔子家语后序》中所说"窃惧先人之典辞将遂泯灭，于是因诸公卿士大夫，私以人事，募求其副，悉得之"，所以他更加忠实于原材料。

## 二 灾妖不胜善政

本题是非常重要的文献，其不仅涉及孔子的政治思想，提到"灾妖不胜善政"和"寤梦不胜善行"的主张，告诫为政者要注重修德政和修养自己的品行；而且还牵扯到他对鬼神天命的认识，其虽然还没完全摆脱天命思想的羁绊，但已经看到人事的重要性，主张尽人事以待天命，但也指明要"达于此"非明王不能。此题与《中庸》中"至诚之道，可以前知。国家将兴，必有祯祥；国家将亡，必有妖孽"是相通的。显示了孔子晚年思想的成熟，其对天命、人道、王道等思想见解深刻，并且已经融会贯通，但其最终的落脚点集中体现在孔子的王道政治思想中。本章内容仅见于《孔子家语·五仪解》（甲），但在《说苑·敬慎》（乙）有一段记载相似的文本，对比两者以期对《孔子家语》的文本材料有个更清晰的认识。

哀公问于孔子曰："夫国家之存亡祸福，信有天命，非唯人也。"孔子对曰："存亡祸福皆己而已，天灾地妖不能加也。"公曰："善！吾子之言，岂有其事乎？"（1 乙无此）孔子曰："（2 乙多"存亡祸福皆在己而已，天灾地妖，亦不能殺也。"）昔者殷王帝辛之世，有雀生大鸟于城隅焉，占之，曰：'凡以小生大，则国家必王而名必昌。'（3乙为"昔者殷王帝辛之时，爵生乌于城之隅，工人占之曰：'凡小以生巨，国家必祉，王名必倍。'"）于是帝辛介雀之德，不修国政，亢暴无极，朝臣莫救，外寇乃至，殷国以亡。此即以己逆天时，诡福反为祸者也。（4乙为"帝辛喜爵之德，不治国家，亢暴无极，外寇乃至，遂亡殷国。此逆天之时，诡福反为祸也。"）又其先世殷王太戊之时，道缺法圮，以致夭蘗。桑穀于朝，七日大拱，占之者曰：'桑穀野木而不合生朝，意者国亡乎！'（5乙为"至殷王武丁之时，先王道缺，刑法弛，桑谷俱生于朝，七月而大拱。工人占之曰：'桑谷者，野物也。野物生于朝，意朝亡乎？'"）太戊恐骇，侧身修行，思先王之政，明养民之道。三年之后，远方慕义，重译至者，十有六国。此即以己逆天时，得祸为福者也。（6乙为"武丁恐骇，侧身修行，思昔先王之政，兴灭国，继绝世，举逸民，明养老之道。三年之后，远方之君重译而朝者六国。此迎天之[①]时，得祸反为福也。"）故天灾地妖，所以儆人主者也；寤梦征怪，所以儆人臣者也。灾妖不胜善政，寤梦不胜善行，能知此者，至治之极也，唯明王达此。（7乙为"故妖孽者，天所以警天子诸侯也；恶梦者，所以警士大夫也。故妖孽不胜善政，恶梦不胜善行也。至治之极，祸反为福。"）公曰："寡人不鄙固此，亦不得闻君子之教也。"（8乙无此，而为"故太甲曰：'天作孽，犹可违；自作孽，不可逭。'"）

通过校勘，《孔子家语》和《说苑》之材料来源，很可能本于共同的史料。两者记载虽有差异，但文句的重文率甚高，且《说苑》有较为明显的改动痕迹，而《孔子家语》则似乎更好地保存了史料的原貌。具体说，《说苑》只是记载了孔子所言，并非以对话形式记载。如第1例，《说苑》省略了《孔子家语》中划横线的部分，似是有意为之，目的是将孔子的答语融为一个整体。在用字上，第3例，"世"与"时"属同源字，可互用。"爵"与"雀"也可通用，对此，朱熹集注云："爵，与雀同"；且有《孟子·离娄上》之"为丛敺爵者，鹯也"可作注脚，但"爵"字没有"雀"字易懂。而《说苑》中的"乌"疑为"鸟"之误，《孔子家语》记载应是准确的。若单就第4例来看，《孔子家语》作"介

---

① "之"字旧脱，依上文例补，此后人依《孔子家语》删之。

雀",而《说苑》作"喜爵","介"和"喜"为假借字,可互通,"雀"与"爵"也可互用,综合起来,且根据文意来说,此鸟指的是应为喜鹊。整体上说,还是《孔子家语》的记载更优。

在思想方面,《说苑》有明显的加工改动的痕迹,体现了汉帝国的政治色彩。如第5、6两例,与前文之帝辛纣亡国相对举,在《孔子家语》作"太戊",而《说苑》作"武丁"。虽然太戊、武丁均为对殷商兴盛有功的明君,但结合文本的描述以及史书中对两人的记载和汉代政治状况,我们认为《孔子家语》的记载应为史料的原貌。因为文本记载说太戊之初,朝中出现"桑穀于朝,七日大拱"之貌,这是"国亡"的征兆,后太戊因此励精图治转祸为福,开殷商又一盛世。据史书记载,太戊的复兴,幸得伊陟和巫咸的辅佐,据说巫咸长于占卜,或为文中之"占之者"。恰《史记·封禅书第六》中对太戊、武丁均有记载,云:"后八世至帝太戊,有桑穀生于廷,一暮大拱,惧。伊陟曰:'妖不胜德。'太戊修德,桑穀死。伊陟赞巫咸,巫咸之兴自此始。后十四世,帝武丁得傅说为相,殷复兴焉,称高宗。有雉登鼎耳雊,武丁惧。祖己曰:'修德。'武丁从之,位以永宁。"若《史记》记载不误,文中应为"太戊"更恰当,盖刘向混淆了太戊与武丁的事迹。而且武丁与武帝多有相似之处,汉代与边疆少数民族多有战事,汉武帝时,周边国家多臣服于汉,汉代的疆域和国力一度达到鼎盛。后来汉室衰亡,周边国家卷土重来,对边境多有骚扰。武丁在位期间,不断向四方大规模征伐,为殷朝形成"邦畿千里,维民所止。肇域彼四海,四海来假"(《诗·商颂·玄鸟》)之势。这不仅与武帝的经历十分相似,也符合文中"远方之君重译而朝"的记载。种种迹象表明,《孔子家语》在保存史料原始性上要优于《说苑》。

## 三 霣霜不杀菽

本题是哀公因《春秋》记载的"冬十二月霣霜不杀菽"一事与时令不合而引发的对话。孔子借此向哀公进言,说天失道,那么早木等生长状况就会出现异常,同理,如果君失道,他的臣民同样也会相应地出现反叛等异常的举动。本章仅见于《韩非子·内储说上》一篇。

鲁哀公问于仲尼曰:"《春秋》之记曰:冬十二月霣霜不杀菽,何为记此?"仲尼对曰:"此言可以杀而不杀也。夫宜杀而不杀,桃李冬实。天失道,草木犹犯干之,而况于人君乎?"

对《韩非子》的成书等情况，在前面的涉及的"贵黍贱桃""莫众而迷"等题中已经有所论述，其文多以寓言故事的形式对君主进行说教，而其寓言故事的材料来源是多方面的。就本题而言，因其记载仅见于此，而没有其他重文的材料可与之比勘，从而使材料的可靠性更加难以厘清。

而对于霣霜杀菽草一事，《春秋》经传多有记载，一为《春秋经》僖公三十三年曰："（十有二月）霣霜不杀草，李梅实。"同样，《公羊传》和《穀梁传》分别作以解释，一曰"何以书？记异也。何异尔？不时也"；一曰"未可杀而杀，举重也；可杀而不杀，举轻也。实之为言，犹实也"。二为《春秋经》定公元年曰："冬，十月。霣霜杀菽。"《公羊传》和《穀梁传》中分别作以解释，一曰"何以书？记异也。此灾菽也，曷为以异书？异大乎灾也"；一曰"未可以杀而杀，举重；可杀而不杀，举轻，其曰菽，举重也"。于此，《公羊传》《穀梁传》之义相较，《公羊传》义为长。

菽是豆类的总称，是禾稼中最坚强者，《汉书·五行志》之"菽草之难杀者也"即说此。故而若菽为霜杀，那么其他植物绝无幸存之理。这样，僖公三十三年周历十二月，为夏历十月，八月秋分，九月霜降，而言"霣霜不杀草"，是以小扩大也，言此时霜连易被摧残的草都不能杀，可见其他植物所受影响会更小，是谓"举轻也"。至于定公元年周历十月，则正好相反，可与之对举。其为夏历八月，正值秋分，未到霜降节气，而言"霣霜杀菽"，是以大盖小，是言其他植物尚存的可能性不大，是谓"举重也"。此处《韩非子》的记载，却是从另外一个角度，即天人合一方面进行阐释的，按常规冬十二月霜是应该杀菽草的，但此时却是"草木犹犯干之"，尚未完全枯死。这是违背自然常态的一种"天失道"的反应，并由此联想到了同样道理的君民关系，劝告国君治国要得道，君道符合天道，这样百姓才会安居乐业。就其思想来说，此与孔子的天道、为君思想并不冲突，但此记载是否因此就没有任何问题，尚难遽定。

## 四　人之性命

本文是孔子对性情天命、男女婚姻和丧礼的重要文献，而后两者与天道性命息息相关，子贡曾说"夫子之言性与天道，不可得而闻也"（《论语·公冶长》），但在这里我们却看到了孔子对此的详细论述，而且，结合其他儒家早期文献对其进行研究，我们将会得到重大突破，这段材料不仅向我们展示了孔子关于天道性命方面的思想，也说明了《孔子家语》中材料的弥足珍贵。本章仅见于《孔子家语·本命解》（甲），但在《大

第二章 "哀公问孔"材料的对比研究　115

戴礼记·本命》（乙）①中有一段十分相似的记载，为考察《孔子家语》的记载，我们将两个文本做了对比。

鲁哀公问于孔子曰："人之命与性何谓也？"孔子对曰：（1 乙无此）"分于道，谓之命；形于一，谓之性；化于阴阳，象形而发，谓之生；化穷数尽，谓之死。故命者，性之始也；死者，生之终也。有始，则必有终矣（2 乙为"故命者，性之终也，则必有终矣"）。人始生而有不具者五焉：（3 乙为"人生而不具者五"）目无见，不能食，不能行，不能言，不能化。及生三月而微煦，（4 乙为"三月而彻昫"）然后（5 乙多"能"）有见；八月生齿，然后能（乙无此）食；（6 乙多"期而生膑，然后能行"）三年顋（7 乙为"㬮"）合，然后能言；十有六而精（8 乙为"情"）通，然后能化。阴穷反阳，故阴以阳变；（9 乙此句后移）阳穷反阴，故（10 乙为"辰故阴以阳化"）阳以阴化。是以男子八月生齿（11 乙为"故男以八月而生齿"），八岁而齓（12 乙为"毁齿"）；（13 乙多"一阴一阳，然后成道，二八十六，然后情通，然后其施行"）女子（14 乙为"女"）七月生齿，七岁而齓（15 乙为"毁"），十有四而化。（16 乙为"二七十四，然后其化成"）一阳一阴，奇偶相配，然后道合化成。性命之端，形于此也。（17 乙为"合于三也，小节也。中古男三十而娶，女二十而嫁，合于五也，中节也。太古男五十而室，女三十而嫁，备于三五，合于八十也。八者，维纲也，天地以发明，故圣人以合阴阳之数也"）"

公曰："男子十六精通，女子十四而化，是则可以生民矣。而礼，男子三十而有室，女子二十而有夫也，岂不晚哉？"孔子曰："夫礼言其极，不是过也。男子二十而冠，有为人父之端；女子十五许嫁，有适人之道。于此而往，则自婚矣。群生闭藏乎阴，而为化育之始。故圣人因时以合偶男女，穷天数也②。霜降而妇功成，嫁娶者行焉；冰泮而农桑起，婚礼而杀于此。（18 乙无此）（19 乙多"男者任也，子者孳也"）男子者，任天道而长万物者也（20 乙为"言任天地之道，如长万物之义也"）。（21 乙多"故谓之丈夫。丈者长也；

---

① 在《大戴礼记》中，与《孔子家语》第二段相对应的内容和第三段相对应的内容是颠倒的。
② 原"也"字后有"极"，是将王肃对本句的注窜入，据四库本改。

夫者扶也,言长万物也")知可为(22乙多"者",后面四句,乙均多"者"),知不可为;知可言,知不可言;知可行,知不可行者。是故审其(23乙无此)伦而明其别,谓之知,所以效匹夫之听也(24乙为"所以正夫德者")。(25乙多"女者如也,子者孳也")女子者,顺男子之教而长其理者也(26乙为"言如男子之教,而长其义理者也")。(27乙多"故谓之妇人。妇人,伏于人也")是故无专制之义,而(28乙无此)有三从之道:幼从父兄,既嫁从夫,夫死从子。(29乙为"在家从父,适人从夫,夫死从子")言无再醮之端(30乙为"无所敢自遂也"),教令不出于(31乙无此)闺门,事在供酒食而已(32乙为"事在馈食之间而已矣")。无闺外之非仪也,不越境而奔丧。事无擅为,行无独成,参知而后动,可验而后言,昼不游庭,夜行以火,所以效匹妇之德也。(33乙为"是故女及日乎闺门之内,不百里而奔丧。事无独为,行无独成之道。参之而后动,可验而后言,宵夜行烛,宫事必量,六畜蕃于宫中,谓之信也,所以正妇德也")"孔子遂言曰:(34乙无此)"女有五不取:(35乙多"逆家子不取,乱家子不取,世有刑人不取,世有恶疾不取,丧妇长子不取")逆家子者(36乙多"为其逆德也"),乱家子者(37乙多"为其乱人伦也"),世有刑人子者(38乙多"世有刑人者,为其弃于人也"),有恶疾子者(39乙为"世有恶疾者,为其弃于天也"),丧父(40乙为"妇")长子者①(41乙多"为其无所受命也")。妇有七出、三不去。七出者:(42乙无此)不顺父母者,无子者,淫僻者,嫉妒者,恶疾者,多口舌者,窃盗者。(43乙为"不顺父母去,无子去,淫去,妒去,有恶疾去,多言去,窃盗去。不顺父母去,为其逆德也;无子,为其绝世也;淫,为其乱族也;妒,为其乱家也;有恶疾,为其不可与共粢盛也;口多言,为其离亲也;盗窃,为其反义也。妇")三不去者:谓有所取无所归,与共更三年之丧,先贫贱后富贵。(44乙为"有三不去:有所取,无所归,不去;与更三年丧,不去;前贫贱,后富贵,不去")凡此,圣人所以顺男女之际,重婚姻之始也。(45乙为"大罪有五:逆天地者,罪及五世;诬文武者,罪及四世;逆人伦者,罪及三世;诬鬼神者,罪及二世;杀人者,罪止其身。故大罪有五,杀人为下")"

孔子曰(46乙无此):"(47乙多"礼义者,恩之主也。冠、昏、

---

① "者",原脱,据四库本、同文本补。

朝、聘、丧、祭、宾主、乡饮酒、军旅，此之谓九礼也。礼经三百，威仪三千。机其文之变也。其文变也，")礼之<u>所以</u>（48乙无此）象五行也，其义四时也，<u>故丧礼有举焉</u>，（49乙为"故以四举"）有恩有义，有节有权。<u>其</u>（50乙无此）恩厚者其服重，故为父母斩衰三年，以恩制者<u>也</u>（51乙无此）。门内之治恩掩义，门外之治义掩（52乙为"断"）恩。资于事父以事君而敬同。<u>尊尊贵贵</u>，（53乙为"贵贵尊尊"）义之大（54乙多"者"）也。故为君亦<u>服衰</u>（55乙为"斩衰"）三年，以义制者也。三日而食，三月而沐，期（56乙多"而"）练，毁不灭性，不以死伤生；丧不过三年，齐（57乙为"苴"）衰不<u>补</u>，坟墓不修（58乙为"坏"）；（59乙多"同于丘陵"）<u>除服</u>（60乙无此）之日鼓素琴，示民有终也。凡此（61乙无此）以节制者也。资于事父以事母而爱同。天无二日，国无二君，家无二尊，以治<u>之</u>（62乙多"也"）。<u>故</u>（63乙无此）<u>父在为母齐衰期者</u>（64乙无此），见无二尊也。百官备，百物（65乙为"制"）具，不言而事行者，扶而起；言而后事行者，杖而起；身自执事（66乙多"而后事"）行者，面垢而已。（67乙多"凡"）此以权制者也。<u>亲</u>（68乙无此）始死，三日不怠，三月不<u>懈</u>（69乙为"解"），期悲号，三年忧，<u>哀</u>（70乙为"恩"）之杀也。圣人因杀以制节也。"

本题反映的问题比较多，首先从用字上说，有几处较为突出的例子，第8例，《孔子家语》作"十有六而精通"，《大戴礼记》作"十有六而情通"。两者区别在于"精"和"情"的不同。高明在《大戴礼记今注今译》中将此句译为"十六岁以后感情成熟了，然后才有生殖能力"，显然，感情成熟与否难以成为判断生殖能力的标准。《孔子家语》作"精"，不仅在生物学上容易讲得通，而且下文哀公的提问中也再次提到了"男子十六精通"一句，故而《孔子家语》记载为优，疑《大戴礼记》为形近而误。第12和15例，《孔子家语》作"齓"，《大戴礼记》作"毁齿"，或者直接作"毁"。《说文》云："齓，毁齿也。"此处应该不是将后人的注释误入原文，因为前后两处的"齓"，一作"毁齿"，一作"毁"，应是为方便后人阅读而故意将此生僻字换做常用字词，且后一例省"齿"作"毁"，应是"蒙上文而省例"。第40例，《孔子家语》作"丧父长子者"，《大戴礼记》作"丧妇长子者"。一说是长女无母，若"妇"作"母亲"讲，何不直接记作"母"？且下文还有"不顺父母者"可作为注脚。"父"与"妇"为双声叠韵字，可通用，盖为音近而误，

《孔子家语》的记载更符合原文。

在行文上，首先，《大戴礼记》没有《孔子家语》的对话情景，甚至这些记载出于谁之口也没有记载，有的仅是孔子的答语，仅保留主旨部分，此问题在"文武之政"中已涉及，此不赘言。其次，对读两文的一个最显著的不同是，段落位置的错乱。文中首段两书一致，《孔子家语》的第二、三段内容，在《大戴礼记》对应的则是第三段和第二段内容。对此，从行文的逻辑顺序来说，文中首段提到婚丧嫁娶的事情，依常理论，人的生命由生到死，《孔子家语》第二段讲便是早期儒家的婚姻观，第三段则孔子关于丧礼的主张；而且哀公的提问正好顺承了这个顺序，所以于义《孔子家语》为长。再次，《孔子家语》和《大戴礼记》还有多处错简和脱文等传抄过程中易出现的问题，但总的来说，《孔子家语》记载更为完整。如第2例，显然《孔子家语》的记载逻辑有序，语义完整。而《大戴礼记》较《孔子家语》记载来看，显然中间出现了脱文和错简，而致使文字记载不全，文意阻塞。第13例至第17例处，错简、脱文的现象更为严重，盖《孔子家语》在第16、17例处有错简和脱文，《大戴礼记》则在第13例处错简，出现了衍文。所以，《孔子家语》和《大戴礼记》在记载上有些地方互有优劣。另外，第45例，在讲婚礼中七出、三不去后，《大戴礼记》多出"大罪有五"的五例罪状，似与本文的主题偏离，盖为《大戴礼记》此有错简。第47例，《大戴礼记》之"其文变也"一句，高明在《大戴礼记今注今译》中疑其为衍文。[①] 第59例，《大戴礼记》较《孔子家语》多"同于丘陵"一句，孔广森断定是注文误入，应当删除。

在思想上，第17例，《大戴礼记》中的这段内容应是《孔子家语》的脱文，因为紧接着《孔子家语》的下文，哀公就对这部分内容进行了提问。而其中"合于三""合于五"皆因"合于八十"属于"探下文而省例"。另外，对于婚配的年龄，我们需要强调的是，如《孔子家语》下文孔子对哀公"岂不晚哉"疑问的回答所说，"夫礼言其极，不是过也。男子二十而冠，有为人父之端；女子十五许嫁，有适人之道。于此而往，则自婚矣"。这里对婚配年龄的规定均是对上限、和下限的要求，"于此而往，则自婚矣"，在此年龄范围内是可以自主决定结婚年龄的。王聘珍在《大戴礼解诂》中云："《五经异义》云：'今《大戴礼记》说，男三十，女二十，有昏嫁，合为五十，应大衍之数，自天

---

[①] 高明：《大戴礼记今注今译》，台湾商务印书馆股份有限公司1987年版，第505页。

子达于庶人同也。《春秋左氏》说，人君十五生子，礼也。二十而嫁，三十二娶，庶人礼也……故知人君早昏娶，不可以年三十，所以重继嗣也。'"王氏的这段解诂可以更好地帮助我们理解为什么人君和庶人婚配年龄不一。总之，这段在《孔子家语》中有而《大戴礼记》没有的文字，对于理解第17例及下文都非常关键，可见，《孔子家语》和《大戴礼记》在保存史料上互有优劣。其次，对勘《孔子家语》和《大戴礼记》会发现，后者有很多润饰和汉代的纲纪观念在里面。如第22例，《大戴礼记》在为保存前后句式一律，均在句末加一个"者"字，而《孔子家语》则不然。第30例，《孔子家语》作"言无再醮之端"，《大戴礼记》作"无所敢自遂也"。醮礼，是周代的礼仪，在冠、婚礼是举行的一种尊者为卑者敬酒的仪式。王肃注："始嫁言醮。礼无再醮之端，统言不改事人也。"所以，《孔子家语》此语意思是从从一而终和礼的完整性上讲，女子没有再嫁的道理。《大戴礼记》中的"遂"字，据徐彦对《公羊传》襄公十二年："大夫无遂事"之"遂"作疏曰："遂者，专事之辞。"这样，此句从父权、夫权等男权的至上性中对女子作出了要求，高明在《大戴礼解诂》中将此句译为"（妇人）从来不敢自作主张来做事"，体现出汉代对妇女的束缚。后人增润的例子还有很多，如第35例至41例，讲的是"女有五不取"，五种不能娶的女子。对此，《孔子家语》仅以"××者"的句式，简单列举了五类"不取"的情况；《大戴礼记》则先以"××不取"的统一句式将五类"不取"的情况举出，后又以"××者＋评论"的句式，对这五类人作以解释，这显然带有后人增润、修饰的成分，等等。

另外，《礼记·丧服四制》一篇与本题的第三段内容呼应，但显然《礼记》明显带有汉人的增润、修改的痕迹。其在本题孔子对丧制的思想主张的基础上，整编扩充为丧服之制应注意的仁、义、礼、智四个方面的问题，还辅以高宗谅闇三年一事作以补充说明。《礼记》的记载基本保存了孔子的恩、义、节、权四方面的大意，但将对话情景，甚至此话出于"子曰"一并删去，又有所充实以突出丧制的重要性。其文曰：

<u>凡礼之大体，体天地，法四时，则阴阳，顺人情，故谓之礼。訾之者，是不知礼之所由生也。夫礼吉凶异道，不得相干，取之阴阳也。丧有四制，变而从宜，取之四时也。</u>71 <u>有恩有理，有节有权，取之人情也。恩者仁也，理者义也，节者礼也。权者知也。仁、义、礼、知，人道具矣。</u>72 其恩厚者其服重，故为父斩衰三年，以恩制

者也。门内之治恩掩义，门外之治义断恩。资于事父以事君，而敬同。贵贵尊尊，义之大者也。故为君亦斩衰三年，以义制者也。三日而食，三月而沐，期而练，毁不灭性。不以死伤生也。丧不过三年，苴衰不补，坟墓不培，祥之日鼓素琴，告民有终也，以节制者也。资于事父以事母，而爱同。天无二日，土无二主，国无二君，家无二尊，以一治之也。故父在为母齐衰期者，见无二尊也。<u>杖者何也？爵也。三日授子杖，五日授大夫杖，七日授士杖。或曰担主，或曰辅病。妇人、童子不杖，不能病也。</u>73 百官备，百物具，不言而事行者，扶而起。言而后事行者，杖而起。身自执事而后行者，面垢而已。以权制者也。

始死，三日不怠，三月不解，期悲哀，三年忧，恩之杀也。圣人因杀以制节，<u>此丧之所以三年，贤者不得过，不肖者不得不及。此丧之中庸也，王者之所常行也。《书》曰："高宗谅闇，三年不言。"善之也。王者莫不行此礼，何以独善之也？曰：高宗者武丁，武丁者殷之贤王也，继世即位，而慈良于丧。当此之时，殷衰而复兴，礼废而复起，故善之。善之，故载之《书》中而高之，故谓之高宗。三年之丧，君不言，《书》云"高宗谅闇，三年不言"，此之谓也。然而曰"言不文"者，谓臣下也。礼：斩衰之丧，唯而不对；齐衰之丧，对而不言；大功之丧，言而不议；缌、小功之丧，议而不及乐。父母之丧：衰冠、绳缨、菅屦，三日而食粥，三月而沐，期十三月而练冠，三年而祥。比终兹三节者，仁者可以观其爱焉，知者可以观其理焉，强者可以观其志焉。礼以治之，义以正之，孝子、弟弟、贞妇，皆可得而察焉。</u>74

具体说来，第71例，此为本篇总论丧志大体有四种之制，此节句式工整而有统领下文之义，显然是汉儒为下文论述的方便和主题的明确而增。与《孔子家语》和《大戴礼记》相关内容对勘，其还有五处较为明显的增文。如第72例，是对恩、理、节、权的进一步解释之语，其他两书均无，应是后儒对重要概念的进一步诠释。第73例，为明四制之中的权制而增，《礼记正义》中孔疏曰："权制之中，所以先明杖者，以下有不应杖而杖，又有应杖而不杖，皆是权宜，故先举正杖与上。言'爵也'者，杖之所设，本为扶病，而以爵者有德，其恩必深，其病必重，故杖为爵者而设。"① 第 74 例，则是借高宗谅闇一事，来解说王者之丧，以明丧之礼重。种种迹象昭示了汉代中央专制集权在丧制中的痕迹和汉儒对原材料的加工。

## 五 鲁邦大旱

此外，关于天道性命还有一处重要的出土文献，即上博简（二）《鲁邦大旱》，是目前所搜集到的唯一一篇记载较为完整的关于哀公和孔子对话材料的出土文献，因其材料的特殊性和所涉内容的复杂性，我们特别对其进行专门研究。在"哀公问孔"中，另一则关于鬼神天命思想的记载，则见于一份十分珍贵的出土文献——《鲁邦大旱》。其反映的鬼神天命思想又有新的变化。其文曰：

> 鲁邦大旱，哀公谓孔子："子不为我图之？"孔子对曰："邦大旱，毋乃失诸刑与德乎？唯……"（第一简）
> ……之何哉？"孔子曰："庶民知说之事鬼也，不知刑与德。如毋爱珪璧币帛于山川，正刑与（德）……"（第二简）
> 出，遇子赣，曰："赐，尔闻巷路之言，毋乃谓丘之对非欤？"
> 子赣曰："否。"
> "繄吾子如重名其欤？"
> "如夫正刑与德，以事上天，此是哉！如夫毋瘗珪璧（第三简）币帛于山川，毋乃不可？"
> "夫山，石以为肤，木以为民，如天不雨，石将焦，木将死，其欲雨又甚于我，又必待吾命乎？夫川，水以为肤，鱼以（第四简）为民，如天不雨，水将涸，鱼将死，其欲雨又甚于我，又必待吾命乎？"
> 孔子曰："干乎……"（第五简）
> ……公岂不饱粱食肉哉？繄无如庶民何？（第六简）②

上博简《鲁邦大旱》是由鲁哀公向孔子请教禳灾之策而引发的对话。显然，当时鲁国发生了旱灾并且旱情严重，哀公急于找到缓解旱情的良

---

① （汉）郑玄注，（唐）孔颖达正义，吕友仁整理：《礼记正义》，上海古籍出版社2008年版，第2354页。
② 杨朝明：《上博竹书〈鲁邦大旱〉小议》，《上博馆藏战国楚竹书研究续编》，上海书店出版2004年版，第141页。

方，于是请教孔子。遗憾的是，在传世文献中，找不到对此次旱灾的明确记载，使这一史实的具体时间难以定论，而只能粗略地定位于孔子晚年。对此，目前学术界关于简文所记史实时间的考证，主要有"哀公十五年"和"哀公十一年至哀公十六年"两种看法，经过考察我们认为此文献记载的事件可以具体确定发生在鲁哀公十二年（前483）或鲁哀公十三年（前482）。

具体来说，关于此次"鲁邦大旱"发生的时间，廖名春首先提出自己的看法，认为其应发生在鲁哀公十五年（前480）。廖先生主要是从旱灾与雩祭的关系这一角度进行论证，认为《春秋》经中记"大雩"的目的是"记灾"，并结合经文哀公十五年"秋八月，大雩"的记载得出此结论。[①] 该篇的原整理者马承源也持相同观点。[②] 对此，杨朝明提出异议，认为"《春秋》经中哀公十五年有'大雩'的记载，这一年发生旱灾的可能性较大，但还不好据以肯定孔子与哀公的对话所指的'鲁邦大旱'一定发生在这一年"，并认为将时间限定在鲁哀公十一年到鲁哀公十六年（前484—前479）的六年之内更加稳妥。杨先生着重讨论了《春秋》中"大雩"的记载原则，指出"鲁国的'大雩'虽然都是祈雨之祭，都与旱象相互联系，但未必一定发生了'大旱'。相反，《春秋》经传没有记载鲁国大旱，并不一定没有旱灾！"[③] 那么，楚简《鲁邦大旱》所记的旱灾，到底发生在哪一年呢？

首先，从旱灾与雩祭的关系来看，虽然两者关系密切，但并非是必然的因果关系。雩祭，是中国古代一种祈雨的祭祀，后来才渐渐与旱灾联系在一起，成为祈雨禳灾的一种途径。《辞源》对雩解释说："雩，古求雨之祭。《左传》桓五年：'龙见而雩'。谓每年孟夏，苍龙（星座名，东方七宿的合称，即角、亢、氐、房、心、尾、箕七宿）昏见东方，以是月祀五方上帝，谓之常雩。又大旱亦雩。"显然，雩祭的起源与旱灾无关。而雩祭在《春秋》经中被记作"大雩"，那么，它与旱灾是否有关呢？

让我们首先来看《春秋》三传对大雩是如何解释的。总体来说，《左传》认为其是为记"不时"而书，《公羊传》认为是为"记灾"而书，而《谷梁传》则认为其是为记"得雨"而书。对此，傅隶朴作了进一步解释：

---

① 廖名春：《上海简〈鲁邦大旱〉札记》，《2000年中国博士后学术大会论文集沈林与西部分册》，科学出版社2001年版。
② 马承源：《上海博物馆藏战国楚竹书（二）》，上海古籍出版社2002年版，第203页。
③ 杨朝明：《上博竹书〈鲁邦大旱〉管见》，《东岳论丛》2002年第5期。

祭，龙见的节气（即夏历巳月—四月）行雩祭，……古者祭日必先卜吉，……但不得逾越节气而祭。四月是首夏，八月是中秋，以首夏之祭行于中秋，这就是过时之祭了，过时之祭，即是慢祭，所以《左传》说："秋，大雩，书，不时也。"这是说大雩如在四月举行，便是常事，常事照例是不书的，今秋季大雩，便是非常之事了，所以经书大雩。

《公羊》说大雩是旱祭，即是为农村祈雨的祭祀。……因为有了旱灾，故经书大雩，以记灾异，无讥贬之义。雩是祈雨之祭，但并不是旱灾发生了才举行的祭，《公羊》不知"龙见而雩"的时令，认为行大雩便是有了灾害。《左氏》认为过时者，是说四月大雩，是预为秋收祈雨之祭，秋收已毕再去祭，岂不是过时了吗？故《公羊》之义比《左氏》为短。

（大雩）都为常祀，有定期，但遇水旱不时，得举行大雩以为祈禳，此八月为周历，于夏历则为六月，郑玄云："雩者，夏祈谷实之礼也，旱亦用焉，得雨书雩，明雩有益，不得雨书旱，明旱灾成。"此经书大雩，当是僖公祭上帝以祈雨，雩的而雨，故喜而书之于策。①

我们赞同这一看法。春秋时期，雩祭可分为两种：一种是常雩，欲为百谷祈雨，一般在夏历四月的龙见时节举行，故又称"龙见而雩"。我国是个农业国，历朝历代都极重农事，但因农业技术不发达，气候变化、自然灾害等外界环境对农业影响很大。夏历四月正值农作物生长的旺盛期，但此时的降水量却不多，为祈求一年的风调雨顺，择日祭天祈雨变得十分重要，正所谓"国之大事，在祀与戎"（《左传》成公十三年），每年的龙见时节，无论干旱与否人们都会择吉日举行雩祭。然而，这种常雩在《春秋》中却没有记载，因为"春秋笔法"中有"常事不书"的原则，所以常雩应是"不书"的。《春秋》经中常见的则是一种被称为"大雩"的雩祭形式，对此又有两种不同意义的理解：一种观点认为，大雩是与干旱有关的，故称"旱暵之雩"；另一种观点认为，大雩是非常之事，属于过时之祭，所以又称"不时之雩"。秦汉以降，"遇旱则雩"成为惯例，干旱与雩祭的关系得到不断的强化，但在春秋时期雩祭仍主要是祈雨的祭

---

① 傅隶朴：《春秋三传比义》（上册），中国友谊出版公司1984年版，第132、133、445页，比义《春秋》三传对桓公五年之"大雩"与僖公十一年之"大雩"的不同解释。

祀,"并不是旱灾发生了才举行的祭",记"大雩"应该主要就是为记"不时"而非"记灾",所以"不时之雩"的称呼应该更加贴近《春秋》经文的原意。另外,依据《穀梁传》记"得雨"的说法①,记"大雩"也只能是记"不时"而非"记灾",因为其虽"旱亦用焉",但记"大雩"是因"得雨书雩,明雩有益,不得雨书旱,明旱灾成"才"喜而书之于策"。故而,哀公十五年"大雩"的记载,不仅不能证明这一年发生了严重的旱灾,结果甚至可能刚好相反,是对祈雨成功的记载。所以,以"大雩"的"记灾"之说推断"鲁邦大旱"的发生时间有失稳妥。

其次,旱灾与螽的关系,比其与大雩的关系要更为密切,明白这个道理,对我们重新思考鲁国此次"大旱"的发生时间意义重大。根据《春秋》经传的记载,二百多年间,鲁国的虫害主要有五种:螽、蜚、螟、蟓、蠓,共计16次,其中关于"螽"的记载有9次之多。螽,又称为蝗螽,因其善飞,故亦称飞蝗,是危害禾本科植物的主要害虫,也是收获前经常遇到的灾害。② 我国古代先民对蝗虫的认识较早,如在安阳殷墟的妇好墓中就曾出土过一件玉雕蝗虫。在甲骨文中也有不少有关蝗虫的记载,如癸酉卜:其……弜亡雨?蝗其出,于田?……弜?(《合》28425)、弜告秋于上甲(《合》33230)等,这是中国的甲骨文中记录的世界上最早的蝗灾。③ 此外,传世文献中还有更为丰富的记载,如《诗经·国风·螽斯》云:"螽斯羽,诜诜兮。宜尔子孙,振振兮。螽斯羽,薨薨兮。宜尔子孙,绳绳兮。螽斯羽,揖揖兮。宜尔子孙,蛰蛰兮。"此记载说明蝗虫的生殖能力极强。《春秋》经传中关于螽的记载则更多,且常为"发生时间+螽"的记录模式,甚至直接将时间省略记作"螽",其中最早的记录见于《左传》桓公五年,其中说到:"秋,大雩。螽。"此记载不仅记下了"螽",还记录了"大雩"。这极有可能是由于大雩之后旱情并没有得到根本缓解,并且还发生了蝗灾而记载的。

我们知道蝗灾爆发往往是在旱灾之后。徐光启在《农政全书》中就有"旱极而蝗"的说法。其实,我国古代先民很早就意识到严重的蝗灾时常与严重的旱灾相伴而生,如《诗经·大雅·云汉》说:"旱既大甚,蕴隆虫虫。"蝗虫喜欢温暖干燥,干旱的气候对十分有利于其繁殖、生长、发育。对此,昆虫生态学家说:"根据我国几千年来史籍的记载,造

---

① 后来郑玄和杜预等都沿袭"得雨"一说。
② 陈正祥:《中国文化地理》,香港三联书店1983年版,第53—54页。
③ 范毓周:《甲骨文》,人民出版社1986年版。

成农业上毁灭性灾害的蝗虫,主要就是飞蝗,并认为干旱与飞蝗同年发生的机遇率或相关性最大,其次为前一年干旱以及先涝后旱。"①

据统计,史书对春秋时期的旱灾记录有36次,其中关于鲁国旱灾的记录就有27次。② 而从旱灾频发的时段来看,春秋后期和战国前期(前568—前423)是先秦时期旱灾阶段性集中高发的时期,这个阶段在气候上正处于一个相对干燥的时期,湿度的降低是导致旱灾发生的直接原因。虽然旱灾发生的时间在年内分布不均衡,但其大多数分布在周历的秋季(7—9月),即现在农历的夏末秋初(5—7月)。③ 而对于虫灾频发的鲁国来说,其虫灾的特点可以概括为三点:一是多发生在夏、秋时节;二是常与旱灾同时发生;三是虫灾频发容易引起饥荒。④ 具体到此次"鲁邦大旱",从旱灾与蝗灾的角度进行考察,将比以"大雩"来推断"大旱"的发生时间应当更加合理。

既然蝗灾之前或者说引起蝗灾的极有可能是干旱,那么,在此次鲁之"大旱"可能发生的时段,即哀公十一年至哀公十六年(前484—前479)的六年里,有关蝗灾的记载共有三次并主要集中在两年,即:

《春秋》哀公十二年"冬十有二月,螽";
《春秋》哀公十三年"九月,螽";
《春秋》哀公十三年"十有二月,螽"。

这样,结合前面对旱灾与蝗灾关系的论述,我们认为将"鲁邦大旱"发生的时间定于哀公十二年或哀公十三年这两年里应当更加精确、合理。

此外,上博楚简《鲁邦大旱》关于"刑与德""事鬼"尤其对"刑与德"的记载来看,简文的论述与哀公十二年、十三年前后几年的鲁国国情也是相当契合的。根据《左传》记载,此时鲁国正处于严重的内忧外患之中。哀公十一年(前484),齐、鲁发生战事,虽然鲁国取得胜利,但并没有减轻其对齐国的惧怕,随后季孙氏下令整顿防务,说:"小胜大,祸也,齐至无日矣。"(《左传》哀公十一年)于是,为应对窘迫的内政外交并借此充实自己的府库,季康子准备实施对土地增加赋税的"用田赋"政策,并派当时作为其家臣的孔子弟子冉求去咨询"国老"孔子

---

① 陈永林:《蝗虫灾害的特点、成因和生态学治理》,《生物学通报》2000年第7期。
② 刘继刚:《中国灾害通史·先秦卷》,郑州大学出版社2008年版,第43页。
③ 刘继刚:《先秦旱灾概论》,《安徽农业科学》2009年第13期。
④ 王惠苑:《试论春秋时期鲁国的虫灾》,《兰台世界》2009年第10期。

的意见：

> 季孙欲以田赋，使冉有访诸仲尼。仲尼曰："丘不识也。"三发，卒曰："子为国老，待子而行，若之何子之不言也？"仲尼不对。而私于冉有曰："君子之行也，度于礼，施取其厚，事举其中，敛从其薄。如是则以丘亦足矣。若不度于礼，而贪冒无厌，则虽以田赋，将又不足。且子季孙若欲行而法，则周公之典在。若欲苟而行，又何访焉？"弗听。（《左传》哀公十一年）

由此可见，鲁国当时的内政仍是政决于私门，邦国大事的决策权在三桓尤其是季氏的手中把持着。诚如《大学》所批评的那样："百乘之家不畜聚敛之臣，与其有聚敛之臣，宁有盗臣。"显然，"用田赋"这种损民利己的政策，孔子是不会答应的，故而冉求三问而孔子不对。后来，孔子更是气愤地批评冉求说："非吾徒也，小子鸣鼓而攻之，可也。"（《论语·先进》）

第二年，即哀公十二年，先是没有得到孔子认同的"用田赋"政策，仍在季氏的主持下如期进行；随后的同年年底，即哀公十二年的十二月份，鲁国发生了蝗灾。据统计，春秋时期鲁国的 16 次虫灾中，绝大多数是发生在周历秋季的八、九月，只有两次发生在冬季的十二月份，此次蝗灾便是其一。对于这种"不时"的灾害，季康子向孔子咨询，孔子认为是司历对历法推演失误所致。[①] 那时，人们生产、生活经验不足，加之历法推算复杂，历法出现失误是常有之事，而这却恰好证实了这一年确有蝗灾发生。

紧接着，哀公十三年（前482）又接连发生两次蝗灾，一次发生在九月，另一次在十二月。旱灾与蝗灾的频发，加上"用田赋"政策的实行，很容易引起饥荒和政治的动乱，而《春秋》在哀公十四年也确有饥荒发生的记载。另外，《论语》中有几章材料，极有可能反映的就是鲁国当时的情形：

> 哀公问于有若曰："年饥，用不足，如之何？"有若对曰："盍彻乎？"曰："二，吾犹不足，如之何其彻也？"对曰："百姓足，君孰与不足？百姓不足，君孰与足？"

---

[①] 《左传》哀公十二年及《孔子家语·辩物》对此事均有记载。

季康子问政于孔子。孔子对曰："政者，正也。子帅以正，孰敢不正？"

季康子患盗，问于孔子。孔子对曰："苟子之不欲，虽赏之不窃。"

季康子问政于孔子曰："如杀无道，以就有道，何如？"孔子对曰："子为政，焉用杀？子欲善而民善矣。君子之德风，小人之德草，草上之风，必偃。"（以上几章均出自《论语·颜渊》）

孔子弟子有若告诫哀公，若想府库充足，需轻敛薄赋，藏富于民，这是缓解饥荒的根本措施。而此次饥荒很可能就发生在"鲁邦大旱"之时。季康子与孔子的三段对话也极有可能在此前后发生。因为国家的连年征战和"用田赋"政策已使百姓生活窘困不堪，此时又逢旱灾、蝗灾的频发，并伴有饥荒和盗患。季康子穷于应付，迫于形势向孔子问政也不无可能。而上博简《鲁邦大旱》所记载史实，应该就发生这样的背景之下。

总之，通过对哀公十二年、十三年前后鲁国内外形势的分析，再结合对《鲁邦大旱》中"刑与德"思想的探究，证实我们根据旱灾与大雩、旱灾与蟊的关系推断出的"鲁邦大旱"发生的时间，应该是更为恰当的。

## 第四节 小结：对"哀公问孔"材料的认识

"哀公问孔"的材料集中而又零散。说其集中是因为材料的思想主旨相对集中，大多都是关于为政治国方面的，说其零散一方面是因为哀公和孔子对话所涉及的面十分广博，有政治、军事、社会生活方面的内容，也有天道、性命、鬼神等方面孔子所"罕言"的内容，另一方面是因为材料涉及的典籍文献众多，有传世文献，还有上博简、阜阳汉简和八角廊汉简等几处出土文献；此外，还存有大量可以对比的重文。如此，"哀公问孔"材料可看作是古书流传的一个典型案例。通过对这些材料进行文献学和思想史等方面的考察，对进一步理清文献流传的脉络大有裨益。

第一，"哀公问孔"的材料有如此之高的重文率，我们认为应是由于它们有共同的史料来源，其中除七十子后学的笔记之外，应还有少量的孔子自己所记和史官的记载，以及口传史料。所以在最初形成的文本上就存在不同，加之，在后世传抄流传过程中，不可避免地会对材料进行人为的润色和加工，这就造成了带有作者旨趣的同源异趣的不同版本之间复杂的关联与分歧。

第二，经细致比勘，在所有"哀公问孔"材料中《孔子家语》的记载最多，且相对而言更加古朴、完整，更接近材料的原貌。《汉书·艺文志》曾提到西汉秘府有《孔子家语》二十七卷，刘向所见之《孔子家语》应为府库中未整理的那部分比较粗疏的原始材料，此不仅证明当时《孔子家语》之材料当时确于秘府保存，而且也暗示我们，刘向后来所编撰的《说苑》《新序》及汉儒整理的《礼记》《大戴礼记》等与《孔子家语》材料重叠者，大概率也源出于此，经此整理之后后世典籍又各以己意对此又有转引，故有大量重文。所以，《孔子家语》的材料来源和流传具有一定代表性和特殊性。杨朝明先生根据《孔子家语》"孔安国序"的介绍说："孔子弟子将各自记录整理的有关孔子的材料汇聚'集录'在一起，这应当就是《孔子家语》的原型。"[①] 孔安国在整理《孔子家语》后又作序文描述了《孔子家语》材料的流传情况，其中有这样几个值得注意的环节：

战国时，"孔子既没而微言绝，七十二弟子终而大义乖，六国之世，儒道分散，游说之士各以巧意而为枝叶，唯孟轲、孙卿守其所习"。可见，当时七十二弟子所记，为后儒孟子和荀子守习，其中盖有传本也有口传资料；即使同一材料也会有不同的版本流传，因为孔子讲习的内容是早期儒家学派的共同财富，不会仅有某一弟子作记录。

秦国"当秦昭王时，孙卿入秦，昭王从之问儒术。孙卿以孔子之语及诸国事、七十二弟子之言凡百余篇与之，由此秦悉有焉"。荀卿入秦为我们保留了他所"守习"的那部分材料，《孔子家语》的材料来源应源于此。与此同时，我们也不能完全排除民间有其他关于孔子言行的材料流传，毕竟守习七十二弟子所记的不止荀卿一人，但《孔子家语》中的材料能流传至今，其功劳不能不归于荀子。又有"始皇之世，李斯焚书，而《孔子家语》与诸子同列，故不见灭"。据《史记·秦始皇本纪》记载，那部分为"博士官所职"的材料是可以保存，且李斯曾为荀子之徒，"故不见灭"。其中"故"字当训为"'顾'，表示'竟'、'反而'之意，乃孔安国对'不见灭'的强调"[②]，意思是说，《孔子家语》幸运地没有

---

① 杨朝明：《〈孔子家语〉的成书与可靠性研究》，(台北)《故宫学术季刊》2008 年第 1 期。
② 曲阜师范大学魏玮在 2009 年硕士学位论文《〈孔子家语〉"三序"研究》中，据杨树达《词诠》和王引之《经传释词》，对"故"字的用法作以专门考察，认为此处的"故"字是表态副词，于是有此解释。

被焚烧。秦末,"高祖克秦,悉敛得之,皆载于二尺竹简,多有古文字。及吕氏专汉,取归藏之,其后被诛亡,而《孔子家语》乃散在人间。好事者或各以意增损其言,故使同是一事而辄异辞"。孔安国的《孔子家语》序文记载详细,若非亲闻所见,很难有此描述。后来,这批材料为吕后取而藏之,但在诛灭吕后时,《孔子家语》由官书散落民间,于是便有"好事者或各以意增损其言",使得《孔子家语》的版本、流传及记载变得更为复杂和纠缠,盖此时《孔子家语》就已有多个同旨异趣的版本在同时流传。

西汉"孝景皇帝末年,募求天下礼书,于时士大夫皆送官,得吕氏之所传《孔子家语》,与诸国事及七十二子辞妄相错杂,不可得知,以付掌书,与《曲礼》众篇乱简合而藏之秘府"。孔安国便是在这样的背景下,担心"先人之典辞"被泯灭,于是带着"私"的性质,"私以人事,募求其副",开始编撰《孔子家语》。依据材料记载,在孔安国整理这批材料前,《孔子家语》就已经"颇有浮说""烦而不要",已有好事者的增损和不同版本存在,且在景帝收书后,这些材料又与诸多离乱的材料"妄相错杂"藏于秘府中。试想既然孔安国可以借助一些途径以私人的方式得到这些材料,那么其他对这些材料有想法的人应该也可以,更何况还有一批专职负责掌管和整理这些材料的官职人员,如刘向、刘歆父子,应该说他们对秘府中的材料掌握得更加全面。但在对待这批材料的态度上,他们的差别却很大。刘向作为汉室宗亲,有强烈的振兴汉室的责任感,他"著书昧死以进谏",对秘府中的材料加以利用编撰了《说苑》《新序》《列女传》,而这些著作带有明显的加工痕迹,政治意图和汉纪纲常的色彩显著。而对于孔安国来说情况则不同,当时的书写方式仍是书于简帛,他面对如此众多而错杂的副本材料,基本没有可能再花费大量心思对这些材料的内容进行再加工,而刘向则完全可以凭借官方之力完成;况且,孔安国在后序中已明言,他编撰《孔子家语》是为了单纯地保存"先人之典辞","乃以事类相次,撰集为四十四篇",故而与其他文献典籍相比,《孔子家语》最大限度地保存了这批材料的原貌,较少有迎合统治者需要或者维护"先人"形象的改动。而在《孔子家语》在写定之后,几次欲立于学官未遂,此后此书便一直以"家学"的形式"家传",直至王肃为其作注才流传于世。所以,在对"哀公问孔"材料进行校勘分析时,也会看到《孔子家语》的记载虽然会有文字上的脱漏、错讹、改变以及错简等现象,但整体而言,与他书相较仍以《孔子家语》记载为优,可靠性更强。

第三,"哀公问孔"材料,在大量重文之下各书记载仍互有"异辞",

甚至有后人明显依托的痕迹,那么我们该如何认识这些"异辞"呢?李学勤先生在整理研究简帛古书时,认识到"古书的形成每每要有很长的过程。除了少数书籍立于学官,或有官本,一般都要经过改动变化。很多书在写定前,还有一段口传的过程。尤其在民间流传的,变动尤甚"①。故而我们不应用静止的观点看待古书流传,从理论上讲,凡是流传下来的古书典籍绝大多数都会带有后人润色的因素在里面,"六经"如此,其他典籍、孔子遗说也如此,然而各书润色的程度和加工意图是不一样的。对于"哀公问孔"资料大量的"异辞",从根源上来讲,除了会有史官记录这种较为稳定的官本流传之外,还应有七十子后学的笔记与之同时流传。而孔子讲习的内容是孔门弟子的共同财富,七十子后学的笔记也会因人而异。这部分材料流传较为复杂且难以考证,其或作为《论语》的材料被收录,或作为《孔子家语》的材料被收录,或被他书征引等等,以不同方式在民间流传。而此后这些材料如同孔安国《孔子家语》后序所云,又经历了"好事者或各以意增损其言"的过程,使这批材料流传进一步扩大化和复杂化。西汉初景帝收书,孔安国、刘向等人才看到的孔子遗说,应是有不同版本、经过多方加工的材料。

  之所以出现"异辞"大致有以下几点原因:一是材料本身在流传过程中就已有损耗,有竹简本身的损坏、错乱,有注释、经文的窜入,也有传抄过程中无意识的脱误和后人有意识的增损,这都属于古籍流传过程中的常见现象。且古人引书每有增损,不像我们今天引书要求这样严格,对同一条材料在表述上会有所不同,会沾染当时的语言习惯,增删一些虚词,如汉代使用"也"字的频率就明显高于先秦,有时也会见古书文字艰深费解,就用易懂的同义字取代难字。② 这在"哀公问孔"材料对勘过程中十分常见。二是汉人在编撰史书时基本都带有作者不同的编撰意图,如刘向著书以向帝王进谏,这就不可避免地会沾染汉代的纲纪观念和中央专制主义集权的痕迹;而且为清晰地表达出作者所论之理,常会对引述的历史故事做一些改动,如在其前后,借诗以明志,或者直抒己见。三是这些写定的文献典籍在后世的流传过程中,亦有后人注释的窜入和据他书而作的修改等变动。这也是造成"同是一事而辄异辞"的一个原因。但无论从编撰目的,还是从流传过程,抑或具体的文献校勘来看,相较而言

---

① 李学勤:《对古书的反思》,载《当代学者自选文库·李学勤卷》,安徽教育出版社1999年版,第14页。

② 李学勤:《对古书的反思》,载《当代学者自选文库·李学勤卷》,安徽教育出版社1999年版,第15—21页。

《孔子家语》在保存史料原貌方面做得最好。

第四,"哀公问孔"的材料,虽然在《孔子家语》中保存较为完整、古朴,但并不是说其记载就不存在问题。其他典籍及出土材料对保存孔子言行以及考察文献流传功不可没。《孔子家语》不是伪书以被更多学者所认同,但这并不是说此书就不存在问题。对此,杨朝明在《孔子家语通解》的代前言《〈孔子家语〉的成书与可靠性研究》一文中,在肯定了《孔子家语》可靠性的同时,也明确指出了其存在的问题:一是该书可能有孔子弟子整理时的"润色",这些记载一定程度上表现的是"孔子弟子心目中的孔子",但他们在主观上,都会尽可能地保存孔子思想本真,这在前面材料来源中我们已经有所论述,但毕竟各弟子在能力和思想等方面是有差异的,所以《孔子家语》各篇才会"其材或有优劣",会有"属文下辞,往往颇有浮说,烦而不要"的现象。二是该书可能有后人传抄过程中的"增损",这在《孔子家语》孔安国序中已经有所论及,孔子去世后的"游说之士"和吕后被诛后的"好事者"在一定程度上对《孔子家语》的材料,或"以巧意而为枝叶"或"各以意增损其言",使得《孔子家语》如同其他古书一样,会有"同是一事而辄异辞"的现象。三是孔安国整理材料写定《孔子家语》时会有误排和错漏。我们知道孔安国整理秘府中的孔子遗说时已是一片散乱,对这些材料如何"以事类相次"并非易事,今本《孔子家语》中就会看到明显本为一篇而被分离的现象。①

这些问题在"哀公问孔"材料中也有明显体现。首先,通过材料之间的比勘,我们发现即使同一主题的不同章节的材料,各书记载也互有优劣,如"大婚之论""灾妖不胜善政""文武之政""儒服儒行""孝乎贞乎""人之性命"等题,《孔子家语》虽不乏记载优于他书之处,但他书的记载也在一定程度上弥补了《孔子家语》材料的残缺、倒脱、错简等的不足。第二,还有些是《孔子家语》未载而见于他处的材料,如"鲁邦大旱""莫众而迷""举直错枉""霣霜不杀菽""夔非一足""堂上而已""迁怒贰过"等。可见,虽然《孔子家语》是专门记录孔子及孔门弟子思想言行的著作,但其中仍有其未能囊括的史料,而其他古书的记载虽未必完全可靠,但在一定程度上弥补了这个空缺,丰富了关于孔子遗言的材料。第三,这些记载也反映了古书流传的复杂性,即先秦时期古书多单篇流传,孔子弟子记录的关于孔子言行的笔记,在汇聚的同时也在各地广

---

① 杨朝明:《〈孔子家语〉的成书与可靠性研究》,(台北)《故宫学术季刊》2008年第1期。

为流传，八角廊汉简《哀公问五义》、阜阳双古堆"鲁哀公问孔子当今之时"以及上博简《鲁邦大旱》就足以说明其分布的广泛性和传播形式的多样性，所以，当时关于孔子言行的材料应该是繁多而庞杂的，有些能够幸存于世，有些则流失埋没难见，楚简《鲁邦大旱》的问世就是一个很好的说明。

# 第三章 "哀公问孔"材料的个案研究（上）

## 第一节 解析历代对"沐浴请讨"的经典评注及其思想史内涵

"沐浴请讨"是陈恒弑君这一重要史实中的一个小细节，但由于此事件的特殊性和重要性，这里我们对其进行单独讨论，试图以此管窥"哀公问孔"材料背后隐含的思想史内涵。"沐浴请讨"在"哀公问孔"材料中，具有这样几方面的特点：第一，其在《论语》《左传》等研究孔子最为可靠的文献资料中均有记载，材料的可靠性得到了很好的保障。第二，此事是一个独立、完整的思想史事件①，且拥有一个比较完整的对话场景，具备了历史事件需要的时间、地点、人物、行为及前因后果等的组成要素，这在众多的"哀公问孔"材料中比较罕见，具有深入研究的重要价值。第三，后人对其注释、解读的成果颇为丰硕，这就使其具备了进一步进行经典诠释学研究的前提和可能。第四，陈恒弑君一事见于不同类型的典籍中，如在《史记》《韩非子》《庄子》《淮南子》《说苑》《新序》《论衡》《潜夫论》等文献中都有记载，但记载各异，为我们展现出经典世界中"沐浴请讨"的不同记载形式。总之，"沐浴请讨"一事对研究"哀公问孔"材料的记录、流传，从不同的角度认识这些材料，探究这些材料的来龙去脉，解读孔子的微言大义，都具有非常重要的价值和意义。

基于以上分析，本书借助黄俊杰、陈少明、成中英等人在经典诠释学方面的研究成果试图解决的中心问题有二：一是察看中国历代思想家是如

---

① 按照陈少明对历史事件的划分，"沐浴请讨"不仅属于历史事件中的"思想史事件"，而且其还是"有思想价值的事件"（陈少明：《什么是思想史事件》，《江苏社会科学》2007年第1期）。

何对孔子"沐浴请讨"一事通过释读、阐释、批判和讨论等经典评注的方式,实现注孔、释孔、非孔和排孔等目的。并由此通过对不同经典评注方式的深入解读,揭示儒家经典作家和其他解经者不同的思想世界,以及造成不同理解之差异的原因是什么,从而,进一步揭示其中隐含的思想史内涵和诠释学意义,反思该如何更好地阅读经典、解读古人。二是通过对"沐浴请讨"一题的不同记载,本书根据事件的六要素尽量完善对话场景信息,以此作为参照,查看不同古书典籍对此事进行引述、转载、流传过程中产生的不同,试图以此从思想史的角度,考察其他家学流派记载此事的写作意图,及反映了其怎样的思想世界。①

史书中关于"沐浴请讨"的记载和评注有很多,为更加立体、全面地展现文本之间的差异,这里将材料大致分为两部分进行对勘比较:第一部分,主要是针对前文提到的中心课题一,将《论语》中"沐浴请讨"一事的传统注释进行解析和考察,从"汉学"和"宋学"两个角度,察看两个诠释系统的关联与不同。第二部分,则主要针对中心课题二,由于这部分考察内容比较庞杂,我们以史家的记载为突破口,从"沐浴请讨"事件的还原和史家的记述这两方面进行论述,重点考察《论语》《左传》关于此事记载的差异与互补;并以《史记》为中心,查看史家记叙的角度和反映的思想内容。第三部分以小结的形式,对前两部分的内容进行反思、总结,解析"沐浴请讨"事件的思想史内涵。

## 一 "汉学"视野下对"沐浴请讨"的经典评注

近年来,唐明贵在《论语》学史方面多有建树,著有《论语学史》一书,系统探讨了《论语》学的演变与学术思潮发展之间的内在联系及其隐含的思想意义。其言:"纵观历代《论语》释读的方法,大体上可以分为两大类:一类是小学实证性的释读方法,一类是意义生成式的释读方法。"② 另,黄俊杰著有《中国孟学诠释史论》等书,以对中国孟学史的专门研究为起点,从儒家经典诠释史的角度,对整个中国经典诠释学提出了颇有见地的很多理论与观点。在他看来,中国解经方法有二:一是诉诸个人生命之学的体验,而使经典诠释学成为一种"体验的学问";二是企图经由名物制度,或文字训诂的解明,以确认经典中的"道"之原始的

---

① 由于"哀公问孔"涵盖的材料比较多,经典世界中的"沐浴请讨"仅是一个代表,为更全面的考察"哀公问孔"材料,我们将接继第二章,在第三章专就经典世界中的"哀公问孔"进行讨论。
② 唐明贵:《论语学史》,中国社会科学出版社2009年版,第484页。

或真实的意义,将经典诠释学转化为训诂学。① 综合二人之说,本书认为他们的分类实为中国传统意义上汉学和宋学与当代诠释学理论的合璧之说。本节我们采用传统说法,第1、2部分分别从"汉学"和"宋学"的角度,来分别讨论历代对"沐浴请讨"一事的注释,第3部分则结合前两部分的论述,试对汉学和宋学两种诠释视野下的释读进行反思。

《论语》"汉学"与"宋学"两大解释传统的分期,大致可以以北宋程子为界,程子之前以"汉学"为主,程子之后则多宗主义理之学的"宋学",且尤以朱子之学为盛。然而,对"汉学"与"宋学"的诠释系统进行区别,实际是从清代开始的,此前的解经者只是根据他们所处的时代特征和自身特点解经,并没有真正意义上对"汉学"与"宋学"的选择与区分。到了清代,情况发生了变化。这一时期是《论语》研究的鼎盛期和总结期,有清一代的学者们逐渐萌生了总结、反思古人解释传统的意识,尤其在江藩著《国朝汉学师承记》大张汉学学派,方东树针锋相对,撰《汉学商兑》驳斥汉学力尊宋学之后,"汉学"与"宋学"的区分日趋分明,汉宋之争自此势若水火、硝烟不断。② 清代学者的门户之见,由此不断加深。然而,两种解释传统虽然各有侧重和所长,但两者并非水火不融。宋代大儒朱熹就曾说过:"汉魏诸儒,正音读,通训诂,考制度,辨名物,其功博矣。学者苟不先涉其流,则亦何以用力于此。"③因此,在朱子的《四书集注》中随处可见汉注唐疏。而在清代学者中,戴震虽长于汉学,但亦熟晓宋明理学。总之,宋学只有结合汉学的解释,才会根叶茂盛,两者相得益彰;而汉学如果仅停滞在名物训诂的范畴不前,则有似做好的良弓仅用于观赏一样让人遗憾。

首先,我们来看在"汉学"视野下,解经者是如何解释《论语》中"沐浴请讨"一事的。原文曰:

> 陈成子弑简公。孔子沐浴而朝,告于哀公曰:"陈恒弑其君,请讨之。"公曰:"告夫三子!"孔子曰:"以吾从大夫之后,不敢不告也。君曰'告夫三子'者。"之三子告,不可。孔子曰:"以吾从大夫之后,不敢不告也。"

---

① 黄俊杰编:《中国经典诠释传统(一):通论篇》,华东师范大学出版社2008年版,第320页。
② 参见皮锡瑞《经学历史》,中华书局2001年版。
③ 朱熹:《语孟集义序》,《朱文公文集》卷74,第1390页。

通过考察此章的历代注释，何晏、皇侃、陆德明和邢昺的注释，较为全面地体现了"汉学"的诠释视野，下面我们将对此四人的注释分别作解析。

首先，何晏等人撰集的《论语集解》（以下简称《集解》）集汉魏《论语》研究之大成，是《十三经注本》中的第一个集注本。但学界对其褒贬不一，贬斥的声音多起于对何晏仕途之路的指责，及其以老庄玄学注经的方式。如晋人范宁说："时以浮虚相扇，儒雅日替，宁以为其源始于王弼、何晏，二人之罪深于桀纣。"（《晋书·范宁传》）清人陈澧言之更甚："何《注》始有玄虚之言，如'子曰："志于道"'。注云：'道不可体，故志之而已'；'回也其庶乎，屡空'。注云一曰：'空，犹虚中也'。自是以后，玄谈竞起。"① 对此，南宋叶适不以为然，其在《习学记言》中云："何晏《集解序》，语简而文古，数百年讲《论语》之大意赖以有存。经晏说者皆异于诸家，盖后世讲理之学，以晏即王弼为祖，始破经生专门之陋矣。范宁以为幽沉仁义、罪过桀纣，若宁亦知其所知而已。"② 叶氏肯定了何晏及王弼在打破汉儒家法、推崇义理之学方面的功绩。又如清人钱大昕在《何晏论》中，曾专为何晏申诉；而今人钱穆、范文澜、汤用彤、余敦康等，也都对何晏的《论语集解》给予相当高的评价。如钱穆说："《论语》自西汉以来，为中国识字人一部人人必读书。读《论语》必兼读注。历代诸儒注释不绝，最著有三书。一、何晏《集解》，网罗汉儒旧义。又有皇侃《义疏》，广辑自魏迄梁诸家。两书相配，可谓《论语》古注之渊薮。"③ 在另一处钱氏又云："今观《集解》所申，大抵朴邀有畔岸，亦未见其尽为离经违道之怪辞也。"④ 那么，何晏等人的《集解》对"沐浴请讨"一章又是如何解释的呢？其文曰：

> 马曰："成子，齐大夫陈恒也。将告君，故先斋。斋必沐浴。"孔曰："谓三卿也。"马曰："我礼当告君，不当告三子。今使我往，故复往。孔子由君命之三子告，不可，故复以此辞语之而止。"⑤

此注释未有何晏等人在《论语集解序》中所称的"有不安者，颇为改易"之处。"颇为改易"之处，正是《集解》有所突破的地方，皇侃对

---

① 陈澧著，杨志刚编校：《东塾读书记（外一种）》，中西书局2012年版，第23页。
② 叶适：《习学记言》，上海古籍出版社1992年版，第108页。
③ 钱穆：《论语新解》，生活·读书·新知三联书店2002年版，第1页。
④ 钱穆：《庄老通辨》，生活·读书·新知三联书店2002年版，第313页。
⑤ 何晏注，皇侃疏：《论语集解义疏》，中华书局2013年版，第122页。

此专有疏解,说:"若先儒注非何意所安者,则何偏为改易,下己意也。"这里所谓的"下己意",就是《集解》改变原有注经方法,以当时新的义理来诠释《论语》的部分。根据唐明贵先生的统计,这部分在《集解》中仅有131条,所占比例并不大,约占总注条目的12%。① 其更多的内容是对《论语》文义的疏通训释,保存了大量的汉魏古注,其中,对"沐浴请讨"的注解便是如此。

需要指出的是,何晏等人对前人之成说,并非尽然取之,而是择善从之,时常只选取一种注释,但并不会对此作以引申和评论。如此处《集解》便采用了马融之说,只是单纯引述,不评论,亦不改易。但在"哀公问孔"的"迁怒贰过"一题中,何注对《论语》相关章节的注释便与此不同,属于"下己意"的情况。其对颜回的"不迁怒,不贰过"的解读,并未安于前人之说,改易先儒,云:"凡人任情,喜怒违理。颜渊任道,怒不过分。迁者,移也。怒当其理,不移易也。不贰过者,有不善未当复行也。"② 表达了自己对经典的不同理解。而且,何注还有一个特点,即喜用《易传》来注解《论语》。其中对"不贰过"的解释,就取自《周易·系辞下》"颜氏之子,其殆庶几乎?有不善未尝不知,知之未尝复行"。这种注释特点是与当时魏晋南北朝时期的时代风气密切相关的。由于统治者内部结构不断发生变动,此前汉代那种文化一统、相对严格的思想控制已被松懈,虽然尊孔崇儒仍是当时的主流文化趋势,但相对自由的学术氛围,使得儒道开始会通,后来甚至出现援佛入儒的现象,所以出现了这种融合的迹象。总之,由于《易》在当时与《老》《庄》同列为"三玄",而"少有异才,善谈《易》《老》"③ 的何晏,不仅是经学家也是玄学家,在当时的玄学思潮下,他开始尝试运用玄学的思想,对儒家经典《论语》进行阐释,但由于他的玄学思想未成体系,故而这种以玄学释《论语》的思想火花,仅是零星半点而已,其经学著作仍是继承前学的传统之作,真正开玄学释读《论语》之风的是王弼的《论语释疑》。

"集解"这种注释体例,是何晏等人的首创,自由学术风气的产物。这种注解方式的出现,彰示着此前经师抱残守缺、严格师法的壁垒进一步动摇。早在东汉郑玄时,就已有融通今、古文之争,模糊章句、训诂、义说之别的势头,至曹魏何晏,"集诸儒之善",不论家法、不分古今的

---

① 唐明贵:《论语学史》,中国社会科学出版社2009年版,第185页。
② 何晏注,皇侃疏:《论语集解义疏》,中华书局2013年版,第126—127页。
③ 《世说新语·文学》注引《魏氏春秋》。

"集解"注解体例的开创,显然是对古注的进一步突破,对汉魏《论语》古注进行了大汇总。概言之,从整个《论语》学史来看,何晏《论语集解》标志着汉代今古文《论语》学的高度,它保存了汉魏大量古注,是一个诠释时代的结束;但也标志着另一个诠释时代的开始,为此后义理解经打下了基础。

接下来将要介绍的是皇侃的《论语义疏》(后简称《义疏》)。皇侃接继王弼开以玄释儒的先声,在继续援玄释《论语》,将孔子及其思想道家化、玄学化的同时,也展现出自身的独特性和浓重的时代印记。《义疏》成书于南朝梁武帝年间,所依据的底本是何晏等人的《集解》,并兼采江熙的《论语集解》等先儒之说进行增补、疏解。可以说,这是继何晏《集解》之后的又一集大成的力作。但两者有着明显的区别:

第一,在注释体例上,受佛教的影响。援佛释《论语》,是皇侃明显区别于何晏和王弼的最大特点。皇侃所处时代是六朝佛教鼎盛之时,尤其南朝梁武帝十分佞佛,他不仅广建寺庙,而且号令百官舍道事佛,"南朝四百八十寺,多少楼台烟雨中"便是这一时期的典型写照。在此影响下,儒学从最初对佛教拒斥的立场,逐渐出现了儒、佛相互吸收、融合的趋势。皇侃的"义疏"体便是受佛教讲经方式的熏染,仿照僧侣对佛经义疏、讲经的方式而创。牟润孙、马宗霍等人对此有所研究,马宗霍就曾说:"缘义疏之兴,初盖由于讲论。两汉之时,已有讲经之例,石渠阁之所平、白虎观之所议,是其事也。魏晋尚清谈,把麈树义,相习成俗,移谈玄以谈经,而讲之风益盛。南北朝崇佛教,敷坐说法,本彼宗风,从而效之,又有升座说经之例。初凭口耳之传,继有竹帛之著,而义疏成矣。"[①] 顾名思义,"义疏"的指要在于"义",即重视经典的大义而不拘泥于文字。表现在具体的疏解上有二[②]:一是,在讲经时,常先论一章之大义,进而再将本章分段讲解,即先摘引原文言"云'……'者",而后再附以疏解进行说明。如对"沐浴请讨"皇侃注曰:

> 云"陈成子杀简公"者,陈成子,陈恒也,谥成子,鲁哀公十四年:"甲午,齐陈恒杀其君壬于舒州。"云"孔子沐浴而朝告于哀公"者,鲁齐同盟,分灾救患,故齐乱则鲁宜讨之。礼,臣下凡欲告君咨谋,必先沐浴。孔子是臣,故先沐浴,告于哀公而请伐齐。云

---

① 马宗霍:《中国经学史》,上海书店1984年版,第85—86页。
② 参见牟润孙《论儒释两家之讲经与义疏》,载《现代佛学大系》第26册,第57页。

"曰陈恒杀其君请讨之"者，此告哀公之事也。哀公言鲁为齐弱久矣，子之伐之，将若之何？对曰："陈恒杀其君，民不与者半，以鲁众加齐之半，可克。是孔子对曰也。云'公曰告夫二三子'者，二三子是三卿，仲孙、叔孙、季孙。公得孔子告，不敢自行，更令孔子往告三卿，孔子辞之而不告也。云'孔子曰'云云者，孔子得公令告三卿，故言此答之，言我是大夫，大夫闻事应告先主君。云'君曰告夫二三子者'者，之，往也。孔子从君命而往，三子告孔子曰：'不可讨齐也。'云'孔子曰'云云者，三子既告孔子云齐不可讨，故孔子复以此辞语之而止也。"①

这明显不同于之前的注释体例，其不仅揭示了本章主旨，且详细讲解了对《论语》章句的分段理解，体现了义疏体疏通注文的特色。二是，在解经时采用"自问自答"的问答释注方式。这是皇侃为释疑答难在疏解经注时，"自设问，自解答"的新注经方式。这在《论语》中"哀公问孔"的注释中未有展现，但却是皇疏的一大特色。另外，义疏体与汉代章句之学的不同还在于："汉代的经学家治经，都以经文为主要依据，所做的传或注，为的是解释经文。南北朝时期的经学家治经，多数以经注为主要根据，或引一家的注予以诠释，或引诸家的注作比较研究。总之，他们的写作目的都是为了明注。于是以明经为目的的讲疏、义疏一类的作品，构成了这一时期经学著作的主流。所以在佛学的影响下，中国经学史以传明经，以注明传，以疏明注的治经体系得以完善，并成为唐代疏注之学的先河。"②

第二，在诠释的内容上，皇侃还会效法佛教譬喻诸经的体例，引用神话故事来训解《论语》；且还将佛教的义理用以阐释《论语》。③ 这里皇侃对"沐浴请讨"的义疏对此没有体现，但从其内容上，我们却可以看到另外一点，即皇侃的义疏旁征博引，引用的材料十分翔实。皇氏在解读陈恒弑君一事时，在采何晏等旧注的时候，还兼采了《左传》对此事的记载，以辅助人们更加全面、明晰地了解此事。

第三，《义疏》的独特之处，还在于皇侃在此书的序文中对《论语》的作者、成书、"论语"之名义以及版本等问题做了梳理和考辨。此外，

---

① 何晏注，皇侃疏：《论语集解义疏》，《文渊阁四库全书》第195册，台湾商务印书馆1983年版，第473页。
② 张岂之：《中国儒学思想史》，陕西人民出版社1990年版，第280页。
③ 此项内容并未展现在对"沐浴请讨"的义疏中，详细例证可参见唐明贵《论语学史》，中国社会科学出版社2009年版，第218—219页。

他对《论语》各篇之篇名也分别进行了解读,创造性地阐述了二十篇篇帙前后如此编排的内在关联。虽然,其间皇侃对于各篇之间内在理路的阐发未必尽然如此,但在《论语》研究史上,他却是首个以此高度来全方位俯察《论语》旨意的经学家,不仅拓展了后学的研究宽度,也深化了对《论语》研究的深度。

再者,下面要解析的是陆德明,在他《经典释文》中有对《论语》的注释之作——《论语音义》(后简称《音义》)。陆德明身跨三个朝代,生于南北朝晚期,历隋至唐,《释文》一书始撰于陈之至德元年(583),入唐后得以问世。隋唐时期经济文化虽然十分繁荣,但却是经学的衰落期。就《论语》的研究而言,其不仅在专著数量上锐减,内容也乏善可陈,尤其是官方经典的正统之作——《五经正义》出炉之后,解经的话语权被官方严格控制,思想僵化,几无新意可言。初唐之陆德明的《音义》侧重于音,于义相对简略,仍未跳出汉儒之窠臼,但置于整个唐代来看,其却是为数不多的对后世影响较大的经典著作之一。此书亦以何晏《集解》为底本,兼采魏晋六朝之说,这在《经典释文·序录·注解传述人》中有详细的记载。故此书亦可视为一部汇集前说的总结之作。其特色是在辨音释义方面,为后世特别是清代考据学派保存了大量的参考资料。

对于陆氏的《音义》注解方式之特别,且看其对"沐浴请讨"的注释便可知一二。其注曰:

> 而朝,直摇反。先齐、齐必沐浴,侧皆反,亦作"斋"字。告夫,音符。下同。故复,扶又反。下同。语之,鱼据反。

显然,陆氏的《音义》是以注音为主,兼有训诂。随着时代的变迁、各民族的融合、外来思想文化的传入等,中国汉字之字音和字义也在发生变化,从而给儒家经典的传抄、解释和理解等带来极大不便。此前,古书注本常采用"读若某""读与某同""音某"等方式注音,但渐渐发现"古语与仅殊别,其间轻重清浊,犹未可晓;加以内言外言、急言徐言、读若之类,益使人疑"[①],故而人们迫切需要一个新的注音方法。陆德明受梵文启发,取前一个字的声母和后一个字的韵母组合起来发音,采用"某某反""某某切"的方式,创造了反切法进行注音。这种方法较之前,

---

① 颜之推撰,王利器集解:《颜氏家训集解》,上海古籍出版社1980年版,第473页。

是一种更加精密、准确的注音方法，是陆德明诠释经典的最主要的贡献。

最后，在"汉学"视野下将要论及的一个人物是北宋经学家邢昺。唐代，作为统治者合法统治依据的经学处于衰落、低谷期，其合理性不断受到质疑和挑战，儒学迫切需要新生。至宋代，儒学发展的这种低迷情况得到扭转，儒学吸收、融合了佛、道思想，义理之学逐渐兴起，在此背景下，《论语》的诠释也迎来了新的契机，不仅相关研究著作的数量大增，而且注解方式也发生很大转向。邢昺刚好处于"汉学"转向"宋学"的过渡期。清代四库馆臣对邢昺的《论语注疏》（后简称《注疏》）评价是："今观其书，大抵剪皇氏之枝蔓，而稍傅以义理，汉学、宋学兹其转关。是疏出而皇疏微，迨伊洛之说出而是疏又微。故《中兴书目》曰：'其书于章句、训诂、名物之际详矣。'盖微言其未造精微也。然先有是疏而后讲学诸儒的沿溯以窥其奥。祭先河而后海，亦何可以后来居上，遂尽废其功乎？"[①]"汉学、宋学兹其转关"一句是说，邢昺是"汉学"转向"宋学"过程中承前启后的里程碑式的人物，其显示了邢昺在《论语》学史上的地位。在他之后的儒家经典诠释，较为明显地表现出"宋学"的特征。邢昺《注疏》一书，以何晏《集解》为底本，因皇侃《义疏》而成，在此基础上又有新的发展。唐儒对《论语》的研究，虽然南北之学兼综，但事实上北方流行的主要是郑玄注，南方则是何晏注，南北之学真正得以融会贯通是由邢昺完成的。邢昺的贡献主要表现为删减皇疏中佛、道玄虚之说，使之更加朴实；并"于章句、训诂、名物之际详矣"，增补了皇疏中被简略的名物训诂。邢昺对"沐浴请讨"注云：

> 此章即孔子恶道之事也。……案《左传》录此事与此小异，此云"沐浴而朝"，彼云"斋而请"，此云"公曰告夫三子"，彼云"公曰予告季孙"。礼，斋必沐浴。二子季孙为长，各记其一，故不同耳。此又云"之三子告"，彼无文者，《传》是史官所录，记其与君言耳，退后别告三子，唯弟子知之，史官不见其告，故《传》无文也。[②]

---

[①]《论语正义》提要（《四库全书》本），台北：台湾商务印书馆1986年版。
[②] 何晏注，邢昺疏，朱汉民整理，张岂之审定：《论语注疏》，《十三经注疏》，北京大学出版社2000年版，第221页。

将邢疏与皇疏进行对比，即可知：（一）邢疏在承袭皇疏为各章作题解的同时，也在对皇疏做进一步地改进和增补。一些篇章皇疏未做题解，邢疏悉数补之，从而使《论语》每章都有章旨，这里"沐浴请讨"一章就属于这种情况。（二）相较于皇疏，邢疏显然更为简约，且侧重各有不同。如两人虽都引注《左传》对经文进行说明，但不同的是，皇疏几乎将《左传》相关章节全部摘引以充实、说明此事件，且对经文句句疏解，注文择要疏解。而邢疏则侧重于《论语》与《左传》文本之间的校勘考释，略于对《论语》此章的疏解。由此可见，邢疏较皇疏更注重引证典籍，详考名物典制。另外，根据当代学者对邢疏的系统研究，总结出邢疏的五大注释特点："删减玄虚之说""改善义疏体例""详考名物典制""敢于怀疑，不迷信原有注疏"和"略释微旨"。[①] 这里引用邢昺对"沐浴请讨"一事的注疏，其注释特点无法完全展现出来，但我们可以看出，邢昺在坚持汉学研究方法的严肃性的同时，并不完全迷信前人旧说，且已有阐发义理的迹象。

## 二 "宋学"视野下对"沐浴请讨"的经典评注

邢昺之后，《论语》在儒家经典中得到更多的注重，而且经学家们的对儒家经典的诠释，也显著表现出"宋学"的特征，以阐发义理见长。这里我们结合后世注家对"沐浴请讨"的注解，以程颐、朱熹、陈天祥、杨慎、毛奇龄、刘宝楠和康有为等人为点，试图将宋元明清的经典诠释串联起来，以此展现"宋学"视野下经典诠释的图景。

首先，程颐作为理学的奠基人的"北宋五子"之一。他对《论语》十分重视，认为"学者当以《论语》《孟子》为本……学者先读《论语》《孟子》，如尺度权衡相似，以此去量度事物，自然见得长短轻重"[②]。在他看来，整个儒家体系中《论语》《孟子》是根基，可以从中体悟圣人之道，并以此确立价值取向，由此为突破口可轻松打通其他儒家经典。程子在注解《论语》时，注重阐发理学思想，对孔子的"仁"学思想、人性论思想及"忠恕"思想等都有一个较为完整的阐发，从而使孔子学说中的这些概念，逐渐成为理学论证的重要命题。故而，程颐在《论语》学史上的最大贡献，就是引领了《论语》的理学化研究，开义理释经之风，为后儒研究打下了基础。且看他对"沐浴请讨"的注释，便可知晓一二：

---

① 唐明贵：《论语学史》，中国社会科学出版社2009年版，第280—291页。
② 朱熹：《四书章句集注》，中华书局1983年版，第44—45页。

## 第三章 "哀公问孔"材料的个案研究(上)

> 左氏记孔子之言曰:"陈恒弑其君,民之不予者半。以鲁之众,加齐之半,可克也。"此非孔子之言。诚若此言,是以力不以义也。若孔子之志,必将正名其罪,上告天子,下告方伯,而率与国以讨之。至于所以胜齐者,孔子之余事也,岂计鲁人之众寡哉?当是时,天下之乱极矣,因是足以正之,周室其复兴乎?鲁之君臣,终不从之,可胜惜哉![1]

陈恒弑其君,程子体悟孔子当时的心情,认为"若孔子之志,必将正名其罪,上告天子,下告方伯,而率与国以讨之"。在他看来,孔子从道义上必会为乱世"正名",复兴周室,匡正朝纲。但至于如何讨伐乱臣贼子,程颐认为这不应是孔子主要思考的问题,是"孔子之余事也"。所以,孔子更不会"计鲁人之众寡",谋划军旅之事以讨伐田氏,因为这与孔子圣人仁心不符。故而,程子怀疑《左传》中"陈恒弑其君,民之不予者半。以鲁之众,加齐之半,可克也",这样"以力不以义"之语实非孔子之言。由此可见,程子在解读《论语》时,明显是以自己的心路历程去解读孔子,并有圣化孔子、维护孔子形象的"护教学"[2]心理。

从历史发展的轨迹来看,北宋以后的解经者,循着程子之路,以疏通文义、解读经典的方式,开始更多地通过解经,来关照自己的内心世界,并结合他们所处时代的需要,以此表达自己的思想和政见。如果说此前"汉学"的注经传统,有"我注六经"的意味的话,那么此后则颇有"六经注我"的味道,关注的主体由"六经"转向解经者本身之"我",他们试图借助诠释《论语》等儒家经典,来展现他们的思想世界。

接下来要论述的一个重要人物是南宋朱熹。他的《论语集注》(后简称《集注》)可谓是义理解经的上乘之作,在经学发展史上具有难以比拟的重要作用。对此,有学者将朱子之《四书章句集注》,与孔子删定"六经"相媲美,言:"微夫子《六经》,则五帝三王之道不作;微文公《四书》,则夫子之道不著。"[3] 在其后很长一段时间里,后世学者对儒家经典的注疏几乎都围绕朱注展开,很多研究者将其奉为治学圭臬,对其进行发挥、补充;当然也有质疑、与朱注为难者,如后面我们将要论述的陈天祥、杨慎、毛奇龄等人。总体来看,虽后人对《集注》褒贬不一,但一

---

[1] 朱熹:《四书章句集注》,中华书局1983年版,第155页。
[2] 黄俊杰对中国传统经典诠释学的三大特征的总结,这在后面我们还会详细讲到,此暂不赘言。
[3] 黄宗羲:《宋元学案》卷49《晦翁学案下·附录》,中国书店1990年版。

般都未能绕过朱注治学,此足以证明朱注的分量和历史地位。

朱熹的第一大功劳,便是确立了《四书》在儒学研究体系中的地位。此前的儒学研究,多言必称"三代",而孔子之于"三代"的意义仅是"述而不作"。通过朱子等人的不断努力,孔子在儒家道统中的地位才得以确立。然而,宋代疑经之风渐盛,自庆历开其端后,便不断蔓延,至元祐时愈演愈烈,当时的学者不仅诋毁汉儒,摒弃名物训诂,大兴空谈义理之风,而且凭己意任意删改经文。朱子虽亦难逃此风气之影响,对《大学》《中庸》《孝经》等就也有移文、删经、补传之举,但朱熹对儒家经典的解读仍是十分审慎的。在《朱子语类》中记载说:

> 问:《集注》引前辈之说,而增损改易本文,其意如何?曰:其说有病,不欲更就下面安注脚。又问:解文义处,或用"者"字,或用"谓"字,或用"犹"字,或直言,其轻重之意如何?曰:直言,直训如此。犹者,犹是如此。又问"者""谓"如何。曰:是恁地。
>
> 《集注》中有两说相似而少异者,亦要相资。有说全别者,是未定也。
>
> 或问:《集注》有两存者,何者为长?曰:使某见得长底时,岂复存其短底?只为是二说皆通,故并存之。然必有一说合得圣人之本意,但不可知尔。复曰:大率两说,前一说胜。①

由此可见,朱子注经之谨慎、态度之严谨由此可见一斑,他力求在释读字句的基础上,再寻求义理方面的阐发,认为解经要"先释字义,次释文义,然后推本而索言之"。对这种做法后人评论说:"首先,常常赋予《论语》新的内涵,尤其表现在对一些理念的解释上。其次,着重推敲字句,挖掘字面下的深层寓意。再次,善于整理出脉络,进行系统化归纳。朱熹的《集注》一个鲜明的特色,即没有繁琐的考证,而务求以简明易晓的语言使后学对古著有正确深刻的认识,这表现在:一是重音理。二是注释旨在明义,不繁琐,亦不简陋。三是释文简练明确,明显文采。"② 唐明贵先生在《朱熹〈论语集注〉探研》中也曾指出:"《论语集注》的注释特点有三:第一,以程氏之学为主,兼采时人之说;第二,

---

① 朱熹撰,朱杰人等编:《朱子全书》第 21 册,上海古籍出版社 2002 年版,第 1352 页。
② 姚徽:《论朱熹〈论语集注〉的特点及贡献》,《安徽教育学院学报》1999 年第 4 期。

承袭、增损改易汉唐古注;第三,通经以求理。《论语集注》既注重探求经文之本义,又注重义理阐发,从而将训诂学与义理学熔为一炉,避免了对经文的穿凿附会,使其阐发之义理建立在对经义的解释之上,因此成为《论语》学史上最有影响的一部著作。"[1] 两人的评论切中肯綮,比较客观、平实地反映了朱注的特点。这在朱子对"沐浴请讨"的注释中亦有体现:

> 成子,大夫,名恒。简公,齐君。名壬。事在《春秋》哀公十四年。朝,音潮。是时孔子致仕居鲁,沐浴斋戒以告君,重其事而不敢忽也。臣弑其君,人伦之大变,天理所不容,人人得而诛之,况邻国乎?故夫子虽已告老,而犹请哀公讨之。夫,音扶,下"告夫"同。三子,三家也。时政在三家,哀公不得自专,故使孔子告之。孔子出而自言如此,意谓弑君之贼,法所必讨。大夫谋国,义所当告。君乃不能自命三子,而使我告之邪?以君命往告,而三子鲁之强臣,素有无君之心,实与陈氏声势相倚,故沮其谋。而夫子复以此应之,其所以警之者深矣。程子曰:"左氏记孔子之言曰:'陈恒弑其君,民之不予者半。以鲁之众,加齐之半,可克也。'此非孔子之言。诚若此言,是以力不以义也。若孔子之志,必将正名其罪,上告天子,下告方伯,而率与国以讨之。至于所以胜齐者,孔子之余事也,岂计鲁人之众寡哉?当是时,天下之乱极矣,因是足以正之,周室其复兴乎?鲁之君臣,终不从之,可胜惜哉!"胡氏曰:"《春秋》之法,弑君之贼,人得而讨之。仲尼此举,先发后闻可也。"[2]

这段释读文字较为全面地反映了其注经的特点。这里我们仅试举其二以作说明:一是,后儒在诟病朱注时,不解为何朱子会采用一些恐失孔子之意的注解。如清儒陈澧在《东塾读书记》中对本章注解时提出疑问说:"'陈成子弑简公'章,朱注采胡氏曰:'《春秋》之法,弑君之贼,人人得而讨之。仲尼此举,先发后闻可也。'澧谓如此则胡氏圣于孔子矣。孔子作《春秋》,乃不知《春秋》之法,而待胡氏教之乎?孔子可先发鲁国之兵,而后告哀公乎?荒谬至此,而朱子采之,窃所不解也。"[3] 显然,

---

[1] 唐明贵:《朱熹〈论语集注〉探研》,《中华文化论坛》2006年第3期。
[2] 朱熹:《四书章句集注》,中华书局1983年版,第154—155页。
[3] 陈澧著,杨志刚编校:《东塾读书记(外一种)》,中西书局2012年版,第32—33页。

陈氏忽略了朱子在《朱子语类》中提到的"或问：《集注》有两存者，何者为长？曰：使某见得长底时，岂复存其短底？只为是二说皆通，故并存之。然必有一说合得圣人之本意，但不可知尔。复曰：大率两说，前一说胜"。根据朱熹的这一说辞，朱子出于谨慎兼取程子和胡氏之说，但显然他更认同程子之说，而胡氏之说虽然有其偏颇之处，却仍可备一说。后面陈天祥和杨慎对胡氏之说还有讨论，这里我们暂不做深入讨论。二是，朱子在注重训诂和古注的同时，也在此基础上阐发义理，且明显带有宋明理学的特色。如朱注使用"人伦""天理"等理学名词对"沐浴请讨"进行解读，去体贴夫子之旨，以注经的方式彰显了朱熹的理学思想。

朱熹的《集注》穷尽其毕生精力，用功四十余年，笔不停缀，可谓是一部至死方休之作。在《朱子语类》中，朱子曾自己评论说：

> 某于《论》《孟》，四十余年理会，中间逐字称等，不教偏些子。学者将注处，宜子细看。
> 《论语集注》如称上称来无异，不高些，不低些。
> 语吴仁甫曰：某《论孟集注》，添一字不得，减一字不得。公子细看。又曰：不多一个字，不少一个字。①

朱熹对自己的评价是中肯的，这也是后世极重其说的缘由所在。

接下来我们将要言及的是元人陈天祥和明人杨慎，之说以将他们归到一处，是因为他们都是挑战朱熹，质疑、驳正朱注之人；另外，前面在讨论朱熹对"沐浴请讨"的注释时也提到，他们二人还有一个共同点，即都对胡氏之说和朱子采胡说提出质疑。

至元代，南北方又归于一统，南宋理学北传，并最终成为统治者的御用意识形态。正如马宗霍所云："宋元之交，朱学几如日中天，亦犹郑学之于汉魏间也。"② 所以元代学者大都是宗主朱学。然而，这里我们要讲的陈天祥却针锋相对，并不在此阵营中，其著有《四书辨疑》，《论语辨疑》（后简称《辨疑》）是其一。后世学者曾将元代《论语》学的研究分为四种类型：第一类是承继朱熹，对其所注的《论语》做进一步的注释。第二类是质疑朱注，对朱熹所注的《论语》提出疑问。第三类是对朱注进行再整理，整理和融合已有的关于朱熹的《论语章句集注》的注释。

---

① 朱熹著，朱杰人等编：《朱子全书》第 14 册，上海古籍出版社 2002 年版，第 655 页。
② 马宗霍：《中国经学史》，上海书店 1984 年版，第 128 页。

第四类是针对科举考试而作的关于朱注《论语》的工具书。其中,第三类整理朱注的作品,现存的数量最多,影响最大。① 陈天祥的《四书辨疑》显然属于第二类,他在音读、释词和义理方面,对朱熹的解释都有提出过自己的不同看法,虽然有时他也会为了更加顺畅地阐发自己的思想,移易经文,改经就注,但整体而言,他的解经态度是谨慎的,如在注解《先进》篇时,云:"不践迹,亦不入于室"时曾曰:"……'不践迹'三字义实难明,不可强解。"② 在注解"沐浴请讨"时亦然,其曰:

> 胡氏讥孔子处事不当,别为画策,以示后人,何其无忌惮之甚也? 夫以孔子之圣明,加之沐浴斋戒而后言事,岂有思虑不及胡氏者哉! 弑君之贼,人人固皆得以诛之,然齐国之君被弑,而鲁见有君在上,孔子岂有不请于君擅自发兵征讨之理? 已先不有其君,欲正他人弑君之罪,不亦难乎? 况鲁国兵权果在何人,而责孔子不先发邪?③

胡氏之说在前面的朱注中已经提到过,胡氏即"宋初三先生"之一的胡瑗,著有《论语说》,对《论语》经义多有发挥。胡瑗出生在一个军旅世家,精通儒学,极重体用之说,他讲学分为经义和治事两斋,教学有方,其中"经义"以学习"六经"为主,"治事"则分治民、讲武、水利、个历算等科,一改当时不良的教育风气,学习孔子因才施教。一次在答宋神宗的咨政提问时,他力纠时弊,说:"臣闻圣人之道,有体、有用、有文。君臣父子,仁义礼乐,历世不可变者,其体也。《诗》《书》史传子集,垂法后世者,其文也。举而措之天下,能润泽斯民,归于皇极者,其用也。"④ 认为儒家的纲常名教是万古长青的"体",而儒家经典则是垂法后世的"文",将此二者付于实际践履,则可"润泽斯民,归于皇极",达到惠民国治、维护封建统治的目的,故而,"体""文"在他看来最终的指向是"用"。他在当时深得人们敬重,被视为一代宗师,晚年成为当朝太子的老师,被神宗称为"真先生",他的"明体达用之学",对当时的宋代理学发展有重大影响。盖此与朱注采胡氏之说有莫大关系,何况胡氏还是朱熹之师程子的老师,尊师重道是朱熹极为看重的。

---

① 唐明贵:《论语学史》,中国社会科学出版社2009年版,第340—341页。
② 陈天祥:《四书辨疑》卷6,台北:台湾商务印书馆1986年版,第337页。
③ 陈天祥:《四书辨疑》卷7,台北:台湾商务印书馆1986年版,第427页。
④ 黄宗羲原著,全祖望补修,陈金声、梁运华点校:《宋元学案·安定学案》,中华书局1986年版,第25页。

但陈天祥之于胡氏之说则不同,陈氏非专与朱注为难,喜标新立异之人,而只是有种"吾爱吾师,但吾更爱真理"的心态。对此,四库馆臣曾评价说:"今观其书,大意主于阙疑,而不贵穿凿,故其所列三百余条,皆平心剖析,实非有意立异。规规为门户之争者,齐、鲁、毛、韩四《诗》并存,左氏、公、谷三《传》兼列。古人说经,虽各有专门授受,而通儒博考正,未尝暧暧姝姝守一先生之言。各尊其所闻,各行其所知,朱子亦尝言之矣。是编固不妨与《集注》并存也。"① 此论不仅显示了四库馆臣的容人之量,也道出了陈氏注经的心态。

在陈氏看来,胡氏之说欠妥当,不仅未解孔子本意,而且显然胡氏对鲁国当时的国情也不甚明了。孔子人生阅历丰富,且是"沐浴斋戒而后言事",是经过了深思熟虑之后才觐见哀公的,以其当时的思虑不会不及胡氏,只是孔子与胡氏所处的时代和各自身份不同,观察问题的视角亦有不同而已。正所谓"穷则独善其身,达则兼济天下"(《孟子·尽心下》),孔子心怀天下,又有"国老"的身份,邻国陈恒弑君,理当讨之,正君臣名分的义务他责无旁贷。可是,孔子也清楚地知道鲁国当时"政在三桓",而天下局势正处于江河日下的情势之下,单靠他一人之力已无可挽回,而孔子令人敬服之处很重要的一点就在于他"知其不可而为之"的那份执着,虽身处乱世,但他心中的理想却未曾片刻放弃。故而,面对齐国陈恒弑君之事,孔子又不会坐视不理。孔子这种矛盾的心理,需回到先秦去,以知人论世之法方能体察。

而孔子如此郑重其事地"沐浴而朝",大概还有一个原因,即如朱子所言"三子鲁之强臣,素有无君之心,实与陈氏声势相倚",是出于对鲁国情势的担忧,孔子试图以此事来警醒哀公,警告三桓。在整个事情中,孔子知晓哀公无力决定此事,但首先向国君请示,应是孔子借此以伸张其"正名"思想的缘故。另外,孔子应早就料到无法做主的哀公会让自己去询问"三子"的意见,而"三子"从现实利益考量,也必定不会答应讨伐陈恒,但孔子仍然毅然决定"知其不可而为之"前去游说,应是为申其说,明其志,是一种克己复礼的举动。对夫子此心此情,朱子应是十分体贴,故而评价孔子"其所以警之者深矣"。

有明一代,大都宗主朱学,及至王阳明心学,方打破朱学一统天下的局面,有以心学释读《论语》的趋势,至明代中晚期,清儒逐渐开始反

---

① 陈天祥《四书辨疑》之《四书辨疑提要》,台北:台湾商务印书馆1986年版,第348—349页。

思朱、王之学，提倡实学，使《论语》的注释又呈现出"汉学"考据的特点。下面将要提到的杨慎就是反对朱王之学的一大先锋。他认为理学之风使得"实学不明于千载，而虚谈大误于后人"，而心学则"削经划史，趋儒归禅"①。他严肃批评宋明理学否定汉唐注疏的做法，说："近世学者，往往舍经传注疏，便读宋儒之议论，盖不知议论之学自注疏释出，特更作正大光明之论尔。"认为他们不读经典，却肆意发挥义理，空谈心性，唯宋儒之见马首是瞻，这样并不可取。他主张用"训诂章句"的方法求"朱子以前六经"②。且看他对"沐浴请讨"一事的解读：

> 孔子沐浴而朝，于义尽矣。胡氏乃云仲尼此举先发后闻可也，是病圣人之未尽也。果如胡氏之言，则不告于君而擅兴甲兵，是孔子先叛矣，何以讨人哉？胡氏释之于《春秋》，朱子引之于《论语》，皆未知此理也。岳飞承金牌之召，或劝之勿班师，飞曰："此乃飞反，非桧反也。"其从君臣之义，虽圣人不过是也。慎按孔子时已致仕，家无藏甲，身非主兵，何所以发？必欲先发，是非司寇而擅杀也。聚众则逋逃主也，独往则刺客也，二者无一可焉。而曰先发后闻，谬矣。③

从此注释中可以看出，杨慎批驳先儒十分犀利，可谓是为当时沉闷的学术风气注入了一股清新之气，体现了其《丹铅录》的价值之所在。杨氏虽不似朱王之学，喜谈心性，但他亦好发议论，长于义理。如其对胡氏之注甚为不满，引岳飞为例以明君臣之义、"正名"之理，言辞虽有过激之处，但其所论不无道理。

孔子沐浴而朝，虽作好了万全的心理准备，但当意料之中的事真实发生时，孔子那种失落、无奈的心情还是难以掩饰，孔子退朝后在场的弟子将孔子当时的心境真实地记录了下来，言夫子一再重复"以吾从大夫之后，不敢不告也"，将孔子当时失落的心境表露无遗。当时孔子诸多弟子在鲁国各处为官，应有能力组织武力讨伐陈恒，但这种目无君主、礼制的私自举动，便与乱臣贼子的陈恒相类，并非孔子希望看到的。故而，正如杨慎所言"不告于君而擅兴甲兵，是孔子先叛矣，何以讨人哉"。总之，

---

① 杨慎：《升庵全集》卷45，商务印书馆1937年版。
② 杨慎：《升庵全集》卷75，商务印书馆1937年版。
③ 杨慎：《丹铅录》，中华书局1985年版，第33页。

杨氏一连串的发问、质疑不无道理,胡氏"仲尼此举,先发后闻可也"之说欠妥。

毛奇龄身处明末清初这一社会变革和学风变化的嬗变期。就学风来说,此时继续着明朝中后期由空转实的变化,至清代这种转向则更为明显地表现为,由宋明理学转为乾嘉汉学。毛奇龄处在这一时代大潮退涨之间,对此,徐世昌曾言:"西河经说,阮文达极称之,谓学者不可不函读。盖自明以来,申明汉儒之学,使人不敢一空言说经,实自西河始。"①由此足见毛氏在宋明理学与清代朴学的转换、衔接时,对学风的扭转之功。

《论语稽求篇》(后简称《稽求篇》)是毛奇龄在康熙二十四年(1685),"归田后复读《论语》之所为作也",属于他著作中较早的一部。此书虽与《集注》相诘难,但不乏见解独到之处。《稽求篇》的注释特色,大致可以归纳为以下四点:"其一,辩驳朱子《集注》之说。其二,修正王学,强调实学。其三,运用了以经解经的新注释法。其四,注重考据,不以空言说经。"② 此论较为中肯,这在毛氏对"沐浴请讨"的注释中也可探知一二,其注曰:

> 《鲁史》记当时在朝问对,与《鲁论》所载相为表里。第鲁为齐弱一段鲁史无之者,朝堂咨算,私记所略也。"之三子告"一段《鲁史》无之者,退有后言,史官未闻也。其两相得体如此。若夫子所云民之不与及以众加半诸语,则正答鲁为齐弱一问。有解君之疑,振君之怯,忻君之利,诱君之瞻顾而予以可恃,一举而数善备者,此正大圣人经术不迂阔处。而儒者以为不正名义徒论胜负,非圣人之言。则必强敌压境,危亡呼吸,而儒臣进策。尚曰修文德,舞干羽,然后可也。夫君臣主客自有隔膜,在哀公疆弱一问,较计彼此,此不必尽庸君退诿之言。设使果欲与师,则此时慎重,量己敌,正非易事。必以三纲大义拒之,则不惟理势难辨,且于子之伐之一问,告东指西,不相当矣。人纵不谄君,亦何可使问答不当如此。③

此处毛氏未采前人之说来解经,而是以《左传》哀公十四年的相关

---

① 徐世昌等编纂,沈芝盈、梁运华点校:《清儒学案·西河学案》,中华书局2008年版。
② 唐明贵:《毛奇龄〈论语稽求篇〉研探》,《太原理工大学学报》2006年第2期。
③ 毛奇龄:《论语稽求篇》卷6,中华书局1991年版,第48页。

记载作参考，将其与《论语》的记载相互比较、补充说明，有以经解经之意。与此同时，他也没有停留在单纯地以经解经的层面。而是在注解《论语》的同时，也对《左传》之说作了详细的疏通和解释。如他没有因为《左传》中记有孔子议论军旅之事，与孔子一贯的仁德思想不符，就为维护圣人形象，否定其为孔子之言。相反，他另辟新径，认为此恰恰反映了孔子"经术不迂阔处"而重事功的观点，以此反驳了那些认为孔孟之道"迂远而阔于事情"[①]不能救世的评论，由此也可以看出他自身重视实学的思想倾向。故而，一些学者在评价毛奇龄时说："毛奇龄对学界对《论语》研究的贡献主要不在其结论得精当，而在思想的取向与方式方法的运用所产生的影响，其不遗余力地排击朱熹，对当时思想界有极大的震撼作用，其运用汉学的方式方法也开启了乾嘉朴学之先河。"[②] 此所言不差矣。

毛氏写作《稽求篇》的目的，他在书中讲得很是清晰。第一，后学解经多以"己意强行之"。在他看来，注重从读者的心境和学养来释读经典，而非遵从经典的本意，这是后世学者之所以会对经典出现误解或不解的原因所在。他曾说："少读《论语》瞰瞰然，至再读而反疑之，迄于今，凡再三读犹豫顿生，似宣尼所言，与七十子之所编记，其意旨本不如是，而解者以己意强行之。"对此，他举证何晏和朱熹的注释作出了说明。第二，今之学者，多墨守朱注。他说："今之习《论语》者，未尝于新旧两注有所窥见，一遇引经辄墨守章句，以为功令所在，不可逾越，是徒以一时肄业之故，而反欲废千圣百王之所学，不可也。"[③] 毛氏希望还原真孔子，也希望不囿于朱注来解经，这都是值得肯定的，在《稽求篇》中他也在力图实现他的创作目的。但在这条路上，他却越走越远，以至于有些偏颇，这在其最后一部经学著作《四书改错》中表现的较为明显。究其缘由，这与毛奇龄的人生经历不无关系。他学识渊博，在音律、书画、诗文等许多方面都有造诣，单是《四库全书》就收录他四十余部著作。其传奇的一生大致可以分为三个时期，第一是晚明清兵入关时的反清流亡时期；第二个时期是康熙十七年，被举荐后无奈为清史官时期；第三个时期是康熙二十四年乞假归田，此后他的主要精力投入研习经传、著书

---

① 此为司马迁在《史记·孟子荀卿列传》中记载梁惠王对孟子之儒学的看法，载曰："孟轲，邹人也。受业子思之门人。道既通，游事齐宣王，宣王不能用。适梁，梁惠王不果所言，则见以为迂远而阔于事情。"
② 戴维：《论语研究史》，岳麓书社2011年版，第370页。
③ 毛奇龄：《论语稽求篇》，载《清儒学案·西河学案》，中华书局2008年版，第985页。

授徒之中，其经学著作大都出于此时，故而有人言其"淹贯群书，诗文皆推倒一切，而自负者在经学"①。毛奇龄如此复杂的人生经历，使他本就偏执的性情越演越烈，而好与人争辩。这在他的治学态度上也得到了反映，对于古注旧疏，他服膺于汉儒，不喜宋儒，特别专与朱注为难。那么，该如何认识毛奇龄对宋学的批评呢？

梁启超对毛奇龄曾给予很高的评价，称他是"反宋学的健将"②，还说"若论清学界最初之革命者，尚有毛奇龄其人……毛氏在启蒙期，不失为一个冲锋陷阵之猛将"③。梁氏对毛氏的评价与他对清代学术的整体认识有关④，毛奇龄在清代学术由宋学转为实学的转关之际，确实对后儒有启迪之功，影响甚大。毛奇龄对于时代发展的意义我们自不应抹杀，但也应客观地看到，他在具体学问处的不足。凌廷堪对此曾说："固陵毛氏出，则大反濂洛关闽之局，掊击诋诃，不遗余力，而矫枉过正，武断尚多，未能尽合古训。元和惠氏、休宁戴氏继之，谐声话字必求旧音，援传释经必寻古义，盖彬彬乎有两汉之风焉。"⑤ 我们认为，凌氏对毛氏的评论是全面而恳切的，有助于后学更为公正地解读毛奇龄及其解经之作。

下面将要讲到的是清朝末年集汉、宋之学之大成的刘宝楠父子的《论语正义》（后简称《正义》）。该书"依焦氏作《孟子正义》之法，先为长编，得数十巨册，次乃荟萃而折衷之，不为专己之学，亦不欲分汉、宋门户之见，凡以发挥圣道，证明典礼，期于实事求是而已"⑥，是博采众说，集训诂、考据、校勘和义理于一体的汇总之作，是清朝学风至后期打破汉、宋门户之见又归于融合的产物。《正义》的注疏特色，大致可以概括为四点内容：一是博采众长，精于审断。二是考据义理，两不偏废。三是不分门户，实事求是。四是诠释方法，灵活多样。⑦ 那么，对"沐浴请讨"刘氏是如何注释的呢？其注曰：

（先有对经文词句的注释，采马融等旧说，此略）《正义》曰："《左传》哀十四年：'齐陈恒弑其君壬于舒州。孔丘三日斋，而请伐

---

① 王锺翰：《清史列传》卷68，中华书局1987年版，第5457页。
② 梁启超：《中国近三百年学术史》，中国社会科学出版社2008年版，第177页。
③ 梁启超著，朱维铮导读：《清代学术概论》，上海古籍出版社1998年版，第15—16页。
④ 梁启超在《清代学术概论》中，认为清代汉学是对宋明理学的全面反动。
⑤ 凌廷堪著，王文锦点校：《与胡敬仲书》，《校礼堂文集》卷23，中华书局1998年版，第206页。
⑥ 刘宝楠撰，高流水点校：《论语正义》，中华书局1990年版，第798页。
⑦ 龚霁芃：《〈论语正义〉的学术成就》，《孔子研究》2006年第3期。

齐。三公曰：'鲁为齐弱久矣，子之伐之，将若之何？'对曰：'陈恒弑其君，民之不与者半。以鲁之半加齐之半，可克也。'公曰：'子告季孙。'孔子辞，退而告人曰：'吾以从大夫之后也，故不敢不言。''与此文略同。壬即简公名。《周书·谥法解》'一德不懈'、'平易不訾'，皆曰'简'。此当取'平易不訾'为谥也。《公羊》僖公元年《传》：'上无天子，下无方伯，天下诸侯，有为无道者，臣弑君，子弑父，力能讨之，则讨之可也。'《白虎通·诛伐》云：'《论语》曰'陈恒弑其君，孔子请讨之'。王者诸侯之子，篡弑其君而立，臣下得诛之者，广讨贼之义也。'《春秋传》曰：'臣弑君，臣不讨贼，非臣也。'顾氏栋高《春秋大事表》：'鲁之兵权在三子，三子之兵权在家臣。观阳货、弗扰且能以其众畔，而冉求、季路独不可出其兵以仗义讨贼乎？孔子能使由、求坠费、郈，而三子靡然听从，岂孔子当日奉鲁君之命，命家臣出其卒，而三子敢或梗令乎？诚的哀公以一言听许，委夫子以兵权，空鲁国之甲，使家臣将之，此时子路虽仕卫，而冉有自在，加以樊迟、有若，皆勇锐之士，移檄远近，声罪致讨，四邻诸侯，必有闻风响应，纵不能枭陈恒之首，亦当诛当日之推刃于齐君者，而更定其嗣。如此，则国威可振，周道可兴矣，岂空言而不可见诸实事者哉？'"案：鲁自四分公室，兵众皆在三家，诚使哀公奋发有为，许夫子之请讨，则奉辞伐罪，夫子必能得之三子，而大服齐人，则一举而两国之权奸皆有所顾忌，斯亦乱世之一治也，而惜乎哀公之终不能用孔子也。吴氏嘉宾说谓："《春秋》绝笔于获麟，即以是年夏有陈恒执君弑君之事，当时无一人敢正其罪，故弗忍更书之。"其说未为无理矣。鲁三家与齐陈氏情事相同，故不可夫子之请。然鲁君臣觉隙虽深，终不敢一加刃于其君，未始非夫子之清议有以维持之也。此《春秋》之作，所谓不能以已也。《释文》："弑，本又作杀，同音试。"案：皇本作"杀"。"告夫三子"，唐石经、皇本、高丽本"三"上有"二"字。《考文》引足利本同。下"告夫三子者""之三子告"并同。《释文》云："之三子告，本或作'二三子告'，非也。"第二节"不敢不告也"，皇本无"也"字。《注》"成子"至"沐浴"。《正义》曰："《史记·田敬仲完世家》：'田常卒，常谥为成子。'是成子即陈恒谥也。其《世家》上文云：'齐人歌之曰：'妪乎采芑，归乎田成子！''此史家从后记之，或'成'字误衍尔。礼于常朝不斋，此重其事，故先斋也。《注》据《左传》'三日斋'为言，明此文'沐浴'亦因斋而设。故《玉藻》

云：'将适公所，宿斋戒，居外寝，沐浴。'是见君斋必沐浴也。《说文》云：'沐，濯发也。浴，洒身也。'"《注》"我礼"至"复往"。《正义》曰："《注》意谓夫子此语是退而语人也。'不当告三子'者，言臣当统于君也。'君使往，复往'者，示君命已不敢逆也。"①

单从这篇幅内容来看，便可知晓刘氏注解《论语》的详尽程度之高。他承袭乾嘉精于考证之学风，而言必有据，论必有证；他荟萃众说，除引用经传之外，还大量引用小学、诸子学、史书、碑刻等资料；他的考据十分审慎，如对简公的谥号、文本涉及的"沐浴而朝"的礼制等都作了较为细致的考辨；另外，他还收录了时人之说，如这里他就大段引用了清人顾栋高《春秋大事表》里对此事的看法，并以"案"的形式，在顾氏的基础上又阐述了自己看法，将义理寓于翔实的考据之中。总之，从刘氏对"沐浴请讨"的注解中，我们可以窥知他整部《正义》的特色，翔实而扎实，又有义理之阐发，是后学了解《论语》注解情形的一个不可多得的版本。

最后，我们以康有为的《论语注》，来结束历代对《论语》"沐浴请讨"一章注释的梳理。《论语注》一书完成于1902年，刊刻于1917年，是康有为于戊戌变法失败后在印度避难时所撰。他在书中借注释孔子学说，构建了一套系统的社会变革的理论，试图借此为变革中国当时的政治局面，解决当时面临的一系列社会问题，提供合法依据。此作不仅代表了清代经学之今文学的转变，是《论语》研究"公羊"化的典型代表，而且在整个《论语》学史上也占据着重要位置。康有为在诠释传统儒家经世致用的"外王学"的同时，还援引西学，将西方进化论、自由平等观、议院以及两党轮流执政制度等本土化，在《论语》中凸显君主立宪政体的深层内涵，使得儒学与近代政治学说紧密关联在了一起。因此，康有为被认为是"二十世纪中国思想史上，一位从折中中西思想中从事儒学现代化伟业的思想家，也是一位从儒家新解释中努力调融中西思想的学者"②。只是这些西方政治思想，在"沐浴请讨"的注释中并未体现，康氏是这样解读此章的，其云：

（陈成子弑简公。）《释文》："'弑'本又作'杀'。"皇本作

---

① 刘宝楠撰，高流水点校：《论语正义》，中华书局1990年版，第583—585页。
② 黄俊杰：《从〈孟子微〉看康有为对中西思想的调融》，载"中央研究院"近代史研究所编《近世中国经世思想研讨会论文集》，"中央研究院"近代史研究所1984年版，第578页。

"杀"。成子，齐大夫，名恒。简公，齐君，名壬。事在《春秋》哀公十四年。（孔子沐浴而朝，告于哀公曰："陈恒弑其君，请讨之。"）是时孔子致仕，居鲁。沐浴斋戒以告君，重其事而不敢忽也。臣弑其君，人伦之大变，天理所不容，邻国自得干预其内事，讨其贼臣，故夫子虽已告老，而犹请哀公讨之。《国语》曰："陈恒弑其君，民之不与者半。"以鲁之众，加齐之半，可克也。盖孔子既明大义，又审事势，非同迂儒但陈高义而已。（公曰："告夫三子。"）今本无"二"字，皇本、高丽本皆有"二"字。下"告夫三子者"，"之三子告"，并同。唐石经则惟此句有"二"字，而下二句无之。《释文》："'之三子告'，本或作'二三子告'，非也。"则《释文》亦见别本，但不取之。今从唐石经。三子，三家也。时政在三家，哀公不得自专，故使孔子告之。（孔子曰："以吾从大夫之后，不敢不告也。君曰'告夫三子'者。"）孔子出而自言。谓弑君之贼，法所必讨，大夫谋国，义所当告，君乃无权，而待命三家，可为叹恨也。（之三子告，不可。孔子曰："以吾从大夫之后，不敢不告也。"）皇本无"也"字。朱子曰："以君命往告，而三子鲁之强臣，素有无君之心，实与陈氏声势相倚，故沮其谋。而夫子复以此应之，其所以警之者深矣。"鲁事如此，孔子亦知事必不行，但不可不言，以明大义也。①

可见，康氏虽援引西学以注经，但他并不能完全摒弃传统的解经方法。其在《论语注》的序言中，对古注的采摘标准是这样说的："以包、周为今学，多采录之以存其旧，朱子循文衍说，无须改作者，亦复录之。郑玄本有今学，其合者亦多节取；后儒雅正精确者，亦皆采焉。"②康注的一个突出的特点是，喜从今文学的角度切入，这里他基本沿用了朱子之旧说，并在其基础上加以引申，进一步发挥孔子之学蕴含的微言大义。我们知道，今文经学对汉学之名物训诂和宋学之义理性命均不作深究，其旨意在于"以经术明治乱"③。换言之，今文学家关心的不是经文，不是古人，而是如何借鉴古之道解决时下政治的治乱兴衰。故而，为缘饰政治，为寻到某种政治社会理论的历史根据，他们喜以今释古，以至于其间不乏刑求古人，对古典文献作牵强之说的解释。

---

① 康有为：《论语注》，广西师范大学出版社2016年版，第394—396页。
② 康有为著，楼宇烈整理：《论语注·序》，中华书局1984年版，第4页。
③ 章太炎：《章太炎全集》第3册，上海人民出版社1984年版，第476页。

以上，便是从"宋学"的视野下，梳理出来的关于《论语》"沐浴请讨"一章的几处重要的注释。每一处都特色鲜明，从中可以充分看出经典本身以及解经者的诠释都是特定时空的产物，带有很深的解经者心境、学养，以及他们所处时代特点的痕迹，给我们展现了思想史可以有的宽度和深度。

### 三 解析汉、宋之别及其思想史内涵

前面两节分别是从"汉学"视野和"宋学"视野，对"沐浴请讨"一事的经典评注进行了爬梳，力图在呈现中国传统注释系统之完整性的同时，也竭力梳理在"汉学""宋学"不同视角下对"沐浴请讨"文本的注经特色。本节我们以粗线条的时代线索为轴，结合历代对《论语》此章的注释，以北宋"汉学"转"宋学"时的主要代表人物邢昺和程颐为界，分为前后两部分分别对《论语》中有关"沐浴请讨"的注解进行梳理。我们这样做的意图是：以"沐浴请讨"的文本为依托，试图通过梳理出中国经典诠释传统的形态与特点，及其对国人思维方式的影响，以此来察看古人是如何解读经典文本的，而我们在解读其他"哀公问孔"材料时，应该怎样借鉴前人经验，更好地解读这些庞杂的史料。

宋学之于汉学，是经典诠释慢慢发展演变的一个自然结果。虽古代解经者并非有意为之，但其契合自然发展规律，这种不同的解经倾向，被有意识地明确区分大致是在清代。《四库全书总目提要》之《经部总叙》中提到："自汉京以后，垂二千年……要其归宿，则不过汉学、宋学两家。"另一处《四库全书总目〈四书章句集注〉提要》又有云："盖考证之学，宋儒不及汉儒；义理之学，汉儒亦不及宋儒。"四库馆臣以偏重于考证还是偏重于义理，作为区分汉学与宋学的一个重要标尺。有清一代，汉学与宋学之争愈演愈烈，早在汉学家戴震和宋学家姚鼐之间就已经展开，至江藩和方东树时，汉宋之间的门户之见，变得更加表面化、公开化。江氏作《国朝汉学师承记》，方氏争锋相对，著《汉学商兑》作为回应。

根据前人的总结，汉学是指"在战国经学的基础上发展起来的汉唐章句训诂注疏考证之学，它包括西汉今文经学、东汉古文经学、汉末融通今古文的郑玄之学、魏晋王肃之学、南北朝经学、隋唐经学等从西汉到唐代约一千一百年间的经学派别"。而所谓宋学是指"宋代义理之学（后延续到元明，亦包括清代宋学），它是以讲义理为主的经学派别，大体以理学诸派为主体，并包括了王安石新学、三苏蜀学以及当时讲义理的诸治儒

家经学的流派"。① 而汉学与宋学经典诠释的不同,则主要可以概括为以下几点:

> 一是就经典诠释所依傍文本的重心而言,汉学以五经系统为主,宋学则以四书系统为主;二是就经典诠释的方法而言,汉学重训诂,宋学重义理;三是从经典诠释的理论深度而言,汉学以经学诠释为主,宋学则在经学诠释的基础上加以哲学诠释;四是就儒家经学与宗教的关系而言,汉学以排斥佛、道二教为主,宋学则对佛、道二教既有排斥又有吸取。当然,汉学与宋学的区别不是绝对的,双方在经典诠释上亦有一定程度的沟通。二者共同构成了中国经典诠释的主要传统,并对中国哲学的发展产生了重要影响。②

以上的总结较具代表性,为我们区分汉学与宋学提供了很多可资参考的标准。但我们需要明白这是后人的总结与反思,汉学与宋学的产生、发展过程,都是自然而然的事,两者并非是鼎足而立的两大阵营。结合前面对"沐浴请讨"注释的梳理,我们认为:

第一,从时间的发展脉络上来说,汉学与宋学虽有一个较为明显的划分界线,但真正对两者作出区别,使它们之间的对立凸显到表面的是在清代。但从发生学的角度来看,两者产生、发展的过程是自然而然的,宋学的发展既离不开汉学的积累和铺垫,又是对汉学的一种突破。这里我们在对"沐浴请讨"的注释进行爬梳时,是以北宋时从重训诂到重义理的学风转向和疑经惑传之风气的形成为标志,以北宋邢昺的《论语注疏》为转折点,分为"汉学视野下的诠释"和"宋学视野下的诠释"进行讨论的。虽然清儒仅以训诂、义理来概括汉学、宋学有其偏颇之处,但邢昺确实标志着一个时代的终结和另一个时代的开启者。在他之前,皇侃《论语义疏》中虽已表露出以佛老之说解《论语》的义理诠释的倾向,但至邢昺时,这种风气得到纠正,他特别重视对相关典章制度的名物训诂,从而使中国经典诠释剔除儒家传统之外的杂质而重归汉学传统。梁启雄在《论语注疏汇考》中也注意到了这一问题,他说:"邢昺之疏《论语》也,举凡旧注中有涉玄冥诡异者多加芟削而使之复归于平实,由是自何晏、王弼、皇侃以来之儒道释糅混《论语》注略家廓清焉!自邢疏出而皇疏微,

---

① 蔡方鹿:《论汉学、宋学经典诠释之不同》,《哲学研究》2008 年第 1 期。
② 蔡方鹿:《论汉学、宋学经典诠释之不同》,《哲学研究》2008 年第 1 期。

历百八十余年而绝于中土。此实道术宗派之消长随时代思潮递嬗而兴衰之征象也。"① 但邢疏又并非完全墨守陈规，其注中亦有大量怀疑、改易原有注疏，对不安之说作重新释读的情况。而他的这种疑经惑注的做法，在当时引起了十分广泛的影响，这是因为邢昺的《注疏》是奉诏刊定旧说，其著是要颁发全国成为通用教材的。而宋代疑经之风的盛行，与此应脱不了干系。而邢疏虽摒弃佛老，却力求"通经以求理"，也有义理的阐发，尝试着将训诂和义理自然的融合，以使义理的阐发持之有故，从而避免对经文的穿凿附会。他的这种做法，在后学朱熹身上有着更为明显的体现，周中孚在《郑堂读书记》中，就曾称邢注为"朱注之始基"。而朱注虽然汉学基础扎实，但在义理的阐发上，朱注比邢注似乎走得更远。此后，宋元明清之儒者多受朱熹影响，虽不乏质疑、驳正朱注，强调训诂考据者，如陈天祥、杨慎、毛奇龄等，但大都宗主朱学，形成一个股很强的宋学力量。而汉学与宋学之间的拉锯战，在此期间多是隐性、学理上的，学者们并未有一个明确的阵营划分。这种情况直至清代四库馆臣、江藩、方东树等人被打破，使汉学和宋学的诠释对立化，似有水火不容之势。事实上，历史的自然发展表现出来的特点，有时候与后人的"理智"概括并不是那么契合。这如同黄朴民先生说得那样，历史的真实性有两种，"一种真实得以无限制的放大，另一种真实却被人为地加以虚化或掩盖，从而促成了历史的真实向历史的虚构的转化"②。这从我们对"沐浴请讨"注释的梳理与反思中，亦可以看到。所以，从现代诠释学角度评论汉学与宋学，应注意不要单从概念或者两种诠释方法的不同入手，进行单摆浮搁的评论，而应将其置于历史发展中动态地进行观察和总结。

第二，前面从内在发展理路上，察看了汉学与宋学的种种区别与联系，清晰了中国经典诠释由汉学到宋学，以及两者如何发生交融的发展过程，而在此过程中，始终与外在的历史环境和时代课题保持着高度的关联。具体来说，汉学最初的诠释对象是"五经"。我们知道，"五经"早在孔子之前就已存在，幸得孔子整理才得以流传。而孔子之后，因历经秦火和战乱的不断摧残，以及中国文字的变迁，使得本就佶屈聱牙的经书，变得更加支离破碎、晦涩难懂。汉代以降，统治者需要寻求统治的合法性和思想上的统一，于是"罢黜百家，表章六经"（《汉书·武帝纪》），这

---

① 梁启雄：《论语注疏汇考》，《燕京学报》第 34 期，1948 年。
② 黄朴民：《历史的真实与历史的重构——兼论儒家有关上古战争现象的虚拟化解读》，《文史哲》2012 年第 3 期。

些几经劫难的经书被立为官学，受到极大的重视。但由于时代久远，经书的版本不一，文字也已经很少有人能完全释读，而在版本不同、文字不同、解读不同等的表面问题下，隐藏更深的是对传统经典思想的认识不同，有时甚至是南辕北辙，于是今古文经之争不可避免地出现了，这是时代发展的产物。对于当时的学者来说，很难摆脱这一历史选择。尤其是要赢得时代的话语权，就必须首先考证文字、疏通文义。由此，以名物训诂见长的诠释方法成为历史发展的趋势，在此时代背景下，可谓是"时势造英雄"，产生了贾逵、许慎、马融、郑玄等许多被后世称为是汉学大师的人物。至东汉末年的郑玄，其集前人之大成，以更宽广的胸怀，不囿于今古文经学的束缚，以古文经学为宗，兼采今文经学之说，打破西汉以来的较为严格的师法传统，融通今、古文，对古代经书的整理作出了突出的贡献。汉学发展的轨迹在此达到了它的制高点，而事物发展的规律总是惊人的相似，在不断努力攀升至顶点的时候，便面临两个选择：要么衰亡；要么寻求新的突破，营造一条新的线条。一种新的经典诠释思维——宋学，由此逐渐进入人们的视野，成为那条继汉学之后的新的线条。

对此，有学者对经学的发展从内外两大方面做出了总结，认为汉学转向宋学的原因不外乎以下三点内容：即（1）经学发展的内在逻辑；（2）宋代士人的担当精神；（3）宋儒所面对的时代课题。[①] 此三方面内容的总结切中肯綮，不仅将其置于经学发展的过程来分析汉学与宋学之间的继承和扬弃，而且还注意到了宋儒这个知识分子群体的特殊性，认为是他们将儒家"内圣外王"的思想申发出来，使其在宋代这一特定历史环境下得以绽放，学统、道统、政统在当时几乎达到了较为理想的三位一体的境界。由此，作者得出一个进一步的结论，即儒学发展之所以在当时得以突破，主要是由当时的时代特点和所面对的时代课题决定的。我们认同这一观点，可以说宋儒将延续了千年之久的"五经"诠释系统进行重新的排列组合，以不同于"五经"的"四书"作为新时代的核心经典，这不得不说是一种历史气魄的彰显，是中华文化的一次重要转向。而这一变化首

---

[①] 参见姜广辉的《"宋学""理学"与"理学化经学"》（《哲学研究》2007年第9期），其中他特别就宋儒面对的时代课题进行了分析，认为其三个方面的内容：第一，在五代时期的篡弑屡起、君臣之伦崩解所造成的历史阴影，使得宋世经学家刻意修复与强化君臣伦理。第二，北宋时期，辽与西夏强邻压境；南宋时期，宋与金南北对峙。两宋之世输缯币给西夏、辽、金，并且内部支出费用庞大，以致财政拮据，这使得宋世经学家刻意强调夷夏之大防，使得一些有为的政治家着意从经典中寻求富国强兵之方。第三，文化思想上，唐、五代以来佛教的兴盛恰与儒学的衰落成正比，许多士大夫到佛教那里去寻求心灵的安顿，这种情势促使儒家中的"豪杰之士"发愿创立儒家的安身立命之学。

先是出于当时政治对文化现实诉求的考虑。因为当时五代弑君之事屡见不鲜，宋朝处境十分严峻，强邻压境，君臣之义、夷夏之大防等成为当时突出的政治难题，"五经"至尊的统治地位，受到极大的挑战。而另一方面，一直处于主流思想文化中心的儒家，此时也面临佛老的极大冲击，儒家中的有识之士逐渐意识到再继续一成不变地墨守"五经"而不寻求新的突破，将有丧失儒家文化统治的危险。于是，在这种双重压力下，较"五经"更为平易近人的"四书"得到了人们的普遍认可。它不仅在义理上有更大的阐发空间，而且在思想上也能与佛老抗衡，历史的轴心人物从周公等先圣先贤过渡到孔孟。由此，《论语》随着"四书"地位的确立，也获得了新生，逐渐摆脱在"五经"体系中的附属地位，而成为研究孔子学说的主力军。由此可见，事物有其自身的发展规律，是内外因多元素共同作用的结果，两者缺一不可。

第三，汉学与宋学两大诠释系统深刻影响了中华民族的民族性格，对中国历史尤其是中国经典诠释传统产生了很大影响。就国人的思维方式而言，首先，无论是汉学还是宋学都讲究传承，极重师道传统，形成"祖宗家法"不可破的传统，正是在这种重传承的思维方式下，中国几千年的文明得以延续至今，但也使我们的文化偏于内敛和保守。其次，重传承的文化，塑造了一种"应然"的思维逻辑。儒者游弋于经典之间，无论是注重名物训诂的汉学，抑或是讲求义理阐发的宋学，它们都致力于寻找一个亘古不变的"道"，这在朱子身上有着尤为明显的体现，如他曾说："世间事虽千头万绪，其实只一个道理，'理一分殊'之谓也。到感通处，自然首尾相应。或自此发出而感于外，或自外来而感于我，皆一理也。"[1]朱子这里所谓的"理"便是"道"，而这种"道"的存在，往往是不证自明古自有之。早在孔子时，他就从"应然"的思维逻辑出发，为现实世界的存在建构了一个"应然"的框架，并以此去打量、评判现实世界的"实然"。如孔子曾言："天何言哉！四时行焉，百物生焉。天何言哉！"（《论语·阳货》）在他看来，人道理应合于天道，一切都应是井然有序，各安其位地"自然而然"。然而，儒家运用"应然"去思考、衡量现实的"实然"时，两者之间必然表现出紧张而不可调和的矛盾。于是，古代儒家的历史思维，就呈现出某种"反事实性的思考方式"的特征，即"儒家在评断他们所身处的当前情境的诸般问题时，常常以美化了的

---

[1] 朱熹撰，黎靖德编：《朱子语类》，中华书局1981年版，第3215页。

'三代'经验进行思考"①。这给国人带来消极和积极两方面的影响：从消极方面来看，这种未经证实的"应然"不一定是全然合理的，当"应然"与"实然"不匹配时，会给人的精神世界带来极大的焦虑。比如宋代时国人的精神依托由"五经"转为"四书"，对当时信奉儒家传统信仰系统，同时又面临外来文化极大挑战的知识分子来说，是一个十分艰难的选择。这就导致我们的文化传统容易产生一种保守主义情绪，即除非国家、民族面临生死存亡之境，否则我们会按照文化传统一直生活下去，很少主动对自己的文化进行反思和革新。而从积极方面来看，儒家"应然"的主张虽未经证实，但有很大的合理性，这种"天人合一"的思维传统，符合人类对未来世界的美好憧憬，而人类发展需要一个祖祖辈辈为之奋斗的理想作为终极目标进行不懈努力。再次，形成了一种强烈的"以古论今""以史为鉴"的历史思维。国人无论是对待日常社会生活，还是对待政治生活，在褒贬时弊、议论国政、制定政策时，都有以古思今的思维习惯，仿佛"今天"的一切都可以在"昨天"找到参考或答案。这种循古之制以应对当今问题的思维方式，在给解决当代问题提供参考的同时，也容易导致忽略已经发展变化了的现实条件，有时也显得缺乏创新精神。故而，我们今天在"以史为鉴"的同时，也该"与时偕行"，在借鉴古训的同时，也应注意现实条件的变化，拥有创新思维。最后，儒家强调的心性修养，在一定程度上缺乏践履。之所以缺乏践履的主要原因是，儒家所追求的成圣成贤的心性修养之路，往往注重对思想理论的申发，在如何达成的方法论方面用力不多。以"沐浴请讨"为例，《论语》中的记载彰显了儒家对齐国之乱的价值判断和政治主张，孔子也在以自己的行动努力践履，但至少从孔子弟子开始，他们对孔子言行举止表现出明显偏好，即他们更注重彰显和继承孔子的政治理想和思想主张，认为这才是他们要一以贯之的"道"，是儒家思想的核心，至于如何达成此"道"，却不是他们关心的重点。这从《论语》中"沐浴请讨"的记载可以推知一二，如他们并没有将孔子如何讨伐田氏的军事论述选编或者记载到《论语》中，而是着重想要强调孔子对其心中"道"的执着和坚守，虽然表现出了强烈的"知其不可而为之"的悲情色彩，但并未努力尝试从方法论上去化解这种悲情，而是尽量从思想理论层面不断完善自身理论，这也是造成对儒家思想"迂远而阔于事实"评价的一个主要原因。

---

① 黄俊杰：《中国古代儒家历史思维的方式及其运用》，载杨儒宾、黄俊杰《中国古代思维方式探索》，正中书局1996年版，第22页。

第四,通过考察历代注家对《论语》中"沐浴请讨"的注解,对于从思想史的角度考察"哀公问孔"材料有一个重要的启发。不同注家在不同时代背景下,结合自身人生经历会有不同思想倾向的诠释,在诠释风格上整体表现为汉学和宋学的差异,而在价值评议、思想阐发上则各有侧重和不同。所以在对"哀公问孔"材料进行思想解读的过程中需要强调的是"知人论世"。之所以强调"知人论世",是因为后世学者在解读经典的过程中,往往因受其生活时代和个人学养的影响,在此前见的影响下对经典的解读往往带有时代烙印和个人特色,对此,我们要有一个清醒的认识。一方面,这种现象是客观存在、难以避免的,但也正是这种诠释特点在一定程度上成就了经典,丰富对其的认识,后世有关"我注六经"和"六经注我"的争议和论述,可以视为是对这一问题的深入讨论。另一方面,作为历史研究者应该秉持对历史真实性的尊重和敬畏之心,在解读历史经典的过程中,应主动有意识地分清楚自己的写作意图。尤其是在把握古人及其著作的真实思想内涵时,应特别注意对著者的人生经历、思想变化、生活年代等进行深入的了解和认知,以"知人论世"的姿态,将古人、历史事件、著作放置到当时的历史环境进行"移情"式的换位思考。

## 第二节 解析史家对"沐浴请讨"的记载及其思想史内涵

前面重点梳理了历代注家对《论语》中记载的"沐浴请讨"的释读情况,就此对其反映的思想内涵和如何解读经典做了进一步的考察与分析。在此基础上,我们试图换个角度,以史家的独特历史视角为切入点,通过比对和梳理《左传》《史记》等史书类经典中有关"沐浴请讨"的记载特点,重点察看在史家独特的历史眼光下,"沐浴请讨"一事是如何被记载的,其是否更接近历史真实的表述,以及其与《论语》中的经典记载又有何异同,我们又该如何看待两者的差异?

### 一 事件还原:《论语》《左传》记载的差异与补充

在对《论语》诠释史进行梳理和解析的时候,我们对"沐浴请讨"事件本身的关注并未完全展开。但个别注家已就《论语》和《左传》的记载作了专门的对比研究。如邢昺在《注疏》中曾对比《论语》与《左传》的记载之后,云:"此章即孔子恶道之事也。案《左传》录此事与此小异,此云'沐浴而朝',彼云'斋而请',此云'公曰告夫三子',彼云'公曰予告季孙'。礼,斋必沐浴。三子季孙为长,各记其一,故不同耳。此又云'之三子告',彼无文者,《传》是史官所录,记其与君言耳,退后别告三子,唯弟子知之,史官不见其告,故《传》无文也。"① 邢昺对两书记载不同原因的分析是有道理的,如其所言,是与两部典籍作者和材料来源的不同有关。就作者而言,学界对《论语》作者问题的讨论,较为常见的说法采自于《汉书》班固所言,即"《论语》者,孔子应答弟子时人及弟子相与言,而接闻于夫子之语也。当时弟子各有所记。夫子既卒,门人相与辑而论篹,故谓之《论语》"。(《汉书·艺文志》)后世学者虽在对"夫子既卒,门人相与辑而论篹"的研究过程中,有《论语》的作者是子思或是子夏、曾子领撰等不同说法,但一般都未超出孔子七十弟子及其后学的范围。所以,《论语》中关于孔子言行的记载,主要就是孔子弟子对孔子的记载。这里讨论的"沐浴请讨"就是孔子弟子对孔子下朝后言行的记载。但对于《左传》的作者、成书年代以及材料来源等问题,学界一直存有很大争议。可以确定的是,《左传》的成书,定与史官密切相关。先秦时期,史官记录君主言行是他们一项重要的职责,《左传》中关于"沐浴请讨"的记载,应就来源于孔子向哀公请讨过程中侍奉鲁君在侧的史官。我们将《论语》《左传》的记载分别摘录如下:

> 陈成子弑简公。孔子沐浴而朝,告于哀公曰:"陈恒弑其君,请讨之。"公曰:"告夫三子。"孔子曰:"以吾从大夫之后,不敢不告也。君曰'告夫三子'者。"之三子告,不可。孔子曰:"以吾从大夫之后,不敢不告也。"(《论语·宪问》)

> 甲午,齐陈恒弑其君壬于舒州。孔丘三日斋,而请伐齐三。公曰:"鲁为齐弱久矣,子之伐之,将若之何?"对曰:"陈恒弑其君,民之不与者半。以鲁之众,加齐之半,可克也。"公曰:"子告季孙。"孔子辞。退而告人曰:"吾以从大夫之后也,故不敢不言。"(《左传》哀公十四年)

通过对勘以上两处文献的记载,我们认为,《论语》与《左传》的记

---

① 何晏注,邢昺疏,朱汉民整理,张岂之审定:《论语注疏》,《十三经注疏》,北京大学出版社2000年版,第221页。

载虽略有不同,但它们所载录的材料都是真实可靠的,而且此事较为完整的形态应是两处记载的信息之和。为了方便了解事件的过程,我们按照构成事件的六大要素,将孔子"沐浴请讨"一事大致还原如下:

表3-1　　　　　　有关"沐浴请讨的记载一览

| 典籍 | 时间 | 地点 | 人物 | 前因 | 经过 | 结果 | 补充说明 |
| --- | --- | --- | --- | --- | --- | --- | --- |
| 论语 | 无记载 | 鲁国朝堂 | 鲁哀公和孔子 | 陈成子弑简公 | 听闻陈恒弑君,孔子斋戒沐浴请求鲁君讨伐乱臣陈恒,鲁君无力做主,让孔子去询问三桓的意见 | 无奈之下,孔子只得就此事去询问三桓的意见,三桓并未应允 | 文献中对面见哀公和三桓的原因作了交代,两次均言是由于孔子位列大夫之后,故不敢不去报告 |
| 左传 | 哀公十四年（公元前481年） | | | 甲午（六月初五）,齐陈恒在舒州弑其君简公壬 | 孔子沐浴斋戒几次面君,请求讨伐陈恒,哀公在询问孔子伐齐的战略方案之后,让孔子去询问季孙氏的意见 | 孔子退朝,告诉在外等候的人（应是其弟子）,他之所以这样做是因为自己位列大夫之后 | 1. 面君过程中言及孔子的军事思想,这在《论语》中并未提及<br>2. 事件结果仅言孔子告退,对孔子是否面见季孙氏及其意见并未交代 |

从表格信息的对比可以看出,《论语》与《左传》的记载差别并不大,最大的不同在于哀公与孔子关于伐齐的军事讨论。那么,如何看待两处文献记载差异呢？

第一,《论语》《左传》记载之所以有这样的不同,若暂不考虑成书后文献流传过程中可能出现的问题,那么两处文献的材料来源的不同及其成书的早晚,就是造成两者记载不同的主要原因。《论语》此处记载应是"接闻于夫子之语",是孔子弟子听闻孔子的转述之后的笔记。如此,孔子对现场情节的转述,孔子弟子对孔子转述内容如何笔记,以及汇编《论语》时孔门后学对笔记内容如何挑选和删改等问题,就成为影响《论语》内容的主要原因。相对而言,《左传》中的材料最初应来源于当时随侍鲁君哀公左右的史官，而对于《左传》编纂者来说，同样也面临着对史料如何取舍的问题。

首先，对于《论语》而言，孔子在向弟子转述他朝见哀公的情况时，未必事无巨细地全部转述；而且，他此次面君的目的不在于跟国君讨论军事上如何伐陈，而在于申发其"正名"的微言大义，以此来警醒鲁君，警示鲁大夫，如若忽略了其与哀公讨论如何伐齐的部分亦属正常。春秋末期，鲁国"政在三桓"，内外政务被三桓尤其是季孙氏把持，鲁君并无多少实际的决策权。而在当时各邦国中，鲁国早已沦落为中小国家，实力远在齐国之后。如哀公十一年的郎之战，鲁国虽然侥幸获胜，但从事后鲁国的发展来看，这次胜利不仅没有增强鲁国士气，反而增加了鲁国对齐国的恐惧，三桓之首的季孙氏言"小胜大，祸也，齐至无日矣"（《左传》哀公十一年），认为此战鲁国的胜利将为今后埋下祸端，于是加紧防御，下令实施"用田赋"政策，试图通过进一步对土地增加赋税盘剥民众来积攒未来战事所耗物资，以应对鲁国窘迫的内政外交。就"用田赋"一事季孙氏还曾特意派冉有去询问孔子的意见，结果遭到了孔子的强烈反对。时隔不久齐国便发生了陈恒弑君之事，如后来朱子所观察的那样，鲁之三桓"素有无君之心，实与陈氏声势相倚"，哀公要孔子向他们询问伐齐的意见，无异于与虎谋皮，三桓是绝对不可能答应的。对鲁国这种窘迫的内外局势，孔子不可能无所体察。然而，孔子仍然"迂腐"地"知其不可而为之"的原因就在于，无论世道如何，孔子对其心中的"道"是执着的，其以自身强烈的社会责任感去努力践行，至少他希望通过自己的影响力和实际行动来警醒世人，尤其是要警醒哀公和三桓，希望哀公不要落到与齐简公一样的田地，对于三桓来说则不可逾越礼制，导致弑君之事的发生。或许朱子正是出于此意，言"其所以警之者深矣"。而这也应是《论语》中，孔子为何反复强调"以吾从大夫之后，不敢不告也"的微言大义。所以，孔子在转述时忽略掉了关于伐齐的部分；或是孔子对伐齐之事有所提及，但孔子弟子在记录孔子言行时不取之，又或者是《论语》在选编孔子言行的时候，为凸显孔子思想和情怀，对孔子弟子的笔记又做了进一步的取舍，或许出于这同一理由，在《论语》中并无多少有关孔子为鲁司寇、堕三都以及夹谷之会时的相关记载。所以，从分析中，我们可以推知，《论语》的编者在编辑材料时，是有一定的思想倾向和选材标准的。

其次，《左传》的成书相对要复杂一些，目前学界尚无定论。根据过常宝先生的考证，"《春秋》和《左传》的原始形态是相互有关联的，但两者又不是严格的经典和注释之间的关系,应该是既有联系又各渊源有自。解释这一现象的关键,是它们各自材料的来源,尤其是《左传》材料的来源"。进而作者提出,《春秋》的原始材料应来自鲁国史官的正式文献"承告";而《左传》则来源于史官的"传闻"之史。前者作为"正式文献收藏在宗庙石室中,呈现给神灵和祖先的,它是孤立的片断,不注重因果关系,也没有价值判断";后者则是"史官在自己职业内部相互传授的、更为详细的历史记录。它可能如徐中舒所说是以口头的形式进行,但根据史官的学养及职务的便利,它更可能是笔录而形诸文字的"[①]。若此,也可以解释为何陈恒弑君这一重要历史事件,在《春秋》中只有简明的一句话:"齐人弑其君壬于舒州。"而《左传》中则有详细的记载,《左传》在解释《春秋》时,不仅丰富了《春秋》的记载,有前因后果的交代,而且也通过记载孔子对此事的反响,予褒贬于客观的叙事中。在另一篇文章中,过常宝先生还提到"《左传》的著录虽然较《春秋》更为自由,不受职业传统的限制,但史官在这一著述过程中仍然保有明显的身份意识,并自觉地以自己的巫史传统来保证虚饰本身的权威性。……在这一关系中,'典策'文献由于它神秘的宗教性质,所以不能将价值和态度直接呈现给世俗社会,因此只有借助于'传闻'之史来展示自己的'大义',而它的'大义',以及它无所不在的神秘性,必然支持着'传闻'之史,赋予史官以话语的权力,并使得《左传》成为一种可信的载录,从而将巫史文化中的神秘审判,变成现实社会的道义审判"[②]。所以《左传》的记载不仅是相对可靠、全面的,而且其间也内涵一种对历史事件的价值判断。

如此看来,《论语》和《左传》关于伐齐部分的分歧,很可能是因两书材料来源、作者的写作意图不同造成的。另外,从《论语》和《左传》的材料来源也可以看出,两者材料的最初来源,都应是"沐浴请讨"事件的当事人——孔子和当时在场的史官,而他们都具有较高的文化素养和"实录"精神。换言之,这就在很大程度上确保了两处文献记载在最初来源问题上的可靠性。而两处记载在大的脉络轮廓上并没有太大出入,也证实了我们这种推考的可能性。

第二,孔子伐齐的论述,是否符合孔子的思想呢?答案是肯定的。虽然学界对孔子军事思想的讨论并不多,甚至在很长一段时间里,由于受《论语·卫灵公》首章"卫灵公问陈于孔子"的影响,人们认为孔子不懂

---

[①] 过常宝:《〈左传〉源于史官"传闻"制度考》,《北京师范大学学报》2004年第4期。
[②] 过常宝:《〈左传〉虚饰与史官叙事的理性自觉》,《北京师范大学学报》2006年第4期。

军事，没有军事方面的思想，但事实上，孔子应具有较高的军事造诣。①《史记·孔子世家》就曾记载："冉有为季氏将师，与齐战于郎，克之。季康子曰：'子之于军旅，学之乎？性之乎？'冉有曰：'学之于孔子。'"这说明孔子不仅懂军事，而且就此还教过他的学生。

春秋末期虽然已是礼崩乐坏，僭越礼制、弑君之事时有发生，但其仍会招致民众和诸侯国的反对和谴责，而且不同国家反应也不一样。对于齐国来说，其礼乐传统较为深厚，陈恒弑君可能招致的非难，也会相对较多。陈恒深谙此道，为此他在内政外交上采取了多种措施，以防止暴乱、征伐的发生。如在内政上，他继续以"大斗出，小斗进"等方法笼络民心，并加紧"修功行赏，亲于百姓，以故齐复定"（《史记·田敬仲完世家》）；在外交上，"田常既杀简公，惧诸侯共诛己，乃尽归鲁、卫侵地，西约晋、韩、魏、赵氏，南通吴、越之使"（《史记·田敬仲完世家》），为免遭到各国诸侯的联合诛杀，他积极睦邻友好以稳定局势。值得注意的是，鲁国作为王室"懿亲"周公之后，曾位列诸侯之"班长"（《国语·鲁语》），不仅在诸侯国中具有很强的号召力，且是各国礼制规范的模范，加之，当时孔子已经归鲁，为"正名"以维护礼制，鲁国理应对邻邦弑君一事作出表率性的反应。所以，陈恒当时应较为重视鲁国的态度。事实也确实如此，陈恒积极睦邻友好，主动归还了之前侵占的鲁国的疆土，就是希望得到鲁国的支持。

孔子对战争一直都持审慎的态度，强调"慎战"原则，十分重视战争的正义性和合法性，认为"礼乐征伐自天子出"。根据《左传》的记载，孔子与哀公讨论如何伐齐时，认为陈恒无视礼制而弑君，首先在道义上就丧失了舆论的支持，即使他多方笼络人心，齐国仍会有半数民众不会亲附于他，再加上鲁国的民众，如此讨伐陈恒是有取胜把握的。显然，孔子是从人心向背的角度分析取胜的可能性，这符合他一贯的仁政思想，是其"义战"军事思想的体现。义战思想古已有之，西周时期的战争多奉行"军礼"，体现最为集中的是"古司马法"的记载，如云战争应"动之以仁义，行之以礼让"，这种境界的军事战争是在特定的时代背景和历史条件下生成的，② 至孔子之时，早已时过境迁，战争的残酷性越来越高，

---

① 可参见柯远杨的《试论孔子的军事思想》一文，《孔子研究》1990年第1期，以及林东旭的《孔子军事文化遗产与传承》，《福建省社会主义学院学报》2004年第4期。
② 如西周、春秋时期，贯彻军礼的基本精神，以讲究"仁本"的"古司马法"作为作战指导，可参考黄朴民《古司马法与前〈孙子〉时期的中国古典兵法》，载《光明日报》2011年12月15日。

讲求的不再是仁义礼让,而是"兵者,诡道也"(《孙子兵法·计篇》),讲求算计谋略。由此可见,孔子在《左传》中体现的军事思想,事实上缺乏现实操作性,在当时,无论是调动齐国之民众,还是调动鲁国之百姓,让他们因为陈恒弑君而同仇敌忾都是很难达成的事。对于先秦战争史,黄朴民先生有较为深厚的认识,他认为:"西周春秋时期战争活动中既存在着不少的崇尚'军礼'的做法,也不乏大量的运用暴戾残酷的手段。这两种历史真实性的并存,不免给人们在追溯和了解上古三代战争整体状况、基本特征时带来认知上的困惑,这种貌似矛盾实质一致的战争行为方式,也使得儒家在构筑其以'义战'为中心的战争观念之时,很自然地有意识地采取了选择性的立场。而这样选择性取舍的结果,则逻辑地导致了历史的某一种真实得以无限制的放大,另一种真实却被人为地加以虚化或掩盖,从而促成了历史的真实向历史的虚构的转化。"[1] 所以,若从战术谋略来说,孔子当时的主张确实有些"迂远而阔于事情"(《史记·孟子荀卿列传》);但如果"知人论世",从孔子学说的全体大观来看,这种偏于理想主义军事思想,符合孔子一贯的仁学、礼制思想。

根据以上分析,《论语》和《左传》的记载都应是真实可信的,它们在一定程度上互相补充、完善了"沐浴请讨"一事的全过程。通过对勘我们可较为完整地将其复原如下:哀公十四年(前481)六月初五,齐国大夫陈恒在舒州杀害了他的国君简公姜壬。孔子听说这件事之后非常重视,经过反复思量沐浴斋戒朝见鲁君哀公。[2] 朝堂之上,孔子奏告哀公说:"陈恒弑杀他的国君,请您出兵讨伐他。"哀公说:"我们鲁国被齐国削弱已经很久了,您打算怎样攻打他呢?"孔子回答说:"陈恒杀了他们的国君,齐国百姓不亲附他的有一半,现在以鲁国的实力加上齐国不服从陈恒的半数的民众,是可以战胜陈恒的。"哀公说:"您去告诉季孙、孟孙、叔孙三位大夫(或仅为季孙一人)吧。"孔子退出后,对他的弟子说:"由于我忝列大夫之后,所以不敢不向君主奏报,君主却说:'去告诉三位大夫吧。'"于是,他又去报告了三位大夫,结果他们不肯出兵讨伐。孔子对人说:"由于我忝列大夫之后,所以不敢不来报告啊!"

---

[1] 黄朴民:《历史的真实与历史的重构——兼论儒家有关上古战争现象的虚拟化解读》,《文史哲》2012年第3期。
[2] 根据《左传》记载孔子如此反复沐浴而朝,觐见过哀公多次,但《论》中对孔子如此几经反复之事未有记载,此事今难以考证,好在对整个事件影响并不大,此存而不论。

总之，历史的真实与历史的虚构辨别起来并不容易。如"沐浴请讨"一事在《论语》和《左传》中的记载，最大的差别在于孔子是否对伐齐进行了战略分析。如果不借助其他典籍记载的旁证，不对孔子思想以及两书的成书情况有一个较为清楚的认识，那么历史的真伪很难辨识。而即便典籍记载的均是历史的真实，但由于记录者身份、观察角度、写作意图等的不同，对同一史实的记载也会有差别，展现出不同的记录倾向。

## 二 史家的记述：以《史记》为中心

孔子"沐浴请讨"一事在《论语》《左传》和《史记》中均有记载，前一节我们主要是对《论语》和《左传》的记载作了对比分析，两者关于此事的记载相较，有一个共同特点，即对孔子"沐浴请讨"的经过有着较为详细的记载。但此事在《史记》中的记载，常常仅有一个大致的故事梗概。如《鲁周公世家》载曰："十四年，齐田常弑其君简公于徐州。孔子请伐之，哀公不听。"然而，陈恒弑君一事，却在《史记》不同篇章不仅被多次提及，而且详略不同。根据统计，《史记》中大致有十七个篇章涉及陈恒弑君一事，现将其整理如下：

表3-2　　　　　　　　　有关"陈恒弑君"的记录一览

| 篇目 | 内容[①] |
| --- | --- |
| 周本纪 | 三十九年，齐田常杀其君简公 |
| 秦本纪 | 十二年，齐田常弑简公，立其弟平公，常相之 |
| 六国年表 | ……是后陪臣执政，大夫世禄，六卿擅晋权，征伐会盟，威重于诸侯。及田常杀简公而相齐国，诸侯晏然弗讨，海内争于战功矣 |
| 吴太伯世家 | 十五年，齐田常杀简公 |
| 齐太公世家 | ……庚辰，田常执简公于徐州。公曰："余蚤从御鞅言，不及此。"甲午，田常弑简公于徐州。田常乃立简公弟骜，是为平公。平公即位，田常相之，专齐之政，割齐安平以东为田氏封邑 |
| 鲁周公世家 | 十四年，齐田常弑其君简公于徐州。孔子请伐之，哀公不听 |
| 燕召公世家 | 献公十二年，齐田常弑其君简公 |
| 管蔡世家 | 十年，齐田常弑其君简公 |
| 陈杞世家 | 二十一年，齐田常弑其君简公 |

续表

| 篇目 | 内容① |
| --- | --- |
| 宋微子世家 | 三十六年，齐田常弑简公 |
| 晋世家 | 三十一年，齐田常弑其君简公，而立简公弟骜为平公 |
| 郑世家 | 二十年，齐田常弑其君简公，而常相于齐 |
| 田敬仲完世家 | ……简公出奔，田氏之徒追执简公于徐州。简公曰："蚤从御鞅之言，不及此难。"田氏之徒恐简公复立而诛己，遂杀简公。简公立四年而杀。于是田常立简公弟骜，是为平公。平公即位，田常为相<br>田常既杀简公，惧诸侯共诛己，乃尽归鲁、卫侵地，西约晋、韩、魏、赵氏，南通吴、越之使，修功行赏，亲于百姓，以故齐国复定<br>田常言于齐平公曰："德施人之所欲，君其行之；刑罚人之所恶，臣请行之。"行之五年，齐国之政皆归田常。田常于是尽诛鲍、晏、监止及公族之彊者，而割齐自安平以东至琅邪，自为封邑。封邑大于平公之所食<br>田常乃选齐国中女子长七尺以上为后宫，后宫以百数，而使宾客舍人出入后宫者不禁。及田常卒，有七十余男。田常卒，子襄子盘代立，相齐。常谥为成子 |
| 司马穰苴列传 | 已而大夫鲍氏、高、国之属害之，谮于景公。景公退穰苴，苴发疾而死。田乞、田豹之徒由此怨高、国等。其后及田常杀简公，尽灭高子、国子之族。至常曾孙和，因自立，为齐威王，用兵行威，大放穰苴之法，而诸侯朝齐 |
| 仲尼弟子列传 | 宰我为临淄大夫，与田常作乱，以夷其族，孔子耻之<br>田常欲作乱于齐，惮高、国、鲍、晏，故移其兵欲以伐鲁。孔子闻之，谓门弟子曰："夫鲁，坟墓所处，父母之国，国危如此，二三子何为莫出？"子路请出，孔子止之。子张、子石请行，孔子弗许。子贡请行，孔子许之 |
| 李斯列传 | 田常为简公臣，爵列无敌于国，私家之富与公家均，布惠施德，下得百姓，上得群臣，阴取齐国，杀宰予于庭，即弑简公于朝，遂有齐国。此天下所明知也。今高有邪佚之志，危反之行，如子罕相宋也；私家之富，若田氏之于齐也。兼行田常、子罕之逆道而劫陛下之威信，其志若韩玘为韩安相也。陛下不图，臣恐其为变也。……高曰："丞相所患者独高，高已死，丞相即欲为田常所为。" |
| 平津侯主父列传 | 诸侯恣行，强陵弱，众暴寡，田常篡齐，六卿分晋，并为战国，此民之始苦也 |

①文本摘自司马迁《史记》，中华书局1982年版。

通过表格的对比分析,清晰地展现了陈恒弑君一事在《史记》中被记载的情况。归纳起来,大致有以下几个方面:

首先,陈恒弑君是历史上里程碑式的标志性事件,作为"大事记",在《史记》中被多处记载,且多以"时间+齐田常弑其君简公"的形式出现。如在《周本纪》《秦本纪》《吴太伯世家》《燕召公世家》《管蔡世家》《陈杞世家》《宋微子世家》《晋世家》《郑世家》等中均是如此,个别地方还交代了简公之后的继任者和陈恒出任齐相一事。这种不厌其烦式的重复记载透露出来的历史信息是:

第一,就事件本身来说,陈恒弑君一事如此高频地被重复记载,本身就说明此事的重要性。司马迁在《六国年表》中说明了这一问题,认为伴随着权力的不断下移,诸侯的国政常为大夫掌控,但达到弑杀其君程度的毕竟还是少数。而田常弑杀简公后便开始担任齐国的相国,他十分小心地处理着齐国的内政外务,生怕自己的不义之举和不得人心的为政举动,会为他召来杀身之祸。然而,对于他的这一举动,当时各诸侯国反应并不强烈。这无疑是在昭告世人,陈恒篡权得到了人们的默许。从此,对权力赤裸裸的争夺变得一发不可收拾,田氏也开始更加明目张胆地展开进一步的代齐活动,而继起的韩、赵、魏三家大夫最终将强大的晋国一分为三,从而彻底改变了当时各国实力的对比。

第二,从其反映的思想史内涵来看,司马迁以一种客观叙事的方式,似乎仅是简单地对客观史实加以记录,实则不然。在这种客观叙事的背后,隐含了作者司马迁的史观和立场。司马迁这种写作方式,如同孔子作《春秋》暗含微言大义一样,是通过"加强作品的客观性和真实性,可以上升为一种静观的历史的把握"[1]。他继承了先秦史学"秉笔直书""书法不隐"的优良传统,体现了"其文直,其事核,不虚美,不隐恶"(《汉书·司马迁列传》)的实录精神,司马迁的这种实录精神,不是被动地记录历史,而是通过客观叙事,表达他对待历史的一种态度和价值判断,正如后世评价的那样他是"通古今之变,成一家之言"。那么,司马迁作为"隐性作家",具体是如何通过记录历史呈现自己思想的呢?

我们知道,田常,妫姓,名恒,又称陈恒、陈成子、田成子、田恒等,因避汉文帝刘恒讳,故此处《史记》称其为田常,与《孔子家语》

---

[1] 王增翎:《〈史记〉的叙述人问题和时空问题——从西方叙事学理论看〈史记〉的文学价值》,《广西师范大学学报(研究生专辑)》1989年增刊。

《论语》《左传》等先秦文献记载不同。而且，司马迁也一字寓褒贬，在不同篇章对陈恒弑君一事，有"杀"和"弑"之别。一般说来，"杀"是普通用语，而"弑"则较为讲究。《说文》云："弑，臣杀君也。"陆德明在解读《公羊春秋·隐公四年》"卫州吁弑其君完"时，曾对"杀"和"弑"作了专门的区别，云："君父言弑，积渐之名也；臣子云杀，卑贱之意也。"上面表格举出的十七处文献中，使用"杀"的有五处，使用"弑"的有十处，还有两处使用了与"弑"同义的"作乱"和"篡齐"。由此可见，司马迁对陈恒弑君一事的基本价值导向是清晰的，有通过对陈恒进行道德审判以警示后人的意思。而另外五处记载为"杀"的又出于怎样的考虑呢？"弑"是从道德审判的角度讲的，而换一个视角，从成王败寇历史发展的客观规律来看，陈恒弑君一事又呈现出另外一种样态。如在司马迁专为田氏一族作的传——《田敬仲完世家》中，根据司马迁的记载，田氏家族自入齐以来，政治上多有建树，田氏代齐虽不合礼制，但却符合历史的走向和历史规律的发展。我们推测，司马迁弃"弑"用"杀"，或许就是基于这种宏大叙事史观的考虑，而并非是从正风气、树纲纪的道德范畴考虑的。所以，司马迁在不同境遇下，对同一史实的评论是灵活的，其既有道德范畴的评判，也有宏大史观的客观评论，对于一个史家来说，能做到这一点并非易事。

第三，司马迁对陈恒弑君一事的记载，还反映了他宏观叙事和微观叙事两种不同史观相互交错的叙事特色。司马迁一方面为突出重大历史事件，保持历史叙事的完整性，用"时间＋齐田常弑其君简公"的方式，从长时段的历史叙事角度着意，简明叙事，采用"互见法"①，叙事时不避讳相同、相似文字的多处重文复见；另一方面在微观处需要详尽叙事时，如在《田敬仲完世家》中，又会不惜笔墨，详细交代陈恒弑君的诸多细节，由此通过不同的书写方式，增加了书写历史的多样性。

其次，不同于《论语》和《左传》对陈恒弑君一事的记载，鲁国尤其是孔子对此事的态度反应，并非是《史记》重点关心的内容。在《史记》十七处相关记载中，唯有《鲁周公世家》一处提及孔子对此事的参与，并且，文中对此叙事十分简练，仅用"孔子请伐之，哀公不听"九

---

① 可参见谢立峰、刘春雪《从塑造人物的角度看〈左传〉与〈史记〉的传承》(《绥化学院学报》2007年第6期) 和肖振宇《〈史记〉复写探析》一文 (《渭南师范学院学报》2013年第3期) 中的相关讨论。

个字加以交代。对比《论语》《左传》和《史记》三处关于"沐浴请讨"的记载，《论语》侧重于表现孔子的形象和思想；同为史书的《左传》，或因依托于《春秋》，对鲁史记载较为详尽，有鲁君与孔子关于此事的详细对话；而司马迁作《史记》时，前两处文献是其参考，"沐浴请讨"一事是依附于陈恒弑君而存在，在此更为宏大的史观视野下，孔子的反应被弱化甚至是忽略都是可以理解的。

最后，司马迁记录陈恒弑君一事，还作为以古鉴今的历史事例，出现在臣对君的谏言中，将视线置于探究事件对后世的启发和借鉴意义上，而非仅作为单纯的历史事件加以记载。在《李斯列传》中，秦朝李斯以陈恒篡齐为例向秦二世上书，以古今对比论证的方式，含沙射影地隐喻赵高亦有此谋逆之心。而赵高反之亦以陈恒为例，对秦二世进言曰："丞相所患者独高，高已死，丞相即欲为田常所为。"对于两人的论述，秦二世听信了赵高之言，李斯因此被赵高陷害致死，于是赵高将李斯秦朝丞相的位置取而代之。同样，在《平津侯主父列传》中，陈恒弑君一事还出现在严安向汉武帝所上之谏书中，文中记载严安以田常篡齐、三家分晋等古代经典事例为例，试图以鲜活的历史事件向武帝论证治乱兴衰之道，以此增强说服力以达到进谏的效果。之后，陈恒弑君一事，陆续在《说苑》《新序》《潜夫论》和《盐铁论》等中出现，且均以向帝王进谏的方式呈现，反映了古代知识分子以著述作谏书，试图通过叙事说理的形式，以史为鉴，向君王呈阅谏体书稿，以达到劝谏、咨政的功能。

总之，从后人对"沐浴请讨"一事的注解和记载情况可以看出，不同历史背景下的解经者对同一史实会有不同的"历史性"的解读，而不同视野、时代背景下的编撰者，在记载某一史实的时候，由于各自的关注点和写作意图的不同，即使在同一著作中，取舍亦有很大不同。

### 三 解析"沐浴请讨"事件的思想史内涵

本书以"沐浴请讨"一题为例，通过对《论语》中记载的"沐浴请讨"一事的注释系统进行梳理，结合中国诠释学理论的内容，尝试进行一些思考和总结，期待能对学术研究有所增益和补充。

黄俊杰在《中国孟学诠释史论》的"简体字版序"中曾提到，"开发中国经典解释学传统的方法，当然可以多元多样，一隅不足以举之，其中一个较为可行的方法就是通过数量庞大的经典注疏文字，梳理出中国经典解释学的特质及其'未经明言的'方法论基础或解释策略"①。在此思想的指引下，我们借助经典注家对《论语》中"沐浴请讨"一事的注释，借鉴前人的研究成果，我们有以下几方面的思考与总结：

首先需要注意的是，对"沐浴请讨"事件的考察，不同于黄俊杰对中国孟学史的考察，是专对一人一著的系统研究，这里"沐浴请讨"一题，仅是中国经典著作中的一个较为独立的小章节，从宏观的整个历史长河着眼，甚至难以发现其踪迹，不像孟子及其著作一样系统完整且拥有更大的知名度。但这段文本记载却拥有自己的独特历史特性：第一，它给人们呈现的是一个独立而完整的思想史事件的实录现场；第二，其虽是独立事件，但在史书中的记载却并非是孤篇，在不同文献典籍中有多处重文记载；第三，因其记载的是孔子事迹，因而增添了它的文化内涵和思想史意义。这些特色使得我们在研究时，会有不同于前人的新的研究视角和思考。

黄俊杰通过对中国孟学史的研究，认为以儒家经典为代表的中国经典诠释学，至少有三个突出的面相：即作为解经者心路历程之表述的诠释学、作为政治学的儒家诠释学和作为护教学的儒家诠释学。②结合历代注家对"沐浴请讨"的注释，我们认为如黄氏所言，第一个面相在中国经典诠释传统中较为重要，其言："历代许多儒者注疏经典，常常或是作为一种个人安身立命的手段，或是作为表达个人企慕圣域的心路历程的一种方式。这正是儒家'为己之学'的一种表现，而将经典解释与个人生命交织为一，这是'融旧以铸新'的传统思考方式。"这里朱子对"沐浴请讨"一事的注解便是如此，尤其在各种分析注解之后，其云："而夫子复以此应之，其所以警之者深矣。""警之者深矣"一句，让人们能够明显地感受到朱子在尝试着对孔子的一思一行做着将心比心的心路体贴，表达了他企慕圣域的心路历程。具体来说，朱子跨时空地试图通过体贴、经验孔子的所感所想，来解读此章隐含的思想内涵，除了表达出自身的心路历程之外，亦遵循着"知人论世"的解经原则。朱子认为孔子"致仕居鲁"，就会在其位谋其职，何况他一直坚守其"仁道"思想，臣弑君之事，严重违背了孔子"正名"的礼学思想，对邻国陈恒弑君一事，孔子不仅不会坐视不理，反而会非常重视，而事后孔子的行为，与其"克己

---

① 黄俊杰：《中国孟学诠释史论》之"简体字版序"，社会科学文献出版社2004年版，第1页。

② 黄俊杰：《中国孟学诠释史论》，社会科学文献出版社2004年版，第413页。

复礼"的思想主张亦是契合的。对此,朱子表达了同样的感受,认为"臣弑其君,人伦之大变,天理所不容,人人得而诛之,况邻国乎"。注解中,朱子还对孔子因"以吾从大夫之后,不敢不告也"之故,而不得不遵从君命"告夫三子"一事进行了深度解读。他认为深知鲁国当时政治形势的孔子,不仅清楚地知道当时的鲁政是"时政在三家,哀公不得自专"的情况,没有多少实权的哀公无法对是否伐陈作出决断;而操控鲁国政治的"三子"则"实与陈氏声势相倚",因此孔子将讨伐之事"告夫三子",定然会被拒绝。然而即使如此,孔子依然"知其不可而为之"的深刻用意,是想借助自己的举动来明志,尤其想通过自己的行动警示哀公和三桓。在此注解过程中,朱注以一种似破非破的点化方式来揭示孔子的深切用意,这种只可意会不可言传的含蓄的"体验之学",是中国经典诠释学中一个较为常见的现象。

而朱子之后的学者在解读"沐浴请讨"、解读此章反应的孔子形象,一般都无法绕过朱注的体贴,试图进一步解释朱子言语间未曾被点明的弦外之音。如今人陈开先在《〈论语〉心读精解》中对此章解读到:

> 面对齐国陈田氏公然与天道相悖的行为,孔子感觉到自己有义务对天下之人作个提醒。孔子此时还是被鲁国奉为国老,因此具有告于鲁哀公的权利及义务。他当然知道,鲁国的执政权不在哀公手里,同时也知道鲁国没有能力去讨伐齐国。他是希望以自己"沐浴而朝"的虔敬提醒人们注意:陈成子的弑齐简公,是向整个天下发出了一个大夫篡夺君位的不祥信号。如果天下人不能协力加以制止,更大规模的天下大乱将为期不远。在此意义上,孔子已经预见了战国时代的到来……[①]

中国经典诠释是以经典文本为源头,后世注家则顺着前人的注解予以继承发扬或褒贬,同时也在试图对已有的注解加以完善、更正或做出新的解释,以此环环相扣,几千年的中华文明多赖此传承延续。由此,经过历史的沉淀,逐渐形成了一个自成体系的根系庞杂、枝繁叶茂的中国经典诠释系统。而今之学者在对这一诠释体系继续进行解读的同时,也逐渐有了反思、总结的自觉,试图从中获取中国经典诠释学的独特奥秘。这种作为解经者心路历程的诠释学,如黄俊杰在对其利弊的分析中所说的一样,"作为解释者个人心路历程表白的中国诠释学,有其特殊之优点,但长处

---

① 陈开先:《〈论语〉心读精解》,人民出版社2010年版,第305—306页。

所及，短亦伏焉。这种类型的中国诠释学，使'主'（指解经者）与'客'（指经典）不断为两橛，并经由解释者的'主体性'之贯串，使经典中潜藏之意义为之豁然彰显，对现代人陈述它的内涵，使现代人成为经典作者的异代相知。但是，这种类型的诠释学却也隐伏着内在的限制：经典的后代解释者受限于他们的'历史性'，常不免以今释古，甚至不免强古以就今；其流弊所及，或不免唐突经典，'刑求'古人，甚且有'今'而无'古'，终使'古'意泯灭，经典肢解，如《庄子·天下》所谓'道术将为天下裂'，其斯之谓欤？"① 黄氏的分析十分在理，但我们也要看到，以今释古、刑求古人者有之，而对古人思想体贴的恰如其分者亦有之，这就需要在正视解经者自身"历史性"的同时，也要有强烈的"知人论世"的意识，尽量摒弃自身局限性，努力将自己置身于著者生存的年代，体贴著者的人生轨迹，对其著作做出尽量恰如其分的解读。当然，随着时代的不断发展，我们在以古鉴今，从传统中汲取营养的同时，也需要对文化传统进行创造性的转化和创新性的发展，要与时俱进，解决新时代提出的新课题。所以，时代需要解经者勾连古今，"融旧以铸新"。

黄氏的第二个面相是作为政治学的儒家诠释学，其"与诠释者对社会、政治世界的展望有关。诠释者企图透过重新解释经典的途径，对他所面对的社会、政治问题提出解决方案，这是一种'返本以开新'的思考模式"②。根据黄氏分析，这种政治学的诠释具有两大特征：一是政治学是一种道德学；二是中国诠释学中的政治内涵基本上是"治道"范畴多于"政道"范畴，对现实政治秩序安排的关怀多于对抽象政治原理之分析。结合"沐浴请讨"的注释，我们来分析一下作为政治学的儒家诠释学该如何理解。首先，黄氏所提及的第一个特征，在各家对胡瑗注释的评论中有所体现。胡氏对孔子"沐浴请讨"注曰："《春秋》之法，弑君之贼，人人得而讨之。仲尼此举，先发后闻可也。"胡氏的说法确有偏颇之处，这也是为何其说引来后学不少评议的主要原因。从陈寅恪先生主张的"了解之同情"的角度，我们先试着理解一下胡氏为何会有以上说法。北宋初年，社会风气浮华不羁，教化不兴，风俗偷薄，当时关系到国家前途命运的科举制度华而不实，崇尚声律，以诗赋取士，这在具有忧患意识的胡瑗看来，长此以往必有丧国灭种之危险。为扭转局面以维护封建统治，胡瑗在重"体"的同时，也十分重"用"，教学分为"经义"和"治事"

---

① 黄俊杰：《中国孟学诠释史论》，社会科学文献出版社2004年版，第222页。
② 黄俊杰：《中国孟学诠释史论》，社会科学文献出版社2004年版，第414、417—418页。

两大部分,以培养真正的经世致用之才为目的。所以,在胡瑗看来,这种臣弑其君的扰乱纲纪、以下犯上之事必须严惩不贷,而为维护统治,孔子理应"先发后闻"。胡氏此说受其自身"历史性"的影响深刻,绕过了孔子及其所处社会环境的限制,不仅并未顾及"先发后闻"之举与孔子思想不符,实乃与陈恒犯君无异,而即便是孔子果真有胡氏期许之举,也会以失败告终。元代陈天祥看到这一问题,对胡注评价说:"胡氏讥孔子处事不当,别为画策,以示后人,何其无忌惮之甚也?夫以孔子之圣明,加之沐浴斋戒而后言事,岂有思虑不及胡氏者哉!弑君之贼,人人固皆得以诛之,然齐国之君被弑,而鲁见有君在上,孔子岂有不请于君擅自发兵征讨之理?已先不有其君,欲正他人弑君之罪,不亦难乎?况鲁国兵权果在何人,而责孔子不先发邪?"[1] 陈氏指出了胡氏思虑不周的地方,认为孔子面君之前已作了充分的思考,其思虑不会不及胡氏周全;并且认为当时鲁君尚在,孔子若僭越礼制擅自出兵征讨,亦是不顾君臣名分的犯上之举;此外陈氏还看到,即使退一步孔子果真为"正名"而出兵征讨,鲁国兵权为三桓把控,孔子并无"先发"制人的条件。明人杨慎也有类似的说法,并引证岳飞一事以证其说。总之,从胡注及后人对其的评论来看,他们对儒家政治的思考多是从道德角度出发的,反映了儒家政治学的伦理学特色。与此同时,也表现出了解经者的不同心路历程的差别,以及"知人论世"的重要性。

至于黄氏所谈及的第二个特点,即中国诠释学中"治道"和"政道"的问题,这里主要试图从康有为《论语注》中对"沐浴请讨"的解读加以评论。在写作《论语注》之前,康南海已就变法维新理论写了《新学伪经考》和《孔子改制考》两书,变法失败后,康氏流亡印度,《论语注》成书于此。基于中国当时特殊的政治环境和康氏个人的人生经历,其结合当时时事,借对《论语》进行解读,发表了许多政见。希望通过释读孔子,为解决当时面临的一系列社会问题提供解决之道。注释中康氏不同于前儒,表现出来的一大特色是援西入儒,他引进西方民主、自由、平等等思想与孔学相折中,开以西学诠释儒家思想的先河。如其在诠释子贡"我不欲人之加诸我也,吾亦欲无加诸人"这句话时,认为"人为天之生,人人直隶于天,人人自立自由。不能自立,为人所加,是六极之弱而无刚德,天演听之,人理则不可也。人各有界,若侵犯人之界,是压人

---

[1] 陈天祥:《四书辨疑》,台北:台湾商务印书馆1986年版,第427页。

之自立自由，悖天定之公理，尤不可也"①。显然，康有为是受西方天赋人权论思想的影响，援引其中有关自由的论述对孔子学说进行诠释，在他看来，个体拥有与生俱来的自由权利，尊重个体的这种自由是顺应天道和人道的，反之，压制人的自由有违天理。总之，有政治学倾向的解经者在诠释中国经典时，很难将学统与政统完全分开论述，他们常常表现出对现实政治的极大关怀，因此在解经过程中或明或暗、或多或少地常会表现出要"经世致用""以古鉴今"的思想倾向。在他们看来，解读经文不是最终目的，能够借古之道解决时代课题，才是他们真正关切之所在。

结合对"沐浴请讨"文本的讨论，对黄俊杰总结的最后一个面相的作为护教学的儒家诠释学进行再考察。黄氏认为"诠释者处于各种思潮中强烈激荡的情境中，为了彰显他所认同的思想系统之正统性，常通过重新诠释经典的方式，排击'非正统'思想。这是一种'激浊以扬清'的思考模式"。其有两种类型："就思想体系内部来看，重新诠释经典常常是批驳同门而异调之'非正统'解释之重要手段"；"从不同思想体系之间的互动情况来看，许多诠释者常常重新解释经典以攻排本门以外之'异端'思想。"② 此面相的中国诠释学类型大抵是三者中最容易区分的。

首先，就儒家思想体系来说，孔子学说是集大成者，派系内部存在多个思想各有偏重的派系分枝，他们常将自己视为儒家道统的真正传人，而把儒家内部其他分支视为"分歧"加以排斥，"儒分为八"之说便是一个明证。前面对"沐浴请讨"的注释中，元代陈天祥、明代杨慎和清人毛奇龄三人的注释最能说明这一问题。元明清三朝多宗主朱学，以其为正宗，而此三人则驳正朱注，反对朱王的义理之学，认为朱熹之注有违孔子之道，试图通过重新释经来批驳其他解经者，并以自己为真正的"正统"。如清人毛奇龄服膺于汉儒，而不喜宋儒，特别与朱注为难。以"格物"为例，毛氏认为朱熹"格物穷理"的思想，不仅没有体贴到"圣学"的根本，反而和"圣道""圣学"背离。为此，毛奇龄以论证"本末"之问题来反驳朱说，认为"知明德先于亲民，修身、正心、诚意先于齐家、治国、平天下，而知先之学全在知本"③。将"修身""诚意"和"格物"联系在一起，认为"诚意"为本，"修身"为末，故而只有先"诚意"，才可能进一步"修身"和"正心"，本、末是不可倒置的。再

---

① 康有为：《论语注》，中华书局1984年版，第61页。
② 黄俊杰：《中国孟学诠释史论》，社会科学文献出版社2004年版，第414—418页。
③ 毛奇龄：《西河合集·大学知本图说》，清华大学图书馆藏康熙刻《西河合集》本。

者，就是不同思想学派之间的斗争来说，一个明显例子就是汉代确立儒家的正统地位之后，随着佛教等思想的传入，社会信仰体系开始变得更加多元化，后儒们便努力通过构建儒家的"道统"思想与佛、道思想抗衡，维护自己的正统地位。至唐宋时，佛、道思想发展势头越发猛烈，儒家思想受到很大的挑战，他们不得不积极应对来自佛、道的冲击。正是在这一背景下，儒家之道统说在唐儒韩愈的推动下正式提出。他首次明确提出一个儒家传授谱系："尧以是传之舜，舜以是传之禹，禹以是传之汤，汤以是传之文、武、周公，文、武、周公传之孔子，孔子传之孟轲。轲之死，不得其传焉。"① 此后，儒者们多持守此道统之说，并在此基础上继续延续道统的谱系，除展现了儒家思想发展的内在理路之外，其产生发展的最重要的外部原因，就是要抵御来自佛道等其他流派的挑战与冲击。

以上结合黄俊杰对中国经典诠释学的论述，通过对"沐浴请讨"的注释进行再分析，认为黄氏理论的建立亦是时代的产物，与其留学经历和西方诠释学理论的冲击有直接关系。他对中国诠释学的开拓性探讨弥足珍贵，但也有继续挖掘、拓展的空间。其中，有两点内容可作进一步商榷讨论：一是，黄氏关于中国诠释学三个面相的分析，分类标准明晰，切合中国经典解读的思想路径，但在实际的经典解读中，三个面相并非互不相干、没有交叉，常常是相互融合在一起的。如程子在解读《论语》时，即从自身的心路历程去解读孔子，但同时也存有圣化孔子、维护孔子形象的"护教学"心理，这在朱熹身上也有同样的体现。此外，元儒陈天祥对《论语》的释读，则是政治学和护教学两大面向的双重体现。从中就可以看出东西方学术传统的差异，即西方注重分析，东方则注重综合。二是，黄氏的诠释学理论主要是建立在"宋学"注解体系上，但对中国传统的"汉学"诠释体系分析较少。"宋学"思想性较强，被视为儒家思想的主体，一般认为其更能反映一个民族思维特质。但以"汉学"为代表的认知理性，同样展现了诠释学理论以及国人思维的某些特点。如20世纪初，冯友兰等现代新儒家就十分重视中国文化传统中的认知理性，努力为其寻找到在中国传统文化中的位置，希望能将其作为科学民主确立的内在根据。后又有成中英等提出，应将中国文化中认知理性的挺立提高到真正的理论和未来发展方向的层面，并认为其将会决定儒学未来发展的命运。② 中国文化传统中以

---

① 韩愈：《原道》，载《韩昌黎全集》卷11，中国书店1991年版，第174页。
② 可参见李翔海《寻求德性与理性的统一——成中英本体诠释学评析》，《中国哲学史》1996年第4期。

"汉学"为载体展现出来的认知理性,确实应该被重新认识,而不应仅局限于历史文献学的研究。

最后,借助德国诠释学大师伽达默尔的理论,来进一步解读暗含在诠释学中普遍的"历史性"问题。用按照他的理解:"每一时代都必须按照它自己的方式来理解历史传承下来的文本,因为这文本是属于整个传统的一部分,而每一时代则是对这整个传统有一种实际的兴趣,并试图在这传统中理解自身。"① 故而,"我们只是因为我们自己是'历史性的'才研究历史,这意味着:人类在其回忆和遗忘的整个活动中的历史性,乃是我们能根本把过去唤回到眼前的条件"②。这是伽达默尔提出了"效果历史"概念的主要理论依据。所以,诠释学的"历史性"问题不仅不可逃避,反而是要仔细研究的问题。所谓经典诠释学的"历史性"问题,大致有两个角度:一是经典本身的"历史性",或者说是撰经者的"历史性";第二便是解经者的"历史性"。两者之间又有许多相通之处,因为无论是撰经者还是解经者,他们都可以统统被视为是诠释者,他们诠释的内容与他们所处的时代背景、当时的思想浪潮以及他们个人的经历有密切关系。换言之,诠释者的"历史性"至少包含以下两方面的内容:第一,指经典诠释者的生活经验与时代环境而言。第二是指诠释者都是系统的建构者,他们透过他们自己的思想系统赋古典以新义,出新解与陈编,他们的思想系统本身也是特定时空条件下的产物。③ 如此,反观"沐浴请讨"的诠释史,我们会对不同时代解经者的不同理解,有了更为深刻的"了解之同情"。而几千年来中华文明在很大程度上有赖于国人这种深厚的"历史感"得以传承延续至今。

---

① [德] 伽达默尔著,洪汉鼎译:《真理与方法》,上海译文出版社1992年版,第419页。
② 洪汉鼎主编:《中国诠释学》第1辑,山东人民出版社2003年版,第266页。
③ 可参见黄俊杰《中国孟学诠释史论》,社会科学文献出版社2004年版,第57—71页。

# 第四章 "哀公问孔"材料的个案研究（下）

三、四两章是姊妹篇，这两章分别从"哀公问孔"材料中，按照可靠性逐渐降低的顺序，选取了三则有代表性的主题对话，试图从历史文献学和经典诠释学的角度，对如何解读这三则材料进行深入研究。第三章主要是在儒家诠释系统内，对可靠性很高的文本材料进行考察，重点解析了后儒注解孔子遗说的不同及其原因，以及如何理解和看待这一问题。以此为参照，第四章将展开跨越家学流派的研究，对可靠性降低的儒家类和非儒家类经典世界中的"哀公问孔"材料进行细致考察。刘笑敢在其所著的《诠释与定向：中国哲学研究方法之探究》一书中曾提出一个观点，他认为在经典诠释的过程中存在两种定向：一方面是历史的、文本的取向，另一方面是当下的、现实的取向，而每一部诠释作品都是两种定向之间比例交互作用的产物。[①] 根据作者的表述，第三章对孔子"沐浴请讨"事件的解析可归于第一个定向，其侧重于以经典文本为中心，察看历代对儒家经典的注释，注重考察经典文本的客观性、历史性等，由此反思中国经典诠释学的特质，以更好地解读"哀公问孔"资料。本章则试图结合第二个诠释定向——当下的、现实的取向出发，将研究的重点放在"哀公问孔"材料在经典世界中是如何被记载的，由此分析不同经典作家为解决他们当时的时代课题，是如何通过"哀公问孔"材料，赋予其新的意义，书写自己的思想学说的。本章共分二节进行分析，第一节选择"哀公问孔"中较为可信的"最贤之君"为例，分析其源与流，考察史料在流变过程中，不同家学流派的思想家们是如何将儒家材料纳入他们思想体系的。第二节则选取"东益不祥"一题，其可靠性相对来说较低，但在儒、法、道、杂等经典中其却被广泛记载，本节试图通过考察"东益

---

[①] 可参见刘笑敢《诠释与定向：中国哲学研究方法之探究》，商务印书馆2009年版，第61—65页。

不祥"在不同学派典籍中的流传,来进一步认识这类文献的可靠性,及其对孔子研究的价值。

## 第一节 经典世界中的"最贤之君"

"哀公问孔"中关于"最贤之君"的文献记载出现在《孔子家语》《说苑》,以及阜阳汉简《鲁哀公问孔子当今之时》①中。其中,涉及的出土文献虽然仅存篇题并无内容,但其出土至少证实"最贤之君"的文献流传时间,不应晚于墓主人的下葬时间——文帝十五年(前165),这为我们研究此文献的成书流传,提供了很大帮助。另外,"最贤之君"在先秦至两汉的文献中,除见于以上两部儒家类文献,在其他家学流派的文献中,我们亦可寻到一些蛛丝马迹,下面我们将对"最贤之君"作一个全面的梳理和研究。

### 一 "最贤之君"的思想根源

"最贤之君"主要是哀公就贤君的评判标准问题询问孔子的意见,问孔子在他们生活的时代,有称得上"贤君"的君主吗?孔子的回答让人有些意外,他认为卫灵公可以称得上"贤君",并申明理由是卫灵公取用贤才,用人有方。在查看"最贤之君"的具体文本内容之前,我们先看一下其他文献是如何记载卫灵公的。首先在《论语》中有这样一段记载:

> 子言卫灵公之无道也,康子曰:"夫如是,奚而不丧?"孔子曰:"仲叔圉治宾客,祝鮀治宗庙,王孙贾治军旅。夫如是,奚其丧?"(《论语·宪问》)

如文本所呈现的一样,卫灵公是一个富有争议的人,首先他确有昏庸无道的一面,但他与同时代的其他君主最大的不同是,卫灵公取人有方,身边聚集了众多贤德之人。首先来看一下何以"子言卫灵公之无道也",在《史记·孔子世家》中曾记载说:"(孔子)居卫月余,灵公与夫人同车,宦者雍渠参乘,出,使孔子为次乘,招摇市过之。孔子曰:'吾未见好德如好色者也。'于是丑之,去卫,过曹。是岁,鲁定公卒。"卫灵公

---

① 在此汉简中仅存篇题,并无内容的保留。

吸贤纳士，孔子是贤德之人，刚离鲁周游不久至卫，卫灵公就有任用他的想法。文载："卫灵公问孔子：'居鲁的禄几何？'对曰：'奉粟六万。'卫人亦致粟六万。"（《史记·孔子世家》）但后因有人向灵公进孔子的谗言等原因，最终使孔子在卫不得仕。与此同时，在《史记》记载的这次事件中，灵公及其夫人同车在前，并以宦官雍渠随侍同车，孔子之车尾随其后。如此安排招摇过市，表明了卫灵公对美色和贤才的态度，可谓是"卫灵公之无道也"。正是在这次有违礼制的出行刺激下，孔子失望之至，言"吾未见好德如好色者也"，我还不曾见过像喜好美色那样来喜好美德的人，于是孔子决定离开卫国。此外，《论语·卫灵公》首章还记载了这样一件事情，文曰："卫灵公问陈于孔子。孔子对曰：'俎豆之事，则尝闻之矣；军旅之事，未之学也。'明日遂行。"我们知道，孔子的政治思想讲求德政，主张"为政以德"，希望以仁德和礼制来治理国家，反对战争，但卫灵公对礼治方面的"俎豆之事"不感兴趣，反而对布阵打仗的"军旅之事"十分关心，因此孔子推诿说"未之学也"。从这件事情来看，卫灵公与孔子之道是有距离的，他不是孔子最理想的贤明君主。

根据以上分析，加之卫灵公生性猜忌，并有宠信男宠等不良嗜好，这样一位"无道"的君主难以守住他的君位。因此，季康子会发出"夫如是，奚而不丧"的疑问。而对卫灵公失望而离卫不仕的孔子，为何认为这样一位"无道"的君主可谓"贤"呢？对此，孔子如评价管仲一样，从一个更加宏大的历史视角进行审视认为，卫灵公不失君位、被视为贤君的一个最主要的原因在于，他知人善任，取人有方。这是同时代的其他君主所不及的一个重要原因，也是孔子弟子多仕卫的一个主要缘由。再者，卫灵公身边的贤才都是怎样的人呢？且看这里孔子提到三位贤德的卫大夫，根据《史记》记载仲叔圉主要负责处理礼宾事宜，祝鮀主管宗庙祭祀，王孙贾则负责统率国家军队。此外，关于三人的贤能史书中还有不少记载，如仲叔圉即历史中著名的孔文子，在《论语·公冶长》中，孔子对其"文"曾给予充分的肯定，曰："子贡问曰：'孔文子何以谓之文也？'子曰：'敏而好学，不耻下问，是以谓之文也。'"又如祝鮀，字子鱼，也称史鱼或史鳅，他能言善辩，有口才。历史上关于他的记载更加丰富，单是《论语》中就不止一次提到他，如对他的口才，孔子曾评论说：

"不有祝鮀之佞，而有宋朝之美，难乎免于今之世矣！"① 是说如果一个人没有祝鮀那样的辩才，却有宋朝一样的美貌，在当今之世恐怕难免于祸患。祝鮀不仅有好的口才，而且其为人还十分刚直，孔子曰："直哉，史鱼！邦有道，如矢；邦无道，如矢。"（《论语·卫灵公》）讲史鱼的刚直不因世道而变，邦国有道，他像射出去的箭一样直，邦国无道时，他依旧像射出去的箭一样直。对此，在其他文献《韩诗外传》《孔子家语》《大戴礼记》《新序》和《新书》等中，还提及他不畏杀身之祸，多次向灵公举荐贤人蘧伯玉，因灵公身边的宠臣弥子瑕作风不正、祸乱国事，而主张劝退弥子瑕，为此，他甚至不惧死亡，以尸谏的方式坚持向灵公进言，最终灵公被他正直和真诚感动，重用了蘧伯玉，并辞退了弥子瑕。② 由此可见，在礼崩乐坏的春秋末期乱世中，卫灵公身边可以聚集了一批贤德之人实属不易。为什么孔子如此重视取用贤德之士呢？

　　根据文献记载，在孔子看来"为政在人"，一个君主在政治上能否有所作为，或评判其成功与否的一个重要标准，就是其是否举用贤才。孔子曾说："其人存，则其政举；其人亡，则其政息。……故为政在人。"（《礼记·中庸》）有鉴于此，孔子多次在不同场合强调举贤才的重要性。如仲弓为季氏家宰时，向孔子问政。孔子曾明确提出"先有司，赦小过，举贤才"。（《论语·子路》）其另一位学生子游在担任武城宰时，孔子对其为政最关心的一个问题也是"女得人焉耳乎"（《论语·雍也》）。孔子这种特别强调贤才的人才观，与他"为政以德"的修己安人之学的思想内容是统一的。"为政以德"和"道之以德"，是孔子为政治国思想的核心，其一方面强调为政者的仁德修养，另一方面意在指明他之所以强调君子修养，是想他们起到模范带头作用，施行仁政，并对百姓带来道德上的引导。简言之，"孔子心目中的'为政'说到底不过是其修'道'之

---

① 《论语·雍也》，另外，在《左传》定公四年记载的一次伐楚的盟会上，对祝鮀的口才和外交能力也给予了极大的肯定和展现。
② 几处文献的记载十分相近，这里我们简单以《大戴礼记·保傅》（王聘珍撰，王文锦点校：《大戴礼记解诂》，中华书局1983年版，第65—66页）的记载为代表，呈现关于此事的文献记载："卫灵公之时，蘧伯玉贤而不用，弥子瑕不肖而任事。史鳅患之，数言蘧伯玉贤而不听，病且死，谓其子曰：'我即死，治丧于北堂。吾生不能进蘧伯玉而退弥子瑕，是不能正君者，死不当成礼。而置尸于北堂，于我足矣。'灵公往吊，问其故，其子以父言闻，灵公造然失容曰：'吾失矣！'立召蘧伯玉而贵之，召弥子瑕而退，徙丧于堂，成礼而后去，卫国以治，史鳅之力也。夫生进贤而退不肖，死且未止，又以尸谏，可谓忠不衰矣。"

'教'在政治领域的延伸"①。故而，孔子特别强调君子品质，对于为政来说，这种品质主要表现为包含众多美好道德品质的"贤"。而为政者除包含君主之外，一个更加庞大的群体就是君主选用的官员。所以，贤才对于一个国家的兴亡有着举足轻重的作用，孔子对此非常重视，也盼望着他自己能遇到识其才的伯乐之君。

以上是从"最贤之君"的文本源头切入，我们考察了孔子对卫灵公的评价、卫灵公选用贤才的情况，以及孔子的人才观。通过分析可以看出，综合衡量灵公以上在"失道"和任用贤德之人两方面的表现，再与灵公同时期的其他国君相比，卫灵公已是"贤君"，他的闪光点在于他知人善任，人尽其才，这是他优于其他君主的一大特质，也是孔子为政治国想要重点强调突出的一点。所以，虽然灵公有昏庸无道之处，但却不失贤德。或许也正是基于以上认识，孔子周游列国时，才会多次往复卫国，在卫国停留时间最久，并试图在卫国成就自己一番事业。这与"最贤之君"想要传达的信息是完全契合的。此外，孔子对季康子如是回答，应有训诫季氏之意，希望他可以努力成为贤德之人辅佐鲁君治国，期望鲁国也能够知人善任。

## 二 "最贤之君"的文本生成

前一小节我们重点从思想方面分析了《论语》中可以与"最贤之君"相互佐证的文本内容，以此论证"最贤之君"的可靠性问题，本小节则试图从"最贤之君"所涉典籍的流传、成书等问题，来考察材料的可靠性以及文本生成、流传的过程。

"最贤之君"的材料见于《孔子家语》和《说苑》，首先，对于《孔子家语》来说，自20世纪70年代以来，随着大量出土文献的出土，如河北定县八角廊汉墓出土的《儒家者言》、安徽阜阳双古堆汉墓木牍中的1号木牍、上海博物馆藏战国楚竹书中的《民之父母》等文献，以及英藏敦煌写本《孔子家语》的发现，引发了人们对《孔子家语》可靠性及其价值的广泛关注和重新思考，此前《孔子家语》一直被视为是典型伪书被弃之不用。通过细致考证和梳理，杨朝明先生认为："《孔子家语》是专门记录孔子及孔门弟子思想言行的著作。该书汇集了孔子的大量言论，再现了孔子与弟子、时人谈论问题的许多场景，还有经过整理的孔子家世、生平、事迹以及孔子弟子的材料。"认为《孔子家语》的原型应该是

---

① 黄克剑：《论语疏解》，中国人民大学出版社2010年版，第14页。

汇集在一起的"集录",集录即孔子弟子各自记录的有关孔子的笔记。孔子死后,一些笔记内容被整理成《论语》,而大量的未被整编进入《论语》的笔记材料则随孔子弟子单篇流传,几经辗转,直至汉代才将这些材料收归中央。孔安国作为孔子后裔,是当时在朝为官的著名经学家,他自感身负传承文化的重担,有责任传其祖训,将这些藏于秘府的材料重新进行整理保存,因此他通过私人关系,整理出我们今天看到的《孔子家语》的底本。① 在《孔子家语后序》中,他对此进行了详细说明:

> 孝景皇帝末年,募求天下礼书,于时士大夫皆送官,得吕氏之所传《孔子家语》,而与诸国事及七十二子辞妄相错杂,不可得知,以付掌书,与《曲礼》众篇乱简合而藏之秘府。元封之时,吾仕京师,窃惧先人之典辞将遂泯灭,于是因诸公卿士大夫,私以人事,募求其副,悉得之,乃以事类相次,撰集为四十四篇。②

可见,《孔子家语》的成书是孔安国"以事类相次",以私人的方式整理藏之秘府的关于孔子及其弟子材料的典籍。而且,孔安国编定完成此书后,很长一段时间它是以"孔氏家学"③ 的方式流传于世。家传的流传方式有助于保存《孔子家语》底本的原貌,但该书也存在"可能有孔子弟子整理时的'润色'、后人传抄过程中的'增损'和孔安国整理材料时的误排"等问题④,只是家传的方式使其少有机会免受外在影响而发生变化,对于《孔子家语》来说,孔安国编撰此书是一件"私事"而非政府行为,其编写的目的在很大程度上是为了保存"先人之典",后来直到三国王肃为其作注,《孔子家语》才为更多所知,此前在很长一段时间里,其是以家传的形式流传,故而在对史料保存的原始性上,其更贴近史料的原貌。所以,自编订成稿之后,其较少受到外界的干扰,不像《礼记》《说苑》等一样,明显带有汉人编辑的痕迹。然而,依靠家传方式得以流传的《孔子家语》存在的一个重要问题,即它经过两汉时期的家传过程,在三国魏王肃之时公布于世,引起了不少学者对其成书、可靠性等问题的怀疑,王肃伪造说大行其道,一直到20世纪相关出土文献的问世,此说仍具有很大的影响力。其中,庞朴先生曾对上博竹书《民之父母》中的

---

① 杨朝明:《〈孔子家语〉的成书与可靠性研究》,(台北)《故宫学术季刊》2008年第1期。
② 本序以四库本为底本,校以马端临《文献通考·经籍考·经部》所载此序。
③ 可参见黄怀信等《汉晋孔氏家学与"伪书"公案》(厦门大学出版社2011年版)一书。
④ 杨朝明:《〈孔子家语〉的成书与可靠性研究》,(台北)《故宫学术季刊》2008年第1期。

"五至三无"之说进行过细致研究,并在研究过程中,涉及《孔子家语》成书问题的讨论。他认为:"以前我们多相信,《孔子家语》乃王肃伪作,杂抄自《礼记》等书;《礼记》乃汉儒纂辑,非先秦旧籍,去圣久远,不足凭信。具体到'民之父母'一节,则认为,其'五至三无'之说,特别是'三无'之'无',明显属于道家思想,绝非儒家者言,可以一望而知。现在上博藏简《民之父母》篇的再世,轰然打破了我们这个成见。对照竹简,冷静地重读《孔子家语·礼论》和《礼记·孔子闲居》,不能不承认,它们确系孟子以前遗物,绝非后人伪造所成。"① 在庞先生等学者的带动下,借助出土文献研究,学术界逐渐破除了对《孔子家语》伪书说的成见,越来越多的学者认识到研究《孔子家语》的价值,研究孔子的资料范围因此得到极大的扩充,而"哀公问孔"材料因大量出自《孔子家语》也进一步被得到关注。

相对来说,《说苑》的成书情况较为清晰、分歧较少,刘向在撰写《说苑叙录》中说:

> 护左都水使者光禄大夫臣向言:所校中书"说苑杂事",及臣向书、民间书、诬校雠,其事类众多,章句相溷,或上下谬乱,难分别次序。除去与新序复重者,其余者浅薄不中义理,别集以为百家,后令以类相从,一一条别篇目,更以造新事十万言以上,凡二十篇,七百八十章,号曰《新苑》,皆可观。臣向昧死。②

由此看来,《说苑》的材料来源于《说苑杂事》,且与"中书"即皇家藏书密切相关。我们知道,根据文献记载刘向是奉命领旨去整理皇家文献典籍,即"上(成帝)方精于《诗》《书》,观古文,诏向向领校中《五经》秘书"③。所以,相较于同时代的孔安国"私以人事,募求其副",他可以正大光明地整理秘府中的文献典籍。后来我们看到的《新序》《说苑》等就是他在校理群书时,广采百家所载的嘉言善行、寓言故事、民间传闻,且间有自己的论述和创作而成。而对于著者刘向来说,他也拥有学术和政治两方面的担当。一方面在学术上,他集经学家、目录学家和文学家三种身份于一身。如他的《别录》开创了我国目录学的研究,

---

① 庞朴:《话说"五至三无"》,《文史哲》2004年第1期。
② 严可均:《全汉文》,《全上古三代秦汉三国六朝文》,中华书局1958年版,第334页。
③ 班固:《汉书》,中华书局1962年版,第1950页。

在目录学研究历史上具有非常重要的地位。而他的这种学术素养,在编撰《说苑》一书时也有所体现,如在编撰时,他注意对史料进行分类选编,是"以类相从,一一条列篇目",且对大多数篇目都作有概括主旨的总说,或是在一些故事后面,还附有按语。如"最贤之君"所在的《说苑·尊贤》篇,他概括说:"人君之欲平治天下而垂荣名者,必尊贤而下士。《易》曰:'自上下下,其道大光。'又曰:'以贵下贱,大得民也。'夫明王之施德而下下也,将怀远而致近也。夫朝无贤人,犹鸿鹄之无羽翼也,虽有千里之望,犹不能致其意之所欲至矣。"① 如此,表明了自己选编材料时的意图和思想主张,不仅方便读者阅读,也有利于人们了解编者的思想。另一方面在政治上,刘向有着汉室宗亲的特殊身份,这使他对振兴汉室,有着一股强烈责任感。也是在这股力量的驱动下,他试图以著书的方式来昧死进谏匡正汉室。因此就《说苑》一书来说,其不仅是一部历史故事的类编,带有史料汇编的性质,而且还带有非常强烈的政治意图和汉纪纲常色彩,即在刘向心中《说苑》面向的读者不是一般的民众或官员,而是希望能够借此书为皇帝治国提供参考。

通过以上对《孔子家语》和《说苑》两书成书情况的梳理可见,两书的材料来源均主要来自于西汉秘府的藏书。如此,材料来源相同的两部文献汇编类的典籍,在内容上出现大量重合之处是十分正常的。但由于各自的编者不同,在材料取舍、编撰意图等方面会有不同倾向,这在第二章材料的校勘对比中体现的较为显著。就"最贤之君"来说,原始材料来源都应是西汉秘府,通过前面对《论语》中"子言卫灵公之无道也"章的讨论可知,此题鲁哀公和孔子讨论的内容有据可循,《论语》与"最贤之君"的记载可以相互佐证,这在一定程度上增强了"最贤之君"材料的可靠性。那么,"最贤之君"的记载是怎样生成的呢?对此,我们认为其主要有两种可能:一是,历史上,哀公与孔子之间就"最贤之君"的话题确实发生过对话,并被当时的史官或者孔子弟子记录下来,但在流传过程中,不一定被记录在今天我们能见的先秦文献典籍中。例如与孔子同时代的孙武,不仅著有《孙子兵法》,而且在吴越战争中曾发挥了重要作用,但在关注战争的《左传》中却不见有关孙武及其著作的记载,一度使《孙子兵法》的成书问题成为悬案,但随着银雀山等竹简的出土,这一问题才得到了有力的证明。二是,"最贤之君"的这段记载,亦不完全排除是他人结合卫国史实情况,根据《论语》"子言卫灵公之无道也"章

---

① 刘向撰,向宗鲁校证:《说苑校证》,中华书局1987年版,第173页。

的记载，编写的另一版本的孔子有关卫灵公的故事新编。但这不同于《庄子》中一些虚构的寓言故事，因为文本中涉及的内容，不是凭空捏造，它基本符合卫国当时的史实，且与孔子的思想主张也相符。这种对儒家思想的继承与发展的写作方式到战国时期较为常见，如《孟子》一书中的一些情景故事的记载便是如此，当时，他们既要应对来自外部百家争鸣的压力，又要面对儒家内部的分歧，为了传承儒家思想，这种依托圣人之言的文化创作是可以理解的。

其特点主要有二：一方面这些记载的思想内涵有可靠资料的来源，另一方面从历史的真实性来说，这些记载未必都是历史的真相。总之，"最贤之君"这一材料虽然不像"沐浴请讨""直躬证父"[①] 等一些历史故事一样，能够在《论语》等权威经典中寻找到直接相关的故事原型，但像"最贤之君"一类的记载，也有较为扎实可信的间接史料可对其进行佐证，在一定程度上可以说明其存在的合理性和可信度。质言之，我们认为"最贤之君"这类材料在所涉思想内容上有可以考据文本材料进行支撑，但其可靠性一般难以完全坐实，可作为研究孔子及其思想的辅助材料使用。

## 三 "最贤之君"材料的注脚

"最贤之君"见于《孔子家语》和《说苑》两部儒家类文献，但关于卫灵公举贤才、知人善任的记载却广泛见于其他典籍，如在《韩非子》《吕氏春秋》《庄子》等非儒家类文献中就有大量记载。我们认为，这些记载既可为"最贤之君"作注脚，也可以在其他家学流派的经典中，察看诸子百家对卫灵公之"贤"是如何解读的。

首先，让我们来察看先秦法家人物韩非在其著作《韩非子》中对卫灵公有哪些记载，又是如何将其纳入自己的理论体系的。韩非生活在战国末期，精于"刑名法术之学"，他总结了此前法家的观点，并糅合了儒、墨、道等家的一些思想，主张君主专制，形成了以法治思想为核心的法、术、势相结合的法家政治思想，其《韩非子》是先秦法家的集大成之作。韩非人生的主要经历是，作为游士向当时各邦国宣讲自己的政治理论思想，并希望得到重用，从而将自己的理论付诸实践。他有如此气魄所依据

---

① 可参见陈壁生的《经典世界中的"直躬证父"》一文（陈少明主编的《思史之间：〈论语〉的观念史释读》，上海三联书店2009年版，第147—162页），更详尽的内容可参见其博士学位论文《亲亲相隐：从经典、故事到传统》（博士学位论文，中山大学，2007年）。

的就是他所著的《韩非子》,他在书中对很多社会问题,都有自己细致入微的独到见解,并通过大量的寓言故事,将自己的理论由浅入深,以记叙说理的方式呈现出来,而这些见解、主张又并非杂乱无章,它们被安排在一个共同的核心价值体系之下。韩非这样做的原因,是为当时的社会问题提供解决方案,为君主统治出谋划策。而他为《韩非子》所设定的读者直指国君。有鉴于此,卫灵公在《韩非子》中是如何被塑造,韩非又想借此达到怎样的目的呢?

《韩非子》中关于卫灵公的记载,与本书关系较为密切的主要有两则故事,分见于其书的三个不同篇章。一个是关于侏儒借梦劝谏卫灵公的故事,文载:

> 卫灵公之时,弥子瑕有宠于卫国,侏儒有见公者曰:"臣之梦践矣。"公曰:"奚梦?""梦见灶者,为见公也。"公怒曰:"吾闻见人主者梦见日,奚为见寡人而梦见灶乎?"侏儒曰:"夫日兼照天下,一物不能当也;人君兼照一国,一人不能壅也。故将见人主而梦日也。夫灶,一人炀焉,则后人无从见矣。或者一人炀君邪?则臣虽梦灶不亦可乎!"公曰:"善。"遂去雍鉏,退弥子瑕,而用司空狗。①

此事在《韩非子》的《难四》和《内储说上》均有记载,而且两处文本几乎一致,只是《内储说上》没有交代侏儒劝谏的结果,即无"公曰:'善。'遂去雍鉏,退弥子瑕,而用司空狗"。根据前人研究,《储说》中的许多故事在《韩非子》其他篇章中也曾出现过,正如篇题所揭示的,这里的"储"有积蓄、存储的意思,"说"则指历史、传说故事。所以,这里选取了许多《韩非子》其他篇章记载的故事,将其按照一定的标准进行重新排列组合,并以"经"的方式解释分类的标准。此处侏儒劝谏灵公一事作为举证的事例,在这里被归于《内储说上》之君主需要掌握的"七术"中的第七条"倒言"中,韩非对此解释说:"倒言反事,以尝所疑,则奸情得。故阳山谩樛竖,淖齿为秦使,齐人欲为乱,子之以白马,子产离讼者,嗣公过关市。"② 这段话的意思是说,用反话反事来测试自己怀疑的事,就会了解到奸情。所以阳山要假装诽谤樛竖,淖

---

① 王先谦撰,钟哲点校:《韩非子集解》,中华书局1998年版,第385—386页。
② 王先谦撰,钟哲点校:《韩非子集解》,中华书局1998年版,第216页。

齿要派人冒充秦使，齐人作乱前要派人刺探君主，子之要用白马测试左右，子产要隔离诉讼双方，卫嗣公要派人过关市。而要弄清楚卫灵公一事被韩非置于此处的用意，就需要察看其《难四》篇对此事的记载，尤其是韩非以"或曰"（有人说）的形式，对文本进行的讨论式的解读。文曰：

> 或曰：侏儒善假于梦以见主道矣，然灵公不知侏儒之言也。"去雍鉏，退弥子瑕，而用司空狗"者，是去所爱而用所贤也。郑子都贤庆建而壅焉，燕子哙贤子之而壅焉。夫去所爱而用所贤，未免使一人炀己也。不肖者炀主，不足以害明；今不加知而使贤者炀己，则必危矣。
>
> 或曰：屈到嗜芰，文王嗜菖蒲菹，非正味也，而二贤尚之，所味不必美。晋灵侯说参无恤，燕哙贤子之，非正士也，而二君尊之，所贤不必贤也。非贤而贤用之，与爱而用之同；贤诚贤而举之，与用所爱异状。故楚庄举叔孙而霸。商辛用费仲而灭，此皆用所贤而事相反也。燕哙虽举所贤，而同于用所爱，卫奚距然哉？则侏儒之未可见也，君壅而不知其壅也。已见之后而知其壅也，故退壅臣，是加知之也。曰"不加知而使贤者炀己则必危"，而今以加知矣，则虽炀己，必不危矣。①

以上这两段韩非借他人之口所言之己意，充分显示了韩非见解之独特、思虑之巧妙，以及逻辑之严谨。侏儒劝谏卫灵公一事仅见于《韩非子》，根据学者研究，"韩非寓言为数众多的是那些立足于现实，放眼于历史，从清醒的政治家、哲学家的眼光取材于历史故事和传说的作品"②。历史上关于卫灵公用人的记载有很多，前面已有讨论，韩非或许就是基于这一历史史实进行加工创作的。若此，韩非的创作则既包含了可考的历史之真，也有作者为达其意而作的改编、加工甚至是虚构。如有人曾将《韩非子》与《庄子》中的寓言故事进行对比，发现："它（《韩非子》）虽然也有很多寓言故事，但毕竟是针砭时弊与'观往者得失之变'（《史记·老庄申韩列传》）的作品，所以其中很多记载都具有重要的史料价

---

① 王先谦撰，钟哲点校：《韩非子集解》，中华书局1998年版，第386—387页。
② 张伟明：《〈韩非子〉寓言论析》，《辽宁教育行政学院学报》2007年第3期。

值，反映了先秦时期各个历史阶段以及各个社会领域的历史风貌。"[1] 由此可见，历史的真实我们可能始终无法企及，但历史的虚构却并非完全无法推考，因为每个时代的作者，都有无法摆脱其自身的时代局限性，如果认清了这一点，对我们分析文本内容是有很大帮助的。

那么，韩非借此历史故事想要说明什么问题呢？首先，韩非借侏儒之口，似是要告诉君主取用人才对于治国的重要性，是人才那么就如同太阳，是没有人能够蒙蔽他的；如若不然，那么就像灶台中的火，只要有一个人挡住了灶门，那么君主就可能会被完全遮蔽住。但细细品读"或曰"的文字发现，韩非想要表达的意思并非仅此而已。他试图通过第一个"或曰"，即以灵公罢掉雍鉏，辞退弥子瑕，任用司空史狗的举措，看似是通过罢免自己宠爱的人，而任用自认为贤德的人来辅佐自己，但结果却是这很难保证君主治理好国家的目的。这是因为这些受到君主认可的贤德之人，是否果真贤德是难以预料的。如其在文中所言"今不加知而使贤者炀己，则必危矣"，是说如果君主不加以了解而让贤人蒙蔽了自己的眼睛，那就一定很危险了。对此说法，韩非通过历史上郑子和燕王哙用了所谓的"贤人"，却均受蒙蔽的史实作了说解。但为将意思表达明确，韩非进一步在第二个"或曰"中，运用正反两个面向的史实，试图进一步揭示为何同样都是任用"贤人"，得到的结果却相反。根据记载这是因为如果知道所用之人不贤，即使宠爱也是有度的，不至于受到蒙蔽；而如果君主所器重之"贤人"并非真正的贤才，但由于君主认可，因此不设防地信任他，那么很容易被此人所蒙蔽，这就会危害到国家社稷。最后，韩非以此提示君王，要避免这一情况的发生，就必须对所用之人有个清晰全面的认识，切不可轻信他人。总之，韩非对这段史料的记载和评论，明显带有提醒君主提高用人警惕性的意味，不仅对要任用之人要有个清醒的认识，对进言之人同样如此，这并不是对集思广益的一个倡导，而是强调君主对自身所握权力的掌控，这也是《内储说上·七术》中"倒言"的题中之义，以此从"术"的层面上，对君主专制思想提出了自己的见解。

另一则故事发生在《韩非子·说难》中，韩非换了个角度，从臣子的视角，通过记叙卫灵公宠臣弥子瑕的两次进谏行为，只因前后两次君主在态度上发生了变化，就导致进谏的结果不同，前者称弥子瑕贤，后者则使其获罪两种完全不同的结果。韩非借此劝诫进言之人在劝谏君主之前，

---

[1] 张觉：《〈韩非子〉所记先秦史料考察》，《史学史研究》1990年第2期。

不可不先查探君主的爱憎倾向，否则将招来杀身之祸。① 由此可见，韩非子代表的法家与坚持"知其不可而为之""舍生取义，杀身成仁"等儒家相比，在面临生死利害时，法家主张明哲保身的权变思想，这与法家务实的思想主张一脉相承。

其次，在先秦杂家代表作《吕氏春秋》中，也有关于卫灵公用人的记载，其文曰：

> 卫灵公天寒凿池，宛春谏曰："天寒起役，恐伤民。"公曰："天寒乎？"宛春曰："公衣狐裘，坐熊席，陬隅有灶，是以不寒。今民衣弊不补，履决不组。君则不寒矣，民则寒矣。"公曰："善。"令罢役。左右以谏曰："君凿池，不知天之寒也，而春也知之。以春之知之也而令罢之，福将归于春也，而怨将归于君。"公曰："不然。夫春也，鲁国之匹夫也，而我举之，夫民未有见焉，今将令民以此见之。曰春也有善，于寡人有也，春之善非寡人之善欤？"灵公之论宛春，可谓知君道矣。君者固无任，而以职受任。工拙，下也；赏罚，法也，君奚事哉？若是则受赏者无德，而抵诛者无怨矣，人自反而已，此治之至也。②

《新序·刺奢》中有一章的内容几乎与此一致，而两者的主要区别在于：《新序》至"灵公之论宛春，可谓知君道矣"结束；而《吕氏春秋》则多出一段较长评论。根据前人研究③，此处《刺奢》引用的这条材料，

---

① 《韩非子·说难》："昔者弥子瑕有宠于卫君。卫国之法，窃驾君车者罪刖。弥子瑕母病，人闻，有夜告弥子，弥子矫驾君车以出。君闻而贤之，曰：'孝哉！为母之故，忘其犯刖罪。'异日，与君游于果园，食桃而甘，不尽，以其半啗君。君曰：'爱我哉，忘其口味，以啗寡人。'及弥子色衰爱弛，得罪于君，君曰：'是固尝矫驾吾车，又尝啗我以余桃。'故弥子之行未变于初也，而以前之所以见贤而后获罪者，爱憎之变也。故有爱于主，则智当而加亲；有憎于主，则智不当见罪而加疏。故谏说谈论之士，不可不察爱憎之主而后说焉。夫龙之为虫也，柔可狎而骑也，然其喉下有逆鳞径尺，若人有婴之者，则必杀人。人主亦有逆鳞，说者能无婴人主之逆鳞，则几矣。"（王先谦撰，钟哲点校：《韩非子集解》，中华书局1998年版，第93—95页）
② 许维遹：《吕氏春秋集解·分职》，中华书局2009年版，第669页。
③ 如邢培顺在其文《刘向〈新序〉〈说苑〉〈列女传〉材料来源及加工取舍方式探索》（《滨州师专学报》2004年第1期）、杨波的《〈新序〉〈说苑〉与〈韩诗外传〉同题异旨故事比较》（《兰州学刊》2007年第12期），王启敏的《论〈新序〉〈说苑〉材料加工的特点——以引〈诗〉为例》（《安徽农业大学学报》2008年第3期）等文章，对刘向撰的《新序》等材料来源都有考察。

很可能采于《吕氏春秋》,但相同的历史故事,在不同典籍中却同题异旨。包括卫灵公这则故事在内,在《新序·刺奢》中的十一个故事,均围绕"刺奢"这一主题,对君主的奢侈、淫乱、滥用酷刑等"不正"的做法提出批评,主张君主要正其身,发挥其道德示范作用,并且要体察民情和重视人才,这些与孔子主张"为政以德"的为政思想是相契合的。卫灵公的故事在这里发挥的作用,就是通过赞扬他取人有方,懂得为君之道,试图以古鉴今,为此后的统治者树立学习的榜样。

然而,在《吕氏春秋》中,其反映的却是法家的"无为而治"思想,并且表现出"杂"家的特色。具体来说,在《吕氏春秋》引文的评论中言,作为君主,本是没有具体职责的,而是需要按照社会职责的需要,将不同职能委任于他人。继而,事情做得好与坏,也应由臣下负责,对其表现是赏是罚,则需要根据法律规定来衡量。这样,受赏者不需要感谢谁,被处罚者也无须怨恨责备谁,只需要他们自省就可以了。因此,君主治国哪里需要自己亲力亲为呢?这就是说,《吕氏春秋》主张君臣各司其职,尤其对于君主来说,应该坚守"无智、无能、无为"的为君之道,通过管理、任用人臣来实现统治,做到君道无为,而臣道有为,这可谓是法家为政治国的最高境界。对此,我们结合法家经典《韩非子》中关于"无为而治"的政治思想进行进一步分析,均为秦统一之前较大规模的思想综合和文化集成,且均与秦王嬴政有关,在成书流传过程中或有相互启发之处。根据学者的研究,"韩非以'法、术、势'对道家的政治解读,使道家的'无为'内涵从形而上滑落到形而下,从而将它提升到一个新的境界……韩非站在法家的立场上,以'法、术、势'相结合的观点来诠释'无为'概念,将'无为'概念法家化,进一步提出了'君臣不同道'的命题,遂使道家的'无为'这一抽象原则落到实处,从而完成了由道家'无为'向法家'无为'的创造性转换"。此外,作者还从不同角度对"君臣不同道"进行论述,从"君道无为"和"臣道有为"两个方面分别进行解读,对"明主治吏不治民"的原因,及君主借用怎样的"术"来实现"无为"等做了探讨。① 两书关于"无为"的论述在很多方面可以相互参证,这里《吕氏春秋》对卫灵公此故事的引用,与《韩非子》较为深刻、系统的法家思想相较,可视为一个未成体系的思想流派对法家无为思想的试探性研究。《吕氏春秋》主要是从法家"术"的角度来讲君主的"无为"。其不仅强调君主要学会"使贤任能",驾驭臣子之

---

① 葛荣晋:《法家的"无为而治"与"君人南面之术"》,《理论学刊》2008年第1期。

术；而且还初步显示了法治在赏罚臣子时起到的客观性和公正性，这些都是韩非所论述的法家"无为而治"思想的题中之义。此外，儒家也讲"无为而治"，但其所谓的"无为"是通过"为政以德"来实现的，即需要为政者以其较高的道德修养来影响和带动周围人的向善向好，按照"修身、齐家、治国、平天下"的逻辑理路，实现"譬如北辰，居其所而众星共之"这一各安其位的无为而治。所以，《吕氏春秋》中的思想主张是综合了法家和道家思想而成，甚至还借鉴了儒家思想，显示了其杂家之"杂"性，以及当时诸子集成、思想综合的文化大潮的特性。

再次，在道家经典《庄子》中亦有多处文献提到卫灵公，然而从文本内容来看，其应是庄子或其后学，根据历史中卫灵公的形象加工、虚构出来的寓言故事，其反映的思想内容带有明显的道家色彩。这里我们以《德充符》中记载的故事为例进行论述。文载：

> 闉跂支离无脤说卫灵公，灵公说之；而视全人，其脰肩肩。甕㼜大瘿说齐桓公，桓公说之；而视全人，其脰肩肩。故德有所长而形有所忘。人不忘其所忘而忘其所不忘，此所谓诚忘。故圣人有所游，而知为孽，约为胶，德为接，工为商。圣人不谋，恶用知？不斲，恶用胶？无丧，恶用德？不货，恶用商？四者，天鬻也。天鬻者，天食也。既受食于天，又恶用人！有人之形，无人之情。有人之形，故群于人，无人之情，故是非不得于身。眇乎小哉，所以属于人也！謷乎大哉，独成其天！①

在这里卫灵公是为了叙述故事的需要而出现，与之有关的人物是个"闉跂支离无脤"即跛脚、驼背、缺嘴之人，他像《德充符》里的其他人一样，身体上存在严重残疾，但富有大智慧，而卫灵公在这里则表现出知人善任，虚心纳谏的贤君风度。显然这段故事是庄子为了说理而虚构的，但在选取人物时，庄子对历史的真实是有关照的，在他看来，卫灵公在用人方面确有贤德，在此基础上，借此通过虚构人物故事来表达自己的思想，即引出对"忘形"和"无情"的论述，并进一步对自己的创作意图作了揭示，云"故德有所长而形有所忘"，强调被"德"的光环所笼罩之人，就会补足他们形体上的缺陷，人们对他们的外形就不会那么在意。进而，庄子描述出一个他心目中的"圣人"形象，与孔子所谓的"圣人"

---

① 郭庆藩撰，王孝鱼点校：《庄子集释》，中华书局1985年版，第216—217页。

不同，庄子强调其"天鬻"，云"天鬻者，天食也。既受食于天，又恶用人"，认为圣人是上天赋予的，受命于天，为天所养，故而无需人为的东西矫揉造作。由此推出"无情"，认为"无人之情，故是非不得于身"，即没有人之情，也就没有人世间的是与非，如此就可以"独成其天"，在"无为"中与自然浑然一体，体现了道家之"道"。此外，《庄子》中还有关于颜阖为卫灵公太子师前向卫大夫蘧伯玉请教处世之道，以及孔子向太史大弢、伯常骞等请教卫灵公何以谥号为"灵"的寓言故事。① 而这里所涉的《德充符》篇属于《庄子》内篇，一般认为其是体现庄子人生哲学的重要篇目，文中除了卫灵公之外，庄子还虚构了众多身体残疾，但精神境界却十分高超、圆满的人物形象，通过讲述他们的人生境界和现实经历，庄子表现出的是一种顺应自然而"德充符"的精神境界。这里的"充"和"符"分别是指充实和验证之意，而"德"则非一般意义上的道德，与孔子之"德"有所区别。虽然孔子和庄子均信奉贴合宇宙、顺应自然之"道"，然而孔子为代表的儒家之"道"是要"依于仁"，而庄子为代表的道家之"道"是要"法自然"，② 其间的差异看似十分微妙，但细究起来却有天壤之别。所以，在庄子之"道"下涵摄的"德"，有孔子所谓的道德涵义，但又不局限于此，根据本篇的论述，它是指一种精神境界或者说是心态，体现在人的思想观念上，就应是借由卫灵公和齐桓公的故事表现出来的"忘形"和"无情"，对此，在本篇最后一则寓言故事中，庄子通过设计自己与惠施进行对话，集中将本篇主旨加以提炼和升华。

总之，我们从"最贤之君"的材料注脚的角度出发，对出现在法家、杂家、道家等诸子文献中关于卫灵公的记载作了考察，发现在这些典籍中有关卫灵公的记载，多基于卫灵公取人有道的历史史实的基础上，但为服务于各自论述的思想体系，他们从不同角度也会有一定程度的发挥，甚至是虚构相关的寓言故事以达到论述自己思想的目的，而这种做法在百家争鸣的战国时期十分盛行。

## 第二节　经典世界中的"东益不祥"

前面对"最贤之君"的考察，我们专对材料所涉主要人物卫灵公的

---

① 分别见于《庄子·人间世》和《庄子·则阳》篇。
② 此观点可具体参见黄克剑《论语疏解》（中国人民大学出版社 2010 年版）中《孔子与〈论语〉》的论述，第 1—18 页。

相关事迹在其他文献中的记载进行了爬梳，基本可以肯定"最贤之君"讨论的相关问题有据可循，这极大地佐证了"最贤之君"材料的可靠性。还有一类文献虽然在文献记载亦有大量重文可以相互参照，但所记载的内容很难在较为可信的孔子遗说中找到依据，对这类文献如何认识是本节要加以探讨的问题。这里我们以"哀公问孔"材料中的"东益不祥"一题为例，对经典世界中记载的孔子遗说进行跨越家学流派的考察，深入探索不同流派的古代思想家是如何将其纳入自己的思想体系，并考察其反映的思想史内涵。

## 一　故事的流变（上）：以《孔子家语》和《新序》为中心

"哀公问孔"材料中的"东益不祥"见于《孔子家语》《新序》，又有《淮南子》和《论衡》记载了相似的内容，但不同于"最贤之君"或者"沐浴请讨"等题，其没有《论语》《左传》等较为可靠的史料，为其文本内容做支撑，但在思想内容上可以找到一些相互印证的材料。对这种"来路不明"的材料，很多学者在研究孔子思想时都会十分谨慎，由此产生的分歧也较大。对此，学界在研究孔子及其思想时，对所依据的材料有两种较为极端的典型认识，一种认为，只有《论语》等少量文献材料是可以信赖的，其他材料都不可信；另一种则认为多数"子曰"材料都可归入"《论语》类文献"[①]，而且大部分材料渊源有自，亦应视为可以征信的资料使用。我们主张一分材料说一分话，具体材料具体分析。

首先，来看"东益不祥"在《孔子家语》和《新序》这两个儒家类文献中式如何记载的，现以《孔子家语》为底本，将两者对勘如下：

哀公问[②]于孔子曰："寡人闻（《新序》多"之"）东益（《新序》多"宅"）不祥，信有之乎？"孔子曰："不祥有五，而东益（《新序》多"宅"[③]）不与焉。夫损人自益（《新序》为"夫损人而益己"），身之不祥（《新序》多"也"）；弃老而（《新序》无此）取幼，家之不祥（7《新序》多"也"）；释[④]贤而任（《新序》无

---

[①] 郭沂是这一派思想的代表，如可参考其与林存光合著的《传世大儒——孔子评传》之附录一"史料甄辨"（中国社会出版社2009年版，第155—183页）。
[②] "问"原作"问之"，据四库本、同文本删。
[③] 在《新序校释》中云："'宅'字各本夺，下同，不成文理。《淮南》《论衡》各句俱有'宅'字，《孔子家语》《新序》文已无之，则疑脱已久矣。今据二书补，下文并同。"
[④] "释"原作"择"，据四库本、同文本改。

此）不肖,国之不祥(《新序》多"也");老者不教,幼者不学,俗之不祥(《新序》多"也");圣人伏匿,愚者擅权(《新序》无此),天下不祥(《新序》多"也")。(《新序》多"故")不祥有五,东益(《新序》为"而东益宅")不与焉。(《新序》多"《诗》曰:各敬尔仪,天命不又。未闻东益宅之与为命也。")"

从文献学的角度来看,通过对勘可知《孔子家语》与《新序》的记载十分相似,不同主要集中在两点:一是与本文宏旨无碍的虚词的使用上;二是在文本最后,《新序》引《诗》对此章作结,而《孔子家语》中并无此句,这是两者最大的不同。《孔子家语》注意保存"先人之典"的原汁原味,故在记录"东益不祥"事件的梗概之后,常如同其他材料一样并不做评论。但《新序》作为一部向统治者讽谏为目的的历史故事类编,它记录故事的一个很重要的标准是要达到以史为鉴的目的,所以在故事的末尾,其以《诗》这种本身就带有褒贬时弊意味的表达方式,向统治者明确提出他的观点。由于《新序》与《说苑》的撰写者同为刘向,故而如同前面《孔子家语》和《说苑》中关于"最贤之君"的论述,此处关于"东益不祥"的记载,材料也应来源于西汉秘府,从中可以看出同一材料在家传和官传两种渠道下流传文本的异同。

其次从思想史的角度来看,《孔子家语》和《新序》记载的"东益不祥"的五大原因,即关于"五不祥"的文本记载基本保持一致,就其反映的思想内容这里将以《孔子家语》记载为依托逐一进行讨论。第一,"夫损人自益,身之不祥",是说将房屋向东搬迁,这是一件损人利己的事情,会给自身带来不吉利,此为不祥之一。虽然在《论语》等较为可靠的孔子资料中未有相似的论述,但对强调仁学思想的孔子来说,这一论说应是其思想的题中之义。如在《论语》中关于"仁"与"己"的论述中,孔子曾言"己所不欲,勿施于人";另外,在一次与子贡的对话中,孔子还明确提到"夫仁者,己欲立而立人,己欲达而达人"[1]。从这些表述可以看出,孔子的仁学思想强调仁爱之人应该首先不断提升自己的德行

---

[1] 几处关涉"仁"的《论语》中孔子的话有:"仲弓问仁。子曰:'出门如见大宾,使民如承大祭。己所不欲,勿施于人。在邦无怨,在家无怨。'仲弓曰:'雍虽不敏,请事斯语矣。'"(《颜渊》)、"子贡问曰:'有一言而可以终身行之者乎?'子曰:'其恕乎!己所不欲,勿施于人。'"(《卫灵公》)和"子贡曰:'如有博施于民而能济众,何如?可谓仁乎?'子曰:'何事於仁,必也圣乎!尧舜其犹病诸!夫仁者,己欲立而立人,己欲达而达人。能近取譬,可谓仁之方也已。'"(《雍也》)。

修养，在此基础上才能推己及人，做到乐善好施。这就是说，从积极角度，作为一个仁人，自己会同别人一起为实现自己想要树立的美好德行而努力，也会同别人一起为达到自己期许的理想而奋斗。换言之，孔子的仁学思想主张，有仁德的人要用自己的修养去影响、带动周围的其他人一起修行养德；而从消极角度来说，作为一个仁人，不想别人附加到自身身上的，同样也不要附加到别人身上。故而，从孔子仁学思想出发来推考这里提及的"损人自益"的思想行为，应是孔子所不提倡的。

第二，"弃老而取幼，家之不祥"，是讲遗弃老人而只关心子女，是家庭的不幸，此为不祥之二。我们常说尊老爱幼是中华民族的传统美德，但对于老、幼中间的一代人来讲，如果对子女的付出和爱意远远大于对父母的爱，会给整个家庭带来不幸。对此，孔子会如何看待呢？孔子学说的核心是"仁"，所谓"仁者，爱人"，"仁"是教人如何去爱的学问。但孔子之爱与墨子之爱不同，孔子的爱是顺乎人性的等差之爱，从孝亲、从自己身边的人逐渐外推到所有人，主张以个体的"小家"铸就社会的"大家"；而墨子则宣扬一种无等差的爱，主张人们应毫无差别地去对待自己的子女和一个不相干的陌生人，事实上这几乎是做不到的。然而，孔子主张的有等差的爱，虽然起于孝亲，但父母对子女之爱和子女对父母之爱，这组看似可以划等号的仁爱之情并不总是顺畅的。也就是说，父母对子女的爱更容易也更自然；反过来，子女对父母的爱，即孝，则并没有父母之爱顺畅。对此，《论语·阳货》中记载了宰我和孔子的一段对话可以窥知一二，文载：

> 宰我问："三年之丧，期已久矣。君子三年不为礼，礼必坏；三年不为乐，乐必崩。旧谷既没，新谷既升，钻燧改火，期可已矣？"子曰："食夫稻，衣夫锦，于女安乎？"曰："安。""女安则为之！夫君子之居丧，食旨不甘，闻乐不乐，居处不安，故不为也。今女安，则为之！"宰我出。子曰："予之不仁也！子生三年，然后免于父母之怀。夫三年之丧，天下之通丧也。予也，有三年之爱于其父母乎？"

关于《论语》此章的讨论有很多，这里我们仅论述其中一点，即孔子由"子生三年，然后免于父母之怀"推导出子女也应该在父母去世后为父母守"三年之丧"，其不仅主张父母与子女之间爱应该是双向的，而且强调两者分量的对等。但事实上子女对父母的孝，并不像父母对子女那种无条件的爱一样自然，而是需要子女向内发掘，通过体悟"子生三年，然后免于父母之怀"的父母恩情，从感性体悟上升至理性认知，才能达到对生命、对亲情、对"仁"的道德自觉。这是一种自我剖析、认知升华的过程。正是这种人生历程开启"仁"由此及彼、由亲情外推及人的内在理路。所以在孔子思想中，其十分强调"为仁之本"的孝，希望通过"慎终追远"，这种慎重地料理父母的后事，恭敬地追思远逝的先祖的方式，实现"民德归厚"的愿景。从这一思想来看，在一个家庭中，父母对子女之爱固然重要，但孔子更强调对生养自己的父母之爱，主张不仅不能遗弃需要"养"，而且还要"敬"，否则如孔子所言"今之孝者，是谓能养。至于犬马，皆能有养。不敬，何以别乎？"（《论语·为政》）。由此观之，以孔子思想衡量第二个不祥，其也应是成立的。

第三，"释贤而任不肖，国之不祥"，是说不任用有贤能的人，而要任用不贤之人，这是为政治国的损失，此不祥之三。孔子在为政治国方面的人才观，前面已经有所介绍，我们知道孔子十分重视贤德人才的任用，认为其关乎国家的治乱兴亡，"释贤而任不肖"的行为在孔子的思想体系中应该是不被认同的。此处除了表达一种取用人才的观点之外，还强调为政者要有选贤任能的素养，这也是孔子一贯主张的思想。

第四，"老者不教，幼者不学，俗之不祥"，是讲经验丰富的老者不去教导别人，年幼的人不学习，这将是社会的不吉利，此不祥之四。孔子是个伟大的教育家，十分强调"学"，他开创私学，主张有教无类，有"因材施教"等许多至今仍发人深省的教育理念。而孔门弟子将强调学的《学而》篇置于《论语》之首，应是有深意的安排。随着人们近年来对《论语》研究的推进，越来越多的人认识到《论语》的篇章安排十分讲究，通过篇章布局其展现了一个可以前后互证、框架结构十分圆融的思想体系。[①] 因此，对于孔子来说，一个不上进、不学习的社会是让人忧心的，对此其曾言："德之不修，学之不讲，闻义不能徙，不善不能改，是吾忧也。"（《论语·述而》）而孔子关于"学"的思想有很多，有讨论思和学的，如云"学而不思则罔，思而不学则殆"（《论语·为政》）；有讨论对为人师者的素质要求的，强调知识层面的记问之学仅是作为合格教师的前提，要真正称为人师还需要"温故而知新"（《论语·为政》），才可

---

[①] 可参见黄克剑《论语疏解》（中国人民大学出版社2010年版）、黄朴民《黄朴民解读论语》（岳麓书社2012年版）和杨朝明《论语诠解》（山东友谊出版社2012年版）等，都对此有所论述。

以为师矣；对于学习的境界来说，孔子认为"知之者不如好之者，好之者不如乐之者"（《论语·雍也》），对达到"学"较高境界的颜回，孔子曾评价说："有颜回者好学，不迁怒，不贰过。不幸短命死矣！今也则亡，未闻好学者也。"（《论语·雍也》）我们知道在孔子弟子中，孔子最认同、评价最高的是颜回，他的行为举动最接近孔子理想人格的标准，而从上面这段话可以看出，颜回学习的内容绝不仅仅局限于知识层面，孔子更重视在此基础之上的道德人格的修养。而且，孔子对后学寄予了很大期望，曾云："后生可畏，焉知来者之不如今也？"（《论语·子罕》）综合以上孔子关于"学"的论述可以推断，孔子一定不会认同"幼者不学"，这关乎一个国家和民族的传承和希望。而对于长者来说，尤其是在孔子那个时代，文化的传承很大程度上是靠不同代际人之间的口耳相传。长者无论在知识积累还是在道德修养方面，都是保存思想知识传承的重要载体，这是敬重长者的重要缘由之一。对此，"哀公问孔"材料中有可以佐证的"隆敬高年""智仁者寿"等专题，其提到了为何要尊敬长者，以及其对实行仁政的意义。故而，如果"老者不教"隐世不出，不能发挥其在国家治理、文化传承等中的作用，这对社会发展是十分不利的，从孔子思想的理路出发，孔子对此应该是不会赞同的。

第五，"圣人伏匿，愚者擅权，天下不祥"，讲的是如果圣明之人隐匿不出，却由愚昧之人来专权，那么这将是天下的不幸，此不祥之五。我们知道，孔子是主张积极入世，其对隐逸避世的举动并不十分主张，这从《论语》中记载的孔子及其弟子与隐士的相遇场景就可窥知一二，但孔子又并非完全摒弃隐世的行为，如其曾言："笃信好学，守死善道。危邦不入，乱邦不居。天下有道则见，无道则隐。邦有道，贫且贱焉，耻也；邦无道，富且贵焉，耻也。"（《论语·泰伯》）所以，孔子的隐逸观是有条件的。张立伟先生对此做过考察，他认为"隐与仕相对，可以仕而不仕即为隐"，其还归纳出三种可以隐世的情况，即为了正义可以无道则隐；为了生存贤者可以避世；权变之际亦可遁世。[①] 归结起来，对于一个圣贤是入世还是遁世与天下是否有"道"，或其是否坚持心中之"道"密切相关。由此观之，在这里若为伯夷、虞仲者，"圣人伏匿"并不可怕，甚至是天下人之福。所以，真正造成"天下不祥"的不是圣贤隐遁，而是"圣人伏匿"的同时"愚者擅权"。如果天下被思想上的愚昧、德性修养有很多缺陷的"愚者"掌控，会给国家和人民带来灾难，这是孔子所不

---

① 张立伟：《孔子论隐逸三要素》，《孔子研究》1991年第4期。

乐见的。

总体而言，通过以上分析可以看出"五不祥"的思想内容与孔子的思想主张是契合的，甚至还有源流可考，因此说其为孔子思想似乎有失偏颇。因为，即使对孔安国和刘向来说，他们在秘府里看到的这部分关于孔子及孔门弟子言行的材料，在经历了战国、秦火等历史洗礼之后，难以判定孔子弟子整理孔子之言时"润色"的成分有多少，也难以清晰地断定哪些属于"好事者或各以意增损其言"（《孔子家语后序》）的内容，而若因此判定其非孔子遗说亦有失公允。故而，对于这部分与孔子思想相通的材料，我们虽然难以确认其就为关于孔子的材料，但作为研究孔子思想的辅助材料，或是作为研究儒家学说的辅助材料来使用应该是可以的。

## 二 故事的流变（下）：以《淮南子》和《论衡》为中心

关于"东益不祥"的故事，除了在《孔子家语》和《新序》中有记载之外，我们还在《淮南子》和《论衡》中发现了两则相似度很高的故事，但后者与前者明显属于两个不同的流传体系。这里我们以《淮南子》的记载为底本，补充查看一下《淮南子》和《论衡》的记载。

或争利而反强之，或听从而反止之。何以知其然也？（《论衡》"俗有大讳四。一曰讳西益宅。西益宅谓之不祥，不祥必有死亡。相惧以此，故世莫敢西益宅。防禁所从来者远矣。传曰"）鲁哀公欲西益宅，史争之，以为西益宅不祥（《论衡》为"史争以为不祥"），哀公作色而怒，左右数谏不（《论衡》为"弗"）听，乃（《论衡》无此）以问其傅宰折睢（《论衡》为"质睢"）曰："吾欲（《论衡》多"西"）益宅，而（《论衡》无此）史以为不祥，子以为（《论衡》无此）何如？"宰折睢（《论衡》为"宰质睢"）曰："天下有三不祥，西益宅不与焉。"哀公大悦而喜（《论衡》无此）。（《论衡》多"有"）顷，复问曰："何谓三不祥？"对曰："不行礼义，一不祥也。嗜欲无止，二不祥也。不听强（《论衡》为"规"）谏，三不祥也。"哀公默然深念（《论衡》为"缪然深惟"），愤（《论衡》为"慨"）然自反，遂不西（《论衡》无此）益宅。夫史以争为可以止之，而不知不争而反取之也。智者离路而得道，愚者守道而失路。夫儿说之巧，于闭结无不解。非能闭结而尽解之也，不解不可解也。至乎以弗解解之者，可与及言论矣。（《论衡》为"令史与宰质睢止其益宅，徒为烦扰，则西益宅祥与不祥未可知也。令史、质睢以为西益宅审不祥，则史与质睢与今俗人等也。夫宅之四面皆地也，三面不谓之凶，益西面独谓不祥，何哉？西益宅，何伤于地体？何害于宅神？西益不祥，损之能善乎？西益不祥，东益能吉乎？……")①

这个故事的大致梗概与前面的"东益不祥"相似，背景都是鲁哀公要扩建房屋从而引发的对话。但这里是向西扩建房屋，而非如前所论是向东，为方便论述我们暂时将其定名为"西益不祥"。通过比对，"东益不祥"和"西益不祥"的不同主要在于：（1）"东益不祥"讲的是向东扩建房屋，是鲁哀公与孔子的对话，且不涉及他人，而五不祥的内容是身之不祥、家之不祥、国之不祥、俗之不祥和天下不祥。（2）"西益不祥"则是讲向西扩建房屋，主要是哀公与其太傅宰折睢的对话，且还涉及一个不具名的史官，此人在哀公与太傅对话之前已经向哀公提出过谏言，但未被采纳，之后引出了太傅对哀公的谏言，太傅所论说的是与前面"五不祥"并无交集的"三不祥"，即不行礼义、嗜欲无止和不听强谏。另外，此处还交代了对话的结果，并附有撰者的评论。在文本的末尾，编者对此事评论说：史官以为只要力争强谏就可以阻止哀公向西扩建房屋，却不懂得不力争强谏反而会被采纳接受，达到劝谏的效果。对这两种劝谏方式，编者以智者和愚者考虑问题的方式加以论述，认为智者离开平坦的大路却仍可以找到捷径，而愚者死守大道反而失去了捷径，此处史官进谏就像这里所说的愚者一样，而太傅宰折睢则以智者思考问题的方式，迂回而有效地实现了劝谏的目的。至此，作者又通过论述解绳结，进一步强化了此小结段首的行文主旨——"或争利而反强之，或听从而反止之"，认为劝谏人有时拿厉害关系去劝阻，被劝谏的人反倒是坚挺而不从，有时表面上听从，反倒是可以实现劝谏的目的。

从行文的逻辑来看，作者对"三不祥"的具体内容应是什么并不十分关心，其意在对比史官和太傅宰折睢的进谏效果，以展现出一种进谏的智慧。而学界对《淮南子》的作者、成书、属性、目的等，已经形成一个较为统一的意见。一般认为，《淮南子》的作者是淮南王刘安及其宾客，此说法虽有些含混不清，但实难再有更精准的说法；其成书时间大致应在汉初的文帝后至景帝时，之后不久，此书便进献给了新继位的汉武帝，因受到赏识而被收入秘府；在学派属性上，由于其处在一个中国思想

---

① 刘文典撰，冯逸、乔华点校：《淮南鸿烈集解》，中华书局1989年版；及（东汉）王充著，黄晖校释：《论衡校释》，中华书局2017年版。

文化从先秦百家争鸣逐渐走向兼容并蓄的融合时代，故而此书明显带有综合、杂糅的特点，而此书自被《汉书·艺文志》归入"杂家"之后，"杂家"说就一直占据上风，虽然道家黄老思想在其中的比重较大，但我们认为这仍改变不了此书杂糅百家的性质。总之，刘安主持编写此书的一个主要意图就是为统治者提供借鉴，发挥史学的资政功能，而写作意图的不同影响着取材的标准。《淮南子·人间训》这段关于"西益不祥"的史料从何得来，现今已经很难考证，其或是"东益不祥"流传过程中衍生出来的另一个版本，又或是一则新的故事新编。然而，不论是何种情况，编者关心的焦点在于选取的材料能够传递什么样的思想，达到怎样的资政效果，对于史料的可靠性等问题并不十分在意，甚至不惜假托、伪造或者创造新的故事为的是达意，这在庄子那个时代早已司空见惯。而《淮南子》与庄子思想关系密切，那么，在撰写此书时，其是否会借鉴庄子创作寓言故事以达到说理的目的呢？答案是肯定的。《淮南子》中包含了大量的寓言故事，并明显带有对先秦寓言故事继承和发展的特点，而《人间训》就是收录寓言故事较为集中的一篇。这里记载的"西益不祥"极有可能就是在一定的史实传闻背景下（或许是以"东益不祥"为蓝本也未可知）编写内容，其可靠性并不高，如其中涉及的太傅宰折睢在先秦两汉的其他文献中几乎无所记载，人物的真实身份难以确认，很可能是为服务论述而杜撰的人物。

通过初步的比对，《论衡》中记载的"西益不祥"与《淮南子》中的记载十分相似，最大区别在于两者评论性文字的不同。东汉时《淮南子》已经在民间广泛流传，《论衡》中就曾三次提到《淮南书》，显然王充是看过《淮南子》的，且根据《后汉书·王充传》的记载："充少孤，……家贫无书，常游洛阳书肆，阅所卖书，一见则能诵忆，遂博通众流百家之言。"据此我们猜测，王充所读之书应多是在市面上买到的，《淮南子》很可能是其中之一。[①] 如是说来，王充引用《淮南子》中的材料来撰写《论衡》就不足为奇，上面两文的对比也可以印证这一推测。然而，王充采摘文字不同于《孔子家语》等史料汇编型文献，其意不在保存史料，而在于借助文献资料表述自己的观念。正如王充在其自传《自纪篇》中说得那样，其著书的目的是："充既疾俗情，作讥俗之书；又闵人君之政，徒欲治人，不得其宜，不晓其务，愁精苦思，不睹所趋，

---

① 陈静：《自由与秩序的困惑：〈淮南子〉研究》，云南大学出版社 2004 年版，第 31—33 页。

故作政务之书；又伤伪书俗文多不实诚，故为论衡之书。"① 王充生活的时代，正值东汉豪族政治之时，且社会上谶纬迷信思想和君权神授等神秘主义思想正盛，统治者妄图借此巩固其统治。王充是那个时代的"异端"，他针对当时社会的时弊进行了激烈的批判，选取"西益不祥"即是为了针砭时弊服务其试图论述的思想学说体系。记载这段史料的《论衡·四讳》篇，王充开篇即明确提出，世俗社会中有四大忌讳之说，第一个便是"西益不祥"，即忌讳向西扩建房屋，王充引用《淮南子》的这段资料就是为批判文字中表述的这一世俗迷信，在其评论性文字中，其辨析了这一忌讳的不合理之处，如提出了一连串的质疑，云："夫宅之四面皆地也，三面不谓之凶，益西面独谓不祥，何哉？西益宅，何伤于地体？何害于宅神？西益不祥，损之能善乎？西益不祥，东益能吉乎？"继而连问连答，对这一社会不良习气进行了批判。崔适在《史记探源》中曾总结说："寓言之类有三：曰托名，曰托言，曰托事。托名者，古实无此人，设为此人之名与其言行，以发其所欲抒之意见，如许由、务光之属是也。托言者，以所言之意为主，托为古人之问答以发明之，非谓真此古人之言也。如《列子·杨朱篇》晏平仲文养生于管夷吾，《庄子·盗拓篇》孔子与柳下季为友……托事者，以时事为主，设为古人之事以譬喻之，不必古人真有此事也。"② 结合此论推测，《淮南子》和《论衡》两处文献引用"西益不祥"很有可能是以"托事"的方式说理，并表现出强烈的时代特色和撰者的写作意图。

## 第三节　小结：对"哀公问孔" 材料个案研究的认识

孔子弟子有大量记载孔子言行的笔记，除在《论语》中有较为集中的体现外，其他记载是否流传于世？随着出土文献的发现，这是近年来学界提出的一个重要研究问题，例如庞朴先生在研究郭店竹简后曾提出，孔、孟、荀作为先秦儒学的三大坐标，其基本思想虽一脉相承，但仍有很大变化和发展，其间的变化轨迹，尤其是在孔孟之间，由于缺乏史料一直

---

① （东汉）王充著，黄晖校释：《论衡校释》（新编诸子集成），中华书局2017年版，第1194页。
② 崔适：《史记探源》，中华书局2004年版，第14—15页。

难以理清,然而,郭店竹简的出土,为解开这一难题带来了希望,他认为这批出土文献可以视为是研究"孔孟之间"的驿站。① 那么包括郭店楚简等在内的大量孔子遗说,除埋藏于地下,还有没有流传于世的其他记载?如何看待与郭店简等出土文献在内容、思想、文字等方面可以相互呼应的《孔子家语》《礼记》等传世文献中保存下来的大量的关于孔子言行的材料?

通过分析前面几则较为典型的"哀公问孔"材料,我们大致可将研究孔子的资料分为三部分:可靠的资料、辅助性的资料和伪托材料。第三、四两章便按照材料可靠性逐渐递减的次序展开研究。其中,第三章选择了真实可靠、渊源有自的"沐浴请讨"作为考察对象,在此认识基础上,这一章我们将考察的重点放在如何解读材料及其对思想史研究的意义上。具体是从经典诠释学的角度,考察历代注家对这一"哀公问孔"材料解读的不同倾向,目的是以此察看其隐含的思想史内涵,并反思其对经典诠释学等的研究价值,以此拓宽"哀公问孔"材料的研究视域,从多维角度反思这批资料。而经典之所以称其为经典,除了拥有开放的诠释资本等内在条件之外,还有一个不可或缺的外在条件,即经典是被解释出来的。从对"哀公问孔"材料中"沐浴请讨"诠释系统的分析来看,中国儒家经典表现为一种体验之学或所谓的"生命的学问",这意味着其有强烈的生命与生命之间的碰撞、交融和延伸的需求。后人的诠释不只是一种简单的复制行为,其随着时代和个体际遇的不同,表现出一种强烈的思想再创造性。换言之,解经者的"历史性"和经典(撰经者)的"历史性"是两个生命之间的交谈、感悟,在两者自身的限制和时代的超越之间有一个弹性空间,正是这个空间在考验着经典的生命力,使经典中的思想随着历史的发展、时代的变迁得以再次绽放,以完成思想的更新和生长,由此满足新时代发展的新需要。正是在这一历史发展规律的影响下,经典诠释学在历史的纵深处影响着思想文化的走向和民族性格的养成。其中在纵向上,本书以"沐浴请讨"为例,对此文本的诠释在时间长河中表现为以汉学和宋学为主体的诠释系统;在横向上,经典的诠释则表现为不同家学流派对原始文本的转述、引用和改编,展现出不同于原始文本的多种诠释维度。对此,第四章以"哀公问孔"材料中的"最贤之君"和"东益不祥"为例展开研究。这两个专题的材料涉及儒家、法家、道家、杂家等不同家学流派的文献资料,这些资料在思想内容和文字表达上虽有

---

① 庞朴:《孔孟之间——郭店楚简的思想史地位》,《中国社会科学》1998 年第 5 期。

据可循，但难以切实落实材料的可靠性。其中，"最贤之君"这类资料，我们从文本的思想根源、文本生成和材料注脚三个方面进行考察，认为其可靠性相对较高，可以做为研究孔子的辅助资料使用。但"东益不祥"相较于"最贤之君"来说可靠性下降，其仅能从思想内容方面找到一些依据，可作为研究孔子的外围资料进行参阅。而通过考察与"东益不祥"相似的"西益不祥"则明显可以看出，其文本内容与"东益不祥"差别较大，虽然都是鲁哀公与他人的对话，但已不是与孔子的对话，但通过对其的研究可以看到文献生成、流变的过程以及不同家学流派思想家对其的再加工和理解的不同。通过对"西益不祥"的考察，再结合某些在非儒的诸子文献中的"哀公问孔"材料，如仅见于《吕氏春秋》的"堂上而已"，仅见于《韩非子》的"莫众而迷""霣霜不杀菽"和"众趣救火"，以及仅见于《庄子》的"卫有恶人"，这些材料不仅在孔子遗说中常常难以找到可以相互参比的对应文献，而且带有较为明显的伪托、杜撰的痕迹。

  杨蓉博士的博士后出站报告对此类"哀公问孔"文献有较为细致的研究，她从"以道观儒"的角度，分"形与德""仕与隐"和"君臣与德友"三个方面，对《庄子》中的"哀公问孔"材料进行了系统考察；又从"借儒行法"的角度，分"术与刑""法与信"和"势位与尊卑"三个方面，对《韩非子》中的"哀公问孔"材料进行了分析，认为："诸子对'哀公问孔'这一历史事实重新审视，从政治思想方面重构哀公与孔子的性格特征与思想内涵。由此，'哀公问孔'这一历史事件变成了历史故事，哀公与孔子的关系形象也开始了各种变形。一方面，这些虚构的故事公开取代了那以历史真实自居的事实本身；另一方面，每种变形均无丧失其最基本的历史真实性。所以变形后的孔子并非是对历史上孔子的否定，即反孔子的；而是非孔子的，即历史上的孔子有了新面孔，这是他者眼中的孔子。"[①] 杨蓉的报告中，从众多的"哀公问孔"材料中，选取了《论语》《庄子》《荀子》和《韩非子》四部典籍的史料作为考察对象，从经学式的注解和故事新编的角度，对这些"哀公问孔"故事进行跨越家学流派的整体考察，试图揭示经典思想传播的途径及其对思想史的影响，并以此展现历史上孔子形象的变化过程和《论语》中孔子的政治思想对诸子的影响。作者思考问题的角度和方法以及所得结论值得我们认真

---

① 杨蓉：《经典的投影：以〈论语〉"哀公问孔"问题的思想史影响为例》，博士后出站报告，中山大学，2011年。

思考，但需要说明的是，作者从研究孔子可靠资料《论语》说起，在考察"哀公问孔"的历史背景和后世注家释文的同时，也在试图为《庄子》《荀子》和《韩非子》中的大量"哀公问孔"的内容寻找故事原型和真实史实的依据。但其因"哀公问孔"材料在一些可靠、权威的典籍中没有可以佐证的记载就否认它们的可靠性，将其视为是"历史事件变成了历史故事"，认为其不具有史学研究价值似有不妥。尤其作者是以《庄子》和《韩非子》等诸子作品中的材料作为考察重点论证此说，这就意味着她忽视大量存在于文献汇编类典籍中的"哀公问孔"材料，而专以注重说理而忽视材料可靠性、带有明显依托嫌疑的其他诸子作品为例进行说明。故而，其所得结论体现的应该主要是儒家文献在其他家学流派中流传的特点，换言之，是不同家学流派如何利用"哀公问孔"材料来论证各自的政治思想，而不能反映对整个"哀公问孔"材料的研究。

通过以上两章的讨论可见，对于研究孔子学说而言，"哀公问孔"的材料良莠不齐，既有渊源有自的可靠材料，亦有明显属于后人依托、杜撰的历史故事。《论语》《左传》中的材料属于前者，法家、道家、杂家等"非儒家类文献"则多属于后者，而更多的"哀公问孔"的材料介于两者之间，即出于非《论语》《左传》的"儒家类文献"。对于这些并非出于人们惯常比较认可的权威典籍的文本材料，我们该如何认识？它们对研究孔子学说以及早期儒家思想又有何意义？这将是下面我们试图解决的问题。这里我们将这些"哀公问孔"的材料分为"为政以德""为国以礼"和"性情天命"三个方面的内容，分别进行分析讨论。

# 第五章　孔子晚年思想研究：为政以德

孔子的思想致广大而尽精微，但"无论是讲学立教、培育人才，还是复兴斯文、弘扬仁道，孔子的'终极关怀'都是最终要落实在人类社群的公共福祉和天下有道的根本目标的追求和实现上的"[①]。这种人本思想以及这里所谓的"人类社群的公共福祉"和"天下有道的根本目标"，在孔子那里很大程度上需要依靠为政者"为政治国"来领导民众实现。而孔子"为政治国"思想的精要，可用"为政以德"（《论语·为政》）和"为国以礼"（《论语·先进》）来概括。我们认为这些思想到了孔子晚年（前484—前479，即孔子周游归鲁至其去世这段时间）变得更加圆融和通透，这里我们首先来察看孔子"为政以德"的思想。

## 第一节　"人的发现"的人本思想

正如徐复观所言，"中国文化，为人文精神的文化"[②]，在其《中国人性论史》中，对中国人文精神文化的发端——先秦人文精神作了详尽的考察与研究。他认为，中国的"道德的人文精神"始于周初，"周人革掉了殷人的命（政权），成为新的胜利者，但通过周初文献所看出的，并不像一般民族战胜后的趾高气扬的气象，而是《易传》所说的'忧患'意识。……所以，忧患意识，乃人类精神开始直接对事物发生责任感的表现，也即是精神上开始有了人的自觉的表现"。周人在此忧患意识下，"人的信心的根据，渐由神而转移向自己本身行为的谨慎与努力。这种谨慎与努力，在周初是表现在'敬''敬德''明德'等观念里面"。由此，"周人建立了一个由'敬'所贯注的'敬德''明德'的观念世界，来照

---

[①] 林存光：《孔子新论》，人民出版社2012年版，第308页。
[②] 徐复观：《中国人性论史》，华东师范大学出版社2005年版，第10页。

察、指导自己的行为，对自己的行为负责，这正是中国人文精神最早的出现"①。由此想来，如果说周初这种"道德的人文精神之跃动"是中国人文精神的最早的觉醒的话，那么，徐复观所说"以礼为中心的人文世纪"的春秋时代，便是接继周初人文精神萌动的真正发现"人"的时代，而此时代的中心人物是继周公之后的孔子。

"人"被发现、凸显的过程，是与当时大的时代环境相吻合的。春秋时期政治格局正在发生激烈的变革，随着重"亲亲"的宗法制度的逐渐解体，原来较为稳固的社会结构、等级制度也面临崩塌的危险，这在文化上则主要表现为周文疲敝、礼崩乐坏。孔子就生活在这样一种原有制度崩坏有待重建、礼乐文明的约束感似有实虚的转折期。面对这一情况，孔子一方面希冀"克己复礼"，继承礼乐文明的传统，重现三代明王统治的景象，这是他继承传统、表现保守的一面；另一方面面对新情况，孔子发挥了发端于周初但并不明朗的"道德的人文精神"，挺立人的道德主体性，即"仁"的思想，构建了孔子之道，这是孔子创新的一面。孔子的这一新发现，一种观点认为其与周代宗教信仰的变革有极大关系。如徐复观先生就曾指出，周初时，原始宗教就已经发生了一次转化，此时，"道德的人文精神之光，照出了人民存在的价值"。正是在此人文精神的觉醒下，当时的人们对自身人性的觉醒有了原始的萌动，逐渐对自己的行为有了真正的责任心，但这一思想意识还很朦胧，当时的人们仍然十分依恋宗教。然而"周初的忧患意识、敬、命、哲等观念，实奠定中国精神文化之基型，给后来文化发展以深远之影响"。到西周末期，宗教的权威继续不断下移，因祭祀而兴起的礼乐文化虽然仍然存在，但其内涵却发生了重大变革，逐渐由先前的宗教意义倾向于"祭祀中道德的人文的意义"，并在春秋时代大行于世，形成了以"礼为中心的人文世纪"，宗教变得更加人文化，人们对人心、人性的关注与日俱增。这一变革意义重大，因为如若"没有春秋时代人文精神的发展，把传统的宗教，彻底脱胎换骨为道德的存在，便不会有尔后人性论的出现"②。在这一文化氛围下，人们尤其是统治者对"民心向背"有了更深层的认识，认识到其对稳固统治、国家兴亡的意义所在。如有云"国将兴，听于民"（《左传》庄公三十二年），"夫民，神之主也。是以圣王先成民，而后致力于神"（《左传》桓公六

---

① 徐复观：《中国人性论史》，华东师范大学出版社2005年版，第15、16页。
② 徐复观《中国人性论史》之第二章"周初宗教中人文精神的跃动"和第三章"以礼为中心的人文世纪之出现，即宗教之人文化"，华东师范大学出版社2005年版，第10—39页。

年）等等，这些记载都充分显示了人民对国家统治的意义。基于此，在如何对待民众的问题上，《左传》中记载说应"以德和民"，而不应"虐用其民"（《左传》隐公四年）；认为"上思利民，忠也"（《左传》桓公六年），那些"恤民之心"（《左传》庄公十一年）的君主才是合格的，反之，"凡君不道于其民"的君王，诸侯便可"讨而执之"（《左传》成公十五年），等等，这些重民思想在其他先秦文献中亦屡见不鲜。如孟子有云："民为贵，社稷次之，君为轻。"（《孟子·尽心下》）荀子说："庶人安政，然后君子安位。传曰：君者，舟也；庶人者，水也。水则载舟，水则覆舟，此之谓也。"（《荀子·王制》）讲究清静无为的道家老子也强调以民为本，说："圣人无常心，以百姓心为心。"（《老子》）而法家韩非子同样认识到民的重要性，说："天地无民，尧舜不能以王，三代不能以强。"（《韩非子·饰邪》）春秋末期的集众家之长的《管子》也提到："政治所行，在顺民心。政治所废，在逆民心。民恶忧劳，我佚乐之。民恶贫贱，我富贵之。民恶危坠，我存安之……"（《管子·牧民》）总之，它们拥有一个共同特点，即要求君主要关切民生，以爱民的方式，利民利己以维护统治。正如钱穆先生认为的那样，春秋时代虽然"臣弑其君，子弑其父，为中国一大乱世……但即在春秋时代，中国社会上之道德观念与夫道德精神，已极普遍存在，并极洋溢活跃，有其生命充沛之显现"[①]。而且他指出"尊礼尚德"是当时人文精神凸显的表现，在春秋时期的许多人看来，对"礼"与"德"的追求，是比个体生命的价值更为重要，这是因为春秋人将"礼""德"与自身生命的死生祸福、国之兴亡等紧密关联在一起。如鲁孟献子曰："礼，身之干也；敬，身之基也。"（《左传》成公十三年）楚申叔时曰："信以守礼，礼以庇身，信、礼之亡，欲免，得乎？"（《左传》成公十五年）鲁叔孙婼曰："君子贵其身，而后能及人，是以有礼……无礼，必亡。"（《左传》昭公二十五年）而正是由于这种对个体生命的焦虑，使得古人不断向内、向个体的德性去诉求，因为"一个人的德性是由一个人的言语和行为取向、他的所作所为所决定的，而德性反过来亦直接决定着个体之人的吉凶祸福的生存命运"，而"春秋人对德、礼的人之为人的本体意义的意识自觉与价值体认，可以说最终决定了商周神本文化向春秋人本文化的根本转向，从而使中华民族的历史自春秋时代而真正迈入了一个直到今天我们仍然'与之共同生活'的'人'

---

[①] 钱穆：《论春秋时代人之道德精神》，《中国学术思想史论丛》（1），安徽教育出版社2004年版，第175页。

的时代"①。孔子思想正是在此社会文化氛围中不断酝酿升华,最终"中国正统的人性论,实由他奠定其基础"②。

就孔子的人本思想而言,人们获得的最为直接的观感恐怕是《论语·乡党》篇中记载的一则经典故事"厩焚"事件,文曰:"厩焚。子退朝,曰:'伤人乎?'不问马。"故事情节并不繁复,一日,孔子家的马厩失火,孔子退朝知晓此事后,只询问是否伤了人,而没有过问马等财物是否有损失。孔子生活的时代与今天不同,当时马是国家、家庭的宝贵财富,由其构成的战车方阵数量,是衡量一个国家实力强弱的重要标志,与此相较,马夫不仅在人群中地位低贱,与马这种牲畜相比也不受重视。由此可见,马厩失火孔子问人而不问马的举动,清楚地表明了他与众不同的思想主张,即在他心中人始终要比马更重要。

对"人"的重视是孔子整个思想理论体系建构的底色。具体来说,孔子思考问题的起点是"人",其终极关怀也是"人",在此起点与终点之间,孔子所做的一切努力都是为了"人"这个目标。如孔子的人生境界,是人们能够自律地践履他对完满人格的构想,从而达到天人合一的极致境界;孔子之教,是教人如何修养德性,或随机点化,或循循善诱,无论如何,终其所想是要教养人类修身养性;孔子之政,则可以用"为政以德"和"为国以礼"来概括,强调为政者要修养德性,知人善任,实行仁政,要在人群中起到表率、带头的作用,潜移默化地引导民众的举止和认知,从而使政治清明,等等。总之,孔子所思所行在"人","人"脱离于兽群,不同于动物,而又有别于神灵的特质,在孔子那里得以充分的展现,但在孔子那里,人与人是有区别的,且其尤其注重人的德性区别,如在"哀公问孔"材料中的"五仪之教",便按照德性的好坏将人分为庸人、士人、君子、贤人、圣人五种。总之,以孔子为代表的时人对人,尤其是对人之德性的申发,是孔子时代被称为"轴心时代"的一大原因,也是孔子被称为轴心时代的轴心人物的缘由所在。

## 第二节 "为政在人"的人才观

"为政在人"的思想见于"哀公问孔"材料中的"文武之政"一题。

---

① 林存光:《孔子新论》,人民出版社2012年版,第162、164页。
② 徐复观:《中国人性论史》,华东师范大学出版社2005年版,第40页。

此题见于《孔子家语·哀公问政》和《礼记·中庸》。《中庸》的成书、作者等问题是聚讼千年的学术公案，至今尚未形成统一观点，其中一种较为传统的观点认为，《中庸》是由两部分组成的，界限就是"文武之政"一章，故而随着学界对这一问题讨论的不断升级，此章不可避免地成为争论的焦点之一。对此，学界大致有以下三种观点：第一，传统观点认为《中庸》乃是孔子之孙子思所作，成书约在战国初期。此观点自司马迁言"子思作《中庸》"之后，郑玄、沈约、孔颖达、朱熹等皆从之。直到宋朝欧阳修等人开始对这一观点产生怀疑，于是就产生了第二种观点，即《中庸》晚出，非子思所作，此观点以清人崔述的论述为代表。第三种较具代表性的观点认为《中庸》部分出于子思，部分出于后人。宋人王柏较早提出这一看法，后人冯友兰、徐复观以及日本人武内义雄等学者对此各又有进一步论述。近年来结合新出土文献的研究，学者们对这一问题的研究又有推进，一个明显的趋势是回归到传统观点，认为《中庸》乃是孔子之孙子思所作，成书约在战国初期，此观点以郭沂、梁涛和杨朝明等学者为代表。总之，对这一问题的论述归纳起来主要集中在《中庸》是否为子思所作，以及书中内容在多大程度上反映了子思的思想等问题。结合前人研究成果，我们将李文波先生总结的有关《中庸》上下两部分划分的表格摘录如下，以帮助我们理清眉目：

表5-1　　　　　　　　《中庸》上下部分之论争①

| 论者 | 上半部 | 作者 | 下半部 | 作者 |
| --- | --- | --- | --- | --- |
| 王柏 | 前二十章 | 子思 | 二十一章以下 | 子思 |
| 冯友兰 | 第二章至第二十章上半段"道前定则不穷"止 | 子思 | 首章及二十章后半段"在下位不获乎上"以下 | 孟子后学 |
| 武内义雄 | 第二章至第十九章 | 子思 | 首章及第二十章以下 | 子思后学 |
| 徐复观 | 首章至第二十章上半段"道前定则不穷"止 | 子思 | 第二十章后半段"在下位不获乎上"以下（部分为礼家杂入） | 子思或其后学（孟子之前） |
| 郭沂 | 有"子曰"的部分 | 孔子门人所记？ | "子曰"以外部分 | 子思 |

---

① 此表摘自李文波之《〈中庸〉成书再辩证》（《南京社会科学》2005年第6期）一文。

续表

| 论者 | 上半部 | 作者 | 下半部 | 作者 |
| --- | --- | --- | --- | --- |
| 梁涛 | 第二章至第二十章上半段"所以行之知者一也" | 子思 | 第一章及第二十章"凡事预则立"以下（第二十八章疑为错简） | 子思 |

综合前人研究成果可知，除少数人认为《中庸》晚出非子思作品之外，学界一个较为统一的观点是：《中庸》的成书与子思密切相关，书中一定程度上反映了子思的思想，但难以厘清《中庸》中的哪些内容反映的是子思的思想，哪些内容反映的是孔子的思想，其中又有多少是后人思想的掺入。结合本书讨论的问题，从上表所反映的信息可以看出，多数学者认为"哀公问孔"中"文武之政"的内容应属于子思所记。那么，"文武之政"这一记载反映的是子思的思想，还是孔子的思想呢？我们认为虽然其中不乏掺杂一些子思对其先祖孔子思想的发挥，但这基本上或者说大部分反映的应该是孔子的思想。我们这么说是基于以下两点考虑：

一是，对于孔子之孙子思所记孔子之言的可靠性问题，早在战国鲁穆公时就已有质疑。文载：

> 穆公谓子思曰："子之书所记夫子之言，或者以谓子之辞也。"子思曰："臣所记臣祖之言，或亲闻之者，有闻之于人者，虽非其正辞，然犹不失其意焉。且君之所疑者何？"公曰："于事无非。"子思曰："无非，所以得臣祖之意也。就如君言，以为臣之辞。臣之辞无非，则亦所宜贵矣。事既不然，又何疑焉？"（《孔丛子·公仪》）

从这段记载可以看出子思所记其祖父孔子之言，有的是"亲闻之者"，有的是"闻之于人者"，虽然并非是孔子之"正辞"即其原话，但"犹不失其意"，并没有因此偏离孔子的原意。这一点通过将《中庸》中"子曰"的记载与《论语》相关内容对照就可以发现，两者中所记的孔子之言的思想内容基本上是一致的。①

二是，历代研究《中庸》的学者都倾向于将其视为子思的作品，这

---

① 可参见郭沂在其文《〈中庸〉成书辨证》（《孔子研究》1995年第4期）中，将《中庸》"子曰"的话语与《论语》中相关内容的摘录比对，此不再赘言。

一观点在郭店简等新出土文献出土之后得到了进一步的证实。今人郭沂结合新材料,并基于他对子思学派文献的整体认识,认为子思学派的文献可分为四类,即子思所记孔子言论、子思著作、各种典籍所载子思言行以及子思门人著作。并进一步提出,今本《中庸》以"子曰"为标志,可分为两大部分,即以"子曰"形式出现的部分,属于他所说的"《论语》类文献",是子思所记的孔子之言,其余非"子曰"部分,则是子思著作的佚篇。① 郭氏对子思学派之文献的四种分类方法不无道理,但有一些看法仍待进一步商榷,如简单以"子曰"为标志,对《中庸》中孔子思想与子思思想进行区分论据稍显薄弱。对此,梁涛、杨朝明等学者试图从文献和思想等方面完善、修正郭氏的一些说法,在对其观点更加精细化的同时,也举证了更多例证以补充、证实郭氏的部分看法之合理性。如杨朝明先生借助上博竹书《从政》篇"闻之曰"的记载,将《礼记·中庸》一篇与《孔子家语·哀公问政》中重文的部分进行对勘,认为今本《中庸》的作者应该就是子思,但与此前观点不同的是,他认为《中庸》是由四部分组成的,就本书涉及的"文武之政"的部分来说,这一章在"《孔子家语》具有明显的哀公与孔子的问答性质,接近二人的对白实录。而《礼记》中更像孔子的长篇论说",并说"其中原来哀公与孔子往返对白的描述性文字都被删除,仅仅保留了孔子的论说",并认为这是《礼记》改变《孔子家语》中的材料造成的。②《孔子家语》相关记载的可靠性得到进一步论证。

理清了对《中庸》中"文武之政"史料的一些基本认识,现在来探讨一下它具体的思想内容。文曰:"哀公问政。子曰:文武之政,布在方策。其人存,则其政举;其人亡,则其政息。人道敏政,地道敏树。夫政也者,蒲卢也。故为政在人,取人以身,修身以道,修道以仁。……"首先,孔子为政治国思想中的"为政以德"思想表现出"贤人政治"的特色,并且强调为政者要以"仁"德修养自身。"文武之政"一颗中的"为政在人"的思想反映的就是孔子"贤人政治"的理念。对此,朱熹在《四书章句集注》中以《孔子家语·哀公问政》的记载作为参照,注曰:"为政在人,《孔子家语》作'为政在于得人',语意尤备。人,谓贤臣。"③ 朱子强调这里所说的"人"有明确指向,是指"贤臣",是针对

---

① 郭沂:《〈中庸〉成书辨证》,《孔子研究》1995年第4期。
② 杨朝明:《〈中庸〉成书问题新探》,《河南科技大学学报》2006年第5期。
③ 朱熹:《四书章句集注》,中华书局1983年版,第28页。

国君等已在位的为政者讲的，提醒统治者治理好国家的一个非常重要的关键点就在于获得贤德之人，加强为政者素质建设，这与孔子注重德行修养的思想密切相关。孔子主张"自天子以至于庶人，壹是皆以修身为本"（《礼记·大学》），但就现实政治来说，孔子对不同人的修身要求不一，相对于庶人，孔子注重为政者尤其是天子的修身，要求他们做好模范带头作用。因此，孔子对修身的要求有一个逻辑次序，这与孔子"仁"学思想生发的逻辑理路是相通的。所谓"仁者，爱人"，而"立爱自亲始"，这就意味着"爱"的确立是有差等的，其顺从人性从人最亲近的父母亲人开始酝酿，然后将从中获得的"爱"的情愫逐层外推，一直推至与己不相干的陌生人甚至宇宙自然。与之相类，对于修身来说，从人之所以谓之人的根本处着眼，虽然从天子到庶人都应注意修身，但对天子和庶人来说不可等量齐观，孔子从修身的重要性、必要性以及影响力等方面考虑，认为天子修身不仅关乎个人，而且关乎取用人才的质量，其作为天下人的示范，很大程度上决定着国家的兴衰治乱。如果一个邦国拥有一个由贤人、君子组成的为政者团队，并有一个贤德的君主领袖，在这些人的教化、引导、治理下，民风将风清气正，即孔子所谓之"君子之德风，小人之德草，草上之风，必偃"（《论语·颜渊》）。处于上位之人的道德情操会像风一样，引导民众道德诉求的转向，这就如同地上生长的草，风往哪里吹，草就会往哪里倒，草的长势与风的吹向有着极其密切的关系。故而，为政治国既需要牢靠的群众基础，也需要为政者拥有良好的修养。

其次，"文武之政"一题中记载"取人以身，修身以道，修道以仁"，这里涉及修身的两个重要概念——道和仁。"道"对于孔子而言具有丰富而高超的思想内涵，黄克剑有一个较为准确的认识，他说："孔子之学辐辏于'道'，这个'道'在人的性情的真切处，却又不致委落于任何经验的个人的生命遭际。……孔子之道的'仁'的导向，决定了这导向下的人在人生价值抉择上所必致的'义'、'利'之辨，也决定了这导向下的人在实现人生之根本价值'仁'而趋于'为仁'之最高境地或极致境地时的可能途径。这途径即在于'中庸之为德'所要求的那种'执两用中'。……愈来愈切近'中'的'执两'之'用'的无限推致，即是人以其经验或体验到的'仁'向'仁'的极致境地的不断趋进，也就是'仁'的形下经验向着'仁'的形上之境——所谓'圣'境——的超越。这超越的路径连同这路径所指向的虚灵的形而上之境，一起构成孔子所说'人能弘道，非道弘人'的那种'道'，而这种的'道'才既可视之为终极目标，亦可视之为由当下通往终极的道路，并且正因为如此，它也才在现实而究极的人生价值取向上真正有所'导'。"① 由此可见，孔子所谓的"道"是虚灵的，是"中庸"之"中"，有"导"的意味，并且直接导向"仁"，这是孔子对生命之极致的设想，是任何经验之人难以完全实现的，它只能在个体生命中被无限接近。故而，在这一向度上，它的意义在于为人们树立了一个可以无限向往、奋进的极致，它要求人们在有限的生命里不断地完善自己，以追求一种至高无上的人格境界。而孔子之"道"的"导"，有"道路""路径"的涵义，这就使其本身就蕴含着一种指向性意义，是讲如何通过"教""学"而实现"道"的修养，即如何"修身"的问题，所以，孔子之道是实践之学，本身蕴含着知行合一的元素。而对于"仁"这个与"道"密切相关的概念来说，它是孔子思想的核心，孔子所有的思想学说都涵盖其下，因此有观点认为"孔子之学即是'仁'学，孔子所致之'道'即是'仁'道，孔子所立之'教'即是'仁'教，孔子所期望实现的政治可谓之'仁'政，孔子所要培养、陶育的人可谓之'仁'人"②。结合"文武之政"的记载"仁者，人也，亲亲为大；义者，宜也，尊贤为大。亲亲之杀，尊贤之等，礼所以生也。礼者，政之本也。是以君子不可以不修身。思修身，不可以不事亲；思事亲，不可以不知人；思知人，不可以不知天"的文本内容来看，在"仁"的统摄下，孔子试图给人们指明通向"仁"的路径，他指出要"亲亲"，主张立爱自亲始，从侍奉生养自己的父母开始，这是"思修身"的起点，在此根芽上"义""礼"才得以萌生，并通过礼乐建立一套秩序，在这套秩序中贤人、君子等"仁人"在其中发挥着重要作用，他们施礼用仁，在为政治国中成为"政之本"。

最后，在孔子的思想体系中，修身是统摄在其"道"之下的一个非常重要的实践性课题，为政治国则是施展自身修养、为人类造福的场所。由此看来，孔子学说也可以视为一种政治学说，孔子的思想离不开政治，因为在孔子看来，贤人、君子能够对周围人的发挥榜样带动作用，这是先验的、必然的，这些人释放出的人格魅力，可以带动周围的人上行下效，使"仁"成为一种共识，在一个人人讲道德、重修身的邦国，人们可以按照礼的规定各安其位各司所职，如是则秩序会变得井然有序，儒家理想的"无为而治"便是这样通过"仁"的施行而实现，这是孔子"为政以德"思想至高境界和理论根基。

---

① 黄克剑：《论语疏解》之"孔子与《论语》"，中国人民大学出版社2010年版，第4—8页。
② 黄克剑：《由"命"而"道"：先秦诸子十讲》，中国人民大学出版社2010年版，第63页。

在此认识的基础上，我们依托"哀公问孔"中"政在选臣""五仪之教""取人之法""最贤之君"等材料，结合《论语》等文献的记载来考察一下这些材料反映了孔子怎样的人才观思想。首先，这些材料中亦十分强调人才对为政治国的重要性。与前面"文武之政"中"为政在人"的思想相似，《史记·孔子世家》中记载了一则简短的对话："鲁哀公问政，（孔子）对曰：'政在选臣。'""政在选臣"简单明了地点出了孔子的思想主张的侧重，其可与"为政在人"互为注脚，再结合前面讨论的"最贤之君"一题，可以很好地说明圣王明君对取用人才的重要性。在"最贤之君"中，孔子对卫灵公选贤任能的政治举措十分肯定，这在当时各国国君中十分难得，所以即使灵公有诸多不合礼数规范的"私家"之事，但孔子仍许之以"贤"，将其视为是当时值得其他君主学习的"贤君"。孔子在周游列国的过程中在卫国停留的时间最久，并努力试图在卫国寻找施展政治抱负的机会正是因为这一原因。

其次，孔子重视贤才对于为政治国的重要性，这里"哀公问孔"材料中的"五仪之教"论述了五种不同人的思想境界，以此阐发其人才观思想。王恩来在其著作《人性的寻找：孔子思想研究》中，即以"五仪之教"的文本内容为依据，分别论述了孔子之圣人、贤人、君子、士人、庸人五层境界说。[①] 在此基础上，我们再强调两点内容：

第一，"五仪之教"这一主题的材料是哀公向孔子咨询如何取用鲁国的人才展开的。孔子云："生今之世，志古之道；居今之俗，服古之服。舍此而为非者，不亦鲜乎？"哀公对这段话的理解显然出现了偏差，认为孔子的意思是说，那些头戴章甫之冠，脚穿有钩饰的鞋子，腰束大带，插着朝笏的人，都是贤人，而未认识到真正将贤人区分出来的是其内在品质。哀公这种只流于事物表面而未识事物本质的见小暗大的表现，在"哀公问孔"材料中较为常见。哀公之时，鲁国内忧外患已十分严重，而哀公的权力被架空，鲁国"政在三桓"，尤其在季氏的手中把持着，哀公曾几度试图重振公室无果。孔子归鲁后，哀公尊其为"国老"常问政于他，期望借助孔子的力量挽回局势，孔子亦无所保留地传授哀公为政之要，因此史书中记录了大量两人对话的材料。在"五仪之教"的对话中，孔子看重的是古服之下的深意，即强调的是礼义，穿着古装只是礼义引导下的一种礼仪表现，内在的道德品质才是根本所在。有鉴于此，孔子对庸人、士人、君子、贤人、圣人五等人格境界有了一个明确的划分，这在其

---

[①] 王恩来：《人性的寻找：孔子思想研究》，中华书局 2005 年版，第 224—228 页。

他典籍记载中极少看到。如这里提及的庸人，他们是五类人中道德品行最下者，这类人心里没有始终如一谨慎行事的规诫，具体有六个表现：一是说不出可奉为法度的嘉言；二是缺乏远虑，不知道选择贤人使己身有所依托，三是动静皆无所据，行动的时候不知其所务，静下来的时候亦不知心之所向；四是天天计较自己的选择及得失，却不知道最该看重的是什么；五是容易受外界影响而随波逐流，但不知道自己该归向何处；六是让外在的观感、欲望支配了自己的心性，做事没有持守。士人比庸人高明之处在于其"心有率也"，即士人心中有明确的要持守的坚定信念，并以此指导自己的言行举止，不会被外物左右。君子的道德修养较士人又更上一层楼。在《论语·述而》篇孔子曾发问"谁能出不由户？何莫由斯道也？"是说谁能出外不经过门户？为何没有人由这个道呢？这里孔子用"出必由户"来说明"道"之重要。孟子在《孟子·万章下》对此章的解读是"夫义，路也；礼，门也。惟君子能由是路，出入是门也。"有鉴于此，若将五类人的仁德境界比作一座有围墙的庭院，庸人是一直在墙外徘徊而不知庭院之美的人；士人则已经找到了入院的门道，虽然知晓自己心之所向，但还在门口处小心翼翼地不断摸索试图进入庭院；君子则已至庭院内，他们忠信、仁义、思虑通明且行事低调、谦逊，坚定地施行所执守的道义，但尚未登堂入室；身处堂室的是贤人，他们言行举止贴合道义，德行是天下人的表率，是治世之才；最高境界的圣人则可被视为是正堂中奉为神明的人，他们"知通乎大道"，是儒家"道"的化身。通过历史文献的记载可知，在五种分类中孔子论述最多的是君子，这是他对大多数人的一个普遍期许。而孔子一生谦恭，不以"圣人""贤人"自居，但始终以"君子"自期。在孔子之前，"君子"多是从社会地位的角度指称的，指处于上位、有身份的人；至孔子时，他突破传统观念的樊篱，结合"君了"旧有的意义，从道德内涵的角度开出了新的"君子"论，对君子赋予了极其丰富的内涵，包含了诸多孔子所倡导的道德品格，但其不像圣人、贤人一样难以企及。那么，孔子所谓的君子品质应该包含哪些内容呢？结合《论语》的记载，我们能够获得不少信息。有学者将其进行了详细的分类，认为主要表现为道、德、仁、义、礼、知、信、孝悌、节、文等方面的君子品质，并且认为孔子十分重视行，要求人们以这些品质严于律己、宽以待人。[①] 这些品格与"五仪之教"中关于"君子"的论述是吻合的，如《论语·学而》篇中孔子曾明确提出："子曰：'君子不重

---

① 可参见王振东《孔子论君子》（《孔子研究》1992年第1期）一文。

则不威,学则不固。主忠信,无友不如己者,过则勿惮改。'"明确提出君子应该"主忠信",并指出崇尚忠诚和守信的途径是结交德行修养好的人,并向他们学习,不畏惧犯错,重要的是要知错能改,正所谓"过而不改,是谓过矣"(《论语·卫灵公》)。在"五仪之教"中则云"言必忠信而心不怨",其在外在的言行上要求要忠诚守信,但不能貌合神离,在内心深处不会因为自己言行上的表现而心存怨咎,这里突出强调德行修养在内心与外在的合一与通透。"五仪之教"中孔子对君子后面几项品质的要求也是如此,讲求一种由内而外的推显和统一,认为君子不应因为自己施行仁义就得意忘形,面有夸耀之色;即使思虑通达明智,也不会在言辞上刚愎自用;对道义笃厚坚定地奉行,自强不息,态度谦逊,好似很快被超过的样子,但最终却无法企及,这就是君子应有的平凡而伟大的道德修养境界,是君子品质的最高表现形式。总之,君子是孔子对理想的基本人格的一种描绘,是人们通过自身努力和修行可以实现的,至少在君子品格的某一方面可以做得很优秀,但要达到孔子对君子品格的所有要求,则绝非易事。但孔子在谈论君子修养时,也曾强调人很难不犯错误,君子亦然,但与庸人等不同的是,君子勇于承认过错并改正,所谓"过则无惮改"(《论语·学而》)。所以,评判一个人是否是君子,要综合其一生的行为事迹,注重察看其内心的精神诉求和道德品质。

第二,孔子关于五等人的论说,起因于哀公想要选拔人才,落脚在如何推行"五仪"之教以治理好国家,知行合一。文献记载说:

> 公曰:"善哉!非子之贤,则寡人不得闻此言也。虽然,寡人生于深宫之内,长于妇人之手,未尝知哀,未尝知忧,未尝知劳,未尝知惧,未尝知危,恐不足以行五仪之教,若何?"孔子对曰:"如君之言,已知之矣。则丘亦无所闻焉。"
>
> 公曰:"非吾子,寡人无以启其心,吾子言也。"孔子曰:"君子入庙,如右,登自阼阶,仰视榱桷,俯察机筵,其器皆存,而不睹其人。君以此思哀,则哀可知矣。昧爽夙兴,正其衣冠,平旦视朝,虑其危难,一物失理,乱亡之端。君以此思忧,则忧可知矣。日出听政,至于中冥,诸侯子孙,往来为宾,行礼揖让,慎其威仪。君以此思劳,则劳亦可知矣。缅然长思,出于四门,周章远望,睹亡国之墟,必将有数焉。君以此思惧,则惧可知矣。夫君者,舟也;庶人者,水也。水所以载舟,亦所以覆舟。君以此思危,则危可知矣。君既明此五者,又少留意于五仪之事,则于政治何有失矣?"(《孔子家

语·五仪解》）

文中哀公向孔子询问如何取用鲁国的人才，孔子云："生今之世，志古之道；居今之俗，服古之服。舍此而为非者，不亦鲜乎。"哀公对孔子这段回答的理解显然出现了偏差，认为孔子的意思是说，那些头戴章甫之冠，脚穿有钩饰的鞋子，腰束大带，插着朝笏的人，都是贤人。在"哀公问孔"材料中哀公常有类似的表现，他关注事务的重心常在一些表面、外在、不重要的方面，如在"哀公问孔"材料中的"舜冠何冠"一题中，哀公就对古代明王舜的帽子起了好奇心，却对舜的明王政治无所过问。这里哀公以人的外在衣着为评价标准，错以为穿着古装的人都是贤人。孔子对哀公"循循然善诱之"，从引起哀公注意的事情上展开论述，言"不必然也。丘之所言，非此之谓也。夫端衣玄裳，冕而乘轩者，则志不在于食荤；斩衰菅菲，杖而歠粥者，则志不在于酒肉。'生今之世，志古之道；居今之俗，服古之服'，谓此类也。"而孔子讲这段话的意思是说，倾慕古人道术、道德贤良之人，虽居处于当下社会习俗中，穿着往往依据古制，为的是保持身心内外的合一，这样做的人往往是克己复礼的人才。就此，孔子从人深层次的道德修养，从"古之道"的角度将人划为"五仪"，详细地为哀公讲解了不同境界、层次的人在品性上的表现，主张哀公依据这些标准再去辨识人才、任用人才。然而，在孔子为哀公提供了如何取人的看法之后，哀公仍觉得不易践行的原因，他认为自己"寡人生于深宫之内，长于妇人之手，未尝知哀，未尝知忧，未尝知劳，未尝知惧，未尝知危，恐不足以行五仪之教"。显然，哀公是担心自己长期深居宫中，因过的是锦衣玉食的生活，不知人民疾苦，不察人间百味，而失察于"五仪"之人，难以做到知人善任，推行教化。孔子对此不以为意，他以哀公熟悉的宫廷生活中的事例为例，化解了哀公的这一忧虑，告知哀公他虽然与民众对哀、忧、劳、惧和危等的具体感知不一样，但在本质上却是相通的，以此化解哀公的担心。

最后来看一下"取人之法"这一"哀公问孔"材料在取人方面带给我们的启示。"取人之法"的文本内容除了见于《孔子家语》《荀子·哀公》《韩诗外传》卷四以及《说苑·尊贤》。就哀公与孔子对话的内容来说，各典籍中的记载变化不大，不同主要在于《荀子》《韩诗外传》事后均有评论，而其他两处记载没有。对此，我们先就"取人之法"中哀公与孔子的对话内容进行讨论之后，再进一步结合两处评论进行分析。"取人之法"的具体内容如下：

哀公问于孔子曰："请问取人之法。"孔子对曰："事任于官，无取捷捷，无取钳钳，无取啍啍。捷捷，贪也；钳钳，乱也；啍啍，诞也。故弓调而后求劲焉，马服而后求良焉，士必悫而后求智能者焉。不悫而多能，譬之豺狼不可迩。"(《孔子家语·五仪解》)

针对这段文字记载，我们主要讨论两个问题，一个是能的内涵，另一个是孔子对能的认识，尤其想探讨一下能与德的关系。《论语·子罕》篇记载说："大宰问于子贡曰：'夫子圣者与？何其多能也？'子贡曰：'固天纵之将圣，又多能也。'子闻之，曰：'大宰知我乎！吾少也贱，故多能鄙事。君子多乎哉？不多也。'"是说有位太宰询问孔子弟子子贡，说孔子应该称得上是圣人了吧？可为什么还会做那么多粗鄙的事呢？太宰的这一提问说明当时就已流行一种较为常见的观点，即认为圣人之所以称圣是因为他们的德行境界高，而非因为其多"能"，甚至刚好相反圣人常常是无"能"的。当然这里的"能"有具体的指称，专指耕作等与君子、诸侯等有身份、有德行的人不相匹配的粗鄙的能力，非指所有称之为"能"的能力，但却表达了对"能"的一种基本态度。对太宰的疑虑，孔子的解释是自小家境贫贱，所以会做君子等有德之人、有位之人不需要修习的一些鄙贱的技能。对此，《论语·子路》篇"樊迟请学稼"章可为其做进一步解释。文载："樊迟请学稼。子曰：'吾不如老农。'请学为圃。曰：'吾不如老圃。'樊迟出。子曰：'小人哉，樊须也！上好礼，则民莫敢不敬；上好义，则民莫敢不服；上好信，则民莫敢不用情。夫如是，则四方之民襁负其子而至矣，焉用稼？'"樊迟是孔门弟子中悟性比较差的一个，孔子对他因材施教，在《论语》中几次与樊迟的对话内容都比较浅显易懂。此章樊迟的提问让孔子比较失望，他向老师请教如何种庄稼、种菜，但主张仁义道德、德行修身的孔子对此等鄙事并不主张和倡导，因此，提问遭到孔子的回绝和训斥。孔子认为，樊迟目光短浅算不得君子，因为身居上位、修行在身的人应该知道只要重视礼，老百姓就不敢不敬畏；只要重视义，老百姓就不敢不服从；只要重视信，老百姓就不敢不用真心实情来对待，这才是君子等居上位者应该思考和践履的事情。而只要做到这样，四面八方的老百姓就会背着自己的小孩来投奔，这是孔子学说中关于如何治国理政的思想理路，其中对于种庄稼这些"鄙事"，孔子的态度是不必知道如何具体劳作，而是需要从国家治理、社会安定的角度对其加以安排和引导。这里在"取人之法"中又提及几项"能"亦遭到孔子的否定和排斥。文中孔子先是说明选用人才是为了委以重任，以发挥他们治国安邦的作用，即所谓"事任于官"，继而要求君主要知人善任。然而后面孔子话锋一转，从反面讲了三类人是不应该取用的。他们分别是"捷捷"的花言巧语之人、"钳钳"的妄言乱语之人和"哼哼"的多言多语之人，"捷捷""钳钳""哼哼"这三项"能"有一个很直观的共同特点就是都指向言语方面的技能，即他们多是那些喜欢花言巧语、讨好取媚之人。对这类人孔子在《论语》中有一个明确的评价，即"巧言令色，鲜矣仁"（《论语·学而》）。孔子认为"仁"人无论是其内在的精神品质，还是由此推扩出来的行为举止，都应符合"仁"的标准，故而在言语上"巧言令色"的人，很难会是一个仁人君子，相反，这类人多贪得无厌（贪），扰乱是非（乱），欺诈寡信（诞）。也正因为如此，那些"巧言、令色、足恭"之人，"左丘明耻之，丘亦耻之"①。由此可见，对有德有位之人来说，那些包含如何稼穑在内的鄙事之"能"，以及那些有违美好德行修养的技巧之"能"，都是孔子否定和不齿的。

但在《论语》中也有表达孔子重视"能"的记载。如《宪问》篇中孔子曾言："不患人之不己知，患其不能也。"意思是说，不担心别人不了解自己，而是担心自己没有能力。与之相似，在另一篇中孔子又说："君子病无能焉，不病人之不己知也。"（《论语·卫灵公》）是说君子只担忧自己没有能力，不责怪别人不知道自己。从这两处记载可以看到，孔子又是重"能"、喜"能"的。这与前面论及的"鄙事"之"能"和有违美好德行修养的技巧之"能"是否矛盾？如果不矛盾，那么前面孔子贵之、喜之的"能"又指什么？我们认为其是指向那些可以表达某些美好道德品行的技能。如在《论语·颜渊》载："司马牛问仁。子曰：'仁者，其言也讱。'曰：'其言也讱，斯谓之仁已乎？'子曰：'为之难，言之得无讱乎？'"这里的"讱"与巧言令色的"捷捷"正好相对，是指不轻易说话，说话很慎重，这是"仁"的表征之一，是孔子重之、喜之的一种"能"。

孔子的政治理论带有浓重的伦理色彩。在他看来，为政治国无论对于最高的统治者还是对其他的为政者来说，仁、德等品格不仅是不可或缺的，而且是首要的，这在前面的"五仪之教"中已经有所论及。那么才华、能力等"能"，在孔子的人才观中占据怎样的位置，其与"德"的关系又是怎样的？"取人之法"给我们透露了一些信息。在这里孔子对人才

---

① 《论语·公冶长》云："子曰：'巧言、令色、足恭，左丘明耻之，丘亦耻之。匿怨而友其人，左丘明耻之，丘亦耻之。'"

"能"的态度亦扬亦抑,他言应知人善任,按照不同人的能力委以相应的职位,表达孔子对人才能力的重视。接着孔子以弓箭、马匹为喻,云"弓调而后求劲焉,马服而后求良焉",说弓箭要调好之后,再求其强劲,马匹要驯服之后,再求其精良。而士人应首先要诚实有信,然后再求其才能。否则,不诚谨却又多才干的人,就如同豺狼一样可怕,不可接近。显然,在孔子学说体系中"德"先"能"后,"德"是为政者必不可少的品质,而"能"必须建立在有"德"的前提下。作为君子尤其不可专一于某项技能只拥有"能"而无"德"。孔子曾明确说过:"君子不器。"(《论语·为政》)这里的"器"所指的含义就有用途、能力的意思。这里孔子不仅是想强调作为君子不应该像器皿一样,只有一样功用、能力,他也在强调一个更为深层的含义,即君子不是一件单纯、普通的器物可以形容的,君子的境界是一种气度的修养、德性的展现。所以,若君子与"器"有某种关联,那么其必定指向此器物背后的意义。如子贡曾问孔子对他的评价,孔子以"器"相喻,认为子贡就像那用于宗庙祭祀的瑚琏。(《论语·公冶长》)瑚琏是礼器中贵重者,孔子以此比喻子贡,是称赞子贡为治国安邦之才。

"取人之法"一题主要讨论的是"德"与"能"的关系,此外也涉及对取用人才标准的讨论。那么在孔子眼中的人才该具备哪些品质呢?简单来说,在孔子看来,所取用的人才应该是德行良好的君子,具备在"德"纲之下仁、义、信、勇、敬、直等子目的优秀品质。关于这些品质在"哀公问孔"的材料中也有涉及,这里我们以"直"德为例作以简单的分析,"哀公问孔"中的"举直错枉"记载说:

> 哀公问曰:"何为则民服?"孔子对曰:"举直错诸枉,则民服;举枉错诸直,则民不服。"(《论语·为政》)

这里哀公的问题是"何为则民服"。哀公在鲁国的执政受到"三桓"很大制约,形成"政在三桓"的局面,对此哀公一直想努力改变这种现状。因此,哀公对归鲁后的孔子寄予了很大希望,希望在孔子的协助下能有所作为,以维护、提升公室的地位。在此背景下,如何争取人民的支持呢?孔子以如何选用人才为突破口回答了哀公的问题,认为举用正直的人,将那些邪曲之人弃置一边,百姓就会信服,反之,百姓则不会顺服。其中值得注意的有两点:一是"直"者与"枉"者是根据此人的德行之好坏而非能力之高下评判的;二是选贤任能的是国君等为政者,他们自身的德行修养的高下,将直接决定着他们能否辨识、区分不同类型的人才,从而决定其行政队伍的质量问题。"直"作为先秦时期重要的伦理术语,通过对《论语》中"直"意义的总结,发现它在孔子那里主要可以概括为两方面的意思:一是"'直'既是'直道',即伦理学中'德性'、'德目'之一种";二是"直"又是"'直行',即伦理学中'德行'的之一种"[①]。那么,在孔子眼中,"直"是怎样一种品质呢?

首先,孔子赞扬和肯定"直"这种品质,主张其是有修养之人都应具备的。根据《论语》记载,柳下惠在为鲁国士师的时候,曾多次因依"直道"履行职责而被罢免,有人问他为什么不离开鲁国,柳下惠坚持自己的"直"的本色,不惧强权,不争得失,认为这样即使离开鲁国到别国去,也依然会遭到罢免,如此又为什么选择离开生养自己的父母之国呢?(《论语·微子》)显然,孔子对柳下惠"直道而事人"的精神十分敬佩,认为人就应该坚持正道,不因周围的人事物而扭曲自己走上邪道。

其次,孔子认为士要"达",即变得通达,所应具备的德目之一就是"质直",为人朴实正直,慎于察言观色而善解人意,总会想着如何谦下做人,如此便会"在邦必达,在家必达"(《论语·颜渊》)。这在孔子对弟子子张"士何如,斯可谓之达矣"的回答,而对"质直"的理解要从两方面入手:第一,孔子在答弟子疑问中区分"闻"与"达"的不同,认为:"夫达也者,质直而好义,察言而观色,虑以下人。在邦必达,在家必达。夫闻也者,色取仁而行违,居之不疑。在邦必闻,在家必闻。"显然,"达"之士表现出来的是一种谦逊的表里如一,这是"质直"的表现,不矫揉造作,言行举止发自内心。而"闻"之士则往往表面上是一种仁者的姿态,但实际行为却与仁背道而驰,这是"质不直"的一种表现。第二,对"质直"的理解的一个关键点是对"质"的理解,这就牵扯到"质"与"文"的区别与联系。对此孔子认为:"质胜文则野,文胜质则史。文质彬彬,然后君子。"(《论语·雍也》)对于孔子这段话的理解,黄克剑说:"孔子之道'依于仁'而追本溯源于人之性情自然中的那份真切,这真切的生命根荄与'素'、'朴'相通而与'文'对举,被称之为'质'。孔子重'质',但不停留在与'素'、'朴'相通的'质'上,他以'绘事后素'所要喻说的是'文'(绘事)后于'质'(素),而'文'后于'质'既意味着'文'须得以'质'为根底,也意味着

---

[①] 陈壁生:《经学、制度与生活:〈论语〉"父子相隐"章疏证》,华东师范大学出版社2009年版,第42—58页。

'质'的根底上亦当有'文'的创设。因此,在他看来,'质胜文则野,文胜质则史',只有保持'质'与'文'的张力而臻于'文质彬彬'才可能把人成全为所谓'君子'。"① 故而,文饰礼仪的形成与建立,是以人生而有之的质朴天性为根基的,而人之"质"十分根要,它是美好德性建立的基础,而这种由内而外显发出来的道德品行就是"直",这其中除了蕴含着正直、直率、诚实之外,还有一种先天之"朴"的意味和天然去雕饰的向美之善。

最后,"直"与"孝"密切关联,"直"根植于"孝"。"直"的这一特点较为明显地表现在聚讼千年的"亲亲相隐"的论题中。其文曰:

> 叶公语孔子曰:"吾党有直躬者,其父攘羊,而子证之。"孔子曰:"吾党之直者异于是。父为子隐,子为父隐,直在其中矣。"(《论语·子路》)

关于这一论题的讨论一直十分热烈,如陈壁生专就"父子相隐"为题写作了自己的博士论文,并在此基础上出版《经学、制度与生活:〈论语〉"父子相隐"章疏证》② 一书。2002 年到 2004 年,学界还专就"亲亲互隐"及其相关问题,多次开展相关的学术会议,对与"亲亲互隐"相关的社会伦理、法制建设以及对传统文化的认识等论题进行了激烈的讨论。武汉大学的郭齐勇对这场辩论,进行了全面的梳理与总结,2004 年出版了 70 多万字的论文集——《儒家伦理争鸣集:以"亲亲互隐"为中心》③。此外,关于"亲亲相隐"的文章还有很多,这里我们不再一一列举。但通过前辈学者的研究,我们可以清楚一点:即孔子这里所谓的"直",带有很浓重的儒家伦理色彩,它与"孝"有密切关系,是从"孝"中根植出来的品质,是"仁之本",在此基础上开出了以"仁"为代表的各种德目。

总之,通过查看"文武之政""政在选臣""五仪之教"和"取人之法"等"哀公问孔"材料可以看出孔子人才观的这样几条重要信息。首先,孔子十分重视人在国家治理中发挥的作用,认为"人存政举""人亡政息",人决定了一国政治的成败。而这里的人主要是指管理国家的为政

---

① 黄克剑:《论语疏解》,中国人民大学出版社 2010 年版,第 126 页。
② 陈壁生:《经学、制度与生活:〈论语〉"父子相隐"章疏证》,华东师范大学出版社 2009 年版。
③ 郭齐勇主编:《儒家伦理争鸣集:以"亲亲互隐"为中心》,湖北教育出版社 2004 年版。

者,强调他们应是"修身以道,修道以仁"之人。为政者注重对自身修养的锤炼,竭力用自身的仁德之光在为政治国中照亮他人,发挥自身的模范带头作用,这是"为政在人"的要旨所在。其次,孔子重视修身,并依照德行修养程度的不同将人分为庸人、士人、君子、贤人和圣人五种,这一总结明确了不同概念之间的区别与联系,将人的不同境界勾勒得十分清晰,有助于人们不断要求自己、提升修养。再次,修身和能力对人才都十分重要,能够兼得两者自然最好,但在孔子心中两者始终有一个明确的重要性排序,即德先能后,而且孔子强调人才一旦失德,能力就成为伤人伤国的利器,成为国家治理的祸患,甚至可以导致亡国。最后,"直"德对于为政者修身有重要意义,它既有真诚、质朴等德性内涵,也有一种对于"道"的执着。为政者的"直"就是强调对"为政以德""为国以礼"的持守和执着,而这种持守和执着往往是对"道"发自内心的坚持。

## 第三节 "取人以身"的贤君思想

"取人以身"与前面的"为政在人",同样语出"哀公问孔"材料中的"文武之政"一题,其记载说:"……故为政在人,取人以身,修身以道,修道以仁。"其中,"为政在人"强调治理国家的行为主体是人,因此如何选贤任能对于国家的成败兴衰至关重要,表述了孔子的人才观思想。"取人以身"与"为政在人"紧密相连,强调取人的标准是修身。除"文武之政"之外,"哀公问孔"中的"舜冠何冠""徙宅忘妻""文武之政""隆敬高年""东益不祥""君子不博"和"智仁者寿"等题,也都涉及修身及其相关问题的讨论。

首先,我们来看"哀公问孔"之"舜冠何冠"一题。这是孔子与哀公谈论舜的一段记载,对于舜孔子曾多次提到,其中《论语》就有不少相关记载:

(1)子曰:"无为而治者,其舜也与?夫何为哉,恭己正南面而已矣。"(《论语·卫灵公》)

(2)子贡曰:"如有博施于民而能济众,何如?可谓仁乎?"子曰:"何事于仁,必也圣乎!尧舜其犹病诸!夫仁者,己欲立而立人,己欲达而达人。能近取譬,可谓仁之方也已。"(《论语·雍也》)

(3)子路问君子。子曰:"修己以敬。"曰:"如斯而已乎?"

曰："修己以安人。"曰："如斯而已乎?"曰："修己以安百姓。修己以安百姓，尧舜其犹病诸!"（《论语·宪问》）

（4）子曰："巍巍乎！舜禹之有天下也，而不与焉。"（《论语·泰伯》）

（5）舜有臣五人而天下治。武王曰："予有乱臣十人。"孔子曰："才难，不其然乎？唐虞之际，于斯为盛。有妇人焉，九人而已。三分天下有其二，以服事殷。周之德，其可谓至德也已矣。"（《论语·泰伯》）

（6）樊迟问仁。子曰："爱人。"问知。子曰："知人。"樊迟未达。子曰："举直错诸枉，能使枉者直。"樊迟退，见子夏。曰："乡也吾见于夫子而问知，子曰，'举直错诸枉，能使枉者直'，何谓也？"子夏曰："富哉言乎！舜有天下，选于众，举皋陶，不仁者远矣。汤有天下，选于众，举伊尹，不仁者远矣。"（《论语·颜渊》）

（7）尧曰："咨！尔舜！天之历数在尔躬。允执其中。四海困穷，天禄永终。"舜亦以命禹。曰："予小子履，敢用玄牡，敢昭告于皇皇后帝：有罪不敢赦。帝臣不蔽，简在帝心。朕躬有罪，无以万方；万方有罪，罪在朕躬。"……（《论语·尧曰》）

儒家"无为而治"的思想在这里被明确提出。有学者指出其与道家之"无为"不同的是，儒家之"无为""依于仁"，而道家之"无为"则是"法自然"。所以，"孔子的'无为'思想不能没有'上好义'、'上好信'、'上好礼'和'道之以德，齐之以礼'这一前提。……孔子的'无为而治'的向往是寄托于尧舜那样的'圣王'的，但正像传说中的尧舜'禅让'在后世的政治中从不曾真正出现过，'圣王'在真实的历史中始终只是传承'成德之教'的儒者们的一个不忍割舍的梦想"①。这种难以企及的"无为而治"的圣境是孔子之道的最高境界，孔子认为只有三代之时才有，而舜可以视为实现了无为而治的圣王，故而孔子一直标榜舜是如何为政治国的。那么，舜是怎样做到的呢？

孔子言其"恭己正南面而已矣"。"恭己"，朱熹释为"圣人敬德之容"，刘宝楠释为"修己以敬也"。结合两者的意思一起来看，对于朱注来说，朱熹将舜视为圣人，但结合上面第二则史料来看：子贡问孔子

---

① 对于儒家和道家之"无为而治"的论述可参见黄克剑《论语疏解》（中国人民大学出版社2010年版），第150、351页。

"博施于民而能济众",是否可以称得上是"仁"?孔子认为这已经超乎仁人的境界,而是达到了圣人的高度。对于这一境界,孔子言:"尧舜其犹病诸!"恐怕尧舜做得也还不够。所以,在孔子看来,舜虽已是近乎完美的圣人,然而距离他理想的圣境恐怕仍有距离,但"恭己"必含"敬德"之意,包含"敬"的内涵。对此,可以参看上面第三条史料中孔子说与子路的话。在这条对话材料中,孔子表达了他对"修己"不同层次境界的认识,认为对于一个德行高尚的为政治国之才来说,"敬"是修己的根基,没有这一层的修炼,其他道德品质将难以树立;而以"敬"作为根基继续修养完善自我便可以"安人",发挥其表率带头作用,去影响、带动周围的人,使他们的精神境界不断提高,人人各安其位、各司其职,也就促成了小范围的安乐祥和;依此逻辑继续推扩,则可到达"安百姓"的境界,我们认为孔子这里所指的"安百姓"应是指"修身、齐家、治国、平天下"中的"平天下",是一种大同社会的美好景象,是孔子为人类事业设想的美好追求,虽是很难实现的"圣境",但却促使人类形成一个美好的目标可以不断求索。对此,《中庸》有言:"《诗》曰:'不显惟德,百辟其刑之。'是故君子笃恭而天下平。"说的就是君子自身的德行不必刻意示于,百姓自然会被吸引而去积极效法,久而久之浸润其中,便可实现天下大治。综合两说,"恭己"是指心怀敬畏、严于律己以修养德性,目的是要"正南面"。"南面"一般多是帝王、君主的代称,但要"正"南面,则帝王、君主非圣贤君子不可为。因此,有学者就认为"正南面"是指"正君主的名分以求所谓'君君'"[①]。如此,"正"便可进一步理解为孔子的君君、臣臣、父父、子子的"正名"思想,孔子此思想是人道之治合于天道的天人合一思想,希望人类社会像天道自然一样,"四时行焉,百物生焉,天何言哉"(《论语·阳货》),实现入世"有为"之下的"无为而治"。

此外,君主作为邦国的首脑,直接决定着其所领导的为政者团队的质量,而这又关系到为政治国所能达到的效果。前面提到的第六条《论语》的记载就是反映了此观点。文曰:"舜有天下,选于众,举皋陶,不仁者远矣。汤有天下,选于众,举伊尹,不仁者远矣。"是说舜有天下,在众人中挑选人才,把皋陶选拔出来,不仁的人就难以存在了。汤有了天下,在众人中挑选人才,把伊尹选拔出来,不仁的人就难以存在了。从中可见舜之所以能够有此作为,与他知人善任、用人有道的贤德不无关系,这既

---

① 黄克剑:《论语疏解》,中国人民大学出版社2010年版,第328页。

说明了"为政在人"的道理,同时也强调了德行敦厚的有为君主的为政效力,强调以君主为代表的为政者的道德品质对于国家治理、政治清明的意义。所以在选拔人才时,要"取人以身",注重为政者的修养,这在"哀公问孔"中"舜冠何冠"的材料中体现得更为显著。其文曰:

> 鲁哀公问于孔子曰:"昔者舜冠何冠乎?"孔子不对。公曰:"寡人有问于子,而子无言,何也?"对曰:"以君之问不先其大者,故方思所以为对。"公曰:"其大何乎?"孔子曰:"舜之为君也,其政好生而恶杀,其任授贤而替不肖,德若天地而静虚,化若四时而变物,是以四海承风,畅于异类,凤翔麟至,鸟兽驯德,无他也,好生故也。君舍此道而冠冕是问,是以缓对。"(《孔子家语·好生》)

文中记载了舜如何为政治国及其达到的效果,强调主要是因为舜"好生而恶杀",即为政时珍惜百姓性命,不嗜杀戮。具体在施政中主要表现为"任授贤而替不肖",授予贤明之士而摒弃不肖之徒,以此保证政治的清明。前面"为政在人"强调取用贤明之士来治理国家,与此意思相投。而这里提出之所以可以取用贤明之人则主要是因为舜"德若天地而静虚,化若四时而变物",即舜的德行修养已达"仁"的最高境界,并且在以仁德教化天下时就如四时交替而孕育万物一样自然和顺。如此形成的以舜为核心的"贤人政治"团队所施展的教化,像天地的运转和四时的交替一样,成就了"为政以德,譬如北辰,居其所而众星共之"(《论语·为政》)的效果,达成天人合一的"无为"之境,而促成此景象的最重要的一点就是舜的"好生之德"。对此,《尚书·大禹谟》中曾云:"与其杀不辜,宁失不经,好生之德,洽于民心。"就是说"好生之德"的魅力在于"洽于民心",即其契合人心所向,从而实现上下同欲的政治生态。

以上哀公与孔子的对话是以舜为讨论中心,尤其孔子以舜之"德"为榜样,希望鲁君能够避轻就重,关注、学习舜的为政之道。从中也可以看出,以"为政在人"和"取人以身"为核心内容的"为政以德",归结到一处便在于人之"德"上,尤其是一国之君及其为政者们的德行修养,对于为政治国来说意义非凡。在"哀公问孔"的材料中"徙宅忘妻"也申明了这一思想。文中哀公问了个"寡人闻忘之甚者,徙而忘其妻,有诸?"的寻常问题,孔子以此为切入点,以夏桀失国为例,以史为鉴告诫哀公君主克己修身和选贤任能对于国家治理十分重要,忘记这两点,才是严重忘记自身的情况。

另外,"哀公问孔"中"隆敬高年"一题,是从敬重长者的角度强调了国君应有的品质。其文曰:

> 哀公问于孔子曰:"二三大夫皆劝寡人,使隆敬于高年,何也?"孔子对曰:"君之及此言,将天下实赖之,岂唯鲁哉!"公曰:"何也?其义可得闻乎?"孔子曰:"昔者,有虞氏贵德而尚齿,夏后氏贵爵而尚齿,殷人贵富而尚齿,周人贵亲而尚齿。虞、夏、殷、周,天下之盛王也,未有遗年者焉。年者,贵于天下久矣,次于事亲。是故朝廷同爵而尚齿。七十杖于朝,君问则席;八十则不仕朝,君问则就之,而悌达乎朝廷矣。其行也,肩而不并,不错则随,斑白者不以其任于道路,而悌达乎道路矣;居乡以齿,而老穷不匮,强不犯弱,众不暴寡,而悌达乎州巷矣;古之道,五十不为甸役,颁禽隆之长者,而悌达乎蒐狩矣;军旅什伍,同爵则尚齿,而悌达乎军旅矣。夫圣王之教,孝悌发诸朝廷,行于道路,至于州巷,放于蒐狩,循于军旅,则众感以义,死之而弗敢犯。"公曰:"善哉,寡人虽闻之,弗能成。"(《孔子家语·正论解》)

以上文本主要论述了年长者对于社会发展的重要意义,言长者"贵于天下久矣,次于事亲"。敬重长者由来已久,虞、夏、商、周之盛世之时的一个共同之处在于"尚齿"即尊敬年长者,并将尊敬长者视为是"次于事亲"的大事。正所谓"立爱自亲始,教民睦也;立敬自长始,教民顺也"(《孔子家语·哀公问政》),"爱亲"则民睦,体现的是"亲亲"思想;"敬长"则民顺,体现的则是"尊尊"思想,而亲亲、尊尊是周朝立国之本,是周公制礼作乐的核心内容,是"隆敬高年"之所以重要,并是"次于事亲"的主要原因,因为对长者的尊重所体现的"敬"正是"尊尊"的思想主旨。进而,"隆敬高年"一题列举了朝堂之上、路途之中、在乡间、在田猎分配猎物时、在军中五个具体敬重长者的场景,并强调之所以如此是为了申发其"孝悌"中的"悌"之义。孝是孔子学说的根基所在,在《论语》首篇《学而》第二章孔子弟子有若曾说:"其为人也孝弟,而好犯上者,鲜矣;不好犯上,而好作乱者,未之有也。君子务本,本立而道生。孝弟也者,其为仁之本与!"此虽为孔子弟子所言,但不失夫子本意。"孝"指向"亲亲",强调子女对父母之爱,而"悌"则最初发生兄弟姐妹间,强调后生的晚辈对年长的先辈的敬重,但"悌"

之情愫的萌发最初也是从"孝"中而来，此思想的申发可使"众感以义，死之而弗敢犯"，即百姓有感隆敬高年的深明大义，在此社会风气下，将有"德风德草"之效，使邦国在人心向背中所向披靡。

上面主要是从"敬"、从"悌"的角度切入，讲了"隆敬高年"的原因在于"尊尊"，在于以此建立一种道德秩序。而就长者本身来说，他们之所以受到敬重还有一个重要原因，就是他们常常被视为是智者和仁者的化身。对此，"哀公问孔"材料中的"智仁者寿"一题是有关于此的内容。文曰：

> 哀公问于孔子曰："智者寿乎？仁者寿乎？"孔子对曰："然，人有三死，而非其命也，行己自取也。夫寝处不时，饮食不节，逸劳过度者，疾共杀之；居下位而上干其君，嗜欲无厌而求不止者，刑共杀之；以少犯众，以弱侮强，忿怒不类，动不量力者，兵共杀之。此三者，死非命也，人自取之。若夫智士仁人，将身有节，动静以义，喜怒以时，无害其性，虽得寿焉，不亦可乎？"（《孔子家语·五仪解》）

根据史料记载，孔子对哀公所说的智者、仁者长寿的观点给予了肯定，并从不智者、不仁者自取灭亡的三种情况做了反向论证。说这类人在日常生活、为政治国、军事作战等方面的做法常常不合礼制、仁德，因此被"疾""刑"和"兵"缠身死于非命。相反，智士仁人因行事有度、居处合礼、喜怒适时、不戕害自己的性情，从而得以长寿，寿终正寝。《论语·雍也》篇中也有类似的说法，孔子云："知者乐水，仁者乐山；知者动，仁者静；知者乐，仁者寿。"这里虽将智者与仁者分开来论述，但"实际上却是在告诉人们，他所谓'知（智）'一定是对'仁'有所体会因而有所了悟的'知（智）'，他所谓'仁'也一定是由'知'仁而达到'乐'于仁的那种被觉悟却又忘神于其中的'仁'"[①]。这里强调得以长寿主要是因为德行修养做得好，因此被视为是"仁"的化身，由此结合"智仁者寿"再来看"隆敬高年"，可以看出敬重长者的深层内涵不止于"尊尊"，还有仁德修身的一整套仁学思想在里面。这对统治者取用人才治理国家来说就又增加了一个维度，即长寿者虽不必侍于朝，但敬重他们带来的社会治理效果却是潜移默化，不仅利于仁德的推广，而且还有助于构建一套敬长尊贤的社会秩序。

---

① 黄克剑：《论语疏解》，中国人民大学出版社2010年版，第127页。

最后,"君子不博"并不是直接讲如何取用人才的,但它揭示了君子不喜争胜的品性,据此可以做为一个参考标准任用君子为政治国。具体来说,根据对话内容可知"君子不博"的传统古已有之,其流传至春秋时期时礼乐传统对此的约束已经有所松动,故而鲁君对此传统有所质疑。此题中所涉及的"博"是指古代一种两人对局的棋戏,有竞技争胜之意。这很容易让我们联想到《论语》的另一处关于"射"的记载。文中孔子曰:"君子无所争,必也射乎!揖让而升,下而饮,其争也君子。"[1] 射箭属于礼乐射御书数古之"六艺"之一,与"博"性质相当,但作为重要的一大教学内容,其普及程度更高。孔子以君子射箭来展现君子之风,通过其描述可以看出,整个射箭过程中君子都特别讲求一个"礼"字,具体是通过揖让、请酒等举动体现君子风度,并以此化解"射"争胜的意味,所以君子参与射箭的目的并不是为了"争胜"。而在"君子不博"中又进一步言及君子不喜争胜的原因是"为其兼行恶道也",即因为下棋对弈一个最直接的目的就是"争胜"赢得这场比赛,这就需要下棋者诡道谋划以争胜,所以下棋等这类争胜的活动会影响人的心智使人走邪道。孔子讲求"仁道",这种争胜的"恶道"与之对立,对于君子修行来说并不会起到好的作用。

结合"哀公问孔"材料对孔子"为政以德"的思想进行论述,认为这些材料强调了"为政以德""为政在人"和"取人以身"两方面的内容。其中,"为政在人"是讲孔子的人才观,主张注重人才的德行修养,强调人才之"德"应高于其"能";而"取人以身"则主要是针对国君等为政者来讲的,一方面认为他们的自身修养,将决定着取用人才的质量和国家的兴衰治乱,另一方面也论述了辨别人才的几种情况。综合两方面的内容,相较于"为国以礼","为政以德"针对的行为主体主要是包括国君和治国之才在内的为政者,主张他们注重自身修养要以德治国。

---

[1] 引自《论语·八佾》,另外,《卫灵公》篇中,也有云:"子曰:'君子矜而不争,群而不党。'"《荀子·尧曰》有云:"(周公旦曰:)君子力如牛,不与牛争力;走如马,不与马争走;知如士,不与士争知。"

# 第六章　孔子晚年思想研究：为国以礼

前面已经讨论了孔子"为政治国"思想中的"为政以德"，下面我们将结合"哀公问孔"中"为政以礼""守国之道""儒服儒行""服益于行"和"孝乎贞乎"五则史料，从"为国以礼"的思想特质、"为国以礼"的表与里以及"为国以礼"的践履三个方面来阐释孔子"为国以礼"的思想。

## 第一节　"为国以礼"的思想特质

"为国以礼"与"为政以德"一样，同出自孔子之口。"为政以德，譬如北辰，居其所而众星共之"（《论语·为政》），是孔子对"为政以德"政治理想的描述，学界讨论得较多。"为国以礼"在《论语》中两次被提到：一次是子路、曾皙、冉有、公西华"四子侍坐"各言其志时，孔子评价子路的志向，说："为国以礼，其言不让，是故哂之。"另一次记载没有交待对话场景，子曰："能以礼让为国乎？何有？不能以礼让为国，如礼何？"（《论语·里仁》）对《论语》这两处关于"为国以礼"的记载，首先需要强调的是，"为国"与"为政"既有联系又有区别，"为政"的主体侧重于"为政者"；而"为国"的重心则在于"国"，针对两个不同主体，孔子回应的方式、方法也有不同。在孔子看来，"为政者"要注意自身的德行修养，以自身的表率带头作用带动周围的人上行下效以实现"无为"德治，并由此推广开来就可以实现天下大治，所以孔子格外注重君子之"德"的修养。而"国"作为一个政治实体，虽与为政者密切相关，但两者的表现形式不同，"为国"需要一个更富有外在规定性的东西来管理秩序，对孔子来说这个东西就是"礼"。质言之，虽然"为政"与"为国"两者的行为主体都是为政者，但因对象不同而导致施用的方式、策略不同，前者用"德"，后者施之以"礼"，这是孔子为政治国思想的精要所在。以下我们将从让在其中的特殊地位、"为国以礼"的原因以及礼与仁的关系等方面，对孔子"为国以礼"的思想内容进行进一步分析。

首先，在孔子这一整套治国理政的逻辑理路中我们关注到一个概念即"让"，此前它的地位和意义并不十分突出，但经过研究我们认为其在孔子思想体系中占据一个十分独特的位置。对此，《论语》中的相关记载为我们提供了研究思路。根据杨伯峻先生在《论语译注》中的统计，"让"共出现7次，且主要表达了两层涵义：一是当名词"谦逊"讲，共4处，如云"夫子温、良、恭、俭、让"，以及后面将详细论述的与"为国以礼"相关的3处记载，这一层涵义直指某一向度的礼义德性；再者是当动词"推让"讲，共3处，如"三以天下让""当仁不让于师"，以及"君子无所争，必也射乎！揖让而升，下而饮，其争也君子"，在这里"让"虽然是礼仪动作的表达，但深层隐含的礼义思想却是孔子真正要表达的内容，尤其是"让天下"背后蕴含的精神实质，可谓是孔子德政礼治思想的一种极致表达。对《论语》的这些记载，后面将进行详细解读，这里首先来看"让"之于"为国以礼"的记载。其中一则是关于"四子侍坐"的记载，《论语》中少有的长对话，文曰：

> 子路、曾皙、冉有、公西华侍坐。子曰："以吾一日长乎尔，毋吾以也。居则曰：'不吾知也！'如或知尔，则何以哉？"子路率尔而对曰："千乘之国，摄乎大国之间，加之以师旅，因之以饥馑；由也为之，比及三年，可使有勇，且知方也。"夫子哂之。"求！尔何如？"对曰："方六七十，如五六十，求也为之，比及三年，可使足民。如其礼乐，以俟君子。""赤！尔何如？"对曰："非曰能之，愿学焉。宗庙之事，如会同，端章甫，愿为小相焉。""点，尔何如？"鼓瑟希，铿尔，舍瑟而作，对曰："异乎三子者之撰。"子曰："何伤乎？亦各言其志也。"曰："莫春者，春服既成。冠者五六人，童子六七人，浴乎沂，风乎舞雩，咏而归。"夫子喟然叹曰："吾与点也！"三子者出，曾皙后。曾皙曰："夫三子者之言何如？"子曰："亦各言其志也已矣。"曰："夫子何哂由也？"曰："为国以礼，其言不让，是故哂之。""唯求则非邦也与？""安见方六七十如五六十而非邦也者？""唯赤则非邦也与？""宗庙会同，非诸侯而何？赤也为

之小，孰能为之大？"①

根据"四子"中年纪最小的公西华的生卒年龄推算，其少孔子四十二岁，生于公元前 509 年，是孔子晚年弟子，故而这段记载应该发生在孔子晚年周游归鲁之后。此时孔子已达到"从心所欲，不逾矩"的境界，少孔子九岁的子路也在"耳顺"之年前后，少孔子二十九岁的冉有则近"不惑"之年，曾皙与冉有年纪相仿，亦近"不惑"之年。孔子与子路、曾皙、冉有和公西华四位老中青不同年龄的弟子谈论志向意义深远。孔子问弟子如若有真正了解、赏识他们的伯乐，他们的理想是什么。年纪最长、性情直率的子路不假思索地第一个起身回答，说自己的志向是治理一个在大国夹缝中被战争和饥荒裹挟的千乘之国，而且有信心让这个邦国的民众在三年时间里既勇敢又知礼法。孔子认同"为国以礼"的治国方略，认可子路的理想，欣赏他有志于让民众既勇敢又懂礼，但子路的言行却暴露了他的问题，即"率尔而对"这一不谦让、不讲礼的举动，与"为国以礼"的思想主张是矛盾的。因为这一理念的核心要旨是讲求"礼"对于国家秩序的规范，而在这一过程中，为政者的德性修养起着至关重要的率先垂范作用，若为政者在这一点上没有发挥其应有的作用，"为政"不能"以德"，那么"为国"便不能"以礼"。所以，在孔子的治国理政思想中，特别看重为政者的个人修养，要求其以身作则。然而，主张"为国以礼"的子路却"其言不让"不讲"礼"，由此引起了孔子对其治理能力担忧。

另外，从"四子侍坐"的整个对话内容来看，孔子四弟子的具体志向虽互有不同，但实际上是从不同角度谈"为国以礼"。子路强调"强兵"是使民"知方"懂礼的保障；冉求主张"先富而后教"，强调"足食"的重要性，希望在百姓丰衣足食之后，再待贤明的君子进行礼乐教化；公西华强调"知礼"，特别重视宗庙祭祀等礼乐之事对国家治理的重要性；曾皙则说出了孔子的心声，希望能自在欢畅地盥洗于沂水之滨，沐风于雩台之上，这种"从心所欲，不逾矩"地抒发，实际是礼乐制度的极致表达，是对大同生活景象的一种描绘，它是以强兵、足食、知礼等为基础，向更高层次的精神世界的诉求。因此"四子侍坐"很好地展现了"为国以礼"的丰富内涵和不同境界，体现了孔子的治世理念。其中值得注意的是，孔子以评论子路的方式，提点出"让"对于"为国以礼"的

---

① 杨伯峻：《论语译注》，中华书局 1980 年版，第 118—119 页。

重要性，但这里孔子并没有将"让"之于"为国以礼"的意义完全道破，而是从"礼"生发的角度进行了推演，认为如果缺失最为基本的谦逊礼让等礼义精神，则难以实现"为国以礼"的政治理想。

另一处关于"让"和"为国以礼"的记载是："子曰：'能以礼让为国乎？何有？不能以礼让为国，如礼何？'"① 这里并未直接出现"为国以礼"的字样，而是记载说"以礼让为国"。按照古汉语的语法"以礼让为国"与"为国以礼让"同义，但多出的一个"让"字格外醒目，对其内涵将在下一节详细论述，这里先疏通文意，以帮助理解"为国以礼让"的深层内涵。《论语》此章的语义并不清晰，疑因"何有"部分脱简造成。幸运的是，"何有"在《论语》中出现多次②，常见的表述是"于从政乎何有"，汉代文献在引述《论语》此章时也常作"于从政乎何有"③。有鉴于此，清人毛奇龄指出："汉时《论语》必有多'于从政'三字者，且于本文较明白。"④ 笔者认同此观点，认为《论语》此章"何有"应作"于从政乎何有"，如此一来，此章的意思是说能遵循礼让的精神并以此方式治理国家，为官执政还有什么困难呢？不能遵循礼让的精神并以此方式治理国家，又能怎么推行礼呢？显然孔子是在强调"礼让"对为政者治国理政和推行礼的重要性，为什么《论语》两处关于"为国以礼"的记载，都特别强调"让"的重要性？"让"之于"礼"和"为国"会有怎样的特殊意义？

解决以上问题的关键，在于明晰"让"的内涵。结合《论语》有关"让"的其他记载，我们认为主要有以下两方面的原因。

其一，以"让"为独特标识的儒家义利观。在孔子那里"礼"的任何表达都同时含有礼义和礼仪两方面的意蕴，而且还特别强调礼义即礼道德内涵的价值和意义。"让"亦遵循这一原则，同时涵盖了两层涵义，一方面与"义""信""敬""忠"等德目一样，表示一种礼义的道德价值取向；另一方面它还是揖让、让步、让位等具体的行为举止和礼仪规范的表达。前面提到的"四子侍坐"即是如此，如果不是鉴于子路"其言不

---

① 杨伯峻：《论语译注》，中华书局1980年版，第38页。
② 如《子路》篇记载："子曰：'苟正其身矣，于从政乎何有？不能正其身，如正人何？'"《雍也》篇亦有"季康子问：'仲由可使从政也与？'子曰：'由也果，于从政乎何有？'曰：'赐也，可使从政也与？'曰：'赐也达，于从政乎何有？'曰：'求也，可使从政也与？'曰：'求也艺，于从政乎何有？'"等。
③ 如《后汉书·刘般传》记贾逵上书曰："孔子称能以礼让为国，于从政乎何有？"《列女传》记曹世叔妻上疏亦曰："《论语》曰：'能以礼让为国，于从政乎何有？'"
④ 程树德：《论语集释》，中华书局1990年版，第255页。

让"这一举动背后深层的礼义内涵和礼的生发逻辑,孔子不会批评他不足以担当"为国以礼"的重任。也有学者对"让"的这一内涵有不同看法,有观点认为,"让"虽然具有礼仪和礼义两方面的内涵,但未必在任何情况都同时兼有。论者从伦理学的角度对"让"进行分析,认为根据所让之物的分量及利他的程度,"让"的道德意蕴不仅有强弱之别,而且还有"非道德意义上的使用"。论者以围棋和象棋术语的让先之"让"和在谈判、争执过程中的让步之"让"为例,指出以"争"为特色的竞技类运动和围绕利益展开的谈判或争执中的"让""并无多少道德意义可言",是"非道德意义上的使用",其仅为更好地服务棋类运动的激烈程度,或是出于对利益的策略性考虑而做出的一种无奈选择。① 这一观点显然与孔子的主张相左,且在功利主义思想的影响下,这种观点有愈演愈烈之势。本书试图通过与此论者商榷的方式,明晰以"让"为标识的中华文明义利观的独特理路,具体有两点内容:

  一方面,孔子主张礼之礼仪和礼义任何情况都不可分割,而且强调礼义才是礼仪的目的和本质。孔子对论者提及的竞技类运动中的"争"实际早有论述,子曰:"君子无所争,必也射乎!揖让而升,下而饮,其争也君子。"② 意思是说有德行的君子时常是以谦卑自牧、与他人无争,如果一定要争的话,一定是射箭。但即使是射箭这样的竞技比赛,也是保持了一贯的君子之风,需相互作揖相让之后再上场,且在射完退下之时,胜利者要向对方作揖请酒,失败者饮酒自罚。之所以有这样的射箭场景,是孔子试图以"让"的礼义精神和相应的礼仪规范,在最大程度上消弭纷争及其带来的不良影响,而非停留在"让"表面的仪式行为上。质言之,孔子主张以"和"为贵的思维方式处理利益争端,这是中华民族义利观的独到之处。但按照论者的观点,因竞技类运动和利益谈判中的"让"的道德意蕴微小,以及对利益的实质性竞争,使得"让"背后蕴涵的道德内涵弱化甚至被抵消,进而没有必要提倡或成全"让"背后的礼义精神。我们知道孔子对"周礼"的最大发明是将其与"德"紧密联系起来,赋予它道德规范的意义,而不仅仅停留在社会伦理规范层面,由此构成了儒家独特的思想价值体系。具体到这里的"争让"来说,如果射箭时对手之间作揖相让仅是礼貌客套,是"非道德意义上的使用",则是对礼仪与礼义关联的隔绝,会使"礼"流于形式和虚妄。而孔子对礼的坚守,

---

① 吕耀怀:《"让"的伦理分析》,《孔子研究》2000 年第 5 期。
② 杨伯峻:《论语译注》,中华书局 1980 年版,第 25 页。

是不会因礼义之道德意蕴的强弱发生改变的,这也是中华文明古训"勿以善小而不为"的深层涵义。但论者将这一价值判断引入纯粹的功利主义方向,会导致人们在评判事务时,以其所含道德意蕴的强弱作为行为依据,因善小而不为,由此将逐渐瓦解礼背后的礼义精神,使道德丧失对社会的约束作用。总之,笔者认为"让"的所有表达,都应是"道德意义上的使用",同时包含礼义和礼仪两方面的内容,这与西方文化过度强调竞争有很大差异。

另一方面,中华文明自古以来就致力于从积极的角度寻求控制竞争、弱化竞争负面影响的途径和方式,"让"是中国人解决此问题的一个重要智慧结晶,充分展示了中国人处理利益分配和争端时独特的思维方式和精神气韵。如在射箭时作揖相让不仅在形式上起到弱化冲突、消弭不必要争端的作用;在思想上也在试图以"让"转化人类趋利避害的本性,使彼此以互惠共利的方式实现持久和谐。需要注意的是,这里的"让"并不是要一味地忍让,而是主张以积极的心态通过温和的方式化解矛盾、缓和冲突,在更长远、更宽广的视野下,以"礼"节制规范自我,不计较个人一时得失,通过让渡自我利益、克制内心私欲的方式消弭争端,以暂时的"舍"达到更深刻宽广的"得",实现更持久的"和",以及更大的"利",最终双方在这个动态博弈的过程中趋向利益最大化的合作共赢,这是儒家义利观的独特体贴。

其二,"让"是德、礼之主,是孔子仁学和礼学思想的价值主旨,是孔子实现大同理想的要旨所在。先秦儒家经典中有"让,德之主也,让之谓懿德"(《左传》昭公十年)、"让,礼之主也"(《左传》襄公十三年)、"废让,是废德也"(《国语·晋语四》)、"德莫若让"(史佚语)和"辞让之心,礼之端也"(《孟子·公孙丑上》)等记载,展现了"让"不同于一般德目,在德、礼思想中具有特殊的"主"位。这与"让"不同维度的丰富内涵有着密切关系,有学者对"让"的内涵进行过总结,认为其主要有四方面的内容:一是辞让之"让",此乃礼治之端绪或曰前提;二是禅让之"让",此乃礼治推崇之至德;三是谦让之"让",指为人处世谦虚逊让,这是礼治的基本要求;四是卑让之"让",指在处理公私关系时能先国后己,大局为重,此乃礼治价值之合逻辑延伸。[①] 这一分析是从最为紧要的四个维度总结了"让"三大层面的内涵,即在生发层

---

① 唐少莲:《儒家"让"德批判——兼及"让"德与和谐社会建设》,《道德与文明》2008年第5期。

面,"让"是理性产物"礼"的肇端;在日用层面,"让"在公、私等各种礼治情境中发挥着积极作用,表现为谦让、卑让等形态;在止于至善的境界层面,"让"集万德于一身,可视为孔子仁政礼治思想的极致表达。总之,在"让"各个层面的践履过程中,孔子以差等之"爱"主张差等之"让",将不同维度的"让"孕育在人类社会生活的不同侧面中,对不同的人、事、物提出了不同境界和维度的"让"。具体来说,从礼生发的内在逻辑来看,"让"是"礼"这一理性思考的发端和底色,在此基础上,其他理性的德性才得以生成。进而,在这个意义上人们在日常工作生活的公共领域和私人领域,形成了谦让、卑让等不同礼仪形式和礼义精神。最后,上升至最高形态则形成了以"天下为公"的"让天下"之"让",这一举动及其背后的礼义精神,是孔子仁政礼治思想集大成的产物。《论语·泰伯》篇较好地展现了孔子这一"让"的思想[1],此篇首章孔子既以"至德"称颂泰伯、文王"让天下"之举,并上溯至尧、舜、禹的德业,认为"天下为公"是最高境界的禅让之"让"的精神实质,是三代实现天下大治的关键。我们知道国家治理的核心问题是利益分配问题,是"争"体现最为激烈和集中的地方,而以"天下为公"为核心的至德之"让",以天下人的利益为根本宗旨,试图以富有德性色彩的和平方式实现权力的重新分配,是儒家以"让"体贴出的为政治国思想,是"为政以德"和"为国以礼"的极致表达。在此意义上,"禅让"之"让"处于所有德目的顶端,作为"至德"直指孔子最高的政治理想——天下大同。

总之,"让"这种丰富立体的思想内涵,以及它与其他德目形成的互动关系,使其自下而上既是"礼"生发的开端,也是自上而下实现天下大同的德性保障,这种对整个人间秩序的安排,成就了它在整个孔子思想体系中非同一般的地位。尤其孔子生活时代,是先哲集中讨论人性问题的重要时期,之所以集中在这一时段,是因为"这个时期,那些面对现实的人对'民'的历史作用得出了大致相同的看法,即民的向背决定着为政者的盛衰兴亡和统治者的命运。……迫使他们(统治者)不得不急切地去探索人的共同的本性,因为只有把握了共性,才可能指导个性,让个性为我所用。春秋时期的政治家与思想家之所以去积极地探讨人性,其目的就在于此"。而当时的哲人们得到一个普遍共识,认识到"'利'是普

---

[1] 《论语》每篇各有主旨,《泰伯》篇就是围绕"让"展开的。参见黄克剑《论语疏解》,中国人民大学出版社2010年版,第169—173页。

遍社会关系的关键所在"①。对"利"如何处理，形成了先秦诸子不同的义利观，如墨家尚利重义，以兴天下之利为价值取向；道家"任自然"弃绝义利，追求无为而无不为；儒家几乎是法家重利轻义的反面——重义轻利，主张以"让"缓和好利、争利带来的紧张关系和负面影响，小到接人待物，大到"天下为公"的让天下，孔子将"让"渗透到社会生活的方方面面，希望人们从积极的角度构建以和为贵的社会。在这一时代背景下，也催生出了孔子一整套关于治国理政的构想。

其次，之所以孔子主张"为国以礼"，主要原因在于"礼"的内涵及其重要意义，这里将结合"哀公问孔"之"守国之道""为政以礼"等材料进行深入讨论。先来看"守国之道"这一材料，其文曰：

> 哀公问于孔子曰："寡人欲吾国小而能守，大则攻，其道如何？"孔子对曰："使君朝廷有礼，上下相亲，天下百姓皆君之民，将谁攻之？苟违此道，民畔如归，皆君之仇也，将与谁守？"公曰："善哉！"于是废山泽之禁，弛关市之税，以惠百姓。（《孔子家语·五仪解》）

这是哀公与孔子关于军旅之事的对话，鲁君问孔子在国势弱小时该当如何防守，在国势强大时又该如何攻伐。在孔子看来，若以"礼"治国，就可以"使君朝廷有礼，上下相亲"，如此，天下的百姓都将归附于他，成为君主的臣民，否则，百姓将纷纷叛离，成为君主的仇敌。这一为政治国的方略是周朝最初立国时的统治理路。当时偏安一隅的小邦周取代了统治全国的大商邑，政权实现更迭容易，但实现更迭之后对天下的统治如何有效地展开却是周朝开国之初最紧要的难题。对此，周朝统治者制礼作乐，通过建立尊尊、亲亲一整套统治逻辑，开创了孔子向往的文武之政的义治时代，这其中一个重要的核心理念就是以礼治国，自此开始以文治取代武治。此题的政治逻辑与周初立国的统治逻辑一致，在为政治国的问题上，孔子继承文武之治将"礼"视为是"经国家、定社稷、序民人"的大事，认为其是民心所向的定心石，关系到国之生死存亡。结合此题内容，若不局限于"文武之政"一题文本内容对"为政在人"中"人"的限定，可将其从为政所需的经国之才延伸至为政之基的人民。在历史长河

---

① 刘泽华：《先秦法家人性好利说与社会转型》，《中国社会科学报》2016年4月26日第8版和2016年5月3日第4版。

中，人民如同河床两侧的滩涂，而仁人志士、英雄豪杰则如同沧浪之水，虽然历史的进程、形态常常是由长河之水塑造的，但两岸的滩涂却决定着河流的基本走向，因此两岸滩涂与沧浪之水共同影响着历史的走向和进程。正所谓"夫民，神之主也。是以圣王先成民，而后致力于神"（《左传》桓公六年）。这在"守国之道"里展现得十分突出，文中指出之所以主张"为国以礼"，其最终目的就是为了亲百姓，把持民心所向。所以，我们认为"为政在人"应有两层深意，一层是对人才的重视；另一层是对人民的重视，两者相辅相成共同决定政治形态。

"哀公问孔"中"为政以礼"一题主要是在解答为何要"为国以礼"。春秋末世礼崩乐坏，哀公对现已无法行于世的礼法产生疑虑，问孔子"隆重的礼仪是怎样的，为什么在谈到礼时会如此珍视"，孔子从礼为何如此尊贵和当时为何无法通行两方面回答了哀公的问题。文曰："民之所以生者，礼为大。非礼则无以节事天地之神焉；非礼则无以辩君臣、上下、长幼之位焉；非礼则无以别男女、父子、兄弟、婚姻、亲族、疏数之交焉。是故君子此之为尊敬，然后以其所能教顺百姓，不废其会节。既有成事，而后治其文章、黼黻，以别尊卑、上下之等。其顺之也，而后言其丧祭之纪、宗庙之序，品其牺牲，设其豕腊，修其岁时，以敬其祭祀，别其亲疏，序其昭穆，而后宗族会醵。即安其居，以缀恩义，卑其宫室，节其服御，车不雕玑，器不彫镂，食不二味，心不淫志，以与万民同利。古之明王，行礼也如此。"[①] 孔子从人类生存的根本意义上对"礼"作了定位，说人们赖以生存的事物中，礼仪是最重要的。在这提纲挈领的总论下，孔子又从三个不同方面进行具体论证，并进一步将其落到践履的工夫上。具体来说，孔子认为，如果没有"礼"对人们行为的规范，对人之欲望的节制，那么在祭祀神灵、尊卑地位和亲疏关系三个方面，就会无章法可循。这将关系到人们日常生活的方方面面，如男女、父子、兄弟、婚姻、亲族等社会关系，如果没有"礼"对这些关系作出规定，人类的社会生活将陷入一片混乱。正如《左传》隐公十一年所说"礼，经国家，定社稷，序民人，利后嗣者也"。由此孔子再次总结强调说"是故君子此（礼）之为尊敬"，并进一步介绍了古代圣王明君在社会生活、国家事务上如何通过遵行礼制而实现大治。然而这却让哀公更加不解为何在其生活的时代为政者没有人这样做？孔子的回答切中时弊，认为当时的统治者为一己私利无所不用其极，任意搜刮百姓、取用无度、行为放纵、不择手

---

① 见于《孔子家语·问礼》。

段，做不到修明礼教实行礼治。但即便如此，孔子未改其志，他从未放弃启发、引导人们领会"礼"的涵义和竭尽其能地宣扬以礼治国的理念，终其一生知其不可为而为之。在孔子之时，"礼"的内涵不同于前，孔子"克己复礼"所复之"礼"固然与周礼密切相关，但在他的影响下"礼"的内涵已经发生了深刻的变化，即孔子将"仁"与"礼"密切关联在一起，使二者成为二位一体的关系。由此，尊"礼"便与施"仁"结合在一起，而"教"就是连接仁与礼的重要实践，因此孔子十分重"教"，目的就是以仁"教顺百姓"，使他们在社会生活中不至于"废其会节"，从而努力向理想中的三代政治靠拢。

此外，学界对"礼"与"仁"的关系论述十分丰富，核心问题聚焦于孔子思想核心的争论上，有仁核心说，礼核心说，中庸核心说，易核心说，仁义核心说，仁义礼的统一为核心说，等等。具体来说，影响最大的两个观点是仁核心说和礼核心说。持仁核心说的有匡亚明、杨国荣等学者；而持礼核心说的则以蔡尚思先生为代表，其对孔子思想核心问题的认识，前后有较大变化，他在20世纪60年代发表的文章中，认为孔子的思想核心是仁，而至80年代末，则一改前说，认为孔子思想体系的核心是礼，礼贯穿于孔子的政治、经济、哲学、文学、史学和教育等各方面的思想中。两大主流核心观点之外，有学者另辟新径弃置"仁""礼"孰为孔子思想核心的争论，认为"孔子思想的特质也就是以仁道理念以济周文疲弊之穷，问题的关键不是仁与礼孰为主孰为次的问题，也不仅仅是一种核心（内在实质）与外在形式的关系问题，而是人及其世界的关系应如何来重新定位、调整和安排的问题"[①]。此外近些年来对孔子思想核心的研究，又出现了一个值得注意的新说法，即孔子思想依据其生命历程有一个由礼到仁到易（或中庸）的阶段性发展过程，且在这一过程中各种思想不断完善、提升。持此观点的有张秉楠、郭沂、杨朝明等学者。基于以上观点，我们认为在孔子那里"仁"和"礼"是其整个思想学说体系中至为重要的两大核心概念，两者在孔子思想中是二位一体的结构，人们无法避开其中任何一方来谈论、定义孔子思想的特质，反而两者都是为解答如何安排世界秩序让人们生活得更好而设计的。

---

① 林存光：《孔子新论》，人民出版社2012年版，第281页。

## 第二节　从礼之"服"到礼之"核"

"礼"的内涵十分丰富,但可以从"礼仪"与"礼义"两个角度进行思考。其中,"礼仪"是指"礼"在人类社会生活中表现出的各种外在仪式和规定。如《中庸》说:"大哉圣人之道!洋洋乎!发育万物,峻极于天。优优大哉!礼仪三百,威仪三千。待其人而后行。故曰苟不至德,至道不凝焉。"这里"礼仪三百,威仪三千"就是从礼外在的仪式和要求方面做的规定。而"礼义"指的是践履这些礼仪所蕴含的思想精神,其指向孔子的仁德思想。且看《礼记·乡饮酒义》的一段记载,其云:"饮酒之义:主人拜迎宾于庠门之外,入三揖而后至阶,三让而后升,所以致尊让也。盥洗扬觯,所以致絜也。拜至、拜洗、拜受、拜送、拜既,所以致敬也。尊让絜敬也者,君子之所以相接也。君子尊让则不争,絜敬则不慢。不慢不争,则远于斗辨矣;不斗辨,则无暴乱之祸矣。斯君子所以免于人祸也。"文中从礼仪与礼义的角度介绍了乡饮酒这一礼俗的仪式及其原因,例如"盥洗扬觯"这一举动是为了"致絜","拜至、拜洗、拜受、拜送、拜既"则是为了"致敬",前面的礼仪动作是为了申发后面的礼义精神而创设,而之所以设计一系列礼俗仪式申发这些礼义精神通过文中的表述可知,其是为了"免于人祸"为了人类社会秩序的和谐稳定、长治久安。这里我们结合"哀公问孔"的材料,围绕"服益于行"和"儒服儒行",从外在、直观的"礼"之服(礼仪)逐渐深入至"礼"之核(礼义),由外而内讨论孔子"为国以礼"的思想,最后再以"心丧礼"为例,通过论述孔子的丧礼来加深对此思想的认识。首先来看"服益于行"的文本内容,其文曰:

> 哀公问曰:"绅、委、章甫,有益于仁乎?"孔子作色而对曰:"君胡然焉?衰麻苴杖者,志不存乎乐,非耳弗闻,服使然也;黼黻衮冕者,容不亵慢,非性矜庄,服使然也;介胄执戈者,无退懦之气,非体纯猛,服使然也。且臣闻之,好肆不守折,而长者不为市。窃夫其有益与无益,君子所以知。"(《孔子家语·好生》)

初看文本内容会认为这与注重内在德行修养、对"一箪食,一瓢饮,在陋巷"的颜回赞赏有加的孔子判若两人,但细细品来其不仅不相矛盾,还解答了《论语·乡党》篇常使人困惑的一些问题。《乡党》篇记载了孔子衣、食、居、寝等大量的日常生活细节,比如孔子在穿衣方面要求:"君子不以绀緅饰,红紫不以为亵服。当暑,袗絺绤,必表而出之。缁衣羔裘,素衣麑裘,黄衣狐裘。亵裘长,短右袂。必有寝衣,长一身有半。狐貉之厚以居。去丧,无所不佩。非帷裳,必杀之。羔裘玄冠不以吊。吉月,必朝服而朝。"在吃食方面要求:"食不厌精,脍不厌细。食饐而餲,鱼馁而肉败,不食。色恶,不食。臭恶,不食。失饪,不食。不时,不食。割不正,不食。不得其酱,不食。肉虽多,不使胜食气。惟酒无量,不及乱。沽酒市脯,不食。不撤姜食,不多食。"孔子对衣、食等方面之礼节的细致要求常为后人诟病,认为是贵族阶级的做派不亲民,但结合"服益于行"再来理解则可探知其中原委。在这一主题材料中孔子认为居丧之人,穿着丧服,手执丧杖,心思不在音乐上,原因不在于其耳朵听不见,而是因为身上穿的丧服使他这样;同样,身穿华丽礼服、头戴礼冠的人,容貌举止庄重,这并不全因本性矜持端庄使然,而是因为他身上穿的礼服促使他这样;而身着铠甲、手持兵器的人,毫无退缩、怯懦的样子,也并不全是生性纯正勇猛之人,而是身上穿的军服使他这样。这些论述的场景也常常出现在我们的日常生活中,我们很难想象一个西装革履的运动健儿如何在运动场上拿到好的名次。客观来说,"礼"就如同人穿的衣服,相对于赤身裸体,衣服(礼)就是对人性的一种约束,但问题不在于这是不是一种束缚,而在于这种束缚是否必要。孔子对此的基本态度是——"克己复礼为仁"。也就是说,礼的规定虽与人性并不完全顺和,需要人们刻意用"克己"的方式来实现,但这种"克己"的约束力却拥有天然的合理性,即人类个体要想生存下去,不可能随心所欲地做自己任何想做的事情。可以想见,如果每个人完全按照自己的自由意志做事,那么结果往往就是谁更强大听谁的,整个人类社会会落入弱肉强食的丛林法则,人与禽兽将并无二致。为了避免这种情况的发生,人类需要尊老爱幼,需要秩序。而在孔子看来,一种好的秩序应是用自觉的"礼"而非强制的"刑罚"建立起来的,一个人外在举止行为、衣着打扮既是其内在品质的延续,是"道"生命化在人们身上的行迹,反过来也会助力其向善向好,可以帮助人们约束自己的行为举止。正所谓"质胜文则野,文胜质则史。文质彬彬,然后君子"。(《论语·雍也》)也就是说,为了不使人类像粗野的兽类一样生存,人们需要以文化修养自身,这样才不会迷失本性,才能活出人的模样,像个真正的君子。总之,虽然"礼义"规定着"礼仪"的设置,但反过来,"礼仪"也有助于"礼义"的修养,对人的举止行为、德行修养有约束作用，这是"服益于行"要表达的核心主旨。

其次，关于"儒服儒行"①的研究已有不少学者关注过。其中有今人王锷的《春秋末期儒者德行和〈儒行〉的成篇年代》②、陈来的《儒服·儒行·儒辩：先秦文献中"儒"的刻画与论说》③以及宋立林、孙宝华的《读〈儒行〉札记》④等。他们的研究不仅总结了前人的研究成果，而且也在前人研究的基础上，进一步提出了自己的见解。

第一，就"儒服儒行"的成篇年代来说，现大致形成三种代表观点：第一种观点认为，"儒服儒行"假托孔子之言，是后人的伪托之作。持此观点的古有程颐、吕大临、孙希旦等，今人则有熊十力、任铭善、杨天宇、黄坚等学者。宋代大儒程颐认为："《儒行》之篇，此书全无义理，如后世游说之士所为夸大之说。观孔子平日语言，有如是者否？"⑤第二种观点认为，"儒服儒行"是孔子之作，是研究孔子思想的不可多得的史料。持此观点的主要有郑玄、章太炎、王锷、宋立林等，但他们对此篇的记录者是谁有不同意见。其中王锷认为："《儒行》是孔子之作，很可能是由当时在场的鲁国史官记录后，经孔门弟子整理而成，成篇于春秋末期至战国前期。"⑥章太炎与之稍有不同，他认为："殊不知《儒行》一篇，非孔子自著，由于弟子笔录。"⑦第三种观点则在怀疑该篇是否为实录的同时，在研究孔子思想的时候，又无法割舍这些史料。如陈来在《儒服·儒行·儒辩：先秦文献中"儒"的刻画与论说》一文中曾说："'儒服'之说不一定是哀公与孔子真实的问话，可能是孔门七十子及其后学时代儒服论流行时所添加。"但他又说："《儒行篇》的思想是符合孔子思想的"，"这种说法符合孔子的立场，代表了早期儒家的思想。"⑧陈氏的这种矛盾心理在很多学者那里都有体现。他们一方面难以肯定这些材料的

---

① 见于《孔子家语·儒行解》和《礼记·儒行》。
② 王锷：《春秋末期儒者德行和〈儒行〉的成篇年代》，《中国典籍与文化》2006年第4期。
③ 陈来：《儒服·儒行·儒辩：先秦文献中"儒"的刻画与论说》，《社会科学战线》2008年第2期。
④ 宋立林、孙宝华：《读〈儒行〉札记》，《管子学刊》2010年第3期。
⑤ 程颢、程颐：《二程集》，中华书局2004年版，第177页。
⑥ 王锷：《〈礼记〉成书考》，中华书局2007年版，第52页。
⑦ 章太炎：《〈儒行〉要旨》，出自《章太讲演集》，河北人民出版社2004年版，第119—120页。
⑧ 陈来：《儒服·儒行·儒辩：先秦文献中"儒"的刻画与论说》，《社会科学战线》2008年第2期。

可靠性，但另一方面却以"可靠"的身份在使用这些材料做研究。

第二，关于"儒服儒行"所论之内容，文中指出虽然当时穿着儒服称"儒"的人很多，但儒者不因贫贱而愁闷不安，不因富贵而得意忘形，不因君主的侮辱、长官的负累、官吏的刁难而违背自己原有的志向，所以称"儒"是因为他们具有这些品质，而非穿着儒者的衣服。对此，王锷将此篇内容分作儒者之十六种高尚品行，分别进行了文本的释读性研究，将目光聚焦于儒者的品格上。陈来先生对《儒行》篇的研究值得注意的是，陈氏在论述"儒服"一节时，采用了"哀公问孔"中多个章题的材料，如有前面刚刚论述到的"服益于行"，以及"五仪之教""舜冠何冠"等都有涉及。所以，其虽对这些材料的可靠性存有疑问，但在研究时仍不免使用。通过论证他总结了先秦时期孔门儒者对儒服的重视，并强调说："孔门传承的孔子宗旨，并不把儒服看做是儒的先务，始终主张德行的优先性，这一点也是明确的。"继之"儒服"之后，陈氏以《儒行》篇为讨论中心，引用其列举的十六种儒者德行，又讨论了"儒行"的问题。但与王氏的论述不同的是，陈氏没有拘泥于《儒行》文本所涉的名目，而是对儒者的德行进行了重新的区别与概括，他否定了从字源上单向地考察"儒"的特质的论证方法，认为"儒"不仅"没有任何'柔'的特点，相反，和孟子所说的'大丈夫'的人格尤为接近。这说明以柔论儒基本上是错误的"；而"这些儒行，也就是孔子以来儒家所主张、所实践的德行。从此篇最后的论述来看，作者还想表达这样的意思，即这些儒行都可看做'仁'的不同的实践侧面，这种突出仁德的思想，更完整地体现了儒家德行论的核心和重点"[①]。通过两人的分析，儒者所应具备的品格修养更加清晰，从中也进一步看出儒家对外在礼仪与内在礼义关系的处理和侧重。

第三，关于"儒服儒行"的时代背景，王锷专有论述，认为其与孔子晚年的时代特点是相符的。具体他是从"儒"之"君子儒"和"小人儒"的角度出发，在孔子之时，两者就已经鱼龙混杂。杨向奎先生在胡适先生的《说儒》基础上，对"君子儒"与"小人儒"的问题专有讨论和总结，他说："早期儒家的职业是相礼，自从孔子再次改造礼后，也改造了儒家本身……他（胡适）又说，用荀卿的话来比较墨子的话，可以相信，在春秋战国之间，已有这种俗儒，大概就是孔子说的'小人儒'。

---

① 陈来：《儒服·儒行·儒辩：先秦文献中"儒"的刻画与论说》，《社会科学战线》2008年第2期。

从这种描写上,可以看出他们的生活有几点要点:第一,他们很贫穷,往往'陷于饥寒,危于冻馁';这是因为他们不务农,不作务,是一种不耕而食的人。第二,他们受人们的轻视和嘲笑,因为他们的衣食靠贵族供给,而且他们还有一种倨傲的作风。第三,他们的职业是一种宗教职业,他们熟悉礼乐,人家丧葬大事,都得他们相礼。这些话都是实情,我们还可以做一些补充。荀子之所谓'俗儒',是联系'雅儒'和'大儒'言,主要区别在思想体系之不同,不完全是在职业上。"① 由此可见,各种真儒假儒的鱼龙混杂,让鲁国国君对"儒"也有了质疑。根据"儒服儒行"篇首的记载,此对话应发生在孔子周游归鲁的那一年。孔子在外漂泊十四年之后回到父母之邦,在服饰上与鲁国的习俗应已有较大差别,如孔子所言:"丘少居鲁,衣逢掖之衣。长居宋,冠章甫之冠。"这是孔子对其经历的自述,是说他小时候居住在鲁国,穿的是衣袖宽大的衣服。长大以后曾居住在宋国,戴的是殷人流行的章甫帽。孔子是殷人的后裔,"他知道当时所谓'儒服'不过是当时殷民族故国的'乡服'。儒服只是殷商传统的服制,他不承认它的特别的'儒服'"②。所以,此题中孔子以儒服为参照从德行德操的内在修为方面论说了一个真正的儒者的样子,不是因为他所穿的服装而被称"儒"而是因为他的品行。

以上择取一隅管中窥豹,从"服益于行"和"儒服儒行"两题的内容可以看出,孔子对"礼仪"的论述,终是要回归到规定其范畴的"礼义"上。《礼记·坊记》中曾记载了孔子的这样一段话:"夫礼者,所以章疑别微,以为民坊者也。故贵贱有等,衣服有别,朝廷有位,则民有所让。"这不仅揭示了礼别亲疏、贵贱等的规范性意义,也论及"服",言"服"等一些"礼仪"规定,最终目的是希望成全其内涵的"礼义"。这彰显了孔子之时"礼"的不同,即孔子为周初的礼注入了"仁"的思想,在其原来的社会伦理规范的意义上,又增添了道德规范的内涵。对此,我们试图从无服之丧的"心丧礼"的角度,来进一步审视从礼之"服"到礼之"核"的精神要旨。

对孔子后人常以"万世师表"来定义,究其原因大致可以归为三点:一是,由于"夫子之道至大,天下莫能容"。(《孔子家语·在厄》)孔子学说自成体系,并建构了一个影响深远的儒家学派是其主要原因。二是,孔子在教学方面的贡献。他不仅开创了私学,还提出了著名的"有教无

---

① 杨向奎:《宗周社会与礼乐文明》,人民出版社 1992 年版,第 411—412 页。
② 杨向奎:《宗周社会与礼乐文明》,人民出版社 1992 年版,第 416 页。

类""因材施教""学思结合""侍坐之教"等诸多对后世有极大影响的教学理念。三是,孔子与弟子间亲密的师生情谊。这从孔子与颜回、子贡的师生关系中就可知晓。颜回是孔子最得意的门生,在众多的孔门弟子中,他对夫子思想的解读最为贴近而透彻,被孔子视为传承自己思想学说的接班人。一次,孔子师徒周游列国被困于陈蔡之间,孔子困其"道"久不能行,问弟子何故,子路、子贡的回答均不得夫子之意,只有颜回的回答,让孔子欣然叹曰:"有是哉,颜氏之子,使尔多财,吾为尔宰。"(《孔子家语·在厄》)孔子在欣慰之余,甚至愿意替颜回管理钱财,道出了他们师徒情义之重。《论语·先进》篇又载,孔子在脱困于匡人的囚禁时与颜回失散,颜回迟迟不来,孔子说:"吾以女为死矣。"颜回打趣道:"子在,回何敢死?"他们师徒间这种默契,来源于两人对彼此的深厚了解,诚如庄子对颜回的评价,说他"夫子步亦步,夫子趋亦趋"(《庄子·田子方》)。甚至有人说:"颜回之于孔子也,犹曾参之事父也。"(《吕氏春秋·劝学》)众所周知,曾子是有名的孝子,以曾子之孝比喻颜回,足见他对孔子的情谊之深。而颜回对孔子这种"视师犹父"[①]般的感情,也感染了其他弟子,孔子对此十分欣慰,说:"自吾有回,门人益亲。"(《史记·仲尼弟子列传》)此外,子贡对孔子也有着一份特殊的感情,他对孔子的赞美之辞几乎达到了无以复加的程度。一次,有人说子贡的学识已经超过了孔子,子贡得知后说:"譬之宫墙,赐之墙也及肩,窥见室家之好。夫子之墙数仞,不得其门而入,不见宗庙之美,百官之富。得其门者或寡矣。"(《论语·子张》)子贡所言不虚,因为即使是他有时对孔子亦捉摸不透,欲罢而不能。"仰之弥高,钻之弥坚。瞻之在前,忽焉在后。夫子循循然善诱人,博我以文,约我以礼,欲罢不能。既竭吾才,如有所立卓尔。虽欲从之,末由也已。"(《论语·子罕》)此语便是子贡对夫子之道的感悟,他虽不能尽知孔子之道,却知道其之深,以难以超越的日、月相比,因此认为毁谤孔子的人是"不知量也",是不知孔子"无得而越焉"(《论语·子张》)。子贡不仅颂扬孔子思想,此外,他还是个积极的宣传者,《史记·货殖列传》记载曰:"夫使孔子名布扬于天下者,子贡先后之也。"在生活中,子贡亦如事父一样事师,如在"在陈绝粮"时,子贡极尽所能为孔子筹措粮食。孔子同样也以对待儿女一般对待子贡。在临终前,孔子企盼子贡早日前来,当终于见到子贡时,孔子

---

[①] 《论语·先进》,孔子知道门人厚葬颜回后,说:"回也视予犹父,予不得视犹子也。非我也,夫二三子也。"

说:"赐,汝来何其晚也?"(《史记·孔子世家》)言语间,向我们传达了亲人般的思念之情。此情此谊让子贡决意在多数弟子对孔子心丧三年"相诀而去"之后,继续留下为孔子守墓,至今在孔子墓的西侧我们仍可以看到一块见证孔子师徒情谊的石碑——"子贡庐墓处"。正是基于这种父子般的师生情谊,孔子去世之后,孔子弟子就如何丧葬其师展开了讨论。对此,《礼记》《史记》《孔子家语》等皆有所记,且都有提到"心丧"。在所有记载中又以专门记录孔子及孔门弟子思想言行的《孔子家语》记录得最为翔实。其文曰:

> 既卒,门人疑所以服夫子者,子贡曰:"昔夫子之丧颜回也,若丧其子而无服,丧子路亦然。今请丧夫子如丧父而无服。"于是弟子皆吊服而加麻。出有所之,则由绖。子夏曰:"入宜绖可居,出则不绖。"子游曰:"吾闻诸夫子:丧朋友,居则绖,出则否;丧所尊,虽绖而出,可也。"孔子之丧,公西掌殡葬焉,啥以疏米三贝……葬於鲁城北泗水上,藏入地,不及泉,而封为偃斧之形,高四尺,树松柏为志焉。弟子皆家于墓,行心丧之礼。(《孔子家语·终记解》)

孝文化内涵广泛,却鲜有人将其与师生情谊联系在一起,对丧葬师长的仪式——"心丧礼"更是知之甚少。随着上博简《民之父母》研究的不断深入,学者对儒家"五至三无"的思想有了更加清晰的认识,这也为研究"心丧礼"带来了新的契机。而孔子的葬礼应是目前所见的有关"心丧礼"的最早记载,从文献记载可以看出,"心丧礼"在当时应并未成定制,否则知礼懂礼重礼的孔子门人不会因"疑所以服夫子"而有分歧。儒家十分注重孝道,可以说孝是构成儒家思想道德规范的一个重要的基点。对于自己的师长,如何将这种介于亲恩和君义之间的恩情在其去世后,找到最合适的丧葬礼仪方式表达,是摆在孔子弟子面前的一道难题。《礼记·祭义》篇中云"生则敬养,死则敬享"。孔子生前,弟子对他像对待父亲一般敬养。孔子去世后,弟子以"心丧礼"葬之,在心中默默悼念孔子,"事死如事生,事亡如事存"(《礼记·中庸》)。孔子死后,孔门弟子仍然像孔子生前一样,聚于孔子墓周围,甚至希望通过推选"状似孔子"的有若为继孔子之后的新师长以寄哀思。正如《礼记》中所言,孔子对弟子,虽无生养之恩,却有教养之功;虽无君臣之义,却有师徒之谊。

心丧礼是学生给老师服丧的一种礼制,它不像传统服丧一样身穿孝服,而是一种"无服之丧",丧葬的重点在于礼义的彰显。"无服之丧"

是"五至三无"中"无声之乐，无体之礼，无服之丧"中"三无"的之一，"三无"思想"其所要表示的，也还是一个'志'字，透过声、体、服而存在于乐、礼、丧诸行为中的志"①。对师长的丧葬礼制长期徘徊在主体丧葬制度之外不被重视，国家礼典文本对此也没有持续的系统规范，故而心丧礼更多的是一种个人行为，是一种文化自觉，没有服制等礼仪方面的具体规定，重视却是学生对师长发自内心深入的哀默与致思。可见，心丧礼这种透着"志"（礼义）的"无服之丧"的境界之高。

有学者曾在考察汉唐之际心丧礼的演变后说，"儒家经典成为其存在合理性的重要前提，经典的不同解说和最终统一就成为完善'心丧礼'礼仪制度的基本环节"②。《礼记·檀弓上》载：

> 事亲有隐而无犯，左右就养无方，服勤至死，致丧三年。事君有犯而无隐，左右就养有方，服勤至死，方丧三年。事师无犯无隐，左右就养无方，服勤至死，心丧三年。（《礼记·檀弓上》）

汉代经学大师郑玄对此章注曰："心丧，戚容如父而无服也。凡此，以恩义之间为制。"唐孔颖达在此基础上，对"心丧"作疏曰：

> 凡亲有冥造之功，又有生育之惠，故怀哀戚之痛，同君衰服之限。君则徒有荣身显亲之事，而无冥造生育之功，故唯服粗衰，表尽哀戚。师则恩爱成己，有同于亲，故不为制服，故云"心丧，戚容如丧父"，为恩爱成己故也。云"而无服"者，既无亲知冥造，又无君之容显，故无服也。云"以恩义之间为制"者，无犯是同亲之恩，无隐是同君之义，兼亲恩君义，故言恩义之间为制。但子之事亲，本主恩爱，不欲闻亲有过恶，故有隐；不欲违亲颜色，故无犯。臣之事君，利在功义，若有恶不谏，社稷倾亡，故有犯；君之过恶，众所同知，故云无隐也。③

从经典的记载和后人的注疏可知：其一，儒家经典将师丧与父丧、君丧并列，这本身就说明古人对师长的敬重和对心丧礼的重视，甚至后来还

---

① 庞朴：《话说"五至三无"》，《文史哲》2004年第1期。
② 盖金伟：《汉唐"心丧礼"简论》，《扬州大学学报》2007年第6期。
③ 郑玄注，孔颖达正义，吕友仁整理：《礼记正义》，上海古籍出版社2008年版，第225—227页。

演化为"天地君亲师"的祭祀活动。在民间祭祀中，"天地君亲师"① 的牌位常被放于中堂供奉，师祭被融合在古代祭天地、祭祖、祭圣贤的综合仪式中，虽与天、地、君、亲并列，但其重要性一直都很微妙，很容易被人冷落忽略。从历史发展来看，师位的起伏升降，与为政者的推崇有极大关系。为丧师礼，最初或许就源于孔子师徒，源于孔子的"师恩深重"。后来，"心丧礼"作为对师长尽孝的重要体现，为重孝的汉代所继承，且有向丧父制度倾斜的趋势，郑玄对"心丧礼"的注释，开启了关于"心丧礼"丧服、丧期之争的渊薮。魏晋之际，"心丧礼"没有太大变化，基本秉承汉代的解说，认同师丧有服制的合理性，将其施用的范围扩大，在上下级官吏之间、亲属之间也时有存在。唐宋之后，师位的重要性逐渐得到强化，"心丧礼"逐渐形成定制，并出现其他祭祀师长的形式，如民间对"天地君亲师"的祭祀。雍正帝即位后，对师的崇拜一度达到鼎盛。他下诏褒封孔子五代先人，并发布上谕说："五伦为百行之本，天地君亲师人所宜重。而天地君亲师之义，由赖师教以明。"（《钦定国子监志》）这道诏令第一次明确了"天地君亲师"的尊崇地位，强化了最薄弱的"师"在这一序列中的地位，但在实际的祭祀中师祭始终未受到持久的足够重视。

其二，根据孔疏可知，虽然师长在社会中扮演的角色十分重要，但不在"五伦"之内。所谓"子生三年，然后免于父母之怀"（《论语·阳货》），父母对儿女的恩情无可替代，民间虽有一日为师终身为父的说法，但从礼制伦理观念上讲，对恩师的亲密程度难与血亲相提并论。同时，它也难与"君义"并列，君主受命于天，即使是天子之师，君、师亦有严格的等级差别，这就使得心丧礼徘徊在恩亲五服之丧和君臣之义之间而难以落实，其施行既没有"五伦"的约束，也少有国家法律法规的束缚，常常表现为学生对师长真挚感情的一种个体自发性流露。

其三，"无服"的服制和"三年"的丧期，是心丧礼最基本的特征。有别于"亲恩"与"君义"之丧，"无服"是说在服制上对师丧没有礼制服饰的要求，而三年之丧一般是子为父、妻妾为夫、未嫁女子为父，父死为母等服丧，属于级别相当高的大丧之礼，这一丧期规定体现着师生之间的深情厚谊。然而由于心丧礼没有外在服制、服丧之期等明确约束，施

---

① "天地君亲师"萌芽于《国语·晋语》，五者并举大致可追溯到《荀子·礼论》中对"礼之三本"的介绍，曰："礼有三本：天、地者生之本也，先祖者类之本也，君、师者治之本也。无天地恶生？无先祖恶出？无君、师恶治？三者偏亡，焉无安人。故礼，上事天，下事地，尊地祖，而隆君、师。是礼之三本也。"之后相似的说法屡见于各种文献。

行与否全凭一心，故而心丧礼在境界上显示较高，是对礼义的极度彰显。

其四，根据《〈礼记〉成书考》的详细考证，《礼记》中的《檀弓上、下》篇"是经过孔子及其弟子、再传弟子先后写定一些章节，直到战国晚期，才有人参考《左传》《国语》和其他的儒家文献，整理编纂成目前我们看到的面貌"①。这样，"心丧礼"很可能在先秦就已存在，并可能就起源于孔子之丧，孔子之后逐渐成为学生对师长表达情谊的丧葬方式。春秋末期的鲁国，亲亲、尊尊的宗法制观念仍然很浓厚。对于孔子之丧，一方面，在"亲亲"上，"师无当于五服，五服弗得不亲"。（《礼记·学记》）对此，《礼记正义》疏曰："师于弟子，不当五服之一也，而弟子之家若无师教诲，则五服之情不相和亲也，故云'弗得不亲'。是师情有在三年之义，故亦与亲为类"。② 孔子师徒之间有父子之情，但不存在血缘关系，不在"五服"之内，以丧亲之礼对待恩孔子自然有违礼制。另一方面，在"尊尊"上，孔子门人虽然敬重孔子，后人也常将"君师"并举，言"君、师者治之本也"，但师徒毕竟有别于君臣，以君臣之义丧葬孔子，自然也不合礼制。另外，在古礼旧制中，对丧师礼并没有作明确规定。孔子之前，大都是"学在官府"，师生情谊相对淡薄。孔子开创私学后，师徒间亦师亦友亦父子，于是，一种不在"五服"之内，却同时含有恩亲和君义之情的丧师礼——"心丧礼"逐渐初具形制。清人徐乾学在《读礼通考》专设《心丧》一篇，认为：

> 圣人又以为师之恩重未足以报也，于是乎有心丧，为师心丧三年，如事父……然则何为不明著其服，而谓之心丧也。……心丧之说始见于此，盖以师恩深重，不可以制服，而义不可竟以无服处之，故虽外无衰绖之制，内实存哀痛之心，……故凡有服者，皆无心丧之制也。后世服期服而不得遂，其三年者，率行心丧，此虽非古人制礼之本意，然礼以义起，亦先王之所许也。③

徐乾学对"心丧礼""礼以义起"的评论十分精当，它道出了"心丧礼"的精髓所在。对于尊师重道且极重孝道的中国社会来说，丧礼是孝的一个重要表达方式，正所谓"礼莫重于丧"。而对师长的"心丧礼"是

---

① 陈剑、黄海烈：《论〈礼记〉与〈孔子家语〉的关系》，《古籍整理研究学刊》2005年第4期。
② 郑玄注，孔颖达正义，吕友仁整理：《礼记正义》，上海古籍出版社2008年版，第1449页。
③ 徐乾学：《读礼通考·心丧》，文渊阁《四库全书》本。

对孝制的一个重要补充，是"三年之丧"的延伸。然而"心丧礼"更多是一种个人行为，它没有任何束缚而全凭个人孝心的丧葬仪式，既没有服装鞋帽来限制人的行为，也没有法律条文加以规范，甚至没有强大的社会舆论的压力，但它却如同道家所论的"大音希声""大象无形"一般，"无服之丧"没有血亲的天然链接，也没有君臣之间关系的捆绑，而更多的是一种心与心的交流，精神之间的碰撞，"心丧礼"寄托的是学生对师长发自内心深处的哀思与尊敬，是对"师"道这一古代文明得以传承的致敬。可以说，它是对"礼义"一种极致的追求，而这种追求甚至可以放弃对"礼仪"的要求，很好地展现了礼之"服"与礼之"核"的深层内涵。那么，孔子为何选用脆弱的礼，而不是像法家一样选用简单易行的刑罚来构建他的理想世界？答案其实很简单，因为礼乐文明在孔子看来是最贴近人类最高理想的生活方式，而刑罚则会伤害人性。

## 第三节 "为国以礼"之行

礼对孔子来说是双向的，要求行礼之人与受礼之人彼此之间是一种对等、相互的关系。但在秦汉专制王朝建立起来之后，儒家思想一直都是统治者的御用思想，其思想导向也因此发生了变化，转而向维护皇权统治靠拢。这就使得后世儒者在潜移默化中对孔子思想作了不少改动，甚至是超越夫子本旨的过度延伸。较具代表性的一个例子，就是对孔子"君君，臣臣，夫夫，子子"的解释。其原文曰：

> 齐景公问政于孔子。孔子对曰："君君，臣臣，父父，子子。"公曰："善哉！信如君不君，臣不臣，父不父，子不子，虽有粟，吾得而食诸？"（《论语·颜渊》）

齐景公时田氏代齐的苗头已经出现。当时的齐国大夫陈僖子乞用"大斗出，小斗入"的方式收买民心。而此时的齐景公却昏庸无道，内宠很多，贪图淫乐，还欲废除太子阳生而立少子舍，故当时齐国已是君臣父子失道的状态。在此背景之下，景公向孔子询问治国方略，孔子针对齐国的现状，试图通过"正名"的方式改善齐国的情况。孔子所谓的"君君，臣臣，父父，子子"是要求：做君主的要有君主的样子，做臣子的要有臣子的样子，做父亲的要有父亲的样子，做儿子的要有儿子的样子，每个人都职守自己的名分，以"礼"作为行动准则。具体则如《礼记·大学》所云："为人君，止于仁；为人臣，止于敬；为人子，止于孝；为人父，止于慈；与国人交，止于信。"这里需要特别强调的是，君臣、父子、夫妇、朋友等相互间的关系是双向对等的。即《论语·八佾》篇中所云："君使臣以礼，臣事君以忠。"然而，自西汉"罢黜百家，表彰六经"后，对"君君，臣臣，父父，子子"的解读发生了变化，一个突出的表现是它对各种社会关系的要求不再是双向的，而是与"三纲五常"之"三纲"的"君为臣纲，父为子纲，夫为妇纲"慢慢等同起来，变成了统治顺民、强化封建等级制度的思想工具。自此，儒家思想落下了"吃人的礼教"的把柄。幸而随着学术研究的进步，尤其是对出土文献研究的深入，对孔子思想的这一误读逐渐被人们重新认清。其中郭店楚简《六德》篇对夫妇、父子、君臣三大关系的六个方面都提出了对等的要求，如其不仅对妇德有要求，对夫德同样也有规定，同样对子德与父德、臣德与君德也都做了双向规定，这应是孔子"君君，臣臣，父父，子子"所要揭示的真正思想内涵和道德要求。如此，人们才能各安其位、各尽其职地以道德自律，国家也才能因此而实现大治。

与这一思想相似，在"哀公问孔"的材料中，还有一条类似的材料，即"孝乎贞乎"，其文曰：

> 鲁哀公问于孔子曰："子从父命，孝乎？臣从君命，贞乎？"三问，孔子不对。孔子趋出，以语子贡曰："乡者君问丘也，曰：'子从父命，孝乎？臣从君命，贞乎？'三问而丘不对，赐以为何如？"子贡曰："子从父命，孝矣；臣从君命，贞矣。夫子有奚对焉？"孔子曰："小人哉！赐不识也。昔万乘之国有争臣四人，则封疆不削；千乘之国有争臣三人，则社稷不危；百乘之家有争臣二人，则宗庙不毁。父有争子，不行无礼；士有争友，不为不义。故子从父，奚子孝？臣从君，奚臣贞？审其所以从之之谓孝，之谓贞也。"（《荀子·子道》）

文本中，鲁哀公问孔子："儿子服从父亲的命令，就是孝顺吗？臣子服从君主的命令，就是忠贞吗？"问了三次，孔子都不作回答。孔子下朝之后见到子贡后将此事告诉了他。然而，让孔子失望的是子贡与哀公一样，对"孝"和"贞"有着相同的看法。孔子批评了子贡，并强调说孝、贞等德行并不是单方面的一味付出，真正的孝顺和忠贞是敢于从为父亲和君主着想的角度出发向他们进谏言,指出他们不对之处,以更好地提升他们的德行修养。这一记载从容易被人忽视、曲解的下级对上级、晚辈的角度,强调不应因地位等级低,为了"礼"遇上级、长辈就卑躬屈膝地顺从,这其实并不是孔子德礼思想的真正内涵。荀子承继了孔子的这一思想,在其《荀子》一书中记录"孝乎贞乎"时,对这段记载作出了评论:

> 入孝出弟,人之小行也;上顺下笃,人之中行也;从道不从君,从义不从父,人之大行也。若夫志以礼安,言以类使,则儒道毕矣,虽舜,不能加毫末于是矣。孝子所不从命有三:从命则亲危,不从命则亲安,孝子不从命乃衷;从命则亲辱,不从命则亲荣,孝子不从命乃义;从命则禽兽,不从命则脩饰,孝子不从命乃敬。故可以从命而不从,是不子也;未可以从而从,是不衷也。明于从不从之义,而能致恭敬、忠信、端悫、以慎行之,则可谓大孝矣。传曰:"从道不从君,从义不从父。"此之谓也。故劳苦、雕萃而能无失其敬,灾祸、患难而能无失其义,则不幸不顺见恶而能无失其爱,非仁人莫能行。诗曰:"孝子不匮。"此之谓也。(《荀子·子道》)

荀子对孔子思想的这段分析十分恰当。他将践履仁德之"行"分为三个依次递增的境界,其中最后的"人之大行"与"孝乎贞乎"中孔子对真正的"忠"和"贞"的看法一致。另外,荀子还对三种"孝子所不从命"的情况作了细致的划分和讨论,指出在忠孝不能两全的情况下该如何做出正确选择。他认为"大孝"的境界是"明于从不从之义",做选择所应依据的准则是"从道不从君,从义不从父",即认为"道义"才是最后做出决定的根本所在。这与制度化的儒家思想存在很大差异。要知道儒家思想有原生态和次生态之别,先秦儒家思想属于原生态,之后对儒家思想的发展属于次生态。就儒家的"礼"来说,在早期儒家看来其是双向的,但在汉代之后,礼就慢慢演变成为下位者对上位者单方面的道德要求和礼仪规范,并进一步成为统治者进行奴性统治的思想工具。早期儒家讲究礼尚往来,特别强调上位者的道德修养,在孔子看来"为政以德"一方面要求上位者的德性修养应该是下位者的表率,并通过这种自上而下的示范、浸润,逐渐带动、提高全民的道德修养。即所谓"子帅以正,孰敢不正"(《论语·颜渊》),或曰"君子之德,风,小人之德,草。草上之风,必偃"(《论语·颜渊》)。另一方面上位者对下位者的这种道德示范作用,意味着上位者在修身正己上做得越好,通过上行下效,国家因而也会被治理更好。

在此基础上再来理解孔子"君君，臣臣，父父，子子"①的论述，就不难看出千百年来人们对孔子有着很深的误读。这里孔子以"礼"作为行为准则，对不同社会角色的君臣父子都有各自名分的要求。孔子曾说"君使臣以礼，臣事君以忠"（《论语·八佾》），《礼记·大学》更明确地说到："为人君，止于仁；为人臣，止于敬；为人子，止于孝；为人父，止于慈；与国人交，止于信。"新出土的郭店楚简《六德》对夫妇、父子、君臣三大关系的六个方面，也均提出了明确的对等的道德要求。这都说明早期儒家主张彼此道德的平等，责任、义务的双向性，这才是君臣、父子、夫妇、朋友等之间的关系得以持久维系的重要因素。但后世从中引申出来的"三纲五常"，却单方面地要求"君为臣纲，父为子纲，夫为妇纲"，上位者对下位者的权利被强化，责任却被弱化，两者不再是一种公平正义的关系，儒家礼学思想成为"吃人的礼教"，成为统治者统治顺民、强化封建等级制度的思想工具，这实质上是对早期儒家的极大的误读。所以，对礼的遵循，不是对个体自由意志的无情否定，不是要求人强迫自己的本性去刻板地贴合礼仪规定，不是扭曲自己的个性以"克己复礼为仁"，把人视为是为社会服务的工具。虽然在儒家礼的世界里，礼是对人性的一种约束，但其存在具有合理性和必要性，是将人性从兽性中脱离出来的主要特征，是人称之为人的本分。而且在孔子那里，"社会"不是西方人眼中的抽象词汇，不是一个冰冷的研究客体，而是由一个个人组成的"群"（一定意义上，西方文明中所谓的"社会"，可以对应到中国传统文化中"群"的概念），而"群"在很大程度上表现的就是人与人的关系，而在儒家看来处理关系的最好的工具就是基于相互尊重和相互信任的"礼"。

---

① 《论语·颜渊》记载："齐景公问政于孔子。孔子对曰：'君君，臣臣，父父，子子。'公曰：'善哉！信如君不君，臣不臣，父不父，子不子，虽有粟，吾得而食诸？'"

# 第七章 孔子晚年思想研究：天道性命

对于每个人的人生际遇来说，在不同阶段会面临不同的问题，因此不同人在不同人生阶段的思考、思想境界也会不同。对于思想境界高的孔子来说，这种阶段性的差异和人生境界的变化会更加明显，他对自己的一生曾总结到"吾十有五而志于学，三十而立，四十而不惑，五十而知天命，六十而耳顺，七十而从心所欲，不逾矩"（《论语·为政》）。前面讨论孔子思想的核心时有一种观点认为，不应以静止的眼光来看待孔子思想的核心，而应该根据其生命历程做阶段性的分析。如张秉楠、郭沂、杨朝明等学者就认为，孔子的人生境界随着年龄、阅历的增长，有一个递进、不断提升的过程，在其思想上则表现为一个由礼—仁—易（或中庸）的阶段性发展的过程，而孔子晚年的思想境界为最高。

在关于孔子思想研究的论著中，凡是涉及孔子晚年思想的部分，多是从其整理文献材料、教学授徒的角度进行讨论，少有讨论孔子晚年政治思想的内容。具体来说在文献资料的整理方面，多数学者的研究集中在对《春秋》和《易传》两部著作的讨论中；而就孔子晚年的人生境界，很多学者往往从其与《易》的关系，来讨论孔子晚年的哲学思想或者人生境界，尤其是在长沙马王堆汉墓出土帛书《要》出土之后，其记载说："夫子老而好易，居则在席，行则在橐。"说的就是孔子晚年专心学易的情景，这进一步证实了孔子与《易》的关系，说明了其晚年思想境界可能达到的高度。这类研究有赵法生的《孔子"晚而喜易"与其晚年思想的变化》[1]、刘彬的《从帛书〈要〉篇看孔子"好〈易〉"的实质和意义》[2]、林忠军的《从帛书〈易传〉看孔子易学解释及其转向》[3]、邓立光

---

[1] 赵法生：《孔子"晚而喜易"与其晚年思想的变化》，《哲学研究》2012年第2期。
[2] 刘彬：《从帛书〈要〉篇看孔子"好〈易〉"的实质和意义》，《孔子研究》2011年第2期。
[3] 林忠军：《从帛书〈易传〉看孔子易学解释及其转向》，《北京大学学报》2007年第3期。

的《从帛书〈易传〉析述孔子晚年的学术思想》①、赵士孝、刘怀惠的《从帛〈易〉"子曰"看孔子晚年的哲学思想》②、郭沂的《孔子学易考论》③、郑振坤的《论〈易〉与孔子晚年思想的发展》④ 等。而"哀公问孔"的材料反映的是孔子晚年论政的情况,在这部分材料中,除了明确论述为政治国思想的"为政以德"和"为国以礼"之外,还有一部分与两者相关,但论述的焦点却在"性情天命"方面,如有"大婚之论""人之性命""灾妖不胜善政"以及出土文献"鲁邦大旱"等。这些材料与我们以往在《论语》中常见的材料有所不同,似乎与孔子"罕言利,与命,与仁"(《论语·子罕》)、"夫子之言性与天道,不可得而闻也"(《论语·公冶长》)等相左,但细细看来,其与孔子思想并不违背,反而恰恰显示了孔子思想体系的完整性和思想高度,为孔子仁学思想寻到了更本原的根源和归处,彰显了孔子至高的人生境界。以下我们将从"哀公问孔"的这几处材料入手,分别从孔子晚年的思想境界、孔子思想的圆融性,以及"天道性命"与为政治国三个方面进行论述。

## 第一节　孔子晚年的思想境界

孔子一生的经历十分丰富。生于礼崩乐坏、世风日下之世,本身就难逃衰世落寞的侵扰,而孔子却偏偏"知其不可而为之",执着于"克己复礼"的事业,追求他心中的"道"。这注定了孔子的人生命运的坎坷,然而也正因如此,他的思想在与世道的交锋下,熠熠生辉,为不朽的中国传统文化奠定了基础。

孔子的个人命运,似乎也成为了他生活时代的缩影。他是殷人后裔,但到孔子之时其祖先的贵族身份早已丧失。不仅如此,孔子二岁丧父,母亲亓官氏一人在阙里将其带大。受鲁国崇尚礼仪和自身血统的影响,他对礼的热爱早早便已经显示出来。根据《史记·孔子世家》的记载:"孔子为儿嬉戏,常陈俎豆,设礼容。"长大成人之后,亦未改初衷,他常常"入大庙,每事问。或曰:'孰谓鄹人之子知礼乎?入大庙,每事问。'子

---

① 邓立光:《从帛书〈易传〉析述孔子晚年的学术思想》,《周易研究》2000年第3期。
② 赵士孝、刘怀惠:《从帛〈易〉"子曰"看孔子晚年的哲学思想》,《周易研究》1998年第1期。
③ 郭沂:《孔子学易考论》,《孔子研究》1997年第2期。
④ 郑振坤:《论〈易〉与孔子晚年思想的发展》,《辽宁师范大学学报》1997年第3期。

闻之曰：'是礼也。'"（《论语·八佾》）孔子对"礼"的痴迷，驱使他对"礼"有了更为深层次的思考，即予"仁"于"礼"。一次，他最欣赏的弟子颜渊问他什么是"仁"，孔子说"克己复礼为仁"（《论语·颜渊》）。这可以说是孔子关于"礼""仁"关系最为切近的论述了。

总之，在孔子晚年归鲁前，虽然年轻时他也曾"多能鄙事"，做过委吏、乘田这样的小官职，但孔子在十五岁时便"志于学"，明确了他人生追求的方向。此后，孔子授徒修身的同时也积极参政，试图通过教化改变当时的社会状态，甚至在鲁国还一度官至中都宰和大司寇等要职，主持过夹谷之会和礼隳三都的事务。然而，孔子复兴公室，恢复周礼的思想被鲁之"三桓"视为异端。最终在定公十三年（前497）孔子迫于政治的压力无奈地离开了鲁国，开始了他十四年的周游生活。在外周游的过程中孔子历经人生百态和各种困难险阻，他曾因状似阳虎，而被拘于匡；至宋时，桓魋欲伐树，置他于死地；在楚国，遭遇了隐士们无情的批判和讽刺；他还曾困于陈蔡之间，七日不尝粒，等等。然而这些磨难让他对其坚守的"道"未曾"须臾离也"。但现实是残酷的，十四年的周游生涯中，孔子"干七十余君无所遇"，幸得弟子冉求的举荐，终于在哀公十一年（前484）得以归鲁，此时孔子已经是68岁的老者。在孔子对自己人生总结中，他曾说："吾十有五而志于学，三十而立，四十而不惑，五十而知天命，六十而耳顺，七十而从心所欲，不逾矩。"（《论语·为政》）显然，孔子的境界是递次提升的，而常人是很难做到"从心所欲，不逾矩"境界的。

从孔子的生平事迹来看，五十岁以后的孔子，正值他仕途上的辉煌期。根据《孔子事迹编年》[1]的考证，孔子51岁那年，便被定公任命为中都宰，从此孔子开始规划、实施他的政治理想。然而，就在他政治上更进一步，为重振公室、压制鲁国"陪臣执国命"的态势而礼隳三都时，实际操纵鲁国政权的"三桓"季孙氏、叔孙氏和孟孙氏，转变了开始时全力支持孔子的态度，转而为维护自身利益停止隳三都，并开始排挤孔子，这直接致使孔子"因膰去鲁"，史书记载："孔子去鲁，曰：'迟迟吾行也，去父母国之道也。'"（《孟子·万章下》）那一年孔子55岁，孔子自己曾说"五十而知天命"。其中的人生感悟，或许有对"道"的执着坚守，也有对时运的无奈。私淑孔子的孟子对此曾说"孔子为鲁司寇，不用，从而祭，燔肉不至，不税冕而行。不知者以为为肉也，其知者以为为

---

[1] 杨朝明主编：《孔子事迹编年》，中国社会出版社2012年版。

无礼也。乃孔子则欲以微罪行，不欲为苟去。君子之所为，众人固不识也。"（《孟子·告子下》）从孟子的这段说辞中就可以看出来，孔子离开鲁国时郁结的心情。本想在鲁国有所作为的孔子，世道却难以成全他的"道"，遭致三桓的排挤和打压。对于礼崩乐坏的世道，孔子不是不知，而是不能，他不能改其"道"而向世道屈膝，也正因如此，当时看管城门的人都知道孔子是位"知其不可而为之"的人。《论语·子罕》中首章云："子罕言利，与命，与仁。"孔子说自己不常谈及"命"，实际上单在《论语》中，"命"就出现过很多次，而且孔子常将"命"与"道"联系在一起讨论。如"公伯寮愬子路于季孙。子服景伯以告，曰：'夫子固有惑志于公伯寮，吾力犹能肆诸市朝。'子曰：'道之将行也与，命也；道之将废也与，命也。公伯寮其如命何！'"（《论语·宪问》）在孔子看来，道能否行得通，除了人为因素的作用之外，还将由天命决定。这里的天命就是指人们无法主宰、也无法抗拒的时运。如一次司马牛忧心忡忡地感叹："别人都有兄弟，只有我没有。"子夏听说后云："商闻之矣：死生有命，富贵在天。"（《论语·颜渊》）子夏听闻之言很可能就是孔子之言。在孔子师徒看来，死、生、富、贵这些事，常常与"命"关联，由其操控而不以人的意志为转移。若此，如何理解孔子"知其不可为而为之"呢？有学者在"命"与"道"问题上的思考给予我们一定的启发，其言："'命'只是在'外王'这一对待性领域才会对'道'的'行'、'废'有所制约，而在'内圣'这一非对待性心灵境界上是无从施加影响的。"[①]这就是说，鉴于现实的制约和事物发展的规律，人的思想要落地生根、成为现实必须顺应时运，但人的精神世界却不必受外在时运的限制，一些看似不合时宜的想法可以运行在人的灵魂深处，其可以不被当时、当世所接纳，但并不代表这些思想主张是错误的，也不代表坚持这些想法的人是错误的。相反，正因为人内心的这份执着和持守，才成就了一些伟大思想和伟大人物。就孔子而言，他"知其不可"是因为其知命，知道在礼崩乐坏的世道其志难鸣，但孔子执念"为之"是因为他对自己所悟之"道"的认可和坚守。如孔子曾一再强调"不知命，无以为君子也。不知礼，无以立也。不知言，无以知人也。"（《论语·尧曰》）强调"君子有三畏：畏天命，畏大人，畏圣人之言。小人不知天命而不畏也，狎大人，侮圣人之言。"（《论语·季氏》）从孔子的这些言论可以看出，孔子不似后人所说那般迂腐，他对世界秩序的认识有自己的认识和思考。他在敬畏现

---

① 黄克剑：《论语疏解》，中国人民大学出版社2010年版，第324页。

实、敬畏世道的同时，也敬畏自身的志向，他不会以自身的志向和对世界的认识去俯就现实，而是绝世而独立，希望社会可以向他预想的方向去发展。

另外"耳顺"之年的孔子，已经周游、漂泊了多年，其间屡屡受挫，经历了各种困顿和挫折，然而却未改他对道的执着。那么，孔子"耳之所顺"之为何呢？我们认同钱穆、冯友兰等先生的观点，即孔子之"顺"是顺天命。① 钱穆在解"耳顺"时曾说：

> 外界一切相异相反之意见与言论，一切违逆不顺之反应与刺激，既由能立不惑，又知天命而有以处之，不为所摇撼所迷惑，于是更进而有耳顺之境界。耳顺者，一切听入于耳，不复感其于我有不顺，于道不顺。当知外界一切相反相异，违逆不顺，亦莫不各有其所以然……斯无往而不见有天命，所以说耳顺，此乃孔子进学之第四阶段。②

从上面的解释就可以看出，孔子所谓的"耳顺"是与"知天命"紧密相连的，不同的是，在体认上不再停留在"知"的层次上，在心境上对"天命"则有了更为深刻的理解。归鲁后的孔子，已经是年事已高的长者，在其见识学问、德行修养、思想境界等各个向度，孔子都已经达到了其人生的至高点——"从心所欲，不逾矩"——这是一种近于圣人的境界。因为孔子所强调的各种理想的道德修养、礼仁思想，在孔子那里，都已经内化外推成为一种自然而然的习惯，这时候的"欲"直抵孔子心中的"道"，所言所行只需听从"心"意即可。

正是基于以上认识，人们认为孔子晚年关注的核心问题是形而上层面的易或者中庸，这一观点应大体没有问题。但我们认为此时孔子思想的各个组成部分应该达到了融会贯通、相为一体的程度，形而上的思考是孔子对构建世界秩序的抽象化理解，是建立在孔子各方面思想基础之上的认识，下面我们将结合"哀公问孔"中的材料进一步对此进行说明。

---

① 冯友兰：《中国哲学史新编》上册，人民出版社1998年版，第191页。
② 钱穆：《论语新解》，生活·读书·新知三联书店2002年版，第28页。

## 第二节 "天道性命"与为政治国

"天道性命"与孔子的为政治国思想,在"哀公问孔"材料中,主要体现在"灾妖不胜善政"和"鲁邦大旱"两处对话材料中。首先,我们来看"灾妖不胜善政"的文本内容:

> 哀公问于孔子曰:"夫国家之存亡祸福,信有天命,非唯人也。"孔子对曰:"存亡祸福皆己而已,天灾地妖不能加也。"公曰:"善!吾子之言,岂有其事乎?"孔子曰:"昔者殷王帝辛之世,有雀生大鸟于城隅焉,占之,曰:'凡以小生大,则国家必王而名必昌。'于是帝辛介雀之德,不修国政,亢暴无极,朝臣莫救,外寇乃至,殷国以亡。此即以己逆天时,诡福反为祸者也。又其先世殷王太戊之时,道缺法圮,以致夭蘖。桑穀于朝,七日大拱,占之者曰:'桑穀野木而不合生朝,意者国亡乎!'太戊恐骇,侧身修行,思先王之政,明养民之道。三年之后,远方慕义,重译至者,十有六国。此即以己逆天时,得祸为福者也。故天灾地妖,所以儆人主者也;寤梦征怪,所以儆人臣者也。灾妖不胜善政,寤梦不胜善行,能知此者,至治之极也,唯明王达此。"公曰:"寡人不鄙固此,亦不得闻君子之教也。"(《孔子家语·五仪解》)

我们知道,现今保存下来的许多关于商代的龟甲兽骨,大多是关于当时战争或一些重大事务的卜辞,这是商代尊神重鬼思想的一种体现。到了周代,这种思想虽然逐渐淡化转而注重人事,流行敬天保民的思想,但周人仍未完全摆脱鬼神思想的束缚。一个最明显的例子,就是《左传》中保留的大量关于灾异征兆的记载。如许多人认为《春秋》为孔子所作,《春秋》绝笔于哀公十四年(前481),这一年鲁国发生了"西狩获麟"之事,人们由此认为孔子绝笔《春秋》的一个重要原因便是"西狩获麟"这一不祥的征兆所致。《春秋公羊传》哀公十四年载:"西狩获麟,孔子曰:'吾道穷矣。'《春秋》何以始乎隐?祖之所逮闻也。所见异辞,所闻异辞,所传闻异辞。何以终乎哀十四年?曰:'备矣!'君子曷为为《春秋》?拨乱世,反诸正,莫近诸《春秋》。则未知其为是与?其诸君子乐道尧、舜之道与?末不亦乐乎尧、舜之知君子也?制《春秋》之义以俟后圣,以君子之为,亦有乐乎此也。"① 诸如此类的灾异征兆在《左传》中还有很多记载,在有关孔子事迹的传闻中,这样的事情也有很多,如"观象知雨""骨辨防风""在陈知灾"等。② 这些记载反映了孔子生活的时代包括他本人在内,天命鬼神思想仍在人们生活中扮演着重要角色。

"灾妖不胜善政"中,孔子主张天人感应,但又没有一味的顺应灾异征兆的寓意,而是理性的看待这一问题,主张注重人的主观能动性,提出为政者应以天道为警戒,以人道勤勉政事。具体文中孔子以殷王帝辛和太戊的事例为证,告诫哀公灾异征兆是上天给予人君的一个警示,但事情发展的方向人是可以左右的。帝辛时,天降福瑞,有只小鸟在城墙角生了一只大鸟,占卜后,卜辞显示的征象是"国家必王而名必昌"。不想商纣王从此不修朝政,甚至是残暴无度,结果虽有祥瑞却因人事未尽,而最终导致国家灭亡。相反,太戊时,道统纲常缺废,出现了树木生长反常的现象,在朝堂之上,桑、楮七天就长得有两手合拢那么粗。占卜预言是国家将要覆灭。太戊惧于此灾异征兆,而不断地修习自己的德行,思虑先王之道,教化百姓,结果却使得国家兴盛,远方国家前来朝拜,这是一则将祸兆变为福祉的事例。由此,孔子得出结论说:"灾妖不胜善政,寤梦不胜善行,能知此者,至治之极也,唯明王达此。"是说灾异妖孽胜不过清明的政治,不好的梦兆胜不过良好的品行,能明白这个道理,就达到了天下大治,只有贤明的君主才能实现。

从以上事例,可以清晰地看出,春秋时期人道逐渐取代了殷周时代的天道和神道思想,孔子承继古代贵族文化,十分重视人道教化思想。认为事情最后的结局,虽有不可控之"命"的影响,但"人事"的努力不是全无作用的。这是人道与天道的结合,符合孔子天人合一的思想。

在"哀公问孔"中,另一则关于鬼神天命思想的记载,则见于一份十分珍贵的出土文献——《鲁邦大旱》。其反映的鬼神天命思想又有新的变化。简文中涉及两个主要思想内容,一个是关于"刑与德"思想的论述,另一个是关于孔子鬼神天命思想的论述。首先来看前者,由于简文残损,我们已经无法看到《鲁邦大旱》中对于"刑与德"思想的详细论述。但从文献记载来看,"德主刑辅"是孔子刑德思想的一个主要内容。如在

---

① 《十三经注疏》整理委员会整理:《春秋公羊传注疏》,北京大学出版社2000年版,第716—721页。
② 文中涉及的孔子事迹可参见杨朝明主编的《孔子事迹编年》,中国社会出版社2012年版。

另一出土文献上博简《季庚子问于孔子》① 就有相关记载。简文中孔子劝说季康子要以"仁之以德"为"君子之大务",希望他可以"玉其言而慎其行,敬成其德以临民",并通过三位出色的辅君者之言说教季氏。"但是,作为一位经历了几十年政治风雨、谙熟历史与现实的老资格政治思想家,孔子深知'仁之以德'不是包治百病的万能治国灵药"②。于是,在"德主刑辅"思想的指导下,孔子提出在"仁之以德"失效时,要"大罪杀之,藏罪刑之,小罪罚之"。而《鲁邦大旱》的简文向我们展示了一条重要信息,即其将"刑"提到"德"之前并列出现。对此,有论者就认为"在大旱之年,把'刑'提到和'德'等量齐观的地步,有违于'典范政治'的传统",并提出"《鲁邦大旱》具有强烈的儒法合流的倾向,该文当出于儒家主外派学者之手""《鲁邦大旱》中所表现出的重刑特色和现实主义品格,和《荀子》中公认的出于荀子后学之手的篇章,在思想上契合之处最多""该篇很可能是出于荀子后学之手,大致成书于战国晚期"。③ 对此,我们认为文中虽将"刑"置于"德"之前,但并未有明显表述表明这一措辞是表示"把'刑'提到和'德'等量齐观的地步"视之,而是明确提出要"正刑与德"。我们认为结合鲁国及当时的社会情况来说,刑法的施用已经十分普遍,早在公元前536年郑国铸刑鼎就标志着当时社会开启了以法治国的时代,此事还曾遭到孔子的强烈反对,到此次鲁邦大旱发生的时候,铸刑鼎一事已经过去了半个世纪之久,可以想见当时社会刑罚施用的普及度,对此孔子主张"正刑与德",我们认为其是想将刑罚的使用限定在一定的范围之内,并与"德"保持良好的互动关系,这是"正"的内涵,而其具体主张则是"德主刑辅"。结合当时的社会现实以及孔子思想体系来说,对刑的这一处理方式,不仅贴合社会现实,有利于缓解当时社会过度使用刑罚的社会问题,而且也是对孔子"为政以德"和"为国以礼"思想的重要补充和完善。

另外,关于孔子的"鬼神天命"思想,此处简文给我们提供了非常宝贵的信息,我们会发现孔子除了人道教化之外,还以神道设教作为其为政治国的教化方式。具体来说,当鲁国发生旱灾,哀公向孔子询问解决的办法,孔子回答"庶民知说之事鬼也,不知刑与德。如毋爱珪璧币帛于

---

① 下面引文参见马承源《上海博物馆藏战国楚竹书》(5),上海古籍出版社2005年版,第194—235页。
② 陈桐生:《从出土文献看孔子刑罚思想》,《郑州大学学报》2008年第2期。
③ 李桂民:《上博简〈鲁邦大旱〉的史实背景和思想特点新论》,《聊城大学学报》2007年第2期。

山川，正刑与（德）"，其有两层意思，一层是对国君来说，旱灾的发生与鲁国政治失序有关，必须加以纠正。孔子的这一回答反映了他天人感应的思想，自然灾害的发生本与统治是否得当并无关联，但孔子却借本次旱灾指出哀公刑德失当，要"正刑与德"。然而旱灾对于民众来说，他们只知道祭祀山川鬼神以求禳灾，而不知道刑德之事，所以对百姓来说祷祝禳灾才是符合其心理需求的解决之道，孔子的这一思想表达了神道设教的含义，这是孔子所言的第二层含义。但对孔子的这一教化方式，似乎与其一贯的人道教化思想矛盾，其高徒子贡当时就表现出质疑。简文中孔子在结束与哀公的对话后，问弟子子贡百姓如何看待他对国君的建议，子贡说百姓知道后争相奔走相告表示赞同，孔子的回答赢得了百姓对他的支持和认可，但子贡却对孔子重视祭祀的这一举动存有疑虑。孔子素来重视诗书礼乐的人道教化，重视修身，强调修己安人。但细细想来，孔子虽然主张"自天子以至于庶人，壹是皆以修身为本"，然而这一思想主要服务于为政的统治者。对于人民大众的修身问题孔子并不十分强调，甚至他曾说"礼不下庶人"。对于这句话人们往往存在很大误解，认为这表现了孔子有尊卑之别的阶级思想。事实上，孔子的这一思想刚好表达了其对底层民众的体贴，符合当时的历史现实。在《孔子家语·五刑解》对此解释说："所谓礼不下庶人者，以庶人遽其事而不能充礼，故不责之以备礼也。"意思是说，礼仪不对下实行于平民，是由于平民忙于劳作，不能充分地行礼，所以不要求他们礼仪完备。从这一解释可以看出，孔子为政治国思想体系中对人民大众考量、思考的较少，而这一缺失在孔子晚年时有所补益。如在本次鲁邦大旱发生时，哀公向孔子询问建议，孔子一方面继续强调君主要注意自身修养以为政治国，另一方面他还注意结合百姓心理需求，主张国君应带头祷祝禳灾。这里我们想着重讨论一下后者所反映的深刻内涵。

我们知道孔子教化依据的主要就是上古时期流传下来的诗书礼乐易春秋等六艺内容，但关于《易》的相关教学，除了《易传》可能是孔子所作之外，以其进行教学活动的相关记载很少。但近年来出土的简帛文献表明孔子晚年在《易》等鬼神天命方面用力较多，如马王堆帛书《要》篇记载："夫子老而好《易》，居则在席，行则在囊。"表明孔子晚年对《易》用功颇深，而且达到了行走坐卧不离身的程度。同时发生在孔子晚年的《鲁邦大旱》虽未提及其对《易》的把握情况，但简文中孔子一反常态，主张祭祀山川鬼神以禳灾。对此我们该如何理解呢？传世文献中有关孔子祭祀天命的记载较为常见，如《论语·八佾》："获罪于天，无所祷也"；《宪问》有云："不怨天，不尤人，下学而上达，知我者，其天乎"；《述而》记载："天生德于予，桓魋其如予何"等。另有《述而》篇一处关于孔子祷告的记载，文曰："子疾病，子路请祷。子曰：'有诸？'子路对曰：'有之；诔曰：祷尔于上下神祇。'子曰：'丘之祷久矣。'"对鬼神"远之"的孔子何以会"丘之祷久矣"？我们认为孔子这里所谓的"天"是综合了道德人格和历史发展规律在内的设置，一般孔子重视祭祀是为了"慎终追远，民德归厚矣"，且其倾向于"敬天法祖"的"祖"进行祭祀，天和鬼神一般认为并不在孔子祭祀之列。对此，我们认为首先"敬鬼神"并不意味着"拒鬼神"，继承殷周对鬼神的信仰而留有祷告神灵的痕迹并非不可能，何况孔子对《易》十分热爱，且文献中有占卜的相关记载，如帛书《要》篇中子贡对孔子喜《易》表示出不理解时就曾说："夫子亦信其筮乎？"孔子说："吾百占而七十当，唯周梁山之占也，亦必从其多者而已矣"，"吾与史巫同途而殊归者也。君子德行焉求福，故祭祀而寡也；仁义焉求吉，故卜筮而希也。……损益之道，足以观天地之变，而君者之事已。……此谓易道"。从此记载可以看出，孔子喜《易》喜筮的原因如其自己所云"吾与史巫同途而殊归"，其与史巫表面看来所做的事情相同，都是研《易》和占卜，但目的和意图却相差很大，其中孔子重视的是《易》及占卜背后的德义即文中所谓的"易道"，其实质还是在强调人事，将关心的重点放在德礼上。这就如同《论语·八佾》篇所载"子贡欲去告朔之饩羊。子曰：'赐也，尔爱其羊，我爱其礼。'"一样，孔子是因"爱其礼"而不废其羊。这里根据《鲁邦大旱》的记载，孔子之所以主张通过祭祀山川鬼神禳灾，主要是希望借助人民大众认可的形式顺应民意，以神道设教的方式回归到人道，以此教化君主"正刑与德"。所以，孔子看重"神道设教"和礼仪教化，主张不废鬼神之祭，实际是重人事及祭祀背后的德性的礼义。这与前面"灾妖不胜善政"中体现的鬼神天命思想是一致的，不同则在于义进一步，并不排斥以神道来实现人道教化，从中可以看出孔子晚年思想的通达和宽容。

## 第三节 孔子思想的圆融性

按照孔子对自己的人生总结，他晚年达到了"从心所欲，不逾距"的至高境界。根据孔子思想的发展历程，其表现为一个由礼到仁到易（或中庸）的阶段性发展过程，孔子晚年的"性情天命"思想，在标志着孔子晚年思想的高度的同时，也体现了孔子思想的圆融性。这里我们以"哀公问孔"材料中讨论孔子性情天命思想较为集中的"大婚之论"和"人之性命"两个论题为依据再进行进一步的论述。

首先，在"哀公问孔"材料中"大婚之论"一题中，孔子从"人道政为大"起论并渐次落实递进，形成"人道—政—爱人—礼—敬—大婚"这样一个较为系统的论说体系，孔子思想圆融性的特点由此可见一斑。"大婚之论"一题的文本内容如下：

孔子侍坐于哀公。公问曰："敢问人道孰为大？"孔子愀然作色而对曰："君及此言也，百姓之惠也，固臣敢无辞而对。人道政为大。夫政者，正也。君为正，则百姓从而正矣。君之所为，百姓之所从。君不为正，百姓何所从乎？"公曰："敢问为政如之何？"孔子对曰："夫妇别，男女亲，君臣信。三者正，则庶物从之。"公曰："寡人虽无能也，愿知所以行三者之道。可得闻乎？"孔子对曰："古之政，爱人为大。所以治爱人，礼为大。所以治礼，敬为大。敬之至矣，大婚为大。大婚至矣，冕而亲迎。亲迎者，敬之也。是故君子兴敬为亲，舍敬则是遗亲也。弗亲弗敬，弗尊也。爱与敬，其政之本与！"公曰："寡人愿有言也，然冕而亲迎，不已重乎？"孔子愀然作色而对曰："合二姓之好，以继先圣之后，以为天下宗庙社稷之主，君何谓已重焉"？公曰："寡人实固，不固安得闻此言乎！寡人欲问，不能为辞，请少进。"孔子曰："天地不合，万物不生。大婚，万世之嗣也，君何谓已重焉？"孔子遂言曰："内以治宗庙之礼，足以配天地之神；出以治直言之礼，以立上下之敬。物耻则足以振之，国耻足以兴之。故为政先乎礼，礼，其政之本与！"孔子遂言曰："昔三代明王，必敬妻子也，盖有道焉。妻也者，亲之主也；子也者，亲之后也，敢不敬与？是故君子无不敬。敬也者，敬身为大。身也者，亲之支也，敢不敬与？不敬其身，是伤其亲；伤其亲，是伤本也；伤其本，则支从之而亡。三者，百姓之象也。身以及身，子以及子，妃以及妃。君以修此三者，则大化忾乎天下矣。昔太王之道也如此，国家顺矣。"公曰："敢问何谓'敬身'？"孔子对曰："君子过言则民作辞，过行则民作则。言不过辞，动不过则，百姓恭敬以从命。若是则可谓能敬其身，则能成其亲矣。"公曰："何谓'成其亲'？"孔子对曰："君子者也，人之成名也。百姓与名，谓之君子，则是成其亲，为君而为其子也。"孔子遂言曰："爱政而不能爱人，则不能成其身；

不能成其身，则不能安其土；不能安其土，则不能乐天。"公曰："敢问何能'成身'？"孔子对曰："夫其行己不过乎物，谓之成身，不过乎，合天道也。"公曰："君子何贵乎天道也？"孔子曰："贵其不已也。如日月东西相从而不已也，是天道也；不闭而能久，是天道也；无为而物成，是天道也；已成而明之，是天道也。"公曰："寡人且愚冥，幸烦子之于心。"孔子蹴然避席而对曰："仁人不过乎物，孝子不过乎亲。是故仁人之事亲也如事天，事天如事亲，此谓孝子成身。"公曰："寡人既闻如此言，无如后罪何？"孔子对曰："君之及此言，是臣之福也。"（《孔子家语·大婚解》）

这里孔子从人道应该合于天道的高度出发，认为诸侯的婚配既是合于天道的人道行为，也是国家政治的延续。孔子天人合一的思想理路在"灾妖不胜善政"和"鲁邦大旱"中都有不同程度的体现，从这个角度来说，诸侯婚姻对于为政治国来说意义非凡。孔子由讨论"人道孰为大"延伸至"政之大"，言："古之政，爱人为大。所以治爱人，礼为大。所以治礼，敬为大。敬之至矣，大婚为大。"孔子的这一论述提纲挈领环环相扣，他认为三代是圣王明君的统治时期，讲求仁政，而"仁者，爱人"，由此三代明王圣君政治一个最基本的政治形态表现为爱人，爱天下之人；又因"立爱自亲始"，这种"爱人"之心从父母之爱逐层递推，亲疏有别，具体则以"礼"的不同规定来区别不同的"爱"；对于礼来说，礼之仪的内涵是"仁"，"仁"是孔子各种德目的总和，在所有德目中，敬畏之心可谓是以礼治天下对社会秩序进行有效管理的重中之重；而敬对于一国之君来说，一个十分典型的表现形式是国君的"大婚"，因为对古人来说婚姻既标志着一个成熟的社会人开始履行他真正意义上的一项社会责任。对此孔子对"大婚"的意义与重要性作了详细的解说。概括地说，大婚是"合二姓之好，以继先圣之后，以为天下宗庙社稷之主"，是说婚姻是两个家族的美满结合，以延续祖先的后嗣，而后嗣将成为天下、宗庙和国家的主人。继而，孔子又有更为细致的解说。他从人道该合于天道的角度进行阐发，认为天地若不能相合，万物就不能生长，天子、诸侯的婚姻是延续万代的头等大事。因为夫妇两人结二姓之好之后，将要承担起家族内部的宗庙祭祀和对外的国家政治方面的礼制工作，他们的举止行动不仅对自己的百姓有示范作用，而且直接关系到邦国的生死存亡。故而孔子云："故为政先乎礼，礼其政之本与"，并以三代明王"敬妻"为例进行更为深刻的剖析。认为妻子是照料家族血亲的主妇，而儿子是家族血亲的后代，所以君子没有不敬重自己妻子的。而君子要做到"敬妻"，首先要学会的是如何"敬身"，即从自身做起，将话题进一步引向根本处。"敬身"体现了儒家"推己及人"的思想。具体来说，自身对于妻子和子孙来说是最直接的承担者，延续着前一代的嘱托并寄予后一代以希望。所以自身是这整个环节中的枢纽，其重要性不言而喻。而自身做好了，才能对自己的妻子和儿子好，才能更进一步对天下百姓施行仁政。由此，至善的教化就能通行于天下，过去的治国之道是这样的，其治理的整个国家也跟着团结和睦了，即孔子所云"君以修此三者，则大化忾乎天下矣。昔太王之道也，如此国家顺矣"。之后，孔子又从"敬身"开始，将其与"成其亲""成身"和"天道"联系在一起，告诉哀公具体的修身之道。

如此可以看出"大婚之论"的整个对话缘起对"人道"的探讨，从这一点出发，孔子带领哀公层层递进，从"人道"到"政"到"礼"到"敬"，最后落到"大婚"上面。将这些看似不相干的主题的内在理路梳理清楚，并将本题的主旨置于君子德行的修养上。"事实上，孔子这里强调指出诸侯婚姻的天道根源，正是出自孔子本人对人间政治伦理的高度重视，孔子的此类论述，不过是为了明确'政者，正也。君为正，则百姓从而正'的主题，其落脚点还是在于君主品德的培养，体现了孔子一贯要求。"[①] 诸侯婚姻是孔子伦理政治思想的重要组成部分，也是人道合于天道的体现。而孔子无论是关于诸侯婚姻的论述，还是关于其伦理政治思想的论述，最终都要与君子修养结合在一起，与孔子之仁结合在一起。与以往不同的是，这里对君子如何修养德行论述的并不多，重点在于梳理清楚君子为何要修养德行，但这里所揭示的君子修养是从诸侯国君婚姻嫁娶的角度来论证的，这在其他文献材料中很少见到。从中我们不仅可以看到孔子的婚姻观，而且也再次体会到孔子思想的圆融性，孔子将人道与天道，大婚与为政，爱人与礼，礼与敬等，融洽地糅合在一起，不仅不显突兀，反而更见孔子思想的深刻和圆融，体现了孔子晚年"从心所欲，不逾矩"的至高境界，及其思想的圆融性特点。

关于"人之性命"一题，首先来看其原文记载：

> 鲁哀公问于孔子曰："人之命与性何谓也？"孔子对曰："分于道，谓之命；形于一，谓之性；化于阴阳，象形而发，谓之生；化穷数尽，谓之死。故命者，性之始也；死者，生之终也。有始，则必有

---

① 杨朝明、宋立林主编：《孔子家语通解》，齐鲁书社2009年版，第27—28页。

终矣。人始生而有不具者五焉:目无见,不能食,不能行,不能言,不能化。及生三月而微煦,然后有见;八月生齿,然后能食;三年顋合,然后能言;十有六而精通,然后能化。阴穷反阳,故阴以阳变;阳穷反阴,故阳以阴化。是以男子八月生齿,八岁而龀;女子七月生齿,七岁而龀,十有四而化。一阳一阴,奇偶相配,然后道合化成。性命之端,形于此也。"

公曰:"男子十六精通,女子十四而化,是则可以生民矣。而礼,男子三十而有室,女子二十而有夫也,岂不晚哉?"孔子曰:"夫礼言其极,不是过也。男子二十而冠,有为人父之端;女子十五许嫁,有适人之道。于此而往,则自婚矣。群生闭藏乎阴,而为化育之始。故圣人因时以合偶男女,穷天数之极。霜降而妇功成,嫁娶者行焉;冰泮而农桑起,婚礼而杀于此。男子者,任天道而长万物者也。知可为,知不可为;知可言,知不可言;知可行,知不可行者。是故审其伦而明其别,谓之知,所以效匹夫之听也。女子者,顺男子之教而长其理者也。是故无专制之义,而有三从之道:幼从父兄,既嫁从夫,夫死从子。言无再醮之端,教令不出于闺门,事在供酒食而已。无闻外之非仪也,不越境而奔丧。事无擅为,行无独成,参知而后动,可验而后言,昼不游庭,夜行以火,所以效匹妇之德也。"

孔子遂言曰:"女有五不取:逆家子者,乱家子者,世有刑人子者,有恶疾子者,丧父长子。妇有七出、三不去。七出者:不顺父母者,无子者,淫僻者,嫉妒者,恶疾者,多口舌者,窃盗者。三不去者:谓有所取无所归,与共更三年之丧,先贫贱后富贵。凡此,圣人所以顺男女之际,重婚姻之始也。"

孔子曰:"礼之所以象五行也,其义四时也,故丧礼有举焉,有恩有义,有节有权。其恩厚者其服重,故为父母斩衰三年,以恩制者也。门内之治恩掩义,门外之治义掩恩。资于事父以事君而敬同。尊尊贵贵,义之大也。故为君亦服衰三年,以义制者也。三日而食,三月而沐,期练,毁不灭性,不以死伤生;丧不过三年,齐衰不补,坟墓不修;除服之日鼓素琴,示民有终也。凡此以节制者也。资于事父以事母而爱同。天无二日,国无二君,家无二尊,以治之。故父在为母齐衰期者,见无二尊也。百官备,百物具,不言而事行者,扶而起;言而后事行者,杖而起;身自执事行者,面垢而已。此以权制者也。亲始死,三日不怠,三月不懈,期悲号,三年忧,哀之杀也。圣

人因杀以制节也。"(《孔子家语·本命解》)

"人之性命"一题由哀公向孔子请教"命"与"性"等问题而引发，可以说是最为集中的记载孔子对天道性命观点的传世文献。引文第一段中，孔子表述了"命"的天道根源与"性"相一致的观点，这是孔子谈话的出发点。后儒在此基础上有所继续发展，如《中庸》首章章句就云"天命之谓性，率性之谓道，修道之谓教"，郭店简《性自命出》首篇首句也提到"性自命出，命自天降"，它们基本上都表达了一个意思，即命根源于天，而又是性的开端。

引文第二段，是关于孔子婚姻观的重要资料，指出适婚的年龄限度，是圣人考虑天地阴阳之道所得。同时，孔子提出了对男女德行的不同要求，认为男子"任天道儿长万物"，女子则"顺男子之教而长其理"，男女各安其德则合于道。第三段中孔子因为重视婚姻，而提出"五不取""七出"和"三不去"的择偶原则。我们并不否认其中多是对女子的要求，但若因此就妄下结论说，孔子歧视妇女则有所不当。对此，吴信英在2010年的硕士论文《孔子妇女观研究——以孔子女子"难养"说之辨析为中心》中，以"唯女子与小人为难养也，近之则不逊，远之则怨"(《论语·阳货》)一句为切入点，对孔子妇女观得出新解，认为"孔子并不歧视女性和百姓，正相反，他是重视和尊重包括女性在内的所有百姓的"[①]。我们在读这段材料时，应顾及到孔子生活的时代背景，且文章首段已经提到命和性的问题，而男女的天性决定了他们有不同的社会分工和德行，这就如同人和动物与生俱来便要扮演不同的角色一样，孔子认识到人、动植物等的生命特性，决定了他们有不同的分工和责任，依此而区别对待，不是一种歧视，相反恰是一种理性认识。

引文最后一段反映的是孔子对礼制之一的丧礼的看法。他认为礼的制定和五行、四时有关，并提出"恩""义""节""权"四个关于丧礼的重要原则，对待不同人有不同形式的丧制要求。对父母之丧讲求的是"恩"，服君王之丧则要讲"义"，即"门内之治恩掩义，门外之治义掩恩"。此语在郭店简《六德》篇也有，其云："门内之治恩掩义，门外之治义断恩"。至于"节"，则是对服丧的悲伤程度、丧服和期限等的限制，凡事都有个度，这也符合孔子的中庸思想。最后，对于"权"，孔子解释

---

① 吴信英：《孔子妇女观研究——以孔子女子"难养"说之辨析为中心》，硕士学位论文，曲阜师范大学，2010年。

说从君王到一庶民百姓，不同身份地位的人服表的规格也不尽一样，需要灵活处理，这也体现了孔子思想的灵活性。

近年来，随着学界研究的深入和新材料的不断涌现，人们对孔子性命论思想的研究也在不断推进。人们逐渐意识到，子贡所谓"夫子之文章，可得而闻也；夫子之言性与天道，不可得而闻也"（《论语·公冶长》）的说法，过去的理解可能存在偏差。子贡之所以会有"不可得而闻也"的感受，并非是由于孔子对此没有讨论，而是性与天道不易理解。加之，关于性情天命的思想应不符合孔门弟子选编《论语》的标准，较少涉及孔子关于"性"的讨论，这就给后人造成一种错觉，似乎孔子少言"性与天道"。那么，性命论思想在孔子学说中占据着怎样的位置呢？

首先，单从"天命"思想来看，虽然孔子"罕言利，与命，与仁"（《论语·子罕》），并不常议论"命"，但事实上孔子对此十分重视。前面我们提到过，孔子在对自己的人生进行总结的时候，曾提到"五十而知天命"，可见"知天命"在孔子看来是人生的一个标志性阶段。此外，孔子还曾多次强调"天命"的重要性，如其曾言"君子有三畏：畏天命，畏大人，畏圣人之言。小人不知天命而不畏也，狎大人，侮圣人之言。"（《论语·季氏》）另外还有一次，孔子曾明确指出："不知命，无以为君子也。不知礼，无以立也。不知言，无以知人也。"（《论语·尧曰》）所以，单是从这几处记载，我们就可以确定，知"天命"，对于孔子来说是非常重要的。那么，孔子所谓"天命"是指什么呢？

要回答这个问题，我们首先要清楚一点，"天命"思想是需要一定的人生积淀才可以把握好。人生大半已过，孔子才敢言"知天命"。而孔子对"天命"的体贴，与其对"礼""仁"的体贴有关，但又有不同。"礼"在孔子之前就是已经存在，孔子对于礼的认识是相对直观的。与一般的直接继承不同，孔子结合当时礼崩乐坏的社会背景以及自己的思考，发明了"仁"的思想，这是他区别于其他学派的一大特质，而且孔子将其与"礼"学思想结合在一起，使故有的礼学思想也有了新意。在此基础上，"天命"思想才获得生成的可能。因为，当礼学思想有"仁"的支撑而变得丰满之后，按照思想理论体系产生、发展的一般规律，在更高的层面上，需要为"礼""仁"的合理性寻到一个更加形而上学的依据，这是孔子性命思想产生的内在动力和必然性。在此驱动下，孔子的性情天命思想逐渐形成、完善。

具体来说，春秋时人们的鬼神天命思想，已经逐渐解放，但并没有完全摆脱它的束缚，生活在这个时代的孔子亦然。关于孔子的天命鬼神观，前人的观点主要有以下几种：第一，认为孔子继承了殷周以来的鬼神天命思想，虽然对鬼神"远之"，但其仍然"敬"意十足，将"天"视为是能够主宰人事天地的有意志的人格神，并表示天命不可违；第二，认为孔子一反传统是一位无神论者，随着西周以来民本思想的兴起，以民为主导、鬼神从之的鬼神观开始兴起，有记载就说："夫民，神之主也。是以圣王先成民而后致力于神。"① 在此形势下，原始的天神在孔子那里转变为道德意义上的天，其天命观表现为一种人文化、道德化的内容，由此形成以仁礼为媒介进行沟通的天人合一学说。第三，孔子既非一个对传统进行简单复制的有神论者，也非一个与传统天命观思想一刀两断的无神论者，而是基于理性思考，将鬼神天命思想服膺于其关于建构人类社会的整个思想体系，尤其注意以"教"进行统合。根据张炳尉先生的考证，他强调先秦儒家性命思想所探讨的核心是道德问题，是将天命与人性融合，且有两条努力的思路：一路以《中庸》《易传》为代表，倾向于以天命融合人性；另一路以《论语》《孟子》为代表，更倾向于以人性融合天命。认为："孔子的性命思想，他力图用仁来融合人性与天命，将成德的决定力量归于人自身。孔子的努力几乎使每个人都拥有了以前高高在上仅降命于王的天的尊严，其未竟之处也成了孔门后学思考的起点，而他思想的丰富、复杂乃至矛盾，也成为其后学向不同方向拓展的资源。"② 我们认为这种观点不无道理，徐复观在《中国人性论史》中，曾更为明确地提到："仁是性与天道融合的真实内容"③。而将天命与人性融合，也顺应了孔子天人合一，人道合于天道的思想。我们认为，由于当时的人们还无法摆脱鬼神的束缚，且神与天关联密切，孔子对天亦保有敬畏之心，主张人道合于天道，但孔子关切的焦点是"人"，在对现世的关切上，孔子希望借助神道，引导民众从"仁"行"礼"，从而形成从属于人道教化的"神道设教"思想。这里关于天道性命也说明了这一论点。其云"分于道，谓之命；形于一，谓之性"。此处的"一"，王肃注："人各受阴阳以刚柔之性，故曰形于一也。"《汉书·董仲舒传》云："一者，万物之所从始也。"我们认为这里的"一"之的内涵应与"道"之内涵十分接近，都有"天道"的意思。我们知道

---

① 杨伯峻：《春秋左传注》，中华书局1981年版，第111页。
② 张炳尉：《论先秦儒家性命思想的演进》，《中国社会科学院研究生院学报》2008年第1期。
③ 徐复观：《中国人性论史》，华东师范大学出版社2005年版，第57页。

孔子也认为"命"是不可全部为人们所把控的。如孔子在匡受难，就曾说："文王既没，文不在兹乎？天之将丧斯文也，后死者不得与于斯文也；天之未丧斯文也，匡人其如予何？"(《论语·子罕》)又如孔子还曾更为直白地说："道之将行也与，命也。道之将废也与，命也。公伯寮其如命何！"(《论语·宪问》)这都表明了"命"的不可控性。而所谓"分于道，谓之命"，应该是从人出生时就先天带有的"质"的角度来讲的，这也是人类不可控的部分。而这种先天带来的"命"，在每一个人身上的进一步表现即为"性"，这与《中庸》中"天命之谓性，率性之谓道"，以及郭店楚简《性自命出》篇首所云之"性自命出，命自天降"，所包含的意思极为相近。但值得注意的一点是，《中庸》里将这种不易被掌控的"命"与"教"联系在一起，有所谓的"修道之谓教"的说法。在很多研究先秦儒家性命思想的学者看来，《中庸》应与孔子裔孙子思关系密切，其思想内容反映的或许不全部是孔子学说，但"修道之谓教"这一说法，应是孔子认同和主张的。如徐复观所言："孔子的所谓天命或天道或天，用最简捷的语言表达出来，实际是指道德的超经验的性格而言；因为是超经验的，所以才有其普遍性、永恒性。"[1] 为此，孔子重视"学"与"教"，希望人们能够不断地"下学而上达"，通过不断的学习和实践达到"仁"境，人道合于天道。《论语》唯一一处记载孔子关于"性"的记载中也有类似明确的论述，孔子曰："性相近也，习相远也。"(《论语·阳货》)这就在提示我们，上天赋予人的先天之性是有差别的，但其却可以通过后天的"习"改变，而也正是"习"的不同，让人与人之间的差距真正凸显出来。孔子所谓"习"，便主要是指人后天所受的"教化"，故而孔子重"教"。

此后"人之性命"一题中，从"死生"的角度继续向外推扩，将"性命"与死生、礼、男女婚育等关联在了一起。尤其其中关于男女婚育的部分，涉及孔子的婚姻观，但在能看到的现有史料中，很少有这一方面的记载。另外，这部分材料很难断定是否尽然为孔子思想，尤其是关于女子"五不取""七出""三不去"的论述，似乎带有很浓重的封建伦理纲常的色彩。值得一提的是，文本第三部分关于丧礼的"门内之治恩掩义，门外之治义掩恩"的论述，在郭店楚简《六德》篇里也有同样的论述，其云："门内之治恩掩义，门外之治义断恩。"出土文献与传世文献的重合，也再次印证了《孔子家语》中这一说法的可靠性，说明其传世文献

---

[1] 徐复观：《中国人性论史》，华东师范大学出版社2005年版，第54页。

的成书年代应是较早的，是比较接近孔子思想的。

总之，从孔子晚年人生境遇以及"灾妖不胜善政""鲁邦大旱""大婚之论"和"人之性命"等孔子晚年的对话材料可以看出，晚年的孔子对自己的思想体系进行了不断完善，尤其是在性情天命等形而上学层面作了很多补充性思考。

# 结　　语

　　要全面研究孔子对整个儒学乃至整个中华优秀传统文化的学术贡献，就必须正确认识孔子研究的资料问题，对典籍中的孔子遗说有一个全面而仔细的清查与考证，这是开展所有研究的基础。但由于长期受疑古思潮的影响，对《论语》之外的孔子遗说研究并不充分，随着出土文献对学术研究的推进，对传统辨伪学有了许多新认识。在此形势下，通过研究"哀公问孔"材料的可靠性问题，为全面认识孔子遗说提供了一个较好的参考，有助于进一步推进对所有孔子遗说和中国"元典"文化的研究，并在此基础上开始思想史的研究。因为"哀公问孔"材料首先是覆盖了孔子遗说绝大多数的文献出处，通过考察"哀公问孔"材料及其所涉典籍的成书、流传等情况，有助于察看孔子遗说的生成与流变。其次，"哀公问孔"材料重文率高，同一个主题的材料往往出现在多部典籍中，通过考镜源流，考察这些材料的来源与流传，对比校勘，对勘不同典籍对同一主题材料记载的异同与优劣，可以以此探析孔子遗说的来源、流传和文本的质量。最后，"哀公问孔"材料在孔子生平事迹的人生轨迹上有明确的坐标，发生在孔子周游归鲁至去世的五年间，如此明确的编年有助于材料可靠性的考察和深入解读孔子晚年思想，有助于揭示《论语》之外的孔子遗说与《论语》的互动关系，察看其对孔子研究的重要意义。这里通过对以"哀公问孔"材料为代表的孔子遗说进行文献学和思想史的综合研究，主要形成以下两方面的认识：

　　在文献考证方面，本书对全部"哀公问孔"材料进行了校勘，并对典型个案进行研究。在此基础上，还从思想史的角度对文本内容进行了较为细致的考察，试图以此从反向进一步考证"哀公问孔"材料的可靠性，佐证这批材料的成书、来源与流传。我们认为"哀公问孔"材料可以分为可靠、较为可靠和不可靠三类。"卫有恶人""夔非一足""莫众而迷""堂上而已""贾霜不杀菽"五个主题的"哀公问孔"材料可靠性不高，带有明显的伪托或者杜撰的痕迹，虽不可直接用来研究孔子思想，但却有利于考察其他诸子眼中的孔子形象。除此之外的其他二十八条"哀公问孔"材料在不同程度上均可以用来研究孔子，但要注意的是，这些材料的可靠性也不尽相同，需要谨慎地区别对待。例如其中"沐浴请讨""迁怒贰过""举直错枉"等可靠的"哀公问孔"资料可以作为研究孔子的基础性底层材料，这些材料构建了最基本的孔子形象和思想；"最贤之君""东益不祥"等其余较为可靠的资料，它们既有可靠的思想、文献的来源，又难免带有后人"各以己意"的文本增损和改易。经过考察虽然扩大了研究孔子的依据，但使用起来需要仔细加以甄别，应结合《论语》等可信的孔子资料进行互动式研究。此外，通过对"哀公问孔"材料的考察，再次论证了《孔子家语》的可靠性问题，认为这部以"家学"方式流传的典籍，保存孔子遗说较多，文本古朴，记录完整，改动较少，对进一步研究孔子思想提供了大量资料。

在思想研究方面，依据"哀公问孔"材料中可靠和较为可靠的资料，从"为政以德""为国以礼"和"天道性命"三个方面考察了孔子的治国理政思想体系，一方面，发掘"哀公问孔"材料的思想史内涵，揭示孔子晚年至高境界的思想形态；另一方面，以文献学和思想史双向互证的方法，再次考证材料可靠性。具体来说：

第一，孔子"为政以德"的思想实质是"以人为本"和"以仁为本"，强调"自天子以至于庶人，壹是皆以修身为本"，尤其注重为政者的修身，以及其在为政治国中对为政者队伍和人民的领导示范作用。因此在选拔人才时，十分注重人才的德行修养，强调人才之"德"高于其"能"；而修身对于君主来说则决定国之兴衰，由此形成儒家独特的贤君思想。

第二，"为国以礼"和"为政以德"既有联系又有区别，两者均出自《论语》孔子之语。其中，"为政"的主体侧重于"为政者"；而"为国"的重心则在于"国"，针对两个不同主体，孔子回应的方式、方法也有不同。在孔子看来，"为政者"要注意自身的德行修养，以自身的表率带头作用带动周围的人上行下效以实现"无为"德治，正所谓"为政以德，譬如北辰，居其所而众星共之"（《论语·为政》），由此推广开来就可以实现天下大治，所以孔子格外注重君子之"德"的修养。而"国"作为一个政治实体，虽与为政者密切相关，但两者的表现形式不同，"为国"需要一个更富有外在规定性的东西来全面安排人间秩序，对孔子来说就是"礼"。而孔子的礼学思想有两点内容值得特别注意：一是，对礼仪与礼义关系，除了非常重视内在礼义，认为"仁"是制定礼仪的出发点，也是施行礼仪的根本目的和落脚点外,还特别注重礼仪的外在规范作用,及其对礼义的成全,这一点常常容易被忽略。二是,与秦汉以后仅讲求下级对上级的单向礼制规定不同,孔子强调礼的践履的双向性,要求双方是一种对等、相互的关系,在人格上保持平等。

第三,孔子晚年至高境界的思想形态主要表现在孔子的"天道性命"思想方面。孔子晚年思想达到的至高境界,在"哀公问孔"材料中主要展现为子贡"不可得而闻也"的"夫子之言性与天道"的内容,体现了孔子"天人合一"的天道性命观思想,以及"神道设教"重视教化的思想。

# 附 录[①]

(1) 沐浴请讨

陈成子弑简公。孔子沐浴而朝,告于哀公曰:"陈恒弑其君,请讨之。"公曰:"告夫三子。"孔子曰:"以吾从大夫之后,不敢不告也。君曰'告夫三子'者!"之三子告,不可。孔子曰:"以吾从大夫之后,不敢不告也。"

《论语·宪问》

甲午,齐陈恒弑其君壬于舒州。孔丘三日斋,而请伐齐三。公曰:"鲁为齐弱久矣,子之伐之,将若之何?"对曰:"陈恒弑其君,民之不与者半。以鲁之众加齐之半,可克也。"公曰:"子告季孙。"孔子辞,退而告人曰:"吾以从大夫之后也,故不敢不言。"

《左传》哀公十四年

十四年,齐田常弑其君简公于徐州。孔子请伐之,哀公不听。

《史记·鲁周公世家》

齐陈恒弑其君简公,孔子闻之,三日沐浴而适朝,告于哀公曰:"陈恒弑其君,请伐之。"公弗许。三请,公曰:"鲁为齐弱久矣,子之伐也,将若之何?"对曰:"陈恒弑其君,民之不与者半。以鲁之众,加齐之半,可克也。"公曰:"子告季氏。"孔子辞,退而告人曰:"以吾从大夫之后,吾不敢不告也。"

《孔子家语·正论解》

(2) 五仪之教

哀公问于孔子曰:"寡人欲论鲁国之士,与之为治,敢问如何取之?"孔子对曰:"生今之世,志古之道;居今之俗,服古之服。舍此而为非者,不亦鲜乎?"曰:"然则章甫绚履,绅带搢笏者,皆贤人也。"孔子

---

[①] 史料排列顺序是按列第1章之"'哀公问孔'材料的内容"附录引文所涉典籍版本与正文校勘文本保持一致,具体可参见其后参考文献(一)典籍。

曰:"不必然也。丘之所言,非此之谓也。夫端衣玄裳,冕而乘轩者,则志不在于食荤;斩衰管菲,杖而歠粥者,则志不在于酒肉。'生今之世,志古之道;居今之俗,服古之服',谓此类也。"公曰:"善哉!尽此而已乎?"孔子曰:"人有五仪:有庸人,有士人,有君子,有贤人,有圣人。审此五者,则治道毕矣。"公曰:"敢问何如斯可谓之庸人?"孔子曰:"所谓庸人者,心不存慎终之规,口不吐训格之言,不择贤以托其身,不力行以自定。见小暗大,而不知所务;从物如流,不知其所执,此则庸人也。"公曰:"何谓士人?"孔子曰:"所谓士人者,心有所定,计有所守。虽不能尽道术之本,必有率也;虽不能备百善之美,必有处也。是故知不务多,必审其所知;言不务多,必审其所谓;行不务多,必审其所由。智既知之,言既道之,行既由之,则若性命之形骸之不可易也。富贵不足以益,贫贱不足以损。此则士人也。"公曰:"何谓君子?"孔子曰:"所谓君子者,言必忠信而心不怨,仁义在身而色无伐,思虑通明而辞不专。笃行信道,自强不息,油然若将可越而终不可及者。此则君子也。"公曰:"何谓贤人?"孔子曰:"所谓贤人者,德不逾闲,行中规绳,言足以法于天下而不伤于身,道足以化于百姓而不伤于本。富则天下无宛财,施则天下不病贫。此则贤者也。"公曰:"何谓圣人?"孔子曰:"所谓圣者,德合于天地,变通无方,穷万事之终始,协庶品之自然,敷其大道而遂成情性。明并日月,化行若神。下民不知其德,睹者不识其邻。此谓圣人也。"公曰:"善哉!非子之贤,则寡人不得闻此言也。虽然,寡人生于深宫之内,长于妇人之手,未尝知哀,未尝知忧,未尝知劳,未尝知惧,未尝知危,恐不足以行五仪之教,若何?"孔子对曰:"如君之言,已知之矣。则丘亦无所闻焉。"公曰:"非吾子,寡人无以启其心,吾子言也。"孔子曰:"君子入庙,如右,登自阼阶,仰视榱桷,俯察几筵,其器皆存,而不睹其人。君以此思哀,则哀可知矣。昧爽夙兴,正其衣冠,平旦视朝,虑其危难,一物失理,乱亡之端。君以此思忧,则忧可知矣。日出听政,至于中冥,诸侯子孙,往来为宾,行礼揖让,慎其威仪。君以此思劳,则劳亦可知矣。缅然长思,出于四门,周章远望,睹亡国之墟,必将有数焉。君以此思惧,则惧可知矣。夫君者,舟也;庶人者,水也。水所以载舟,亦所以覆舟。君以此思危,则危可知矣。君既明此五者,又少留意于五仪之事,则于政治何有失矣?"

《孔子家语·五仪解》

鲁哀公问于孔子曰:"吾欲论吾国之士,与之为政,何如者取之?"孔子对曰:"生乎今之世,志古之道,居今之俗,服古之服,舍此而为非者，不亦鲜乎！"哀公曰："然则今夫章甫、句屦、绅带而搢笏者，此皆贤乎？"孔子曰："否！不必然。今夫端衣玄裳冕而乘路者，志不在于食荤；斩衰菅屦杖而歠粥者，志不在于饮食。故生乎今之世，志古之道；居今之俗，服古之服，舍此而为非者，虽有，不亦鲜乎！"哀公曰："善！何如则可谓庸人矣？"孔子对曰："所谓庸人者，口不能道善言，而志不邑邑；不能选贤人善士而托身焉，以为己忧；动行不知所务，止立不知所定；日选于物，不知所贵；从物而流，不知所归；五凿为政，心从而坏。若此，则可谓庸人矣。"哀公曰："善！何如则可谓士矣？"孔子对曰："所谓士者，虽不能尽道术，必有所由焉；虽不能尽善尽美，必有所处焉。是故知不务多，而务审其所知；行不务多，而务审其所由；言不务多，而务审其所谓。知既知之，行既由之，言既顺之，若夫性命肌肤之不可易也。富贵不足以益，贫贱不足以损。若此，则可谓士矣。"哀公曰："善！何如则可谓君子矣？"孔子对曰："所谓君子者，躬行忠信，其心不买；仁义在己，而不害不志；闻志广博而色不伐；思虑明达而辞不争。君子犹然如将可及也，而不可及也。如此可谓君子矣。"哀公曰："善！敢问何如可谓贤人矣？"孔子对曰："所谓贤人者，好恶与民同情，取舍与民同统，行中矩绳而不伤于本，言足法于天下而不害于其身，躬为匹夫而愿富，贵为诸侯而无财。如此则可谓贤人矣。"哀公曰："善！敢问何如可谓圣人矣？"孔子对曰："所谓圣人者，知通乎大道，应变而不穷，能测万物之情性者也。大道者，所以变化而凝成万物者也。情性也者，所以理然不然取舍者也。故其事大，配乎天地，参乎日月，杂于云蜺，总要万物，穆穆纯纯。其莫之能循，若天之司；莫之能职，百姓淡然不知其善。若此，则可谓圣人矣。"哀公曰："善！"孔子出，哀公送之。

《大戴礼记解诂·哀公问五义》

鲁哀公问于孔子曰："吾欲论吾国之士，与之治国，敢问如何取之邪？"孔子对曰："生今之世，志古之道，居今之俗，服古之服，舍此而为非者，不亦鲜乎！"哀公曰："然则夫章甫、绚屦、绅而搢笏者，此贤乎？"孔子对曰："不必然。夫端衣、玄裳、絻而乘路者，志不在于食荤；斩衰、菅屦、杖而啜粥者，志不在于酒肉。生今之世，志古之道，居今之俗，服古之服，舍此而为非者，虽有，不亦鲜乎！"哀公曰："善！"孔子曰："人有五仪：有庸人，有士，有君子，有贤人，有大圣。"哀公曰："敢问何如斯可谓庸人矣？"孔子曰："所谓庸人者，口不道善言，心不知色色；不知选贤人善士托其身焉以为己忧，勤行不知所务，止交不知所定；日选择于物，不知所贵；从物如流，不知所归；五凿为正，心从而坏;如此,则可谓庸人矣。"哀公曰:"善!敢问何如斯可谓士矣?"孔子对曰:"所谓士者,虽不能尽道术,必有率也;虽不能遍美善,必有处也。是故知不务多,务审其所知;言不务多,务审其所谓;行不务多,务审其所由。故知既已知之矣,言既已谓之矣,行既已由之矣,则若性命肌肤之不可易也。故富贵不足以益也,卑贱不足以损也,如此,则可谓士矣。"哀公曰:"善!敢问何如斯可谓之君子矣?"孔子对曰:"所谓君子者,言忠信而心不德,仁义在身而色不伐,思虑明通而辞不争,故犹然如将可及者,君子也。"哀公曰:"善!敢问何如斯可谓贤人矣?"孔子对曰:"所谓贤人者,行中规绳而不伤于本,言足法于天下而不伤于身,富有天下而无怨财,布施天下而不病贫,如此,则可谓贤人矣。"哀公曰:"善!敢问何如斯可谓大圣矣?"孔子对曰:"所谓大圣者,知通乎大道,应变而不穷,辨乎万物之情性者也。大道者,所以变化遂成万物也;情性者,所以理然不、取舍也。是故其事大辨乎天地,明察乎日月,总要万物于风雨,缪缪肫肫,其事不可循,若天之嗣,其事不可识,百姓浅然不识其邻,若此,则可谓大圣矣。"哀公曰:"善!"……鲁哀公问孔子曰:"寡人生乎深宫之中,长于妇人之手,寡人未尝知哀也,未尝知忧也,未尝知劳也,未尝知惧也,未尝知危也。"孔子曰:"君之所问,圣君之问也,丘、小人也,何足以知之?"曰:"非吾子无所闻之也。"孔子曰:"君入庙门而右,登自阼阶,仰视榱栋,俯见几筵,其器存,其人亡,君以此思哀,则哀将焉而不至矣!君昧爽而栉冠,平明而听朝,一物不应,乱之端也,君以此思忧,则忧将焉而不至矣!君平明而听朝,日昃而退,诸侯之子孙必有在君之末庭者,君以思劳,则劳将焉而不至矣!君出鲁之四门以望鲁四郊,亡国之虚则必有数盖焉,君以此思惧,则惧将焉而不至矣!且丘闻之:君者舟也;庶人者水也。水则载舟,水则覆舟;君以此思危,则危将焉而不至矣!"

*《荀子·哀公》*

哀公问孔子曰:"寡人生乎深宫之中,长于妇人之手,寡人未尝知哀也,未尝知忧也,未尝知劳也,未尝知惧也,未尝知危也。"孔子辟席曰:"吾君之问,乃圣君之问也,丘小人也,何足以言之。"哀公曰:"否。吾子就席,微吾子,无所闻之矣。"孔子就席,曰:"君入庙门,升自阼阶,仰见榱栋,俯见几筵,其器存,其人亡,君以此思哀,则哀将安不至矣。君昧爽而栉冠,平旦而听朝,一物不应,乱之端也,君以此思忧,则忧将安不至矣。君平旦而听朝,日昃而退,诸侯之子孙,必有在君之门廷者,君以此思劳,则劳将安不至矣。君出鲁之四门,以望鲁之四郊，亡国之虚列，必有数矣，君以此思惧，则惧将安不至矣。丘闻之，君者，舟也，庶人者，水也。水则载舟，水则覆舟，君以此思危，则危将安不至矣。夫执国之柄，履民之上，懔乎如以腐索御奔马。《易》曰：履虎尾。《诗》曰：如履薄冰。不亦危乎。"哀公再拜曰："寡人虽不敏，请事斯语矣。"

《新序·杂事》

（3）为政以礼

哀公问于孔子曰："大礼何如？子之言礼，何其尊也！"孔子对曰："丘也鄙人，不足以知大礼也。"公曰："吾子言焉！"孔子曰："丘闻之，民之所以生者，礼为大。非礼则无以节事天地之神焉；非礼则无以辩君臣、上下、长幼之位焉；非礼则无以别男女、父子、兄弟、婚姻、亲族、疏数之交焉。是故君子此之为尊敬，然后以其所能教顺百姓，不废其会节。既有成事，而后治其文章黼黻，以别尊卑、上下之等。其顺之也，而后言其丧祭之纪、宗庙之序，品其牺牲，设其豕腊，修其岁时，以敬其祭祀，别其亲疏，序其昭穆，而后宗族会醵。即安其居，以缀恩义，卑其宫室，节其服御，车不雕玑，器不彤镂，食不二味，心不淫志，以与万民同利。古之明王，行礼也如此。"公曰："今之君子，胡莫之行也？"孔子对曰："今之君子，好利无厌，淫行不倦，荒怠慢游，固民是尽，以遂其心，以怨其政。忤其众，以伐有道。求得当欲，不以其所；虐杀刑诛，不以其治。夫昔之用民者由前，今之用民者由后。是即今之君子莫能为礼也。"

《孔子家语·问礼》

哀公问于孔子曰："大礼何如？君子之言礼，何其尊也？"孔子曰："丘也小人，不足以知礼。"君曰："否。吾子言之也！"孔子曰："丘闻之，民之所由生，礼为大。非礼无以节事天地之神也，非礼无以辨君臣上下长幼之位也，非礼无以别男女、父子、兄弟之亲，昏姻疏数之交也。君子以此之为尊敬然。然后以其所能教百姓，不废其会节。有成事，然后治其雕镂、文章、黼黻以嗣。其顺之，然后言其丧算，备其鼎俎，设其豕腊，修其宗庙，岁时以敬祭祀，以序宗族，即安其居，节丑其衣服，卑其宫室，车不雕几，器不刻镂，食不贰味，以与民同利。昔之君子之行礼者如此。"公曰："今之君子胡莫行之也？"孔子曰："今之君子，好实无厌，淫德不倦，荒怠敖慢，固民是尽，午其众以伐有道，求得当欲，不以其所。昔之用民者由前，今之用民者由后，今之君子莫为礼也。"

《礼记·哀公问》

哀公问于孔子曰："大礼何如？君子之言礼，何其尊也？"孔子曰："丘也小人，何足以知礼。"君曰："否，吾子言之也。"孔子曰："丘闻之也，民之所由生，礼为大，非礼无以节事天地之神明也，非礼无以辨君臣上下长幼之位也，非礼无以别男女父子兄弟之亲、昏姻疏数之交也，君子以此之为尊敬然。然后以其所能教百姓，不废其会节；有成事，然后治其雕镂文章黼黻以嗣；其顺之，然后言其丧算，备其鼎俎，设其豕腊，修其宗庙，岁时以敬祭祀，以序宗族，则安其居处，丑其衣服，卑其宫室，车不雕几，器不刻镂，食不贰味，以与民同利。昔之君子之行礼者如此。"公曰："今之君子胡莫之行也？"孔子曰："今之君子好色无厌，淫德不倦，荒怠傲慢，固民是尽，忤其众以伐有道，求得当欲不以其所。古之用民者由前，今之用民者由后。今之君子莫为礼也！"

《大戴礼记解诂·哀公问于孔子》

（4）取人之法

哀公问于孔子曰："请问取人之法。"孔子对曰："事任于官，无取捷捷，无取钳钳，无取啍啍。捷捷，贪也；钳钳，乱也；啍啍，诞也。故弓调而后求劲焉，马服而后求良焉，士必悫而后求智能者焉。不悫而多能，譬之豺狼不可迩。"

《孔子家语·五仪解》

鲁哀公问于孔子曰："请问取人？"孔子对曰："无取健，无取詌，无取口啍。健，贪也；詌，乱也；口啍，诞也。故弓调而后求劲焉，马服而后求良焉，士信悫而后求知能焉。士不信悫而有多知能，譬之其豺狼也，不可以身尒也。语曰：'桓公用其贼，文公用其盗。'故明主任计不信怒，暗主信怒不任计。计胜怒则强，怒胜计则亡。"

《荀子·哀公》

哀公问于孔子曰："人若何而可取也？"孔子对曰："毋取钳者，毋取健者，毋取口锐者。"哀公曰："何谓也？"孔子曰："钳者大给利，不可尽用；健者必欲兼人，不可以为法也；口锐者多诞而寡信，后恐不验也。夫弓矢和调，而后求其中焉，马悫愿顺，然后求其良材焉，人必忠信重厚，然后求其知能焉；今人有不忠信重厚，而多知能，如此人者，譬犹豺狼与，不可以身近也。是故先其仁义之诚者，然后亲之，于是有知能者，然后任之。故曰：亲仁而使能。夫取人之术也，观其言而察其行。夫言者所以抒其匈而发其情者也，能行之士，必能言之，是故先观其言而揆其行。夫以言揆其行，虽有奸轨之人，无以逃其情矣。"哀公曰："善。"

《说苑·尊贤》

哀公问取人。孔子曰："无取健，无取佞，无取口谗。健，骄也。佞，谄也。谗，诞也。故弓调，然后求劲焉。马服，然后求良焉。士信悫，然后求知焉。士不信悫而又多知，譬之豺狼与，其难以身近也。《周书》曰：'无为虎傅翼，将飞入邑，择人而食。'夫置不肖之人于位，是为虎传翼也。不亦殆乎？"《诗》曰：'匪其止恭，惟王之邛。'言其不恭其职事，而病其主也。

《韩诗外传》卷四第四章

（5）守国之道

哀公问于孔子曰："寡人欲吾国小而能守，大则攻，其道如何？"孔子对曰："使君朝廷有礼，上下相亲，天下百姓皆君之民，将谁攻之？苟此道，民畔如归，皆君之仇也，将与谁守？"公曰："善哉！"于是废山泽之禁，弛关市之税，以惠百姓。

《孔子家语·五仪解》

鲁哀公问于仲尼曰："吾欲小则守，大则攻，其道若何？"仲尼曰："若朝廷有礼，上下有亲，民之众皆君之畜也，君将谁攻？若朝廷无礼，上下无亲，民众皆君之仇也，君将谁与守？"于是废泽梁之禁，弛关市之征，以为民惠也。

《说苑·指武》

（6）舜冠何冠

鲁哀公问于孔子曰："昔者舜冠何冠乎？"孔子不对。公曰："寡人有问于子，而子无言，何也？"对曰："以君之问不先其大者，故方思所以为对。"公曰："其大何乎？"孔子曰："舜之为君也，其政好生而恶杀，其任授贤而替不肖，德若天地而静虚，化若四时而变物，是以四海承风，畅于异类，凤翔麟至，鸟兽驯德，无他也，好生故也。君舍此道而冠冕是问，是以缓对。"

《孔子家语·好生》

鲁哀公问舜冠于孔子，孔子不对。三问，不对。哀公曰："寡人问舜冠于子，何以不言也？"孔子对曰："古之王者，有务而拘领者矣，其政好生而恶杀焉，是以凤在列树，麟在郊野，乌鹊之巢可俯而窥也。君不此问而问舜冠，所以不对也。"

《荀子·哀公》

（7）最贤之君

哀公问于孔子曰："当今之君，孰为最贤？"孔子对曰："丘未之见也，抑有卫灵公乎？"公曰："吾闻其闺门之内无别，而子次之贤，何也?"孔子曰:"臣语其朝廷行事,不论其私家之际也。"公曰:"其事何如?"孔子对曰:"灵公之弟曰公子渠牟,其智足以治千乘,其信足以守之。灵公爱而任之。又有士曰林国者,见贤必进之,而退与分其禄,是以灵公无游放之士。灵公贤而尊之。又有士曰庆足者,卫国有大事则必起而治之;国无事则退而容贤。灵公悦而敬之。又有大夫史鲻,以道去卫,而灵公郊舍三日,琴瑟不御,必待史鲻之入而后敢入。臣以此取之,虽次之贤,不亦可乎?"

《孔子家语·贤君》

鲁哀公问于孔子曰:"当今之时,君子谁贤?"对曰:"卫灵公。"公曰:"吾闻之:其闺门之内,姑姊妹无别。"对曰:"臣观于朝廷,未观于堂陛之间也。灵公之弟曰公子渠牟,其知足以治千乘之国,其信足以守之,而灵公爱之;又有士曰王林,国有贤人必进而任之,无不达也,不能达,退而与分其禄,而灵公尊之;又有士曰庆足,国有大事,则进而治之,无不济也,而灵公说之;史鲻去卫,灵公邸舍三月,琴瑟不御,待史鲻之入也而后入;臣是以知其贤也。"

《说苑·尊贤》

(8) 徙宅忘妻

哀公问于孔子曰:"寡人闻忘之甚者,徙而忘其妻,有诸?"孔子对曰:"此犹未甚者也,甚者乃忘其身。"公曰:"可得而闻乎?"孔子曰:"昔者夏桀贵为天子,富有四海,忘其圣祖之道,坏其典法,废其世祀,荒于淫乐,耽湎于酒;佞臣谄谀,窥导其心;忠士折口,逃罪不言。天下诛桀而有其国,此谓忘其身之甚矣。"

《孔子家语·贤君》

鲁哀公问孔子曰:"予闻忘之甚者,徙而忘其妻,有诸乎?"孔子对曰:"此非忘之甚者也,忘之甚者忘其身。"哀公曰:"可得闻与?"对曰:"昔夏桀贵为天子,富有大下,不修禹之道,毁坏辟法,裂绝世祀,荒滛于乐,沈酗于酒。其臣有左触龙者,谄谀不正,汤诛桀,左师触龙者身死,四支不同坛而居;此忘其身者也。"哀公愀然变色曰:"善!"

《说苑·敬慎》

鲁哀公问孔子曰:"鲁有大忘,徙而忘其妻,有诸?"孔子曰:"此忘之小者也。昔商纣有臣曰王子须,务为谄,使其君乐须臾之乐,而忘终身之忧,弃黎老之言,而用姑息之谋。"

《尸子·卷下》

### (9) 使民富寿

哀公问政于孔子。孔子对曰："政之急者，莫大乎使民富且寿也。"公曰："为之奈何？"孔子曰："省力役，薄赋敛，则民富矣；敦礼教，远罪疾，则民寿矣。"公曰："寡人欲行夫子之言，恐吾国贫矣。"孔子曰："《诗》云：'恺悌君子，民之父母。'未有子富而父母贫者也。"

《孔子家语·贤君》

鲁哀公问政于孔子，对曰："政在使民富且寿。"哀公曰："何谓也？"孔子曰："薄赋敛则民富，无事则远罪，远罪则民寿。"公曰："若是，则寡人贫矣。"孔子曰："《诗》云：'凯悌君子，民之父母'，未见其子富而父母贫者也。"

《说苑·政理》

(7) 哀公问政于孔子孔子对曰政之急者莫大乎使人 (8) 则人富矣敦礼教远罪疾则人寿矣公曰【寡】(9) 诗云恺悌君子人之父母未有子富而父母【贫】①

俄藏敦煌写本《孔子家语》

### (10) 文武之政

哀公问政于孔子。孔子对曰："文武之政，布在方策。其人存，则其政举；其人亡，则其政息。天道敏生，人道敏政，地道敏树。夫政者，犹蒲卢也，待化以成，故为政在于的人。取人以身，修道以仁。仁者，人也，亲亲为大；义者，宜也，尊贤为大。亲亲之杀，尊贤之等，礼所以生也。礼者，政之本也。是以君子不可以不修身。思修身，不可以不事亲；思事亲，不可以不知人；思知人，不可以不知天。天下之达道有五，其所以行之者三。曰：君臣也，父子也，夫妇也，昆弟也，朋友也。五者，天下之达道。智、仁、勇三者，天下之达德也。所以行之者一也。或生而知之，或学而知之，或困而知之，及其知之，一也。或安而行之，或利而行之，或勉强而行之，及其成功，一也。"

公曰："子之言，美矣至矣！寡人实固，不足以成之也。"孔子曰："好学近乎智，力行近乎仁，知耻近乎勇。知斯三者，则知所以修身；知所以修身，则知所以治人；知所以治人，则能成天下国家者矣。"

公曰："政其尽此而已乎？"孔子曰："凡为天下国家有九经，曰：修身也，尊贤也，亲亲也，敬大臣也，体群臣也，子庶民也，来百工也，柔

---

① 俄藏敦煌写本《孔子家语》残卷现存23行，其中与"哀公问孔"材料相关的是第7、8、9三行，文中以 (7) (8) (9) 表示行次，以"【】"表示书影残缺而尚可辨识之字。

远人也，怀诸侯也。夫修身则道立，尊贤则不惑，亲亲则诸父、兄弟不怨，敬大臣则不眩，体群臣则士之报礼重，子庶民则百姓劝，来百工则财用足，柔远人则四方归之，怀诸侯则天下畏之。"

公曰："为之奈何？"孔子曰："斋洁盛服，非礼不动，所以修身也；去谗远色，贱财而贵德，所以尊贤也；爵其能，重其禄，同其好恶，所以笃亲亲也；官盛任使，所以敬大臣也；忠信重禄，所以劝士也；时使薄敛，所以子百姓也；日省月考，既禀称事，所以来百工也；送往迎来，嘉善而矜不能，所以绥远人也；继绝世，举废邦，治乱持危，朝聘以时，厚往而薄来，所以怀诸侯也。治天下国家有九经，其所以行之者一也。凡事豫则立，不豫则废，言前定则不跲，事前定则不困，行前定则不疚，道前定则不穷。在下位不获于上，民弗可得而治矣。获于上有道，不信于友，不获于上矣；信于友有道，不顺于亲，不信于友矣；顺于亲有道，反诸身不诚，不顺于亲矣；诚身有道，不明于善，不诚于身矣。诚者，天之至道也；诚之者，人之道也。夫诚，弗勉而中，不思而得，从容中道，圣人之所以体定也；诚之者，择善而固执之者也。"

公曰："子之教寡人备矣。敢问行之所始。"孔子曰："立爱自亲始，教民睦也；立敬自长始，教民顺也。教之慈睦，而民贵有亲；教以敬，而民贵用命。民既孝于亲，又顺以听命，措诸天下，无所不可。"公曰："寡人既得闻此言也，惧不能果行而获罪咎。"

《孔子家语·哀公问政》

哀公问政。子曰："文武之政，布在方策。其人存，则其政举；其人亡，则其政息。人道敏政，地道敏树。夫政也者，蒲卢也。故为政在人，取人以身，修身以道，修道以仁。仁者人也，亲亲为大；义者宜也，尊贤为大。亲亲之杀，尊贤之等，礼所生也。在下位不获乎上，民不可得而治矣。故君子不可以不修身；思修身，不可以不事亲；思事亲，不可以不知人；思知人，不可以不知天。天下之达道五，所以行之者三。曰君臣也，父子也，夫妇也，昆弟也，朋友之交也，五者天下之达道也。知、仁、勇三者，天下之达德也，所以行之者一也。或生而知之，或学而知之，或困而知之，及其知之，一也。或安而行之，或利而行之，或勉强而行之；及其成功，一也。"

子曰："好学近乎知，力行近乎仁，知耻近乎勇。知斯三者，则知所以修身；知所以修身，则知所以治人；知所以治人，则知所以治天下国家矣。凡为天下国家有九经，曰修身也，尊贤也，亲亲也，敬大臣也，体群臣也，子庶民也，来百工也，柔远人也，怀诸侯也。修身则道立，尊贤则不惑，亲亲则诸父昆弟不怨，敬大臣则不眩，体群臣则士之报礼重，子庶民则百姓劝，来百工则财用足，柔远人则四方归之，怀诸侯则天下畏之。斋明盛服，非礼不动，所以修身也；去谗远色，贱货而贵德，所以劝贤也；尊其位，重其禄，同其好恶，所以劝亲亲也；官盛任使，所以劝大臣也；忠信重禄，所以劝士也；时使薄敛，所以劝百姓也；日省月试，既廪称事，所以劝百工也；送往迎来，嘉善而矜不能，所以柔远人也，继绝世，举废国，治乱持危，朝聘以时，厚往而薄来，所以怀诸侯也。凡为天下国家有九经，所以行之者一也。凡事豫则立，不豫则废。言前身定则不跲，事前定则不困，行前定则不疚，道前定则不穷。在下位不获乎上，民不可得而治矣；获乎上有道，不信乎朋友，不获乎上矣；信乎朋友有道，不顺乎亲，不信乎朋友矣；顺乎亲有道，反诸身不诚，不顺乎亲矣；诚身有道，不明乎善，不诚乎身矣。诚者，天之道也；诚之者，人之道也。诚者不勉而中，不思而得，从容中道，圣人也。诚之者，择善而固执之者也。博学之，审问之，慎思之，明辨之，笃行之。有弗学，学之弗能弗措也；有弗问，问之弗知弗措也；有弗思，思之弗的弗措也；有弗辨，辨之弗明弗措也；有弗行，行之弗笃弗措也。人一能之，己百之；人十能之，己千之。果能此道矣，虽愚必明，虽柔必强。"

《礼记·中庸》

(11) 贵黍贱桃

孔子侍坐于哀公，赐之桃与黍焉。哀公曰："请食。"孔子先食黍而后食桃。左右皆掩口而笑。公曰："黍者所以雪桃，非为食之也。"孔子对曰："丘知之矣。然夫黍者，五谷之长，郊礼宗庙以为上盛。果属有六而桃为下，祭祀不用，不登郊庙。丘闻之，君子以贱雪贵，不闻以贵雪贱。今以五谷之长，雪果之下者，是从上雪下。臣以为妨于教，害于义，故不敢。"公曰："善哉！"

《孔子家语·子路初见》

孔子御坐于鲁哀公，哀公赐之桃与黍。哀公曰："请用。"仲尼先饭黍而后啗桃。左右皆掩口而笑。哀公曰："黍者，非饭之也，以雪桃也。"仲尼对曰："丘知之矣。夫黍者，五谷之长也，祭先王为上盛。果蓏有六，而桃为下，祭先王不得入庙。丘之闻也，君子以贱雪贵，不闻以贵雪贱。今以五谷之长雪果蓏之下，是从上雪下也。丘以为妨义，故不敢以先于宗庙之盛也。"

《韩非子·外储说左下》

(12) 隆敬高年

哀公问于孔子曰："二三大夫皆劝寡人，使隆敬于高年，何也？"孔子对曰:"君之及此言,将天下实赖之,岂唯鲁哉!"公曰:"何也?其义可得闻乎?"孔子曰:"昔者,有虞氏贵德而尚齿,夏后氏贵爵而尚齿,殷人贵富而尚齿,周人贵亲而尚齿。虞、夏、殷、周,天下之盛王也,未有遗年者焉。年者,贵于天下久矣,次于事亲。是故朝廷同爵而尚齿。七十杖于朝,君问则席;八十则不仕朝,君问则就之,而悌达乎朝廷矣。其行也,肩而不并,不错则随,斑白者不以其任于道路,而悌达乎道路矣;居乡以齿,而老穷不匮,强不犯弱,众不暴寡,而悌达乎州巷矣;古之道,五十不为甸役,颁禽隆之长者,而悌达乎蒐狩矣;军旅什伍,同爵则尚齿,而悌达乎军旅矣。夫圣王之教,孝悌发诸朝廷,行于道路,至于州巷,放于蒐狩,循于军旅,则众感以义,死之而弗敢犯。"公曰:"善哉,寡人虽闻之,弗能成。"

《孔子家语・正论解》

(13) 东益不祥

哀公问于孔子曰:"寡人闻东益不祥,信有之乎?"孔子曰:"不祥有五,而东益不与焉。夫损人自益,身之不祥;弃老而取幼,家之不祥;释贤而任不肖,国之不祥;老者不教,幼者不学,俗之不祥;圣人伏匿,愚者擅权,天下不祥。不祥有五,东益不与焉。"

《孔子家语・正论解》

哀公问于孔子曰:"寡人闻之,东益宅不祥,信有之乎?"孔子曰:"不祥有五,而东益宅不与焉。夫损人而益己,身之不祥也;弃老取幼,家之不祥也;释贤用不肖,国之不祥也;老者不教,幼者不学,俗之不祥也;圣人伏匿,天下之不祥也。故不祥有五,而东益宅不与焉。《诗》曰:各敬尔仪,天命不又。未闻东益宅之与为命也。"

《新序・杂事》

(14) 莫众而迷

鲁哀公问于孔子曰:"鄙谚曰:'莫众而迷。'今寡人举事,与群臣虑之,而国愈乱,其故何也?"孔子对曰:"明主之问臣,一人知之,一人不知也。如是者,明主在上,群臣直议于下。今群臣无不一辞同轨乎季孙者,举鲁国尽化为一。君虽问境内之人,犹不免于乱也。"

《韩非子・内储说上・七术》

(15) 举直错枉

哀公问曰:"何为则民服?"孔子对曰:"举直错诸枉,则民服;举枉错诸直,则民不服。"

《论语・为政》

(16) 夔非一足

鲁哀公问:"《书》称夔曰:'於!予击石拊石,百兽率舞,庶尹允谐',何谓也?"孔子对曰:"此言善政之化乎物也。古之帝王,功成作乐。其功善者其乐和,乐和则天地且犹应之,况百兽乎?夔为帝舜乐正,实能以乐尽治理之情。"公曰:"然则政之大本,莫尚夔乎?"孔子曰:"夫乐所以歌其成功,非政之本也。众官之长,既成熙熙,然后乐乃和焉。"公曰:"吾闻夔一足,有异于人,信乎?"孔子曰:"昔重黎举夔为进,又欲求人而佐焉。舜曰:'夫乐,天地之精也,唯圣人为能。和六律,均五声,和乐之本,以通八风。夔能若此,一而足矣。'故曰一足,非一足也。"公曰:"善"。

《孔丛子·论书》

鲁哀公问于孔子曰:"吾闻古者有夔一足,其果信有一足乎?"孔子对曰:"不也,夔非一足也。夔者忿戾恶心,人多不说喜也。虽然,其所以得免于人害者,以其信也,人皆曰'独此一,足矣。'夔非一足也,一而足也。"哀公曰:"审而是,固足矣。"

一曰。哀公问于孔子曰:"吾闻夔一足,信乎?"曰:"夔,人也,何故一足?彼其无他异,而独通于声。尧曰:'夔一而足矣',使为乐正。故君子曰:'夔有一足。'非一足也。"

《韩非子·外储说左下》

凡闻言必熟论,其于人必验之以理。鲁哀公问于孔子曰:"乐正夔一足,信乎?"孔子曰:"昔者舜欲以乐传教于天下,乃令重黎举夔于草莽之中而进之,舜以为乐正。夔于是正六律,和五声,以通八风,而天下大服。重黎又欲益求人,舜曰:'夫乐,天地之精也,得失之节也,故唯圣人为能和,乐之本也。夔能和之,以平天下。若夔者,一而足矣。'故曰夔一足,非一足也。"

《吕氏春秋·察传》

(17) 堂上而已

孔子见鲁哀公,哀公曰:"有语寡人曰:'为国家者,为之堂上而已矣。'寡人以为迂言也。"孔子曰:"此非迂言也。丘闻之,得之于身者得之人,失之于身者失之人。不出于门户而天下治者,其唯知反于己身者乎!"

《吕氏春秋·先己》

(18) 政在选臣

鲁哀公问政,对曰:"政在选臣。"

《史记·孔子世家》

(19) 儒服儒行

孔子在卫，冉求言于季孙曰："国有圣人而不能用，欲以求治，是犹却步而欲求及前人，不可得已。今孔子在卫，卫将用之。己有才而以资邻国，难以言智也。请以重币迎之。"季孙以告哀公，公从之。孔子既至舍，哀公馆焉。公自阼阶，孔子宾阶，升堂立侍。公曰："夫子之服，其儒服与？"孔子对曰："丘少居鲁，衣逢掖之衣。长居宋，冠章甫之冠。丘闻之，君子之学也博，其服以乡，丘未知其为儒服也。"公曰："敢问儒行？"孔子曰："略言之，则不能终其物；悉数之，则留更仆未可以对。"哀公命席。孔子侍坐，曰："儒有席上之珍以待聘，夙夜强学以待问，怀忠信以待举，力行以待取。其自立有如此者。儒有衣冠中，动作顺，其大让如慢，小让如伪。大则如威，小则如愧，难进而易退，粥粥若无能也。其容貌有如此者。儒有居处齐难，其起坐恭敬，言必诚信，行必忠正，道涂不争险易之利，冬夏不争阴阳之和，爱其死以有待也，养其身以有为也。其备预有如此者。儒有不宝金玉，而忠信以为宝；不祈土地，而仁义以为土地；不求多积，多文以为富。难得而易禄也，易禄而难畜也。非时不见，不亦难得乎？非义不合，不亦难畜乎？先劳而后禄，不亦易禄乎？其近人情有如此者。儒有委之以财货而不贪，淹之以乐好而不淫，劫之以众而不惧，阻之以兵而不慑。见利不亏其义，见死不更其守。往者不悔，来者不豫，过言不再，流言不极，不断其威，不习其谋。其特立有如此者。儒有可亲而不可劫，可近而不可迫，可杀而不可辱。其居处不过，其饮食不溽。其过失可微辩而不可面数也。其刚毅有如此者。儒有忠信以为甲胄，礼义以为干橹，戴仁而行，抱德而处。虽有暴政，不更其所。其自立有如此者。儒有一亩之宫，环堵之室，筚门圭窬，蓬户瓮牖，易衣而出，并日而食。上答之，不敢以疑；上不答之，不敢以谄。其为士有如此者。儒有今人以居，古人以稽。今世行之，后世以为楷。若不逢世，上所不受，下所不推，诡谄之民有比党而危之，身可危也，其志不可夺也。虽危起居，犹竟信其志，乃不忘百姓之病也。其忧思有如此者。儒有博学而不穷，笃行而不倦，幽居而不淫，上通而不困。礼必以和，优游以法，慕贤而容众，毁方而瓦合。其宽裕有如此者。儒有内称不避亲，外举不避怨。程功积事，不求厚禄。推贤达能，不望其报。君得其志，民赖其德。苟利国家，不求富贵。其举贤援能有如此者。儒有澡身浴德，陈言而伏，静言而正之，而上下不知也，默而翘之，又不急为也。不临深而为高，不加少而为多。世治不轻，世乱不沮。同己不与，异己不非。其特立独行有如此者。儒有上不臣天子，下不事诸侯，慎静尚宽，底厉廉隅，强毅以与人，博学以知服。虽以分国，视之如锱铢，弗肯臣仕。其规为有如此者。儒有合志同方，营道同术，并立则乐，相下不厌，久别则闻流言不信，义同而进，不同而退。其交有如此者。夫温良者，仁之本也；慎敬者，仁之地也；宽裕者，仁之作也；逊接者，仁之能也；礼节者，仁之貌也；言谈者，仁之文也；歌乐者，仁之和也；分散者，仁之施也。儒皆兼而有之，犹且不敢言仁也。其尊让有如此者。儒有不陨获于贫贱，不充诎于富贵，不溷君王，不累长上，不闵有司，故曰儒。今人之名儒也妄，常以儒相诟疾。"哀公既得闻此言也，言加信，行加敬，曰："终殁吾世，弗敢复以儒为戏矣。"

《孔子家语·儒行解》

鲁哀公问于孔子曰："夫子之服，其儒服与？"孔子对曰："丘少居鲁，衣逢掖之衣；长居宋，冠章甫之冠。丘闻之也：君子之学也博，其服也乡。丘不知儒服。"哀公曰："敢问儒行。"孔子对曰："遽数之不能终其物，悉数之乃留，更仆未可终也。"哀公命席。孔子侍，曰："儒有席上之珍以待聘，夙夜强学以待问，怀忠信以待举，力行以待取。其自立有如此者。儒有衣冠中，动作慎；其大让如慢，小让如伪；大则如威，小则如愧；其难进而易退也，粥粥若无能也。其容貌有如此者。儒有居处齐难，其坐起恭敬；言必先信，行必中正；道途不争险易之利，冬夏不争阴阳之和；爱其死以有待也，养其身以有为也。其备豫有如此者。儒有不宝金玉，而忠信以为宝；不祈土地，立义以为土地；不祈多积，多文以为富；难得而易禄也，易禄而难畜也。非时不见，不亦难得乎！非义不合，不亦难畜乎？先劳而后禄，不亦易禄乎？其近人有如此者。儒有委之以货财，淹之以乐好，见利不亏其义；劫之以众，沮之以兵，见死不更其守；鸷虫攫搏，不程勇者；引重鼎，不程其力；往者不悔，来者不豫；过言不再，流言不极；不断其威，不习其谋。其特立有如此者。儒有可亲而不可劫也，可近而不可迫也，可杀而不可辱也。其居处不淫，其饮食不溽，其过失可微辨而不可面数也。其刚毅有如此者。儒有忠信以为甲胄，礼义以为干橹；戴仁而行，抱义而处；虽有暴政，不更其所。其自立有如此者。儒有一亩之宫，环堵之室，筚门圭窬，蓬户瓮牖；易衣而出，并日而食；上答之，不敢以疑；上不答，不敢以谄。其仕有如此者。儒有今人与居，古人与稽；今世行之，后世以为楷；适弗逢世，上弗援，下弗推，谗谄之民有比党而危之者；身可危也，而志不可夺也；虽危，起居竟信其志，犹将不忘百姓之病也。其忧思有如此者。儒有博学而不穷，笃行而不倦，幽居而不淫，上通而不困；礼之以和为贵，忠信之美，优游之法；慕贤而容众，毁方而瓦合。其宽裕有如此者。儒有内称不辟亲，外举不辟怨；程功积事，推贤而进达之，不望其报；君得其志，苟利国家，不求富贵。其举贤援能有如此者。儒有闻善以相告也，见善以相示也，爵位相先也，患难相死也，久相待也，远相致也。其任举有如此者。儒有澡身而浴德，陈言而伏，静而正之；上弗知也；粗而翘之，又不急为也；不临深而为高，不加少而为多；世治不轻，世乱不沮；同弗与，异弗非也。其特立独行有如此者。儒有上不臣天子，下不事诸侯；慎静而宽，强毅以与人，博学以知服；近文章，砥厉廉隅；虽分国，如锱铢；不臣，不仕。其规为有如此者。儒有合志同方，营道同术；并立则乐，相下不厌；久不相见，闻流言不信；其行本方立义，同而进，不同而退。其交友有如此者。温良者，仁之本也。敬慎者，仁之地也。宽裕者，仁之作也。孙接者，仁之能也。礼节者，仁之貌也。言谈者，仁之文也。歌乐者，仁之和也。分散者，仁之施也。儒皆兼此而有之，犹且不敢言仁也。其尊让有如此者。儒有不陨获于贫贱，不充诎于富贵，不慁君王，不累长上，不闵有司，故曰儒。今众人之命儒也妄常，以儒相诟病。"孔子至舍，哀公馆之，闻此言也，言加信，行加义："终没吾世，不敢以儒为戏。"

《礼记·儒行》

(20) 君子不博

哀公问于孔子曰："吾闻君子不博，有之乎？"孔子曰："有之。"公曰："何为？"对曰："为其二乘。"公曰："有二乘，则何为不博？"子曰："为其兼行恶道也。"哀公惧焉。有间，复问曰："若是乎？君之恶恶道至甚也。"孔子曰："君子之恶恶道不甚，则好善道亦不甚，好善道不甚，则百姓之亲上亦不甚。《诗》云：'未见君子，忧心惙惙。亦既见止，亦既觏止，我心则悦。'《诗》之好善道其也如此。"公曰："美哉！夫君子成人之善，不成人之恶。微吾子言焉，吾弗之闻也。"

《孔子家语·五仪解》

鲁哀公问于孔子曰："吾闻君子不博，有之乎？"孔子对曰："有之。"哀公曰："何为其不博也？"孔子对曰："为其有二乘。"哀公曰："有二乘则何为不博也？"孔子对曰："为行恶道也。"哀公惧焉。有间曰："若是乎君子之恶恶道之甚也！"孔子对曰："恶恶道不能甚，则其好善道亦不能甚。好善道不能甚，则百姓之亲之也亦不能甚。"《诗》云：'未见君子，忧心惙惙。亦既见止，亦既觏止，我心则说。'《诗》之好善道之甚也如此！哀公曰："善哉！吾闻君子成人之美，不成人之恶。微孔子，吾焉闻斯言也哉!"

《说苑·君道》

（21）服益于行

哀公问曰："绅、委、章甫，有益于仁乎？"孔子作色而对曰："君胡然焉？衰麻苴杖者，志不存乎乐，非耳弗闻，服使然也；黼黻衮冕者，容不亵慢，非性矜庄，服使然也；介胄执戈者，无退懦之气，非体纯猛，服使然也。且臣闻之，好肆不守折，而长者不为市。窃夫其有益与无益，君子所以知。"

《孔子家语·好生》

鲁哀公问于孔子曰："绅、委、章甫，有益于仁乎？"孔子蹴然曰："君号然也！资衰、苴杖者不听乐，非耳不能闻也，服使然也。黼衣、黼裳者不茹荤，非口不能味也，服使然也。且丘闻之：好肆不守折，长者不为市。窃其有益与其无益，君其知之矣。"

《荀子·哀公》

（22）迁怒贰过

哀公问："弟子孰为好学？"孔子对曰："有颜回者好学，不迁怒，不贰过。不幸短命死矣，今也则亡，未闻好学者也。"

《论语·雍也》

鲁哀公问："弟子孰为好学？"孔子对曰："有颜回者好学，不迁怒，不贰过。不幸短命死矣，今也则亡。"

《史记·仲尼弟子列传》

哀公问："孔子孰为好学？"孔子对曰："有颜回者，不迁怒，不贰过，不幸短命死矣！今也则亡，未闻好学者也。"

《论衡·问孔》

（23）卫有恶人

鲁哀公问于仲尼曰："卫有恶人焉，曰哀骀它。丈夫与之处者，思而不能去也。妇人见之，请于父母曰：'与为人妻，宁为夫子妾'者，十数而未止也。未尝有闻其唱者也，常和而已矣。无君人之位以济乎人之死，无聚禄以望人之腹。又以恶骇天下，和而不唱，知不出乎四域，且而雌雄合乎前。是必有异乎人者也。寡人召而观之，果以恶骇天下。与寡人处，不至以月数，而寡人有意乎其为人也；不至乎期年，而寡人信之。国无宰，寡人传国焉。闷然而后应，氾而若辞。寡人丑乎，卒授之国。无几何也，去寡人而行，寡人恤焉若有亡也，若无与乐是国也。是何人者也？"仲尼曰："丘也尝使于楚矣，适见㹠食于其死母者，少焉眴若皆弃之而走。不见己焉尔，不得类焉尔。所爱其母者，非爱其形也，爱使其形者也。战而死者，其人之葬也不以翣资；刖者之屦，无为爱之，皆无其本矣。为天子之诸御，不爪翦，不穿耳；取妻者止于外，不得复使。形全犹足以为尔，而况全德之人乎！今哀骀它未言而信，无功而亲，使人授己国，唯恐其不受也，是必才全而德不形者也。"哀公曰："何谓才全？"仲尼曰："死生存亡，穷达贫富，贤与不肖毁誉，饥渴寒暑，是事之变，命之行也；日夜相代乎前，而知不能规乎其始者也。故不足以滑和，不可入于灵府。使之和豫，通而不失于兑，使日夜无郤而与物为春，是接而生时于心者也。是之谓才全。""何谓德不形？"曰："平者，水停之盛也。其可以为法也，内保之外不荡也。德者，成和之修也。德不形者，物不能离也。"哀公异日以告闵子曰："始也，吾以南面而君天下，执民之纪而忧其死，吾自以为至通矣。今吾闻至人之言，恐吾无其实，轻用吾身而亡其国。吾与孔丘，非君臣也，德友而已矣。"

《庄子·德充符》

（24）孝乎贞乎

鲁哀公问于孔子曰："子从父命，孝乎？臣从君命，贞乎？"三问，孔子不对。孔子趋出，以语子贡曰："乡者君问丘也，曰：'子从父命，孝乎？臣从君命，贞乎？'三问而丘不对，赐以为何如？"子贡曰："子从父命，孝矣；臣从君命，贞矣。夫子有奚对焉？"孔子曰："小人哉！赐不识也。昔万乘之国有争臣四人，则封疆不削；千乘之国有争臣三人，则社稷不危；百乘之家有争臣二人，则宗庙不毁。父有争子，不行无礼；士有争友，不为不义。故子从父，奚子孝？臣从君，奚臣贞？审其所以从之之谓孝，之谓贞也。"

《荀子·子道》

子贡问于孔子曰："子从父命，孝乎；臣从君命，贞乎。奚疑焉？"孔子曰："鄙哉赐！汝不识也。昔者明王万乘之国，有争臣七人，则主无过举；千乘之国，有争臣五人，则社稷不危也；百乘之家，有争臣三人，则禄位不替；父有争子，不陷无礼；士有争友，不行不义。故子从父命，奚讵为孝？臣从君命，奚讵为贞？夫能审其所从，之谓孝，之谓贞矣。"

《孔子家语·三恕》

（25）智仁者寿

哀公问于孔子曰："智者寿乎？仁者寿乎？"孔子对曰："然，人有三死，而非其命也，行己自取也。夫寝处不时，饮食不节，逸劳过度者，疾共杀之；居下位而上干其君，嗜欲无厌而求不止者，刑共杀之；以少犯众,以弱侮强,忿怒不类,动不量力者,兵共杀之。此三者,死非命也,人自取之。若夫智士仁人,将身有节,动静以义,喜怒以时,无害其性,虽得寿焉,不亦可乎?"

《孔子家语·五仪解》

鲁哀公问于孔子曰:"有智者寿乎?"孔子曰:"然。人有三死而非命也者,人自取之。夫寝处不时,饮食不节,佚劳过度者,疾共杀之。居下位而上忤其君,嗜欲无厌,而求不止者,刑共杀之。少以犯众,弱以侮强,忿怒不量力者,兵共杀之。此三死者非命也,人自取之。"《诗》云:"人而无仪,不死何为!"此之谓也。

《说苑·杂言》

哀公问孔子曰:"有智者寿乎?"孔子曰:"然。人有三死而非命也者,自取之也。居处不理,饮食不节,佚劳过度者,病共杀之。居下而好干上,嗜欲无厌,求索不止者,刑共杀之。少以敌众,弱以侮强,忿不量力者,兵共杀之。故有三死而非命也者,自取之也。"《诗》云:"人而无仪,不死何为。"

《韩诗外传》卷一第四章

(26) 大婚之论

孔子侍坐于哀公。公问曰:"敢问人道孰为大?"孔子愀然作色而对曰:"君及此言也,百姓之惠也,固臣敢无辞而对。人道政为大。夫政者,正也。君为正,则百姓从而正矣。君之所为,百姓之所从。君不为正,百姓何所从乎?"公曰:"敢问为政如之何?"孔子对曰:"夫妇别,男女亲,君臣信。三者正,则庶物从之。"公曰:"寡人虽无能也,愿知所以行三者之道。可得闻乎?"孔子对曰:"古之政,爱人为大。所以治爱人,礼为大。所以治礼,敬为大。敬之至矣,大婚为大。大婚至矣,冕而亲迎。亲迎者,敬之也。是故君子兴敬为亲,舍敬则是遗亲也。弗亲弗敬,弗尊也。爱与敬,其政之本与!"公曰:"寡人愿有言也。然冕而亲迎,不已重乎?"孔子愀然作色而对曰:"合二姓之好,以继先圣之后,以为天下宗庙社稷之主。君何谓已重焉?"公曰:"寡人实固,不固安得闻此言乎!寡人欲问,不能为辞,请少进。"孔子曰:"天地不合,万物不生,大婚,万世之嗣也,君何谓已重焉?"孔子遂言曰:"内以治宗庙之礼,足以配天地之神;出以治直言之礼,以立上下之敬。物耻则足以振之,国耻足以兴之。故为政先乎礼,礼,其政之本与!"孔子遂言曰:"昔三代明王,必敬妻子也,盖有道焉。妻也者,亲之主也;子也者,亲之后也,敢不敬与?是故君子无不敬。敬也者,敬身为大。身也者,亲之支也,敢不敬与?不敬其身,是伤其亲;伤其亲,是伤本也;伤其本,则支从之而亡。三者,百姓之象也。身以及身,子以及子,妃以及妃。君以修此三者,则大化忾乎天下矣。昔太王之道也如此,国家顺矣。"公曰:"敢问何谓敬身?"孔子对曰:"君子过言则民作辞,过行则民作则。言不过辞,动不过则,百姓恭敬以从命。若是则可谓能敬其身,敬其身则能成其亲矣。"公曰:"何谓成其亲?"孔子对曰:"君子者也,人之成名也。百姓与名,谓之君子,则是成其亲为君而为其子也。"孔子遂言曰:"爱政而不能爱人,则不能成其身;不能成其身,则不能安其土;不能安其土,则不能乐天。"公曰:"敢问何能成身?"孔子对曰:"夫其行已不过乎物,谓之成身,不过乎,合天道也。"公曰:"君子何贵乎天道也?"孔子曰:"贵其不已也。如日月东西相从而不已也,是天道也;不闭而能久,是天道也;无为而物成,是天道也;已成而明之,是天道也。"公曰:"寡人且愚冥,幸烦子之于心。"孔子蹴然避席而对曰:"仁人不过乎物,孝子不过乎亲。是故仁人之事亲也如事天,事天如事亲,此谓孝子成身。"公曰:"寡人既闻如此言,无如后罪何?"孔子对曰:"君子及此言,是臣之福也。"

《孔子家语·大婚解》

孔子侍坐于哀公。哀公曰:"敢问人道谁为大?"孔子愀然作色而对曰:"君之及此言也,百姓之德也,固臣敢无辞而对?人道政为大。"公曰:"敢问何谓为政?"孔子对曰:"政者,正也。君为正,则百姓从政矣。君之所为,百姓之所从也。君所不为,百姓何从?"公曰:"敢问为政如之何?"孔子对曰:"夫妇别,父子亲,君臣严,三者正,则庶物从之矣。"

公曰:"寡人虽无似也,愿闻所以行三言之道,可得闻乎?"孔子对曰:"古之为政,爱人为大。所以治爱人,礼为大。所以治礼,敬为大。敬之至矣,大昏为大,大昏至矣!大昏既至,冕而亲迎,亲之也。亲之也者,亲之也。是故君子兴敬为亲,舍敬是遗亲也。弗爱不亲,弗敬不正。爱与敬,其政之本与!"公曰:"寡人愿有言然。冕而亲迎,不已重乎?"孔子愀然作色而对曰:"合二姓之好,以继先圣之后,以为天地、宗庙、社稷之主,君何谓已重乎?"公曰:"寡人固不固,焉得闻此言也?寡人欲问,不得其辞,请少进!"孔子曰:"天地不合,万物不生。大昏,万世之嗣也,君何谓已重焉?"孔子遂言曰:"内以治宗庙之礼,足以配天地之神明;出以治直言之礼,足以立上下之敬。物耻足以振之,国耻足以兴之。为政先礼,礼其政之本与!"孔子遂言曰:"昔三代明王之政,必敬其妻子也,有道。妻也者,亲之主也,敢不敬与?子也者,亲之后也,敢不敬与?君子无不敬也,敬身为大。身也者,亲之枝也,敢不敬与?不能敬其身,是伤其亲;伤其亲,是伤其本;伤其本,枝从而亡。三者,百姓之象也。身以及身,子以及子,妃以及妃,君行此三者,则忾乎天下矣,大王之道也。如此,则国家顺矣。"公曰:"敢问何谓敬身?"孔子对曰:"君子过言则民作辞,过动则民作则。君子言不过辞,动不过则,百姓不命而敬恭。如是,则能敬其身。能敬其身,则能成其亲矣。"公曰:"敢问何谓成亲?"孔子对曰:"君子也者,人之成名也。百姓归之名,谓之君子之子,是使其亲为君子也,是为成其亲之名也已。"孔子遂言曰:"古之为政,爱人为大。不能爱人,不能有其身;不能有其身,不能安土;不能安土,不能乐天;不能乐天,不能成其身。"公曰:"敢问何谓成身?"孔子对曰:"不过乎物。"公曰:"敢问君子何贵乎天道也?"孔子对曰:"贵其不已,如日月东西相从而不已也,是天道也。不闭其久,是天道也。无为而物成,是天道也。已成而明,是天道也。"公曰:"寡人蠢愚、冥烦,子志之心也!"孔子蹴然辟席而对曰:"仁人不过乎物,孝子不过乎物。是故仁人之事亲也如事天,事天如事亲。是故孝子成身。"公曰:"寡人既闻此言也,无如后罪何!"孔子对曰:"君之及此言也,是臣之福也。"

《礼记·哀公问》

孔子侍坐于哀公。哀公曰:"敢问人道谁为大?"孔子愀然作色而对曰:"君及此言也,百姓之德也,固臣敢无辞而对。人道政为大。"公曰:"敢问何谓为政?"孔子对曰:"政者正也。君为正,则百姓从政矣。君之所为,百姓之所从也。君所不为,百姓何从。"公曰:"敢问为政如之何?"孔子对曰:"夫妇别,父子亲,君臣严,三者正则庶民从之矣。"公曰:"寡人虽无似也,愿闻所以行三言之道,可得而闻乎?"孔子对曰:"古之为政,爱人为大。所以治爱人,礼为大;所以治礼,敬为大;敬之至也,大昏为大。大昏至矣!大昏既至,冕而亲迎,亲之也。亲之也者,亲之也。是故君子兴敬为亲,舍敬是遗亲也。弗爱不亲,弗敬不正,爱与敬其政之本与!"公曰:"寡人愿有言。然冕而亲迎,不已重乎?"孔子愀然作色而对曰:"合二姓之好,以继先圣之后,以为天地社稷宗庙之主,君何谓已重乎?"公曰:"寡人固,不固,焉得闻此言也。寡人欲问,不得其辞,请少进。"孔子曰:"天地不合,万物不生。大昏,万世之嗣也,君何以谓已重焉。"孔子遂有言曰:"内以治宗庙之礼,足以配天地之神明;出以治直言之礼,足以立上下之敬。物耻足以振之,国耻足以兴之。

为政先礼，礼者，政之本与！"孔子遂言曰："昔三代明王之政，必敬其妻子也有道。妻也者，亲之主也，敢不敬与？子也者，亲之后也，敢不敬与？君子无不敬也，敬身为大。身也者，亲之枝也，敢不敬与？不能敬其身，是伤其亲；伤其亲，是伤其本；伤其本，枝从而亡。三者，百姓之象也。身以及身，子以及子，配以及配。君子行此三者，则忾乎天下矣。大王之道也如此，国家顺矣。"公曰："敢问何谓敬身？"孔子对曰："君子过言则民作辞，过动则民作则。君子言不过辞，动不过则，百姓不命而敬恭，如是则能敬其身。能敬其身，则能成其亲矣。"公曰："敢问何谓成亲？"孔子对曰："君子也者，人之成名也。百姓归之名，谓之君子之子，是使其亲为君子也。是为成其亲名也已。"孔子遂言曰："古之为政，爱人为大。不能爱人，不能有其身；不能有其身，不能安土；不能安土，不能乐天；不能乐天，不能成身。"公曰："敢问何谓成身？"孔子对曰："不过乎物。"公曰："敢问君子何贵乎天道也？"孔子对曰："贵其不已。如日月西东相从而不已也，是天道也。不闭其久也，是天道也。无为物成，是天道也。已成而明，是天道也。"公曰："寡人蠢愚冥烦，子识之心也！"孔子蹴然避席而对曰："仁人不过乎物，孝子不过乎物，是仁人之事亲也如事天，事天如事亲，是故孝子成身。"公曰："寡人既闻是言也，无如后罪何？"孔子对曰："君之及此言也，是臣之福也！"

《大戴礼记·哀公问与孔子》

（27）灾妖不胜善政

哀公问于孔子曰："夫国家之存亡祸福，信有天命，非唯人也。"孔子对曰："存亡祸福皆己而已，天灾地妖不能加也。"公曰："善！吾子之言，岂有其事乎？"孔子曰："昔者殷王帝辛之世，有雀生大鸟于城隅焉，占之，曰：'凡以小生大，则国家必王而名必昌。'于是帝辛介雀之德，不修国政，亢暴无极，朝臣莫救，外寇乃至，殷国以亡。此即以己逆天时，诡福反为祸者也。又其先世殷王太戊之时，道缺法圮，以致夭蘖。桑穀于朝，七日大拱，占之者曰：'桑穀野木而不合生朝，意者国亡乎！'太戊恐骇，侧身修行，思先王之政，明养民之道。三年之后，远方慕义，重译至者，十有六国。此即以己逆天时，得祸为福者也。故天灾地妖，所以儆人主者也；寤梦征怪，所以儆人臣者也。灾妖不胜善政，寤梦不胜善行，能知此者，至治之极也，唯明王达此。"公曰："寡人不鄙固此，亦不得闻君子之教也。"

《孔子家语·五仪解》

(28) 霣霜不杀菽

鲁哀公问于仲尼曰:"《春秋》之记曰:'冬十二月霣霜不杀菽。'何为记此?"仲尼对曰:"此言可以杀而不杀也。夫宜杀而不杀,桃李冬实。天失道,草木犹犯干之,而况于人君乎?"

《韩非子·内储说上·七术》

(29) 人之性命

鲁哀公问于孔子曰:"人之命与性何谓也?"孔子对曰:"分于道,谓之命;形于一,谓之性;化于阴阳,象形而发,谓之生;化穷数尽,谓之死。故命者,性之始也;死者,生之终也。有始,则必有终矣。人始生而有不具者五焉:目无见,不能食,不能行,不能言,不能化。及生三月而微煦,然后有见;八月生齿,然后能食;三年顋合,然后能言;十有六而精通,然后能化。阴穷反阳,故阴以阳变;阳穷反阴,故阳以阴化。是以男子八月生齿,八岁而龀;女子七月生齿,七岁而龀,十有四而化。一阳一阴,奇偶相配,然后道合化成。性命之端,形于此也。"

公曰:"男子十六精通,女子十四而化,是则可以生民矣。而礼,男子三十而有室,女子二十而有夫也,岂不晚哉?"孔子曰:"夫礼言其极,不是过也。男子二十而冠,有为人父之端;女子十五许嫁,有适人之道。于此而往,则自婚矣。群生闭藏乎阴,而为化育之始。故圣人因时以合偶男女,穷天数也。霜降而妇功成,嫁娶者行焉;冰泮而农桑起,婚礼而杀于此。男子者,任天道而长万物者也。知可为,知不可为;知可言,知不可言;知可行,知不可行者。是故审其伦而明其别,谓之知,所以效匹夫之听也。女子者,顺男子之教而长其理者也。是故无专制之义,而有三从之道:幼从父兄,既嫁从夫,夫死从子。言无再醮之端,教令不出于闺门,事在供酒食而已。无阃外之非仪也,不越境而奔丧。事无擅为,行无独成,参知而后动,可验而后言,昼不游庭,夜行以火,所以效匹妇之德也。"

孔子遂言曰:"女有五不取:逆家子者,乱家子者,世有刑人子者,有恶疾子者,丧父长子者。妇有七出、三不去。七出:不顺父母者,无子者,淫僻者,嫉妒者,恶疾者,多口舌者,窃盗者。三不去者:谓有所取无所归,与共更三年之丧,先贫贱后富贵。凡此,圣人所以顺男女之际,重婚姻之始也。"

孔子曰:"礼之所以象五行也,其义四时也,故丧礼有举焉,有恩有义,有节有权。其恩厚者其服重,故为父母斩衰三年,以恩制者也。门内之治恩掩义,门外之治义掩恩。资于事父以事君而敬同。尊尊贵贵,义之大也。故为君亦服衰三年，以义制者也。三日而食，三月而沐，期练，毁不灭性，不以死伤生；丧不过三年，齐衰不补，坟墓不修；除服之日鼓素琴，示民有终也。凡此以节制者也。资于事父以事母而爱同。天无二日，国无二君，家无二尊，以治之。故父在为母齐衰期者，见无二尊也。百官备，百物具，不言而事行者，扶而起；言而后事行者，杖而起；身自执事行者，面垢而已。此以权制者也。亲始死，三日不怠，三月不懈，期悲号，三年忧，哀之杀也。圣人因杀以制节也。"

《孔子家语·本命解》

(30) 众趣救火

鲁人烧积泽，天北风，火南倚，恐烧国，哀公惧，自将众趣救火。左右无人，尽逐兽而火不救。乃召问仲尼。仲尼曰："夫逐兽者乐而无罚，救火者苦而无赏，此火之所以无救也。"哀公曰："善。"仲尼曰："事急，不及以赏，救火者尽赏之，则国不足以赏于人。请徒行罚。"哀公曰："善。"于是仲尼乃下令曰："不救火者比降北之罪，逐兽者比入禁之罪。"令下未遍而火已救矣。

《韩非子·内储说上·七术》

(31) 鲁邦大旱

鲁邦大旱，哀公谓孔子："子不为我图之？"孔子对曰："邦大旱，毋乃失诸刑与德乎？唯……"（第一简）

……之何哉？"孔子曰："庶民知说之事鬼也，不知刑与德。如毋爱珪璧币帛于山川，正刑与（德）……"（第二简）

出，遇子赣，曰："赐，尔闻巷路之言，毋乃谓丘之对非欤？"

子赣曰："否。"

"繄吾子如重名其欤？"

"如夫政刑与德，以事上天，此是哉！如夫毋瘥圭璧（第三简）币帛于山川，毋乃不可？"

"夫山，石以为肤，木以为民，如天不雨，石将焦，木将死，其欲雨又甚于我，又必待吾命乎？夫川，水以为肤，鱼以（第四简）为民，如天不雨，水将涸，鱼将死，其欲雨又甚于我，又必待吾命乎？"

孔子曰："于乎……"（第五简）

……公岂不饱粱食肉哉？繄无如庶民何？（第六简）

《上海博物馆藏战国楚竹书·鲁邦大旱》

(32) 孔子三朝记

公曰："千乘之国，受命于天子，通其四疆，教其书社，循其灌庙，设其四佐，列其五官，处其朝市，为仁如何？"子曰："不仁国不化。"公曰："何如之谓仁？"子曰："不淫于色。"子曰："立妃设如太庙然，乃中治，中治不相陵，不相陵斯庶嫔遵，遵则事上静，静斯洁信在中。朝大夫必慎以恭，出会谋事必敬以慎，言长幼小大必中度。此国家之所以崇也。立子设如宗社，宗社先示威，威明显见，辨爵集德，是以母弟官子咸有臣志，莫敢援于外，大夫中妇私谒不行，此所以使五官治执事政也。夫政以教百姓，百姓齐以嘉善，故蛊佞不生，此之谓良民。国有道则民昌，此国家之所以大遂也。卿设如大门，大门显美，小大尊卑中度，开明闭幽，内禄出灾，以顺天道，近者闲焉，远者稽焉。君发禁，宰而行之以时，通于地，散布于小，理天之灾祥，地宝丰省，及民共飨其禄，共任其灾，此国家之所以和也。国有四辅，辅，卿也。卿设如四体，毋易事，毋假名，毋重食。凡事，尚贤进能使知事，爵不世，能之不怠。凡民，戴名以能，食力以时成，以事立。此所以使民让也。民咸孝弟而安让，此以怨省而乱不作也，此国之所以长也。下无用，则国家富；上有义，则国家治；长有礼，则民不争；立有神，则国家敬；兼而爱之，则民无怨心；以为无命，则民不偷。昔者先王本此六者而树之德，此国家之所以茂也。设其四佐而官之。司徒典春，以教民之不则时、不若、不令。成长幼老疾孤寡，以时通于四疆。有阏而不通，有烦而不治，则民不乐生，不利衣食。凡民之藏贮以及山川之神明加于民者，发国功谋，斋戒必敬，会时必节。日、历、巫、祝，执伎以守官，俟命以作，祈王年，祷民命及畜谷、蜚征、庶虞草。方春三月，缓施生育，动作百物，于时有事，享于皇祖皇考，朝孤子八人，以成春事。司马司夏，以教士车甲。凡士执伎论功，脩四卫，强股肱，质射御，才武聪慧，治众长卒，所以为仪缀于国。出可以为率，诱于军旅，四方诸侯之游士，国中贤余、秀兴阅焉。方夏三月，养长秀，蕃庶物，于时有事，享于皇祖皇考，爵士之有庆者七人，以成夏事。司寇司秋，以听狱讼，治民之烦乱，执权变民中。凡民之不刑，崩本以要闲，作起不敬，以欺惑憧愚。作于财贿、六畜、五谷曰盗；诱居室家有君子曰义；子女专，曰媒。饎五兵及木石曰贼；以中情出，小曰闲，大曰讲；利辞以乱属，曰逸；以财投长，曰贷。凡犯天子之禁，陈刑制辟，以追国民之不率上教者。夫是故一家三夫道行，三人饮食，哀乐平，无狱。方秋三月，收敛以时，于时有事，尝新于皇祖皇考，食农夫九人，以成秋事。司空司冬，以制度制地事。准揆山林，规表衍沃，畜水行衰濯浸，以节四时之事。治地远近，以任民力，以节民食。太古食壮之食，攻老之事。"

公曰："功事不少而糇粮不多乎？"子曰："太古之民，秀长以寿者，食也；在今之民，羸丑以皆者，事也。太古无游民，食节事时，民各安其居，乐其宫室，服事信上，上下交信，地移民在。今之世上治不平，民治不和，百姓不安其居，不乐其宫，老疾用财，壮狡用力，于兹民游，薄事贪食，于兹民忧。古者殷书为成男成女名属，升于公门，此以气食的节，作事的时，劝有功，夏服君事不及喝，冬服君事不及冻，是故年谷不成，天之饥馑，道无殣者。在今之世，男女属散，名不升于公门，此以气食不节，作事不成，天之饥馑，于时委民，不得以疾死。是故立民之居，必于中国之休地。因寒暑之和，六畜育焉，五谷宜焉。辨轻重，制刚柔，和五味，以节食时事。东辟之民曰夷，精于侥，至于大远，有不火食者矣。南辟之民曰蛮，信以朴，至于大远，有不火食者矣。西辟之民曰戎，劲以刚，至于大远，有不火食者矣。北辟之民曰狄，肥以戾，至于大远，有不火食者矣。及中国之民曰五方之民，有安民，和味，咸有实用利器，知通之，信令之。及量地度居，邑有城郭，立朝市，地以度邑，以度民，以观安危。距封后利，先虑久固，依固可守，为奥可久，能节四时之事，霜露时降。方冬三月，草木落，庶虞藏，五谷必入于仓，于时有事，蒸于皇祖皇考，息国老六人，以成冬事。民咸知孤寡之必不末也，咸知有大功之必进等也，咸知用劳力之必以时息也。推而内之水火，入也弗之顾矣；而况有强适在前，有君长正之者乎！"公曰："善哉！"

《大戴礼记·千乘》

公曰："四代之政刑，论其明者，可以为法乎？"子曰："何哉？四代之政刑皆可法也。"公曰："以我行之，其可乎？"子曰："否，不可。臣愿君之立知而以观闻也。四代之政刑，君若用之，则缓急将有所不节，不节君将约之，约之卒将弃法，弃法是无以为国家也。"公曰："巧匠辅绳而斲，胡为其弃法也？"子曰："心未之度，习未之狎，此以数踬而弃法也。夫规矩准绳钩衡，此昔者先王之所以为天下也。小以及大，近以知远。今日行之，可以知占，可以察今，其此邪！水火金木十谷，此谓六府，废一不可，进一不可，民并用之。今日行之，可以知古，可以察今，其此邪！昔夏商之未兴也，伯夷谓此二帝之眇。"公曰："长国治民恒干；论政之大体以教民辨，历大道以时地性，兴民之阳德以教民事，上服周德之典以顺事天子，脩政勤礼以交诸侯，大节无废，小眇后乎？"子曰："否，不可后也。《诗》云：'东有开明'，于时鸡三号，以兴庶虞，庶虞动，蚩征作。啬民执功，百草咸淳，地倾水流之。是以天子盛服朝日于东堂，以教敬示威于天下也。是以祭祀昭有神明，燕食昭有慈爱，宗庙之事昭有义，率礼朝廷，昭有五官，无废甲胄之戒，昭果毅以听，天子曰崩，诸侯曰薨,大夫曰卒,士曰不禄,庶人曰死,昭哀。哀爱无失节,是以父慈子孝,兄爱弟敬。此昔先王之所先施于民也。君而后此,则为国家失本矣。"公曰:"善哉!子察教我也。"子曰:"乡也君之言善,执国之节也。君先眇而后善,中备以君子言,可以知古,可以察今,免然而兴民壹始。"公曰:"是非吾言也,吾一闻于师也。"子吁焉其色曰:"嘻!君行道矣。"公曰:"道邪?"子曰:"道也。"公曰:"吾未能知人,未能取人。"子曰:"君何为不观器视才。"公曰:"视可明乎?"子曰:"可以表仪。"公曰:"愿学之。"子曰:"平原大薮,瞻其草之高丰茂者,必有怪鸟兽居之。且草可财也,如艾而夷之,其地必宜五谷。高山多林,必有怪虎豹蕃孕焉;深渊大川必有蛟龙焉。民亦如之,君察之,可以见器见才矣。"公曰:"吾犹未也。"子曰:"群然,戚然,颐然,罩然,踖然,柱然,抽然,首然,佥然,湛然,渊渊然,淑淑然,齐齐然,节节然,穆穆然,皇皇然。见才色脩声不视闻,怪物恪命不改志,舌不更气,君见之举也。得之取也,有事事也。事必与食,食必与位,无相越踰。昔虞舜天德嗣尧,取相十有六人如此。"公曰:"嘻,美哉!子道广矣。"曰:"由德径径,吾恐惛而不能用也,何以哉!"公曰:"请问图德何尚?"子曰:"圣,知之华也。知,仁之实也。仁,信之器也。信,义之重也。义,利之本也。委利生孽。"公曰:"嘻,言之至也。道天地以民辅之,圣人何尚?"子曰:"有天德,有地德,有人德,此谓三德。三德率行,乃有阴阳;阳曰德,阴曰刑。"公曰:"善哉,再闻此矣。阳德何出?"子曰:"阳德出礼,礼出刑,刑出虑,虑则节事于近,而扬声于远。"公曰:"善哉!载事何以?"子曰:"德以监位,位以充局,局以观功,功以养民,民于此乎上。"公曰:"禄不可后乎?"子曰:"食为味,味为气,气为志,发志为言,发言定名,名以出信,信载义而行之,禄不可后也。"公曰:"所谓民与天地相参者,何谓也?"子曰:"天道以视,地道以履,人道以稽。废一日失统,恐不长飨国。"公愀然其色。子曰:"君藏玉,惟慎用之,虽慎敬而勿爱。民亦如之。执事无贰,五官有差,喜无并爱,卑无加尊,浅无测深,小无招大,此谓楣机。楣机宾荐不蒙。昔舜徵荐此道于尧,尧亲用之,不乱上下。"公曰:"请问民徵。"子曰:"无以为也。难行。"公曰:"愿学之,几必能。"子曰:"贪于味不让,妨于政;愿富不久,妨于政;慕宠假贵,妨于政;治民恶重,妨于政;为父不慈,妨于政;为子不孝,妨于政;大纵耳目,妨于政;好色失志,妨于政;好见小利,妨于政;变从无节,桡弱不立,妨于政;刚毅犯神,妨于政;鬼神过节,妨于政。幼勿与众,克勿与比,依勿与谋,放勿与游,徵勿与事。臣闻之弗庆，非事君也。君闻之弗用，以乱厥德，臣将庆其简者。盖人有可知者焉：貌色声众有美焉，必有美质在其中者矣；貌色声众有恶焉，必有恶质在其中者矣。此者，伯夷之所后出也。"子曰："伯夷建国建政，修国修政。"公曰："善哉！"

《大戴礼记·四代》

公曰："昔有虞戴德何以？深虑何及？高举安取？"子曰："君以闻之，唯丘无以更也。君之闻如未成也，黄帝慕修之。"曰："明法于天明，开施教于民，行此，以上明于天化也，物必起，是故民命而弗改也。"公曰："善哉！以天教于民，可以班乎？"子曰："可哉。虽可而弗由，此以上知所以行斧钺也。父之于子，天也；君之于臣，天也。有子不事父，有臣不事君，是非反天而到行耶？故有子不事父，不顺；有臣不事君，必刃。顺天作刑，地生庶物。是故圣人之教于民也，率天如祖地，能用民德，是以高举不过天，深虑不过地，质知而好仁，能用民力。此三常之礼明，而民不蹇。礼失则坏，名失则惛。是故上古不讳，正天名也。天子之宫四通，正地事也。天子御珽，诸侯御荼，大夫服笏，正民德也。敛此三者而一举之，戴天履地，以顺民事。天子告朔于诸侯，率天道而敬行之，以示威于天下也。诸侯内贡于天子，率名敎地实也。是以不至必诛。诸侯相见，卿为介，以其教士毕行，使仁守，会朝于天子。天子以岁二月，为坛于东郊，建五色，设五兵，具五味，陈六律，品奏五声，听明教。置离，抗大侯，规鹄，坚物。九卿佐三公，三公佐天子。天子践位，诸侯各以其属就位，乃升诸侯、诸侯之教士。教士执弓挟矢，揖让而升，履物以射其地，心端色容正，时以敎伎。时有庆以地，不时有让以地。天下之有道也，有天子存；国之有道也，君得其正；家之不乱也，有仁父存。是故圣人之教于民也，以其近而见者，稽其远而明者。天事曰明，地事曰昌，人事曰比，两以庆。违此三者，谓之愚民，愚民曰奸，奸必诛。是以天下平而国家治，民亦无贷，居小不约，居大则治，众则集，寡则缪，祀则的福，以征则服，此唯官民之上德也。"公曰："三代之相授，必更制典物，道乎？"子曰："否。猷德保。保惛乎前，以小继大，变民示也。"公曰："善哉！子之察教我也。"子曰："丘于君唯无言，言必尽，于他人则否。"公曰："教他人则如何？"子曰："否，丘则不能。昔商老彭及仲傀，政之教大夫，官之教士，技之教庶人，扬则抑，抑则扬，缀以德行，不任以言。庶人以言，犹以夏后氏之衬怀袍褐也，行不越境。"公曰："善哉！我则问政，子事教我！"子曰："君问已参黄帝之制制之大礼也。"公曰："先圣之道斯为美乎？"子曰："斯为美。虽有美者，必偏。属于斯，昭天之福，迎之以祥；作地之福，制之以昌；兴民之德，守之以长。"公曰："善哉！"

《大戴礼记·虞戴德》

公曰："诰志无荒，以会民义，斋戒必敬，会时必节，牺牲必全，斋盛必洁，上下禋祀，外内无失节，其可以省怨远灾乎？"子曰："丘未知其可以省怨也。"公曰："然则何以事神？"子曰："以礼会时。夫民见其礼，则上下援，援则乐，乐斯毋忧，以此省怨而乱不作也。夫礼会其四时，四孟、四季，五牲、五谷，顺至必时其节也，丘未知其可以为远灾也。"公曰："然则为此何以？"子曰："知仁合则天地成，天地成则庶物时，庶物时则民财敬，民财敬以时作，时作则节事，节事以动众，动众则有极，有极以使民则劝，劝则有功，有功则无怨，无怨则嗣世久，唯圣人！是故政以胜众，非以陵众；众以胜事，非以伤事；事以靖民，非以徼民；故地广而民众，非以为灾，长之禄也。丘闻周太史曰：'政不率天，下不由人，则凡事易坏而难成。'虞史伯夷曰：'明，孟也。幽，幼也。明幽，雌雄也。雌雄迭兴，而顺至正之统也。日归于西，起明于东；月归于东，起明于西。'虞夏之历，正建于孟春，于时冰泮，发蛰，百草权舆，瑞雉无释。物乃岁俱生于东，以顺四时，卒于冬分。于时鸡三号，卒明。载于青色，抚十二月节，卒于丑。日月成岁历，再闰以顺天道，此谓岁虞汁月。天曰作明，曰与，惟天是戴；地曰作昌，曰与，惟地是事；人曰作乐，曰与，惟民是嬉。民之动能，不远厥事；民之悲色，不远厥德。此谓表里时合，物之所生，而蕃昌之道如此。天生物，地养物，物备兴而时用常节，曰圣人；主祭于天，曰天子。天子崩，步于四川，代于四山，卒葬曰帝。天作仁，地作富，人作治，乐治不倦，财富时节，是故圣人嗣则治。文王治以俟时；汤治以伐乱，禹治以移众，众服以立天下；尧贵以乐治时，举舜；舜治以德使力。在国统民如怨，在家抚官而国，安之勿变，劝之勿沮，民咸废恶如进良，上诱善而行罚，百姓尽于仁而遂安之，此古之明制之治天下也。仁者为圣，贵次，力次，美次，射御次，古之治天下者必圣人。圣人有国，则日月不食，星辰不陨，勃海不运，河不满溢，川泽不竭，山不崩解，陵不施谷，川浴不处，深渊不涸。于时龙至不闭，凤降忘翼，蛰兽忘攫，爪鸟忘距，蜂虿不螫婴儿，蟊虻不食天驹，雏出服，河出图。自上世以来，莫不降仁。国家之昌，国家之臧，信仁。是故不赏不罚，如民咸尽力，车不建戈，远迩咸服，胤使来往，地宾毕极，无怨无恶，率惟懿德。此无空礼，无空名，贤人并忧，残毒以时省，举良良、举善善，恤民使仁，日教仁宾也。"

《大戴礼记·诰志》

公曰:"寡人欲学小辨,以观于政,其可乎?"子曰:"否,不可。社稷之主爱日,日不可得,学不可以辨,是故昔者先王学齐大道,以观于政。天子学乐辨风,制礼以行政;诸侯学礼辨官政以行事,以尊天子;大夫学德别义,矜行以事君;士学顺辨言以遂志;庶人听长辨禁,农以行力。如此犹恐不济,奈何其小辨乎?"

公曰:"不辨则何以为政?"子曰:"辨而不小。夫小辨破言,小言破义,小义破道。道小不通,通道必简。是故循弦以观于乐,足以辨风矣;《尔雅》以观于古,足以辨言矣;传言以象,反舌皆至,可谓简矣。夫道不简则不行,不行则不乐。夫亦十稘之变,由不可既也,而况天下之言乎!"曰:"微子之言,吾壹乐辨言。"子曰:"辨言之乐,不若治政之乐。辨言之乐不下席,治政之乐皇于四海。夫政善则民说,民说则归之如流水,亲之如父母,诸侯初入而后臣之,安用辨言。"

公曰:"然则吾何学而可?"子曰:"礼乐而力,忠信其君,其习可乎。"公曰:"多与我言忠信,而不可以入患。"子曰:"毋乃既不明忠信之备,而口倦其君,则不可而有,明忠信之备,而又能行之,则可立待也。君朝而行忠信,百官承事,忠满于中而发于外,刑于民而放于四海,天下其孰能患之。"公曰:"请学忠信之备。"子曰:"唯社稷之主,实知忠信。若丘也,缀学之徒,安知忠信。"公曰:"非吾子问之而焉也?"子三辞,将对,公曰:"强避。"子曰:"强侍。丘闻大道不隐,丘言之,君发之于朝,行之于国,一国之人莫不知,何一之强辟?丘闻之,忠有九知:知忠必知中,知中必知恕,知恕必知外,知外必知德,知德必知政,知政必知官,知官必知事,知事必知患,知患必知备。若动而无备,患而弗知,死亡而弗知,安与知忠信?内思毕心曰知中,中以应实曰知恕,内恕外度曰知外,外内参意曰知德,德以柔政曰知政,正义辨方曰知官,官治物则曰知事,事戒不虞曰知备。毋患曰乐,乐义曰终。"

《大戴礼记·小辨》

公曰:"用兵者,其由不祥乎?"子曰:"胡为其不祥也?圣人之用兵也,以禁残止暴于天下也。及后世贪者之用兵也,以刈百姓、危国家也。"公曰:"古之戎兵,何世安起?"子曰:"伤害之生久矣,与民皆生。"公曰:"蚩尤作兵与?"子曰:"否!蚩尤庶人之贪者也,及利无义,不顾厥亲,以丧厥身。蚩尤惽欲而无厌者也,何器之能作!蜂虿挟螫而生见害,而校以卫厥身者也。人生有喜怒,故兵之作,与民皆生,圣人利用而弭之,乱人与之丧厥身。《诗》云:'鱼在在藻,厥志在饵。''鲜民之生矣,不如死之久矣。''校德不塞,嗣武孙武子。'圣人爱百姓而忧海内,及后世之人,思其德必称其仁,故今之道尧舜禹汤文武者,犹威致王,今若存。夫民思其德,必称其人,朝夕祝之,升闻皇天,上神歆焉,故永其世而丰其年也。夏桀、商纣嬴暴于天下,暴极不辜,杀戮无罪,不祥于天,粒食之民,布散厥亲,疏远国老,幼色是与,而暴慢是亲,逸贷处谷,法言法行处辟;妖替天道,逆乱四时,礼乐不行,而幼风是御;历失制,摄提失方,邹大无纪;不告朔于诸侯,玉瑞不行诸侯,力政不朝于天子,六蛮、四夷交伐于中国。于是降之灾,水旱臻焉,霜雪大满,甘露不降,百草殇黄,五谷不升,民多夭疾,六畜鲜眥,此太上之不论不议也。妖伤厥身,失坠天下,夫天下之报殃于无德者也,必与其民。"公惧焉,曰:"在民上者,可以无惧乎哉?"

《大戴礼记·用兵》

公曰:"今日少闲,我请言情于子。"子愀焉变色,迁席而辞曰:"君不可以言情于臣,臣请言情于君,君则不可。"公曰:"师之而不言情焉。其私不同。"子曰:"否,臣事君而不言情于君,则不臣;君而不言情于臣,则不君。有臣而不臣,犹可;有君而不君,民无所错手足。"公曰:"君度其上下,咸通之;权其轻重,居之;准民之色,目既见之;鼓民之声,耳既闻之;动民之德,心既和之;通民之欲,兼而壹之;爱民亲贤而教不能:民庶说乎?"子曰:"说则说矣,可以为家,不可以为国。"公曰:"可以为家,胡为不可以为国?国之民,家之民也。"子曰:"国之民,诚家之民也。然其名异,不可同也。同名同食曰同等,唯不同等,民以知极。故天子昭有神于天地之间,以示威于天下也。诸侯修礼于封内,以事天子;大夫修官守职,以事其君;士修四卫,执技论力,以听乎大夫;庶人仰视天文,俯视地理,力时使以听乎父母。此唯不同等,民以可治也。"公曰:"善哉!上与下不同乎?"子曰:"将以时同时不同。上谓之闲,下谓之多疾。君时同于民,布政也;民时同于君,服听也。上下相报而终于施。大犹已成,发其小者;远犹已成,发其近者。将行重器,先其轻者。先清而后浊者,天地也。天政曰正,地政曰生,人政曰辨。苟本正,则华英必得其节以秀乎矣。此官民之道也。"公曰:"善哉!请少复进焉。"子曰:"昔尧取人以状,舜取人以色,禹取人以言,汤取人以声,文王取人以度。此四代五王之取人,以治天下如此"。公曰:"嘻!善之不同也。"子曰:"何谓其不同也?"公曰:"同乎?"子曰:"同。"公曰:"人状可知乎?"子曰:"不可知也。"公曰:"五王取人,各有以举之,胡为人之不可知也?"子曰:"五王取人,比而视,相而望。五王取人各以己焉,是以同状。"公曰:"以子相人何如?"子曰:"否。丘则不能五王取人。丘也传闻之，以委于君。丘则否能，亦又不能。"公曰："我闻子之言，始蒙矣。"子曰："由君居之，成于纯，胡为其蒙也。虽古之治天下者，岂生于异州哉！"昔虞舜以天德嗣尧，布功散德制礼，朔方幽都来服，南抚交趾，出入日月，莫不率俾，西王母来献其白琯，粒食之民，昭然明视，民明教，通于四海，海外肃慎、北发、渠搜、氐、羌来服。舜有禹代兴，禹卒受命，乃迁邑姚姓于陈。作物配天，修使来力，民明教通于四海，海之外肃慎、北发、渠搜、氐、羌来服。禹崩，十有七世乃有末孙桀即位。桀不率先王之明德，乃荒耽于酒，淫泆于乐，德昏政乱，作宫室高台，汙池土察，以民为虐，粒食之民，惛焉几亡。乃有商履代兴。商履循礼法以观天子，天子不说，则嫌于死。成汤卒受天命，不忍天下粒食之民刘戮，不得以疾死，故乃放移夏桀，散亡其佐，乃迁姒姓于杞。发厥明德，顺民天心啬地，作物配天，制典慈民。咸合诸侯，作八政，命于总章。服禹功，以修舜绪，为副于天，粒食之民，昭然明视，民明教，通于四海，海之外肃慎、北发、渠搜、氐、羌来服。成汤卒崩，殷德小破，二十有二世乃有武丁即位。开先祖之府，取其明法，以为君臣上下之节，殷民更眩，近者说，远者至，粒食之民，昭然明视。武丁年崩，殷德大破，九世乃有末孙纣即位。纣不率先王之明德，乃上祖夏桀行，荒耽于酒，淫泆于乐，德昏政乱，作宫室高台，汙池土察，以为民虐，粒食之民，忽然几亡。乃有周昌霸诸侯佐之。纣不说诸侯之听于周昌，则嫌于死。乃退伐崇许魏，以客事天子。文王卒受天命，作物配天，制无用，行三明，亲亲尚贤，民明教，通于四海，海之外肃慎、北发、渠搜、氐、羌来服。君其志焉，或徯将至也。"公曰："大哉子之教我政也。列五王之德，烦烦如繁诸乎。"

子曰："君无誉臣，臣之言未尽，请尽臣之言，君如财之。"曰："于此有功匠焉，有利器焉，有措扶焉，以时令其藏必周密，发如用之，可以知古，可以察今，可以事亲，可以事君，叼用于生，又用之死，吉凶并兴，祸福相生，卒反生福，大德配天。"公愀然其色曰："难立哉！"子曰："臣愿君之立知如以观闻也。时天之气，用地之财，以生杀于民，民之死不可以教。"公曰："我行之，其可乎？"子曰："唯此在君。君曰足，臣恐其不足。君曰不足，举其前，必举其后，举其左，必举其右。君既教矣，安能无善。"公吁焉其色曰："大哉子之教我制也。政之丰也，如木之成也。"子曰："君知未成，言未尽也。凡草木根鞁伤，则枝叶必偏枯，偏枯是为不实，谷亦如之。上失政大，及小人畜谷。"公曰："所谓失政者，若夏商之谓乎？"子曰："否，若夏商者，天夺之魄，不生德焉。"公曰:"然则何以谓失政?"子曰:"所谓失政者,疆萎未亏,人民未变,鬼神未亡,水土未纲,糟者犹糟,实者犹实,玉者犹玉,血者犹血,酒者犹酒,优以继惵,政出自家门,此之谓失政也。非天是反,人自反。臣故曰:君无言情于臣,君无假人器,君无假人名。"公曰:"善哉!"

《大戴礼记·少闲》

# 参考文献

### 一 典籍

班固：《汉书》，中华书局1962年版。
陈澧著，杨志刚编校：《东塾读书记（外一种）》，中西书局2012年版。
陈天祥：《四书辨疑》，台湾商务印书馆1986年版。
崔适：《史记探源》，中华书局2004年版。
程颢、程颐：《二程集》，中华书局2004年版。
程树德：《论语集解》，中华书局1990年版。
陈桐生：《国语》，中华书局2013年版。
段玉裁：《说文解字注》，上海古籍出版社1988年版。
郭庆潘撰，王孝鱼点校：《庄子集解》，中华书局2012年版。
韩婴撰，许维遹校释：《韩诗外传集解》，中华书局1980年版。
韩非著，陈奇猷校注：《韩非子新校注》，上海古籍出版社2000年版。
韩愈：《韩昌黎全集》，北京燕山出版社2009年版。
黄宗羲：《宋元学案》，中国书店1990年版。
何晏注，皇侃疏：《论语集解义疏》，中华书局1985年版。
刘向撰，向宗鲁校证：《说苑校证》，中华书局1987年版。
刘向撰，石光瑛校释，陈新整理：《新序校释》，中华书局2001年版。
刘宝楠撰，高流水点校：《论语正义》，中华书局1990年版。
黎靖德编，王星贤点校：《朱子语类》，中华书局1986年版。
毛奇龄：《论语稽求篇》，台湾商务印书馆1986年版。
皮锡瑞：《经学通论》，中华书局1954年版。
皮锡瑞：《经学历史》，中华书局2001年版。
司马迁：《史记》，中华书局1982年版。
孙希旦撰，沈啸寰、王星贤点校：《礼记集解》，中华书局1989年版。
《十三经注疏》整理委员会整理：《春秋公羊传注疏》，北京大学出版社1999年版。

谭献：《复堂日记》，河北教育出版社 2001 年版。

王聘珍撰，王文锦点校：《大戴礼记解诂》，中华书局 1983 年版。

王先谦撰，沈啸寰、王星贤点校：《荀子集解》，中华书局 1988 年版。

王先谦撰，钟哲点校：《韩非子集解》，中华书局 1998 年版。

王均林、周海生译注：《孔丛子》，中华书局 2009 年版。

汪继培辑，魏代福疏证：《尸子疏证》凤凰出版社 2018 年版。

王充著，黄晖校释：《论衡校释》，中华书局 1990 年版。

许维遹：《吕氏春秋集释》，中华书局 2009 年版。

许慎撰，徐铉校订：《说文解字》，中华书局 1963 年版。

徐世昌：《清儒学案》，中国书店 1990 年版。

邢昺：《论语注疏》，中华书局 1980 年版。

杨慎：《升庵全集》，商务印书馆 1937 年版。

杨慎：《丹铅录》，中华书局 1985 年版。

杨伯峻：《论语译注》，中华书局 1980 年版。

杨伯峻：《春秋左传注》，中华书局 1990 年版。

杨伯峻：《孟子译注》，中华书局 2005 年版。

杨朝明、宋立林主编：《孔子家语通解》，齐鲁书社 2009 年版。

严可均：《全上古三代秦汉三国六朝文》，中华书局 1958 年版。

颜之推撰，王利器集解：《颜氏家训集解》，上海古籍出版社 1980 年版。

朱熹：《四书章句集注》，中华书局 1983 年版。

郑玄注，孔颖达正义，吕友仁整理：《礼记正义》，上海古籍出版社 2008 年版。

## 二　中文著作

陈来：《仁学本体论》，上海三联书店 2014 年版。

陈少明：《经典与诠释》，广东人民出版社 1999 年版。

陈少明：《经典世界中的人、事、物》，上海三联书店 2008 年版。

陈少明主编：《思史之间：〈论语〉的观念史释读》，上海三联书店 2009 年版。

陈壁生：《经学、制度与生活——〈论语〉"父子相隐"章疏证》，华东师范大学出版社 2009 年版。

陈开先：《〈论语〉心读精解》，人民出版社 2010 年版。

陈静：《自由与秩序的困惑：〈淮南子〉研究》，云南大学出版社 2004 年版。

蔡尚思:《孔子思想体系》,上海人民出版社1982年版。
蔡尚思主编:《十家论孔》,上海人民出版社2006年版。
蔡伯潜:《诸子通考》,商务印书馆1946年版。
戴维:《论语研究史》,岳麓书社2011年版。
杜任之、高树帜:《孔子学说精华体系》,陕西人民出版社1985年版。
傅杰选编:《〈论语〉二十讲》,华夏出版社2009年版。
傅延修:《先秦叙事研究》,东方出版社1999年版。
傅永聚、韩钟文主编:《二十世纪儒学研究大系》,中华书局2003年版。
傅斯年:《中国古代思想与学术十论》,广西师范大学出版社2006年版。
傅伟勋:《学问的生命与生命的学问》,台北:东大图书有限公司1994年版。
冯友兰:《中国哲学史新编》,人民出版社1998年版。
过常宝:《原史文化及文献研究》,北京大学出版社2008年版。
关锋:《反对哲学史方法论上的修正主义》,人民出版社1958年版。
顾颉刚编:《古史辨》,上海古籍出版社1982年版。
顾颉刚:《顾颉刚古史论文集》,中华书局1988年版。
郭沫若:《十批判书》,东方出版社1996年版。
郭克煜等:《鲁国史》,人民出版社1994年版。
郭沂:《孔子集语校补》,齐鲁书社1998年版。
郭沂:《郭店竹简与先秦学术思想》,上海教育出版社2001年版。
郭沂、林存光:《传世大儒——孔子评传》,中国社会出版社2009年版。
郭齐勇主编:《儒家伦理争鸣集:以"亲亲互隐"为中心》,湖北教育出版社2004年版。
郭齐勇:《中国哲学智慧的探索》,中华书局2009年版。
葛兆光:《中国思想史》,复旦大学出版社2001年版。
葛兆光:《思想史研究课堂讲录:视野、角度与方法》,生活·读书·新知三联书店2005年版。
黄俊杰:《孟学思想史论》,台北:东大图书出版社1991年版。
黄俊杰:《中国孟学诠释史论》,社会科学文献出版社2004年版。
黄俊杰:《东亚儒学史的新视野》,华东师范大学出版社2008年版。
黄俊杰编:《东亚儒学研究的回顾与展望》,华东师范大学出版社2008年版。
黄俊杰编:《中国经典诠释传统(一):通论篇》,华东师范大学出版社2008年版。

黄俊杰：《东亚儒学史的新视野》，华东师范大学出版社 2008 年版。

黄俊杰：《东亚儒学：经典与诠释的辩证》，华东师范大学出版社 2011 年版。

黄克剑：《论语疏解》，中国人民大学出版社 2010 年版。

黄克剑：《由"命"而"道"：先秦诸子十讲》，中国人民大学出版社 2010 年版 b。

黄怀信等著：《汉晋孔氏家学与"伪书"公案》，厦门大学出版社 2011 年版。

黄朴民：《黄朴民解读论语》，岳麓书社 2012 年版。

洪汉鼎：《诠释学——它的历史和当代发展》，人民出版社 2001 年版。

洪汉鼎、傅永军主编：《中国诠释学》，山东人民出版社 2003—2021 年已出版 20 辑。

侯外庐、赵纪彬、杜国庠：《中国思想史》，人民出版社 2011 年版。

金沛霖主编：《孔子语录》，中国文联出版社 2005 年版。

金德建：《先秦诸子杂考》，中州古籍出版社 1982 年版。

金景芳：《古史论集》，齐鲁书社 1982 年版。

金景芳：《孔子新传》，长春出版社 2006 年版。

姜广辉主编：《中国经学思想史》（第一卷），中国社会科学出版社 2003 年版。

姜广辉：《义理与考据：思想史研究中的价值关怀与实证方法》，中华书局 2010 年版。

姜义华、张荣华、吴根梁编：《孔子——周秦汉晋文献集》，复旦大学出版社 1990 年版。

匡亚明：《孔子评传》，南京大学出版社 1990 年版。

康有为著，楼宇烈整理：《论语注》，中华书局 1984 年版。

李零：《李零自选集》，广西师范大学出版社 1998 年版。

李零：《简帛古书与学术源流》：生活·读书·新知三联书店 2004 年版。

李零：《丧家狗——我读〈论语〉》，山西人民出版社 2007 年版。

李零：《去圣乃得真孔子：〈论语〉纵横读》，生活·读书·新知三联书店 2008 年版。

李学勤：《古文献丛论》，上海远东出版社 1996 年版。

李学勤：《简帛佚籍与学术史》，江西教育出版社 2001 年版。

李学勤：《重写学术史》，河北教育出版社 2002 年版。

李学勤：《李学勤说先秦》，上海科学技术文献出版社 2009 年版。

李泽厚：《中国古代思想史》，天津社会科学院出版社2004年版。
李泽厚：《中国古代思想史论》，生活·读书·新知三联书店2008年版。
李启谦：《孔门弟子研究》，齐鲁书社1987年版。
李启谦、骆承烈、王式伦编：《孔子资料汇编》，山东友谊书社1991年版。
李翔海、邓克武编：《成中英文集》（第四卷），湖北人民出版社2006年版。
李殿元等注译：《论语外编》，四川人民出版社2001年版。
李明辉编：《儒家经典诠释方法》，华东师范大学出版社2007年版。
李明辉编：《中国经典诠释传统（二）：儒学篇》，华东师范大学出版社2007年版b。
刘笑敢：《庄子哲学及其演变》，中国社会科学出版社1988年版。
刘笑敢：《诠释与定向：中国哲学研究方法之探究》，商务印书馆2009年版。
梁漱溟：《东西文化及其哲学》，商务印书馆1999年版。
梁启超著，朱维铮导读：《清代学术概论》，上海古籍出版社1998年版。
梁启超：《先秦政治思想史》，天津古籍出版社2003年版。
梁启超：《中国近三百年学术史》，上海古籍出版社2013年版。
林存光：《历史上的孔子形象：政治与文化语境下的孔子和儒学》，齐鲁书社2004年版。
林存光：《孔子新论》，人民出版社2012年版。
罗根泽：《罗根泽说诸子》，上海古籍出版社2001年版。
劳思光：《新编中国哲学史》，广西师范大学出版社2005年版。
梁涛：《郭店竹简与思孟学派》，中国人民大学出版社2008年版。
罗立军：《从诗教看〈韩诗外传〉》，暨南大学出版社2008年版。
吕思勉：《先秦史》，上海古籍出版社1982年版。
吕思勉：《先秦学术概论》，上海书店1992年版。
刘泽华、葛荃主编：《中国古代政治思想史》（修订版），南开大学出版社2001年版。
刘厚琴：《儒学与汉代社会》，齐鲁书社2002年版。
马承源：《上海博物馆藏战国楚竹书》（二），上海古籍出版社2002年版。
马宗霍：《中国经学史》，上海书店1984年版。
牟润孙：《注史斋丛稿》，中华书局1987年版。
牟钟鉴：《〈吕氏春秋〉与〈淮南子〉思想研究》，齐鲁书社1987年版。

裴传永汇释：《论语外编——孔子佚语汇释》，济南出版社1995年版。
钱穆：《两汉经学今古文平议》，商务印书馆2001年版。
钱穆：《论语新解》，生活·读书·新知三联书店2002年版。
钱穆：《庄老通辨》，生活·读书·新知三联书店2002年版。
钱穆：《秦汉史》，生活·读书·新知三联书店2004年版。
钱穆：《先秦诸子系年》，河北教育出版社2002年版。
钱穆：《孔子传》，生活·读书·新知三联书店2012年版。
唐明贵：《论语学史》，中国社会科学出版社2009年版。
王中江：《儒家的精神之道和社会角色》，中华书局2015年版。
王锷：《〈礼记〉成书考》，中华书局2007年版。
王琪：《上古汉语称谓研究》，中华书局2008年版。
王锺翰：《清史列传》，中华书局1987年版。
王恩来：《人性的寻找：孔子思想研究》，中华书局2007年版。
王健文：《流浪的君子——孔子的最后二十年》，生活·读书·新知三联书店2008年版。
吴龙辉：《孔子言行录》，广东教育出版社1999年版。
韦政通编：《中国思想史方法论文选集》，上海人民出版社2009年版。
徐复观：《两汉思想史》，华东师范大学出版社2001年版。
徐复观著，陈克艰编：《中国学术精神》，华东师范大学出版社2003年版。
徐复观：《中国思想史论集》，上海书店2004年版a。
徐复观：《中国思想史论集续篇》，上海书店2004年版b。
徐复观：《中国人性论史》，华东师范大学出版社2005年版。
徐复观：《学术与政治之间》，华东师范大学出版社2009年版。
叶适：《习学记言》，上海古籍出版社1992年版。
徐志祥、李金山：《孔子研究四十年》，巴蜀书社1990年版。
杨朝明：《论语诠解》，山东友谊出版社2012年版。
杨朝明主编：《孔子事迹编年》，中国社会科学出版社2012年版。
杨朝明、宋立林：《孔子弟子评传》，中国社会出版社2011年版。
杨宽：《古史新探》，中华书局1965年版。
杨宽：《战国史》，上海人民出版1998年版。
杨宽：《先秦史十讲》，复旦大学出版社2008年版。
杨向奎：《宗周社会与礼乐文明》，人民出版社1992年版。
杨儒宾、黄俊杰编：《中国古代思维方式探索》，台北：正中书局1996

年版。

杨国荣:《中国古代思想史》,人民文学出版社 1954 年版。

杨义:《论语还原》,中华书局 2015 年版。

余嘉锡:《目录学发微·古书通例》,中华书局 2007 年版。

余英时:《士与中国文化》,上海人民出版社 1987 年版。

俞樾等:《古书疑义举例五种》,中华书局 1956 年版。

章太炎:《章太炎全集》(三),上海人民出版社 1984 年版。

章太炎:《国学演讲录》,华东师范大学出版社 1995 年版。

张祥龙:《先秦儒家哲学九讲》,广西师范大学出版社 2010 年版。

张心澂:《伪书通考》,上海书店 1998 年版。

朱维铮编:《周予同经学史论著选集》,上海人民出版社 1983 年版。

朱维铮:《中国经学史十讲》,复旦大学出版社 2002 年版。

钟肇鹏:《孔子研究》,中国社会科学出版社 1990 年版。

张清泉:《清代〈论语〉学》,新台:花木兰文化出版社 2008 年版。

张秉楠:《孔子传》,吉林文史出版社 2008 年版。

郑良树:《诸子著作年代考》,北京图书馆出版社 2001 年版。

张岂之:《中国儒学思想史》,陕西人民出版社 1990 年版。

张岂之主编:《中国思想学说史》(先秦卷),广西师范大学出版社 2007 年版。

张岂之主编:《中国思想学说史》(秦汉卷),广西师范大学出版社 2007 年版。

## 三 中文论文

陈来:《儒服·儒行·儒辩:先秦文献中"儒"的刻画与论说》,《社会科学战线》2008 年第 2 期。

陈莹:《先秦到西汉典籍中的孔子形象》,硕士学位论义,北京大学,2011 年。

陈壁生:《亲亲相隐:从经典、故事到传统》,博士学位论文,中山大学,2007 年。

陈壁生:《经典世界中的"直躬证父"》,载《思史之间:〈论语〉的观念史释读》,上海三联书店 2009 年版。

陈少明:《什么是思想史事件》,《江苏社会科学》2007 年第 1 期。

陈少明:《〈论语〉的历史世界》,《中国社会科学》2010 年第 3 期。

陈剑,黄海烈:《论〈礼记〉与〈孔子家语〉的关系》,《古籍整理研究学刊》2005年第4期。
陈桐生：《商周史官文化向战国士文化的转变及其对说理散文的影响》，《文史哲》2008年第3期。
陈桐生：《从出土文献看孔子刑罚思想》，《郑州大学学报》2008年第2期。
陈品川：《〈庄子〉中的孔子形象》，《汕头大学学报》1994年第3期。
陈林群：《〈庄子〉外杂篇孔子形象疏证》，《社会科学论坛》2009年第17期。
蔡方鹿：《论汉学、宋学经典诠释之不同》，《哲学研究》2008年第1期。
蔡尚思：《孔子论"仁"的重点和范围——析孔子宗法名分性的仁学》，《孔子研究》1991年第1期。
成中英：《成中英谈本体诠释学》，《哲学译丛》1986年第3期。
邓立光：《从帛书〈易传〉析述孔子晚年的学术思想》，《周易研究》2000年第3期。
邓广铭：《略谈宋学》，载《邓广铭治史丛稿》，北京大学出版社1997年版。
邓岳利：《〈吕氏春秋〉寓言研究》，硕士学位论文，四川师范大学，2008年。
丁波：《试析春秋战国之际史官群体的演变分化》，《中国社会科学院研究生院学报》2002年第6期。
段庸生：《古代小说中的孔子形象》，《孔子研究》2006年第1期。
杜莹：《〈论语〉中孔子的形象》，《陇东学院学报》2006年第4期。
董丽晓：《〈孔子家语〉与〈荀子〉关系考》，硕士学位论文，曲阜师范大学，2010年。
冯友兰：《中国哲学遗产的继承问题》，《光明日报》1957年1月8日。
冯友兰：《论孔子关于"仁"的思想》，《哲学研究》1961年第5期。
冯友兰：《再论孔子关于"仁"的思想》，《新建设》1962年第5期。
冯友兰：《再论孔子》，《北京大学学报》1962年第4期。
冯友兰：《我对孔子的基本看法》，《学术月刊》1962年第7期。
冯友兰：《关于孔子讨论中的一些方法论上的问题》，《文汇报》1962年11月13日。
冯友兰：《孔子哲学思想的几个问题》，《湖北日报》1962年12月14日。
冯友兰：《关于孔子讨论的批评与自我批评》，《哲学研究》1963年第6期。

郭沂：《嬗变不居的孔子形象：一个文化之谜》，《齐鲁学刊》1988 年第 5 期。

郭沂：《〈中庸〉成书辩证》，《孔子研究》1995 年第 4 期。

郭沂：《孔子学易考论》，《孔子研究》1997 年第 2 期。

顾颉刚：《春秋时代的孔子和汉代的孔子》，载《古史辨》第 2 册，上海古籍出版社 1982 年版。

葛荣晋：《法家的"无为而治"与"君人南面之术"》，《理论学刊》2008 年第 1 期。

龚霁芃：《〈论语正义〉的学术成就》，《孔子研究》2006 年第 3 期。

过常宝：《〈左传〉源于史官"传闻"制度考》，《北京师范大学学报》2004 年第 4 期。

过常宝：《〈左传〉虚饰与史官叙事的理性自觉》，《北京师范大学学报》2006 年第 4 期。

高庆峰：《论〈史记〉中孔子形象之独特性》，硕士学位论文，曲阜师范大学，2007 年。

关锋：《首都哲学界展开孔子哲学思想的探讨》，《光明日报》1961 年 10 月 31 日。

关锋：《再论孔子——兼论哲学史方法论的一个问题》，《新建设》1961 年第 11 期。

关锋、林聿时：《论孔子》，《哲学研究》1961 年第 4 期。

关锋、林聿时：《三论孔子》，《光明日报》1962 年 1 月 22 日。

郭迎春：《浅析〈荀子〉中的人物形象》，硕士学位论文，山东师范大学，2009 年。

顾颉刚：《春秋时代的孔子和汉代的孔子》，载《顾颉刚古史论文集》，中华书局 1988 年版。

黄朴民：《先秦政治文明发展的主导趋势》，《烟台大学学报》1992 年第 3 期。

黄朴民：《孔门造神运动》，《文史知识》2003 年第 11 期。

黄朴民：《从"以礼为固"到"兵以诈立"——对春秋时期战争观念与作战方式的考察》，《学术月刊》2003 年第 12 期。

黄朴民：《古司马法与前〈孙子〉时期的中国古典兵法》，《光明日报》2011 年 12 月 15 日。

黄朴民：《历史的真实与历史的重构——兼论儒家有关上古战争现象的虚拟化解读》，《文史哲》2012 年第 3 期。

黄俊杰：《中国古代儒家历史思维的方式及其运用》，载《中国古代思维方式探索》，台北：正中书局 1996 年版。

黄俊杰：《从〈孟子微〉看康有为对中西思想的调融》，载《近世中国经世思想研究会论文集》1984 年版。

黄俊杰：《从儒家经典诠释史观点论解经者的"历史性"即其相关问题》，载《中国经典诠释传统（一）：通论篇》，华东师范大学出版社 2008 年版。

黄怀信：《〈孔丛子〉的时代与作者》，载《文献与古史考证》，齐鲁书社 2003 年版。

胡平生：《阜阳双古堆汉简与〈孔子家语〉》，载《国学研究》（第 7 卷），北京大学出版社 2000 年版。

霍松林、霍建波：《论〈孟子〉〈庄子〉中的孔子形象》，《兰州大学学报》2004 年第 4 期。

姜广辉：《"宋学""理学"与"理学化经学"》，《哲学研究》2007 年第 9 期。

景怀斌：《孔子"仁"的终极观及其功用的心理机制》，《中国社会科学》2012 年第 4 期。

金景芳：《论孔子学说的"仁"和"礼"》，《吉林大学学报》1962 年第 2 期。

金景芳：《"左史记言，右史记事，事为春秋，言为尚书"誓言发覆》，《史学集刊（复刊号）》1981 年 10 月。

金景芳：《论孔子仁说及其相关问题》，《中国哲学史》1996 年第 1、2 期。

柯远杨：《试论孔子的军事思想》，《孔子研究》1990 年第 1 期。

廖名春：《"仁"字探源》，载《中国学术》（第 8 辑），中华书局 2001 年版。

廖名春：《上海简〈鲁邦大旱〉札记》，载《2000 年中国博士后学术大会论文集·农林与西部发展全册》，科学出版社 2001 年版。

廖名春：《试论楚简〈鲁邦大旱〉篇的内容与思想》，《孔子研究》2004 年第 1 期。

廖昕：《论〈史记〉中孔子形象的再塑造》，《长治学院学报》2006 年第 2 期。

廖群：《"说""传""语"——先秦说体考察》，《文学遗产》2006 年第 6 期。

林忠军：《从帛书〈易传〉看孔子易学解释及其转向》，《北京大学学报》2007年第3期。

林东旭：《孔子军事文化遗产与传承》，《福建省社会主义学院学报》2004年第4期。

林晓平：《春秋战国时期史官职责与史学传统》，《史学理论研究》2003年第1期。

李学勤：《竹简〈家语〉与汉魏孔氏家学》，《孔子研究》1987年第2期。

李学勤：《对古书的反思》，载《当代学者自选文库·李学勤卷》，安徽教育出版社1999年版。

李翔海：《寻求德性与理性的统一——成中英本体诠释学评析》，《中国哲学史》1996年第4期。

李泽厚：《孔子再评价》，《中国社会科学》1980年第2期。

李启谦：《试谈鲁国宗法贵族共和政体》，《齐鲁学刊》1987年第1期。

李启谦：《鲁君的家族组织及其与宗法制度的关系》，《东岳论丛》1988年第2期。

李桂民：《上博简〈鲁邦大旱〉的史实背景和思想特点新论》，《聊城大学学报》2007年第2期。

李迎春：《论孔子先师形象的特点》，《河南大学学报》2005年第3期。

梁启雄：《论语注疏汇考》，《燕京学报》第34期，1948年。

刘艳：《〈论语〉中的孔子教师形象研究》，硕士学位论文，山东师范大学，2008年。

刘彬：《从帛书〈要〉篇看孔子"好〈易〉"的实质和意义》，《孔子研究》2011年第2期。

刘慧源：《〈淮南子〉〈史记〉孔子论》，硕士学位论文，安徽大学，2012年。

刘振东：《多元发展的基础·五彩人生的底色——论孔子对古代作家主体人格形成之影响》，《文学遗产》1995年第2期。

刘文英：《"仁"之观念的历史探源》，《天府新论》1990年第6期。

卢静：《〈礼记〉中的孔子形象》，《青海师专学报》2006年第2期。

马世年：《〈韩非子·储说〉的题意、分篇与性质》，《甘肃社会科学》2004年第5期。

马振方：《〈韩诗外传〉之小说考辨》，《北京大学学报》2007年第5期。

马振方：《〈说苑〉〈新序〉之小说考论》，《文艺研究》2008年第4期。

马文戈：《〈吕氏春秋〉与〈淮南子〉孔子观比较》，硕士学位论文，曲阜师范大学，2006 年。

马丽娅：《试论孔子在〈庄子〉中的形象》，《浙江师范大学学报》2003 年第 4 期。

庞朴：《孔子思想的再评价》，《历史研究》1978 年第 8 期。

庞朴：《孔孟之间——郭店楚简的思想史地位》，《中国社会科学》1998 年第 5 期。

庞朴：《"仁"字臆断——从出土文献看仁字古文和仁爱思想》，《寻根》2001 年第 1 期。

庞朴：《话说"五至三无"》，《文史哲》2004 年第 1 期。

庞朴：《论孔子的思想中心》，载《庞朴文集》（第 1 卷），山东大学出版社 2005 年版。

钱穆：《论春秋时代人之道德精神》，载《中国学术思想史论丛》，安徽教育出版社 2004 年版。

秦飞：《〈鲁邦大旱〉史实时间推考》，载《简帛》第 6 辑，上海古籍出版社 2011 年版。

秦飞：《"鲁哀公问孔子"文献综合研究》，硕士学位论文，曲阜师范大学，2014 年。

秦飞：《孔子晚年遗说研究—以"哀公问孔"资料为研究中心》，《东岳论丛》2014 年第 4 期。

秦飞、黄朴民：《〈奇正〉之作者考—以〈奇正〉所透露的"名"的自觉为线索》，《浙江学刊》2014 年第 2 期。

宋立林、孙宝华：《读〈儒行〉札记》，《管子学刊》2010 年第 3 期。

沈景春：《〈论语〉中的孔子》，《中山大学学报》2004 年第 6 期。

尚建飞：《寓言化的孔子形象与庄子哲学主题》，《西北大学学报》2007 年第 3 期。

孙艳秋：《〈庄子〉和〈韩非子〉寓言的不同特色》，《河南社会科学》2008 年第 3 期。

汤一介：《能否创建中国的解释学》，《学人》1998 年第 13 期。

汤一介：《关于建立〈周易〉解释学问题的探讨》，《周易研究》1999 年第 4 期。

汤一介：《再论创建中国解释学问题》，《中国社会科学》2000 年第 1 期。

汤一介：《三论创建中国解释学问题》，《中国文化研究》2000 年第 2 期。

汤一介：《关于僧肇注〈道德经〉问题——四论创建中国解释学问题》，《学术月刊》2000 年第 7 期。

汤一介：《论创建中国解释学问题》，《学术界》2001 年第 4 期。

汤一介：《"道始于情"的哲学诠释——五论创建中国解释学问题》，《学术月刊》2001 年第 7 期。

唐明贵：《毛奇龄〈论语稽求篇〉研探》，《太原理工大学学报》2006 年第 2 期。

唐明贵：《朱熹〈论语集注〉探研》，《中华文化论坛》2006 年第 3 期。

王锷：《春秋末期儒者德行和〈儒行〉的成篇年代》，《中国典籍与文化》2006 年第 4 期。

王振东：《孔子论君子》，《孔子研究》1992 年第 1 期。

王凤贤：《简评孔子的仁学》，《孔子研究》1991 年第 1 期。

王启敏：《论〈新序〉〈说苑〉材料加工的特点——以引〈诗〉为例》，《安徽农业大学学报》2008 年第 3 期。

王文晖：《俄藏敦煌写本〈孔子家语〉残卷再探》，《敦煌研究》2012 年第 4 期。

吴有祥、赵钦泉：《居夷浮海欲何往——试论孔子晚年的出世思想》，《烟台师范学院学报》2000 年第 4 期。

吴竹芸：《〈论语〉中的孔子形象》，硕士学位论文，华中师范大学，2006 年。

魏玮：《〈孔子家语〉"三序"研究》，硕士学位论文，曲阜师范大学，2009 年。

辛立：《孔子的"德""礼"观》，《北京师范大学学报》1987 年第 4 期。

邢培顺：《刘向〈新序〉〈说苑〉〈列女传〉材料来源及加工取舍方式探索》，《滨州师专学报》2004 年第 1 期。

谢立峰、刘春雪：《从塑造人物的角度看〈左传〉与〈史记〉的传承》，《绥化学院学报》2007 年第 6 期。

肖振宇：《〈史记〉复写探析》，《渭南师范学院学报》2013 年第 3 期。

许兆昌：《试论春秋时期史官制度的变迁》，《烟台师范学院学报》1998 年第 2 期。

徐勇、黄朴民：《近年来孔子研究撮述》，《历史教学》1994 年第 6 期。

徐勇、黄朴民：《近年来先秦儒家学派研究撮述》，《历史教学》1994 年第 9 期。

杨蓉：《"哀公问孔"的背景及思想史内涵——以〈论语〉为讨论的中心》，《现代哲学》2011 年第 4 期。

杨蓉：《经典的投影：以〈论语〉"哀公问孔"问题的思想史影响为例》，

博士后出站报告，中山大学，2011年。
杨波：《〈新序〉〈说苑〉与〈韩诗外传〉同题异旨故事比较》，《兰州学刊》2007年第12期。
杨向奎：《孔子论仁》，《新华文摘》1995年第1期。
杨朝明：《上博竹书〈鲁邦大旱〉管见》，《东岳论丛》2002年第5期。
杨朝明：《上博竹书〈鲁邦大旱〉小议》，载《上博馆藏战国楚竹书研究续编》，上海书店出版社2004年版。
杨朝明：《〈中庸〉成书问题新探》，《河南科技大学学报》2006年第5期。
杨朝明：《〈孔子家语〉的成书与可靠性研究》，（台北）《故宫学术季刊》2008年第1期。
杨新宾：《汉代学术视野下的〈汉书·艺文志〉——以〈六艺略〉与〈诸子略〉为核心》，博士学位论文，中国人民大学，2013年。
姚徽：《论朱熹〈论语集注〉的特点及贡献》，《安徽教育学院学报》1999年第4期。
颜炳罡：《五十年来孔子研究的回顾与展望》，《山东大学学报》1999年第3期。
殷桃：《从〈庄子〉内篇看庄周心中的孔子》，《曲靖师范学院学报》2008年第5期。
张觉：《〈韩非子〉所记先秦史料考察》，《史学史研究》1990年第2期。
张宁：《试论孔子形象再造的先天性因素》，《中州学刊》1995年第5期。
张岩：《〈论语〉中孔子形象的原质性探析》，《辽宁青年管理干部学院学报》1999年第3期。
张岩：《由儒而道及道家的代言人——〈庄子〉中的孔子形象分析》，《辽宁工程技术大学学报》1999年第6期。
张岩：《试析战国诸子著作中孔子形象发生形变的原因》，《辽宁大学学报》2001年第3期。
张岩：《试析〈墨子〉中孔子的形象特征》，《辽宁大学学报》2002年第3期。
张岩：《孔子形象详析》，《辽宁大学学报》2003年第6期。
张岩：《先秦三部典籍中的孔子形象剖析》，《辽宁大学学报》2006年第11期。
张岩：《战国三部诸子著作中孔子形象的变异》，《大连大学学报》2007年第10期。

张立伟：《孔子论隐逸三要素》，《孔子研究》1991 年第 4 期。

张炳尉：《论先秦儒家性命思想的演进》，《中国社会科学院研究生院学报》2008 年第 1 期。

张伟明：《〈韩非子〉寓言论析》，《辽宁教育行政学院学报》2007 年第 3 期。

张宏生：《四种先秦子书中的孔子形象》，《孔子研究》1988 年第 1 期。

张纯杰：《古代典籍中的孔子形象》，硕士学位论文，华中师范大学，2008 年。

郑先彬：《先秦诸子寓言中的孔子形象摭谈》，《淮阴师范学院学报》2006 年第 2 期。

郑振坤：《论〈易〉与孔子晚年思想的发展》，《辽宁师范大学学报》1997 年第 3 期。

朱维铮：《历史的孔子与孔子的历史》，载《走出中世纪》，复旦大学出版社 2007 年版。

赵士孝、刘怀惠：《从帛〈易〉"子曰"看孔子晚年的哲学思想》，《周易研究》1998 年第 1 期。

赵法生：《孔子"晚而喜易"与其晚年思想的变化》，《哲学研究》2012 年第 2 期。

周予同：《有关讨论孔子的几点意见》，载《周予同经学史论著选集》，上海人民出版社 1983 年版。

周先民：《高山仰止、景行行止——读〈史记·孔子世家〉》，《齐鲁学刊》1993 年第 3 期。

章太炎：《〈儒行〉要旨》，载《章太讲演集》，河北人民出版社 2004 年版。

朱赞赞：《〈孔子三朝记〉考述》，硕士学位论文，曲阜师范大学，2011 年。

朱维铮：《历史的孔子和孔子的历史》，载《走出中世纪》，上海人民出版社 1987 年版。

### 四 中译著作

[美] 狄百瑞：《儒家的困境》，黄水婴译，北京大学出版社 2009 年版。

[德] 伽达默尔：《真理与方法》（上卷），洪汉鼎译，上海译文出版社 1992 年版。

[德] 伽达默尔：《真理与方法》（下卷），洪汉鼎译，上海译文出版社

1999年版。
［美］郝大维、［美］安乐哲:《通过孔子而思》,何金俐译,北京大学出版社2005年版。
［美］牟复礼:《中国思想之渊源》,王立刚译,北京大学出版社2009年版。
［美］孟旦:《早期中国"人"的观念》,丁栋、张兴东译,北京大学出版社2009年版。
［日］武内义雄:《武内义雄全集》,东京:角川书店1978年版。